CB067667

A MANSÃO
Renoir

A MANSÃO

DOLORES BACELAR	ALFREDO *(ESPÍRITO)*

A MANSÃO
Renoir

© 1981 Dolores Bacelar

Editora Espírita Correio Fraterno
Av. Humberto de Alencar Castelo Branco, 2955
CEP 09851-000 – São Bernardo do Campo – SP
Telefone: 11 4109-2939
correiofraterno@correiofraterno.com.br
www.correiofraterno.com.br

Vinculada ao **LAR da CRIANÇA EMMANUEL** www.laremmanuel.org.br

19ª edição – 2ª reimpressão – Julho de 2018
Do 86.001º ao 94.000º exemplar

A reprodução parcial ou total desta obra, por qualquer meio, somente será permitida com a autorização por escrito da editora. (Lei nº 9.610 de 19.02.1998)

Impresso no Brasil
Presita en Brazilo – Printed in Brazil

COORDENAÇÃO EDITORIAL
Cristian Fernandes

PREPARAÇÃO DE TEXTO
Eliana Haddad e Izabel Vitusso

CAPA E PROJETO GRÁFICO DE MIOLO
Bruno Tonel

CATALOGAÇÃO ELABORADA NA EDITORA

Alfredo (espírito)
    A mansão Renoir / Alfredo (espírito); psicografia de Dolores Bacelar. – 19ª ed., 2ª reimp. – São Bernardo do Campo, SP : Correio Fraterno, 2018.
    400 p.

    ISBN 978-85-5455-002-8

1. Romance mediúnico. 2. Espiritismo. 3. Literatura brasileira.
I. Bacelar, Dolores. II. Título.

CDD 133.93

Sumário

I - A mansão Renoir 9
II - A casa do jardineiro 21
III - O ermitão da floresta 44
IV - A serpente, a mulher e o homem 53
V - Uma luz nas trevas 60
VI - Pai e filho 67
VII - O homem propõe 75
VIII - O servo e o patrão 82
IX - O sonho 91
X - "Em tudo que pedirdes ao pai em meu nome sereis atendidos" 100
XI - O lobo e o pastor 107
XII - "Acima de tudo, a verdade" 118
XIII - Miguel 126
XIV - "Quem com ferro fere, com ferro será ferido" 132
XV - Diálogo entre espíritos 141
XVI - Joceline 147
XVII - A libertação do espírito 157
XVIII - O pergaminho 168
XIX - O ajuste de contas 186
XX - Ainda o ajuste de contas 198
XXI - O esclarecimento 209
XXII - Propósito regenerador 225
XXIII - Visita inesperada 237

XXIV - Onde aparecem o padre João e Miguel **251**
XXV - Dos pequenos e humildes é o reino dos céus **260**
XXVI - Música e contrição **270**
XXVII - Duas almas se encontram **281**
XXVIII - Pressentimentos **290**
XXIX - Rosa Renoir **302**
XXX - A ameaça **309**
XXXI - Trégua e esperança **323**
XXXII - Promessa terrível **335**
XXXIII - A vingança **346**
XXXIV - Ainda a vingança **356**
XXXV - A caça ao criminoso **367**
XXXVI - Mansão em chamas **376**
XXXVII - Epílogo **389**
Posfácio **394**

A mansão Renoir

ESTAMOS NO ANO DE... QUE interessa o ano a quem nos ler? Aboliremos de nossa história as datas e o local onde ela se passou. Então, começaremos assim: Há muitos anos, na pequenina vila de B., erguera-se imponente mansão. O seu fundador era filho da nobre terra francesa e viera ter àquelas paragens acompanhando a comitiva da rainha Carlota Joaquina, de quem os maldizentes da época murmuravam ser ele o favorito... Em Portugal deixara sepultados seus pais, vítimas do furor napoleônico. O casal de nobres, não podendo resistir à perda dos bens e à saudade da terra amada que fora obrigado a abandonar para salvar a própria vida, vencido pelo desgosto, morrera no exílio. Quando os reis portugueses fugiram também do poderio do grande corso, um jovem francês os acompanhara às longínquas paragens onde foram se refugiar. Porém, ao volverem às suas terras, o moço nobre, já então homem feito, resolvera ficar residindo, para o grande desgosto da irrequieta rainha, 'nas terras selvagens', no dizer da corte. Espírito aventureiro e clarividente, explorara quase todo o litoral da terra onde se abrigara, estudando-lhe as imensas possibilidades futuras. Com sua lúcida inteligência, compreendera que daquela imensa colônia surgiria em breve uma das mais promissoras e independentes nações. Escolhera numa das mais florescentes províncias, na pequena vila de B., um rincão pitoresco, e nele fixara residência, adotando aquela terra como uma nova pátria. Nesse local fora aos poucos surgindo, fruto de constante trabalho, uma potente fábrica de tecidos. Longos anos de lutas e seus cabedais foram crescendo. Quando vivemos esta história, os seus descendentes eram quase os senhores daquela cidade de B., onde se erguia a poderosa empresa Renoir.

De onde estamos, descortinamos aos nossos pés a enorme mansão, onde habita com a sua família o descendente do nobre francês, dominando com a pesada construção as pequeninas casas dos operários, que circundam suas terras. A mansão datava do princípio do século 19. Era um palácio encantador, bem ao gosto francês. Seus jardins belíssimos eram conhecidos, assim como o fausto e o orgulho dos seus senhores. Os Renoir dominavam com o seu pesado tacão todo aquele pedaço de terra, pedaço, diziam os pobres oprimidos, esquecido de Deus. Ai daquele que fosse contra as ordens do grande industrial. O atual dono de todas aquelas riquezas contava, então, mais ou menos cinquenta anos. Era um forte e musculoso homem, afeito ao mando, sem ter nunca conhecido o desagradável sabor de uma ordem. Conservava as mesmas características de seus avós. Era ainda, em suma, francês, desprezando a gente dessa terra, considerando quase todos inferiores e mestiços. Casara-se, há trinta anos, com dona Rosa de Abrantes, e dela tivera dois filhos: Arthur e Joceline.

Mas, voltemos ao local de onde avistamos a enorme mansão, de aspecto senhoril. Estamos no alto de uma montanha mais conhecida por montanha da floresta, devido à enorme vegetação que a cobre. De onde estamos, divisamos toda a cidade, distante da fábrica uns três quilômetros. Lá ao longe, vemos a torre da igreja e é por ela, pelo badalar de seus sinos, que os operários sabem quando é hora do descanso, a hora do Ângelus. Cidade pequena e triste, vivia como vassala do poderoso francês, Frances Renoir. Não progredia, por mais boa vontade que tivessem seus prefeitos. Sempre os mesmos homens cansados, com aspectos oprimidos de quem sabe amanhã não tenha o pão para mitigar a fome dos seus.

Sabeis vós, leitor, o que seja essa divisão de bens? Talvez não... O poderio Renoir dominava, oprimia os humildes habitantes da modesta cidade, onde, desde o vigário ao comerciante, todos viviam na dependência do rico industrial. Sob esse jugo, não poderia nunca progredir a pobre cidadezinha. O comércio vivia asfixiado pelos grandes estabelecimentos da fábrica, onde todos os trabalhadores deveriam comprar. Ignorando a situação, assim como todos os membros da orgulhosa família Frances, mais que qualquer um deles, desprezava os pobres e quantas vezes os humilhara! A cidade temia o soberbo ricaço, sabendo que dele dependia o seu mesquinho viver. Fugindo à compreensão humana, que deve ser uma virtude de todo homem de bem e, mais do que de todos, daquele que tem em seu poder meios de minorar os sofrimentos de seus irmãos, fazia-se de surdo e cego às misérias de seus semelhantes. Não tendo ninguém a quem respeitar, pois até os governos viviam em sua dependência, porque era um fator preponderante nas eleições, tudo dominava inexoravelmente. O padre da cidade de B. temia-o mais que todos. Quantas vezes deixara de celebrar uma missa para um pobre desgraçado porque este havia sido desafeto do inflexível industrial! A cidade se curvava sob o peso de seu poderio, sem esperança de um dia ver-se livre daquele fardo...

Descei conosco, leitor, a montanha da floresta e vamos até a mansão Renoir. Penetremos por estes majestosos portões, passemos de relance sob estas aleias sombreadas por acácias doiradas. Sem nos fazer anunciar, subamos essas escadas de mármore de Carrara e entremos na tão famosa mansão. Não fiquemos parados, deslumbremos antes a riqueza interior do palácio. Passemos ao largo por estes salões enormes, adornados com magníficas tapeçarias, onde há uma sincronia de arte e beleza, numa demonstração de fino gosto de seus donos. Passemos por estas estátuas, estes quadros de verdadeiros mestres da arte, enveredemos por esta galeria onde existe uma original coleção de jarros chineses, postos sobre consoles de puras linhas a Luís XV. Entremos por esta porta que conduz a uma encantadora sala mobiliada e decorada ao gosto oriental, sala pequena, convidativa ao descanso do corpo e do espírito.

Neste momento divisamos nela um senhor sentado numa macia poltrona forrada de damasco. Seus olhos cravados nas faces onde as rugas formaram sulcos profundos percorrem todo o rico aposento e detêm-se nos quadros que estão sobre a parede, fixando-se demoradamente em um que representa uma bela e delicada jovem, vestida à época de Josefina. Suas feições eram doces e finamente modeladas, lembrando as molduras de Murilo, tal a expressão de bondade por ela demonstrada. Quanto mais olhava o retrato, o senhor de Renoir mais contraía as feições, como se profundo desgosto ferisse o seu coração. Em que estaria pensando o orgulhoso senhor para que o seu semblante demonstrasse tão grande amargura? Neste momento, afasta-se um reposteiro e penetra mansamente na sala uma figura de mulher. Era dona Rosa Renoir.

Mulher ainda jovem, apesar dos seus aproximados 43 anos, com rosto belo e porte cheio de elegância. Assim que penetrou a sala, onde repousava o seu esposo, parou por um momento, franzindo ligeiramente a testa. Tendo um ar preocupado e meio triste, dirigiu-se com passos leves até onde ele se encontrava absorto em seus pensamentos. Ao sentir-lhe a presença, o industrial ergueu a cabeça e fitou em sua esposa um olhar estranho, como alguém que estivesse despertando de um terrível pesadelo. Dona Rosa parou bem perto, colocou sobre seus ombros as mãos de dedos longos e brancos, onde os anéis brilhavam, e murmurou docemente, apesar de ter sua voz soado num tom de ligeira censura:

– Procurei-te por toda parte, Frances...

– Por que me procuravas? – o industrial a interrompeu bruscamente.

– Bem sabes que é nesta sala que costumo repousar, após o almoço.

– Repousavas?... Hoje pelo menos não me parece que tenhas repousado. Estás preocupado, não é? Sempre com os mesmos pensamentos te martirizando a alma. Deixa de olhar tanto para o retrato de tua avó, ele não te ajudará a resolver este problema. Por que não procuras afastar de teu íntimo este caso estranho? – murmurou a senhora, quase suplicando.

– Rosa, isto prova o quão pouco me conheces! Afastar esse problema? Quisera eu... Porém ele me tortura, me persegue dia e noite! Sempre, em toda parte... Por que, pergunto, por quê? Ainda não resolvi. Creia minha amiga, Frances Renoir, até o dia de hoje, jamais deixou sem solução qualquer problema... Como poderia abandonar este que se lhe afigura tão complicado e estranho? Hei de decifrá-lo, custe o que custar!

Num repelão, bruscamente, o industrial se ergueu e em longas e nervosas passadas percorreu a sala, tendo as mãos seguras, uma na outra fortemente atrás das costas. Era um gesto característico, muito seu, principalmente quando algum sério problema estava preocupando a sua mente. Dona Rosa se sentara na poltrona e acompanhava o vaivém do seu marido, tendo nos olhos uma expressão de grande pesar. Via-se que a senhora estava constrangida, embora demonstrasse calma; sentia-se, pelos movimentos nervosos de suas mãos, que ela também estava possuída de grande agitação. Sem poder mais se conter, falou nervosamente:

– Por favor, não ande desta maneira! Não compreendes que isto só poderá prejudicar os teus nervos? Calma, por favor... É tão ruim essa agitação depois do almoço, por que não te acalmas?

– Como poderei ter calma? – Frances interrompera um momento seu caminhar e fitara na esposa um olhar colérico. – Dize como poderei ter calma!

E continuou em seu passear agitado. A mulher murmurou com voz ligeiramente trêmula:

– É só o que te peço, um pouco de calma... Também, aumentas tudo! Não é tão trágico assim. Porque, bem pensado, que mal há que a pequena filha de nosso jardineiro se pareça ligeiramente com uma de tuas avós?

– Oh, mulher! Cala-te, por favor! Não procures pôr uma venda em meus olhos e nos teus. Olha...

Agarrando a esposa por um braço, levou-a defronte ao retrato que estivera fitando antes de ela chegar.

– Olha bem – murmurou – e me diz depois, se há uma 'ligeira semelhança. Repara, observa! Então notas agora que é a cópia fiel uma da outra? Sim, a cópia fiel.

Dona Rosa fitara o retrato, torcendo as mãos, sem saber o que dizer diante da realidade, enquanto Frances continuava falando, agitado.

– Quisera que me explicasse o porquê dessa semelhança!... Onde essa plebeia foi buscar estas tão belas e nobres feições, e a mesma expressão do olhar? Já notaste este sinal na face esquerda de nossa avó? Também ela, Ana Maria, o possui no mesmo local... É de pasmar tanta coincidência! Não encontro explicação para tudo isso.

O senhor Renoir passou a mão na fronte verdadeiramente acabrunhado. Estava desorientado, o grande industrial! A esposa o olhava sem saber também o que dizer. Ela, talvez mais do que ele, estava perplexa, diante daquele estranho e desconcertante caso. Se não soubesse, com certeza, que ali não podia ter havido fraude, uma troca de crianças, ficaria em dúvida diante da pasmosa semelhança. Mesmo, nem de seu esposo poderia desconfiar. Ambos viajavam pela Europa, há quase um ano, quando notara que estava prestes a ser mãe. Voltaram para que a criança nascesse em suas terras. Foi então que conheceram a família do jardineiro.

Macário estava desempregado e eles haviam perdido o chefe da jardinagem. Tendo ele se apresentado e mostrado aptidões para o serviço, fora prontamente contratado. Então é que souberam que sua mulher também estava às vésperas de dar à luz. Lembrava-se que não podia alimentar o filho que esperava, pois era refratária à amamentação. Contratara então dona Júlia, a mulher do novo jardineiro, para ama de leite da futura criança, mediante exame médico, que positivara ser a mulher possuidora de invejável saúde. Júlia dera à luz antes dela alguns dias, uma criança linda, de olhos azuis, que causara admiração a todos quantos a viram: porque Júlia e Macário formavam um casal comum, despido do menor encanto físico, enquanto a criança nascera com uma beleza que encantava, não parecendo que fora fruto daquele rústico e feio casal! Sim, ali não podia ter havido a menor fraude, nem qualquer drama oculto. Era tudo resultado de um algo ignoto, que fugia à compreensão. Uma estranha coincidência, cujas causas se perdiam nos mistérios insondáveis da Natureza. O senhor Renoir continuava parado, com as mãos atrás das costas, fitando o retrato. Imóvel, perscrutava o rosto lindo de sua avó, como se estivesse nele a chave daquele enigma. O retrato sorria, apenas. O industrial voltou a falar, agora quase calmo, como se tivesse concentrado todas as suas energias na solução do inexplicável.

– Sabes, Rosa, isso está me pondo quase doido. Imagina que fui até ao médico, aquele imbecil, para ver se encontrava uma explicação razoável para esta estranha semelhança. Naturalmente não lhe contei a história, falei por alto, dando-lhe um exemplo. Ele não soube me dar uma resposta que convencesse, nem mesmo a ciência explica isto: simples coincidência, disse-me. Ao padre também fui; pensei que a religião pudesse me dar uma causa que satisfizesse. Mas o padre me veio com a mesma coisa: "Coincidência, meu filho, mistério da Natureza". E tu, o que me dizes?

– Que poderei dizer? Também penso assim: uma coincidência apenas desconcertante para nós. Creio que isso é até mesmo uma coisa comum.

– Sim, sei disso! Houve sósias até célebres, como o de Napoleão, de Maria Antonieta. Mas, tudo isso seria natural, sem importância, se a nossa filha...

– Oh, Frances – interrompeu a senhora com voz chorosa –, deixa a nossa filha em paz. Pobrezinha, já tão infeliz... Por que não te conformas com os desígnios de Deus?

– Que desígnios, que nada! Isto, bem sabes, é como se fosse um espinho me martirizando as carnes. Compaixão? Como ter compaixão de quem nos faz sofrer? Tenho sim, uma revolta enorme diante de sua figura. Não imaginas como me sinto impotente, humilhado junto a sua fealdade. Agora, por cúmulo, vem essa simples filha de um reles jardineiro ter as mesmas feições e até o mesmo sinal de minha linda avó. Eu me sinto ferido e não compreendo por que o destino quis me machucar dessa maneira.

Voltando a caminhar de um lado para outro da sala, continuou a falar nervosamente.

– Como desejei ter uma filha! Quanto sonhei que ela haveria de herdar a beleza tão conhecida de minha mãe ou a tua, e vem-me uma criança quase que desconjuntada, além de feia, com aquele pé torto. É o cúmulo! Como o destino é cruel, às vezes.

Suas passadas tornaram-se mais fortes, assim como o tom de voz, com palavras bruscas, à proporção que ele falava. Não fossem os tapetes que as abafavam, elas seriam ouvidas por todo o palácio. A verdade era que estava sendo presa de profunda agitação o nobre senhor. Dona Rosa acompanhava em silêncio, apenas apertando as brancas mãos, nervosamente, como se as palavras de seu esposo encontrassem eco também em seu coração. Quem os visse assim, pensaria que grande tormenta desabara sobre aquele lar. Como sofrem os homens quando se sentem feridos em seu orgulho! Quanto mais poderosos se julgam, mais sentem a dor das feridas. Como são pequeninos diante do sofrimento esses grandes homens! Ao vê-los gemendo, gritando aos quatro ventos seus desesperos, blasfemando contra Deus e o mundo, comparamo-los às grandes árvores das florestas que tombam estrondosamente sobre o solo, ao sentirem o açoite dos vendavais, vencidas pelas borrascas... Enquanto as pequeninas e humildes resistem bravamente ao furor dos temporais, criando até mais vigor na luta contra as intempéries, as grandes árvores, serenada a tempestade, jazem mortas por terra. Como são fracos esses grandes homens, diante dos temporais da vida! Como caem facilmente e como são grandes as quedas!

Frances parou bruscamente, tirando o relógio que sempre trazia suspenso na algibeira, e olhou a hora. Vendo que já estava atrasado, falou à sua senhora, quase completamente calmo. Sim, porque aquele homem era um escravo do relógio. Afivelando a máscara do impassível, do todo poderoso que não tem problemas, virou o rosto para sua esposa e forçou um sorriso.

– Não te preocupes, querida. Deixa comigo, eu resolverei este enigma, porque tenho um pressentimento de que em tudo reside um segredo que hei de desvendar. Quanto à nossa filha, bem sei que nenhum de nós tem culpa de ela ter nascido 'aleijada' e feia. Agora vou para o escritório, até logo mais.

Seus passos se perderam ao longe, pois tendo dado a volta passara por uma porta que comunicava a sala de descanso ao jardim. Sua senhora quedara pensativa. Como se o retrato da jovem fidalga escondesse qualquer ímã secreto, os seus olhos a ele se dirigiram e ali ficaram presos. Seus pensamentos fugiram até a época do nascimento de sua Joceline... Ah, parecia que fora ontem! E já eram decorridos 18 anos... Como sofrera ao lhe dar à luz! Mas só depois é que compreendera que aquela dor física nada era junto à humilhante decepção que tivera, ao constatar dolorosamente que a filha, tão ansiosamente esperada e desejada, era, além de uma feia criança, aleijada, tendo um dos pequeninos pés defeituoso. Oh, a dor de seu esposo e a sua! Como ambos se sentiram feridos por aquela injustiça do destino! Por que, logo a sua filha, a filha dos seus sonhos, haveria de nascer assim? Chamados os médicos, todos deram esperanças de melhora; que com o tempo ela sofreria ligeira reparação cirúrgica e a sua Joceline ficaria pelo menos livre daquele defeito. Porém, tudo foram apenas promessas... Não houve operação, não houve ciência nenhuma, nem mesmo milagre que fizesse a sua querida filha ficar livre daquela deformação. Como era doloroso para o seu coração de mãe ver o fruto de seu ser, a carne de sua carne repudiada pelo próprio pai.

Não! Não podia também se conformar. Por que logo a sua filha? Por que logo a Joceline, a herdeira de milhões, a filha do grande industrial, a descendente dos Renoir teria essa sina? Tudo fazia para amenizar aquela falta absoluta de atrativos; enfeitava a menina com os mais belos vestidos e as mais ricas joias. Porém, ela mais se assemelhava a uma vulgar paisagem, que vira pintada certa vez dentro de uma artística moldura doirada. Quando olhavam para o quadro só viam a riqueza da moldura. O que mais doía, mais humilhava, era que a sua Joceline, além de ter no rosto a vulgaridade de uma feia plebeia, também possuía gosto e gestos de plebeia. Foi uma luta conservá-la no colégio; não queria estudar, nem sentia inclinação pelas belas-artes. Quando quiseram lhe ensinar música e piano, a menina chorara, suplicara que a deixassem em paz! Não suportava música de espécie alguma! Preferia aprender a cozinhar, fazer bolos e doces a ter que se haver com música, piano e aquele inferno de livros. Oh, como sofria, em seu coração de mãe e de esposa de Frances Renoir!

Entretanto, sua Joceline possuía um coração bondoso, simples e ingênuo. Notara, admirada, que ela não se sentia infeliz por ser feia e aleijada! Era uma criança triste, mas não infeliz. Talvez sua tristeza nascera ao notar a frieza com que seu pai a tratava... Ela era em pequenina tão alegre; ria pela menor coisa... Como gostaria que sua filha sofresse, por qualquer docemente milagre, uma transformação. Sim, possuía dinheiro, talvez fosse até Lourdes, na França, e levaria Joceline. Quem sabe não se daria um milagre? Prometia à Virgem um rico manto, todo bordado a ouro e cravejado de gemas, se sua Joceline sofresse uma transformação! Dona Rosa, juntando as mãos, murmurou a meia-voz, uma prece:

– Virgem do céu, atendei-me. Fostes mãe; compreendeis um coração materno ferido no que tem de mais caro. Modificai o rosto de minha filha, dai um pouco de vossa beleza a ela, pobrezinha! Endireitai, Virgem de Lourdes, seu pezinho torto. Atendei-me, Mãe do céu, eu vos suplico...

Mal a senhora pronunciou estas pungentes palavras, uma risada máscula ressoou em seus ouvidos, fazendo-a estremecer e quase pular da cadeira onde se encontrava, tão assustada ficara ao ouvi-la. Era a risada de seu filho Arthur. Ela olhou em volta e foi então que notou não estar sozinha na sala. Um rapaz alto e forte, de beleza máscula e de traços fidalgos, estava à entrada da porta que dava para o jardim, olhando-a e sorrindo com leve ironia. Suas faces se avermelharam ligeiramente ao vê-lo. Sentiu-se desconcertada ao ler em seus olhos que ele ouvira a sua súplica. Murmurou, quase gaguejando, sem fitar o filho:

– Arthur, que fazes aqui? Como vieste ter a esta sala? Bem sabes...

– Sim, mãezinha – atalhou o moço se aproximando e ainda tendo nos lábios um sorriso, embora seus olhos estivessem sérios. – Bem sei que é proibida a entrada no santuário da família, a não ser...

A mãe cortou-lhe a frase bruscamente.

– Oh, não brinques... Teu pai não quer que ninguém entre aqui – e ela baixou os olhos, confusa.

– Mas, por quê? – Vendo que ela ia falar, tornou rápido, fazendo com a mão um gesto negativo. – Não responda, não é preciso mãezinha... Pensa, por acaso, que foram somente os senhores que notaram a extraordinária semelhança de Ana Maria, com a nossa formosa avozinha? Eu, talvez primeiro que todos, notei que a minha amiguinha de infância é a cópia fiel daquele retrato.

– Cala-te, Arthur, não o repitas! Não vês que essa semelhança é uma afronta à nossa família?! Que iriam dizer por aí, se acaso descobrissem a semelhança, essas pessoas que nos odeiam e invejam, porque somos ricos e poderosos? Sim, que pensariam de teu pai?

Arthur olhou sua mãe, surpreso e intrigado.

– Não a compreendo... Que poderão pensar de papai? Que mal há nessa semelhança? –perguntou o moço aflito.

– Não vês nada de mal – tornou a senhora com secura na voz, porque és ingênuo e sem maldade. Porém, ouve: os maledicentes vivem por aí, às soltas e ávidos por um escândalo. Se descobrirem – e ela baixou instintivamente a voz, falando quase em surdina – essa parecença entre a filha de nosso jardineiro e a avó de Frances, hão de murmurar, com certa razão, que ela não é filha do velho Macário.

Arthur arregalou os olhos de espanto! Nunca pensaria em tal absurdo. Como trabalhava depressa a imaginação de sua mãe! Estava surpreso, indignado com as palavras de sua genitora.

– Que quer a senhora insinuar? Não está lembrada que quando Macário veio ter às nossas terras, dona Júlia já trazia no ventre a Ana Maria? Como pode a senhora pensar em semelhante disparate?

– Não penso nada! Ouve, meu filho, e não te exaltes! Apenas estou prevendo que isto aconteça, se essa 'coincidência' se tornar pública, compreendes?

Arthur meneou a cabeça tristemente, enquanto lançava à sua mãe um olhar de profunda comiseração.

– Sim, compreendo, mãe, talvez melhor do que a senhora e meu pai. Vejo com tristeza que os senhores só pensam no que poderão dizer sobre a nossa reputação, sobre a nossa família e não naquela pobre menina, que só possui um tesouro: o nome honrado de seus pais. Sinto que a culpam até de ter nascido bela e parecida com a tal avó francesa.

– Oh, filho, como tuas ideias de igualdade nos ferem, nos magoam... – atalhou a senhora indignada com as palavras de Arthur.

– Sinto em magoá-la. Mas, que hei de fazer? Também me sinto magoado, triste, pelas injustiças que praticam, às vezes... Como agora, por exemplo: se Joceline não fosse feia, nem a senhora nem papai teriam notado essa semelhança, tudo correria às mil maravilhas!

E, tomando as mãos de dona Rosa nas suas, murmurou Arthur:

– Não procure, mãezinha, explicação para aquilo que só Deus poderia dar. Reze, faça promessas, mas para que o coração dos senhores aceite humildemente os desígnios de Deus. Ouça também isto: a minha irmã não trocaria seu rosto feio por qualquer outro e está resignada com seu pezinho torto, garanto-lhe, mãezinha.

Beijando-lhe a mão, o jovem se retirou, deixando-a novamente só. Dona Rosa se ergueu também; com passos lentos, dirigiu-se para o interior do palácio.

* * *

Na sala de aspecto oriental, a bela francesinha tinha nos lábios o sorriso enigmático e parado dos retratos...

A casa do jardineiro

SE O LEITOR JÁ PRESENCIOU um cair da tarde em climas tropicais, terá observado que à proporção que o sol declina numa orgia de cores, um esmorecimento preguiçoso toma conta de tudo, como se a própria Natureza sentisse cansaço: é a hora desagradável da canícula. Os animais, ao pressenti-la espreguiçam e fecham com moleza os olhos sob o mormaço que os narcotiza e, bêbedos de sono, procuram instintivamente o aconchego das árvores. Quase não se ouve um som, uma voz, quebrando o silêncio dessas tardes tépidas. Há uma calma envolvendo todos os seres, num convite tentador ao descanso. Ao crepúsculo, as criaturas sofrem um relaxamento em todo o corpo, como se o organismo passasse por uma reação sob a terapêutica benéfica dos raios do sol. Esquisita saudade toma conta da alma aprisionada à matéria, causando indefinível tristeza, sensação de vácuo, de vazio que não pode preencher. Como se qualquer coisa lhe faltasse, para completar a felicidade que almeja, e tem vaga reminiscência que essa 'qualquer coisa' já foi vista e sentida, talvez, em eras ignoradas das passadas existências. Como o homem, com sua pobre linguagem, poderá definir os sentimentos que lhe vêm de psíquicos recordos? Entorpecido pela canícula, ele suspira melancólico, assaz inquieto, sem compreender a tristeza que subitamente, sem razão aparente, tomou-lhe conta da alma. Um desejo de dormir, quase irresistível, leva-o, sem saber, à libertação provisória da matéria por meio do sono, ficando o seu espírito livre, por alguns momentos, das amarguras que o ligam à Terra e, então, voa ávido em busca do Infinito.

Porém, deixemos de lado estas questões transcendentais e voltemos ao sol que foge também em busca do poente, ávido talvez por novos horizontes, de outras paisagens... Passemos ao pomar da grande mansão e lá no fim da chácara encontraremos um portãozinho que separa o pomar de um caminho estreito, cortado em meio de arvoredos baixos, onde alguns pés de papoulas vermelhas dão uma nota alegre ao ambiente, quebrando a monotonia do verde das árvores. Sigamos por este pitoresco caminho, e sob o azul do céu caminhemos até um pequenino chalé, que diante da grandiosidade da mansão parece simples brinquedo de criança, perdido dentro dos arvoredos que o circulam quase que por completo. É de cor azul, possuindo uma varanda florida que dá para um bem tratado jardinzinho. Quanta poesia ele encerra em sua encantadora simplicidade! Numa placa, colocada sobre um minúsculo portão que fecha uma cerca coberta de madressilvas a isolar das árvores a casa e o jardim, lê-se uma modesta inscrição: 'Casa do Jardineiro'. Diante da singela beleza do chalé azul, entremos em contato com os seus habitantes: numa cadeira rústica, posta na varanda sombreada por trepadeiras perfumadas, está sentada neste momento uma mulher grisalha, com um bordado entre as grossas mãos de veias salientes. Seus dedos, sustendo a agulha, movem-se ligeiros, embora seus pensamentos estejam longe de seu trabalho. Enquanto eles se movem quase automaticamente, a mulher cisma. Esta é dona Júlia, a bondosa e diligente companheira do velho jardineiro Macário. Ela pensa em Ana Maria, a sua filha que saíra a passear pelos campos, e já estava tardando a chegar. Aonde andaria ela àquela hora tão quente? Como seria agradável tê-la agora ali, ao seu lado, cantando ou mesmo tocando em seu piano, uma de suas lindas músicas. O piano, que era grande demais para a pequenina sala, custara ao Macário todas as suas economias de muitos anos; mas valera a pena o sacrifício. Como se sentiam felizes, ela e o seu marido, ouvindo Ana Maria tocar suas estranhas músicas sem ter nunca aprendido! Quando criança, ela as executava no rico piano da filha do patrão, causando admiração a todos quantos a ouviam.

– Toca de ouvido – dissera dona Rosa Renoir, explicando com um misto de espanto e despeito aquele dom admirável da menina, que apesar de nunca ter tido um mestre, tocava com perfeição e técnica de artista nato, as mais difíceis músicas.

Mas, à proporção que Ana Maria crescera, a rica senhora proibira que ela usasse o piano de sua filha, alegando, sem a menor gentileza:

– Ela desafina o instrumento, pois não tem método para tocar, e assim Joceline ficará prejudicada.

Ana Maria se sentira pesarosa com a mãe de seus amiguinhos, porque todos sabiam a ojeriza que Joceline sentia pelo piano... Dona Júlia suspirou com tristeza. "Como os ricos são egoístas...", pensou amargamente. Aquela 'proibição' custara ao Macário as suas suadas economias... Porém fora melhor assim: agora eles ouviam a filha tocar, ventura que não podiam sentir antes, pois era proibida a entrada de qualquer empregado na mansão. Fora muito ali, quando amamentava Joceline, porém apenas até o quarto da criança; assim mesmo era preciso certo cerimonial para chegar até lá: tinha antes que trocar os sapatos, pois os seus poderiam estragar os tapetes. Mudava também as vestes, pois as suas, diziam, estavam certamente suadas e sujas. E as suas mãos e os seios? Como eram lavados, esfregados quase até feri-los, sob as vistas exigentes de dona Rosa. Graças a Deus aquele tempo passara. Coitados dos patrões... Que adiantaram aqueles cuidados exagerados com a criança? A pobre menina, além de 'aleijada', crescia feia, muito feia, como em castigo àquele orgulho desmedido. Às vezes, quando via Ana Maria brincando em seus modestos vestidinhos de chita com a filha dos Renoir, sempre tão ricamente vestida, cismava que quem mais parecia ser sua filha era a Joceline, a ricaça, e não a sua Ana Maria. Como deveria ficar maravilhosa a sua filhinha, com aqueles belos vestidos... Não que invejasse ninguém, mas parecia um engano do destino ter nascido Ana Maria tão linda e delicada, para um lar como o seu, e Joceline tão feia, tão grosseira em seu físico, para viver em um lar faustoso, onde ela, por mais que a enfeitassem, parecia sempre a filha de um operário qualquer da fábrica, porém nunca a filha dos orgulhosos Renoir.

Ana Maria, pelo contrário, apesar da pobreza de seus vestidos, não parecia filha de humilde jardineiro... Ela lembrava uma história de fadas, que em criança sua avó lhe contava; onde a linda princesinha fora encantada por maldade de um 'gênio', em filha de um moleiro. Por 'engano do destino', ou porque Deus assim o quis, dona Júlia não se cansava de agradecer a Ele a dádiva daquela filha. Ela era como um raio de sol, alegrando aquele modesto lar e o coração gasto e envelhecido pelo trabalho de seus pais.

Dona Júlia parou um momento de bordar. E fitando ao longe com a vista cansada, procurou ver mais ou menos a altura do sol. Era assim que costumava ver as horas: quando o astro manchava de amarelo a copa de um coqueiro que se erguia entre as árvores, ela sabia com certeza de que passava das quatro horas da tarde. Macário não custaria a vir dos jardins da mansão. E Ana Maria até agora não regressara do passeio... Seu marido não gostava de chegar em casa sem encontrá-la esperando-o num certo local do caminho. Dona Júlia, impaciente com a demora da menina, abandonou o bordado sobre a cadeira e se dirigiu, contornando os canteiros, ao pequeno portão, para ver se avistava a filha por perto. Protegendo com as mãos os olhos dos raios solares, procurou distinguir o vulto da menina, pela redondeza. Nada viu. Onde andaria ela, sob um sol daquele? Era tão esquisita e misteriosa em seus modos... Por que Ana Maria gostava tanto de ficar sonhando, sob as árvores? Que coisa pensaria aquela linda cabeça? Não compreendia a filha, embora muito a amasse. Júlia nascera rústica e nunca tivera professores que a ensinassem, que cultivassem seu espírito. Sua mãe, filha de lavradores, ensinara-lhe os afazeres domésticos e a costurar. Aprendeu a ler e a escrever com sua madrinha. Assim mesmo fora bem pouco. Não sentira facilidade no aprender, por isso não compreendia de quem a filha fora herdar aquela beleza, aquela inteligência, aquele pendor para a música, parecendo em tudo uma fina dama. E como aprendia ela as coisas facilmente! Desde que começara a frequentar a escola da cidade de B., fora, no dizer das próprias professoras, sua melhor aluna. Tanto assim que elas espontaneamente ensinaram, a par do programa oficial da escola, outros conhecimentos a Ana Maria, entusiasmadas com a lúcida inteligência da menina. Depois, com os filhos do patrão, fora aumentando seus conhecimentos. Arthur, principalmente, sempre procurava trazer para ela todo livro que pudesse instruí-la mais ainda. Aprendera mesmo outras línguas e às vezes dona Júlia ouvia, sem nada compreender, Arthur e Ana Maria conversando numa linguagem estranha para ela; a filha explicava que era francês! Sabia lá o que era!... Debruçada sobre o portãozinho, descansando o queixo em cima dos braços amorenados pelo sol e pelo tempo, dona Júlia pensava... pensava, olhando os caminhos por onde deveria surgir Ana Maria.

* * *

A tarde convida a um passeio. Tomemos por este atalho que nos levará até as margens do rio que banha, fecundando com as suas águas, as terras da fábrica, estendendo-se também pela cidade de B. e adjacências. Passeando, procuremos ver se encontramos a filha do jardineiro.

* * *

O sol se despede lento e a brisa acaricia suavemente a copa das árvores. Do meio das folhagens, as cigarras cantam seu hino de adeus à tarde, num desafio em notas agudas e longas. Passam num voo rápido, em busca dos ninhos, aves, cortando o espaço azul, quase sem nuvens. Ainda não é noite, porém não há mais aquela claridade que reflete o sol, quando em todo o seu apogeu. Mansamente, ele vai se dirigindo à outra extremidade do globo terrestre para transmitir calor e vida aos que lá habitam, como determinou o Criador na gênese dos mundos.

Indiferente à noite que se aproxima, alguém está sentado sobre uma pedra, plantada em meio ao rio, onde a profundidade é pequena, olhando absorto para as águas. Esse alguém é Ana Maria. Aproximemo-nos para vê-la melhor. Com os cabelos soltos sobre as vestes brancas e longas, que descobrem apenas os seus pés nus, pois os seus minúsculos sapatos se veem abandonados sobre o lajedo, à margem do rio, ela parece, imóvel como está, uma deusa das águas, que cismasse sobre a pedra. De quem teria essa jovem herdado esse colorido de cabelos, tão doirados e finos, parecendo um manto de seda, cobrindo-lhe as costas graciosamente? Alva, de uma altura bem ariana, sem máculas, ela parece mais uma filha das terras árticas, do que desta escaldante terra dos trópicos. Esses olhos de um azul profundo, sombreados por longos cílios negros e franjados, de quem teria ela herdado esse encanto misterioso, essa 'nuance' de safira, que a todos conquistava à primeira vista? Embora azuis, os seus olhos tinham um reflexo escuro, talvez devido ao negrume dos cílios, que davam um quê de oriental às suas feições de uma beleza notável! Ana Maria, se não fosse um anjo de candura e simplicidade, poderia se orgulhar de seu físico, cujas linhas eram puras e belas. Quem a visse assim, sobre o rio, tomá-la-ia por uma aparição celestial. Alheia a tudo que a cercava, muito longe vagavam seus pensamentos. Deviam ser tristes, porque uma sombra de melancolia banhava seu rosto encantador. O rio murmurava, deixando a sua canção, e pequeninas ondas formadas pelos ventos do norte vinham se quebrar sobre os seus pés de Nereida. Razão tinha a gente simples das redondezas em tê-la apelidado de 'rainha das águas', porque, assim sobre a pedra, onde vinha se assentar quase todos os dias, desde criança ainda, ela parecia mesmo uma majestade aquática, dominando o rio. A noite, entretanto, se aproximava célere. Ana Maria despertou como que de um sonho não muito agradável, e olhando o sol que afogueava o horizonte, ergueu-se com a graça de uma corça, arregaçou as vestes e passou à margem, onde calçou os sapatos e apressada, ao notar que se fazia tarde, correu por um atalho, em direção à sua casa. As cigarras continuavam cantando em desafio, e algumas aves retardadas volteavam no ar, como encantadas pela luz do poente. No céu, Vênus parecia um grande brilhante, perdido entre as nuvens... Ana Maria acelerou os passos. Seu velho pai não devia tardar, e como ficaria triste se não a encontrasse no lugar costumeiro...

Ofegante pela carreira, avistou no lusco-fusco da tarde dona Júlia reclinada sobre o portãozinho. Acenou-lhe alegremente com a mão. Quando se aproximou de todo, atirou-se nos braços maternos, que a acolheram efusivamente. Com a respiração dificultada pela carreira, Ana Maria perguntou:

— E o papai, já chegou?

— Ainda não... Mas como estás cansada! De onde vieste, filha?

— Da pedra do rio. Esqueci-me das horas, por isso vim correndo. Como estou cansada! – murmurou ela num suspiro, enchendo os pulmões de ar.

— Descansa um pouco, não deves correr assim. Vai lá dentro e bebe um copo de água que te fará bem; porém não custes, minha filha, pois teu pai não deve tardar...

Ana Maria, obedecendo à sua mãe, bebera água e, ligeira, fora logo ao encontro de seu pai, como costumava fazer desde criança. Quando Macário não a encontrava sentada na grossa raiz de uma velha mangueira que sombreava o caminho, ficava apreensivo, porque a sabia doente ou pensava que tivesse acontecido algo anormal em seu querido lar. Naquela tarde, como sempre, Ana Maria o esperava sentada, trançando com um pedacinho de pau seco desenhos na areia do caminho. Ao ver a filha, o jardineiro largou ao chão os seus apetrechos de trabalho, conservando apenas seguro um ramalhete de rosas vermelhas que trazia para ela. Aproximou-se da menina – que se erguera ao vê-lo – sorrindo feliz. Oh! Como feria a vista aquele contraste entre pai e filha! Dir-se-ia, ao vê-los juntos, que estivessem ali, uma senhora e seu fiel servo... Quem diria que aquele rústico homem, bronzeado pelo sol, de mãos calejadas e grosseiras, poderia ser o pai daquela linda jovem de tez alva como o alvorecer do dia? A menina abraçou e beijou carinhosamente a testa queimada do velho

Macário, onde os anos cavaram fortes sulcos. Como brilhava de felicidade o olhar do bondoso homem! Aquela filha fora um presente do Céu, que o Pai Celestial lhe enviara. Era o seu tesouro: todo o seu ideal na Terra resumia-se nela. Nada o fazia mais feliz que o sorriso de Ana Maria.

Que importava o seu rude lidar, a sua pobreza, se quando chegava na velha mangueira, aquele anjo estava à sua espera? Entregando-lhe as rosas, beijando-lhe também as faces brancas, onde ao lado esquerdo se via um pequeno sinal, pouco menor que a semente de bonina, de quem tinha forma e cor, o jardineiro, com a voz embargada pela alegria que sempre lhe dava a presença da filha, murmurou:

– Ana Maria, como passaste a tarde?

– Como uma preguiçosa, sobre a pedra do rio, olhando os peixes brincarem na água – respondeu ela, sorrindo.

– Não deves ficar te expondo ao sol, minha filha; tens a pele delicada, não deves expô-la ao seu calor. Deixa isso para o teu pai, que tem pele grosseira e áspera.

– Mas que encobre um corpo onde se abriga um espírito dos mais bondosos, atalhou a jovem, beijando-o outra vez. Bem sabe o senhor – continuou ela – que o sol é meu amigo, não me faz mal. Como gosto de ficar naquela pedra, olhando a água que corre num murmúrio tão agradável! Já reparou, o paizinho, como o rio é um grande cantor? É pena que repita sempre a mesma canção! Assim mesmo gosto de ouvi-la... Ela me inspira pensamentos estranhos... Às vezes, dolorosos...

– Oh!, filha – interrompeu Macário, apreensivo. – Que pensamentos dolorosos são esses? Deves evitar esses devaneios que te assaltam comumente e que tanto me assustam!

– Devaneios, diz o senhor?! Talvez tenha razão... Porém, são tão reais que me surpreendem! Se não está muito cansado, vamos nos sentar nessa raiz, que contarei o meu 'devaneio' de hoje, o meu sonho sobre o rio, que talvez não fosse sonho, pois eu via tudo com tal nitidez, com tal claridade, que não me parecia que estivesse sonhando. Bem sabe que o mesmo me acontece quando me sento ao piano: as músicas surgem como se os meus dedos fossem movidos por uma força alheia. O tio Nicolau me explicou que eu tenho o dom, a que ele chama de psicometria.

O ancião se sentou numa raiz junto à filha. A tarde ia quase no fim. O sol já partira para a sua missão de transmitir vitalidade aos seres, às coisas e aos homens da outra face da Terra.

Ana Maria, segurando o ramalhete que o pai lhe dera, contou a Macário, como costumava fazer sempre que sofria um desses transportes, a 'visão' que tivera aquela tarde. Sua voz se perdia num murmúrio que mal se ouvia, como temerosa que alguém mais a escutasse. Dizia ela:

– Começou, como das outras vezes, paizinho: sentei-me na pedra e fui aos poucos mergulhando num sonho. Fui transportada a uma terra estranha, onde me via dona de um grande palácio, muito semelhante à mansão Renoir, porém com uma torre, que esta não possui. Tudo em minha volta era rico e luxuoso. Criados, todos vestidos numa espécie de uniformes vermelhos com enfeites doirados, estavam sempre prontos para atender aos meus menores desejos. Eu era, no sonho, como uma grande dama. Sabe o senhor quem eu via, dizendo-me palavras carinhosas em língua francesa, fazendo-me juras de amor, como se eu fosse sua noiva ou esposa? Sabes quem? Arthur!

– Arthur?! – exclamou ele. Oh! Deus!

A menina mal ouviu a exclamação de seu pai.

– Sim, Arthur. Estávamos todos vestidos de uma maneira diversa da nossa e usávamos cabeleiras postiças. Depois, mudava-se o cenário e eu me via numa cena, onde gritos, imprecações, soavam sobre mim, ameaçadoramente! Homens e mulheres, todos carregando archotes vinham se dirigindo para o palácio, onde residíamos. Então, fui testemunha de um acontecimento terrível: meus servos foram mortos e a multidão incendiou o palácio... Via-me fugindo ao fogo e à fúria daquela multidão enlouquecida pelo ódio. Novamente fui transportada a outro local, onde se falava a nossa língua. Eu trazia na alma uma tristeza enorme. Minhas vestes eram negras e um espesso véu, também negro, envolvia-me a cabeça. Mentalmente via a causa da minha dor; fora Arthur que tinha morrido, em meus braços, deixando-me viúva naquela terra, onde, sob as videiras, eu chorava... Oh, paizinho! Como foi terrível esse sonho! Despertei, tremendo... Que satisfação quando senti que tudo fora ilusão dos meus sentidos! Que não era aquela rica senhora, tampouco chorava sob as videiras, numa terra desconhecida... Oh! que alegria quando voltei a mim! Que alegria de ser Ana Maria, a sua filha... Está me ouvindo, paizinho? Parece tão pensativo...

– Estou te ouvindo, sim. Mas, são tão estranhos os teus sonhos, que me sinto apreensivo... Eu te pergunto: não me vês nunca em teus devaneios?...

– Às vezes... Hoje não o vi. E se não vai ficar zangado, contarei que no meu sonho de hoje à tarde, eu tinha outro pai. Se ele soubesse, que cara não faria...

E Ana Maria sorriu baixinho.

Macário a interrompeu meio intrigado:

– Quem era teu pai, então?

A menina respondeu, ainda sorrindo:

– Imagine, o paizinho! Era o orgulhoso senhor Frances Renoir.

Um silêncio caiu sobre eles. Ana Maria cobriu o rosto com as rosas, aspirando-lhes o perfume. Macário tirou o seu chapéu de palha de longas abas e coçou a cabeça, pensativo.

– Como tudo isso que me contas é estranho, filha querida! – murmurou ele, quebrando o silêncio que se fizera. – Sou um homem rústico e bem sabes tu, ignorante... Não compreendo por que tens essas visões; acho que deves contá-las ao padre João...

– Para me tomar como uma endemoniada? Não! Não as contarei ao vigário. O tio Nicolau explica muito bem o que se passa comigo e eu creio nele. Ensinou-me o Ermitão da Floresta que a alma vive muitas vidas, por meio das quais vai se aperfeiçoando até atingir um grau tão alto que se confunde com a Luz de Deus. Nessas vidas, vamos angariando conhecimentos, virtudes e méritos: elas não são mais do que escolas de espíritos, onde eles aprendem, errando muitas vezes, até gravarem 'bem' as lições. E para que não as esqueçamos, temos que desfazer de todo os erros praticados. Essas visões que tenho não são mais do que recordações de meu espírito. Devo ter errado em meu pretérito, pois não são agradáveis as lembranças que a minha mente conserva.

— Não creio, querida filha, que tenhas sido má, em algum tempo: és tão boa...

— O tio Nicolau afirma que o mal não existe. Isso que definimos assim são erros que cometemos por ignorância e atraso espiritual. A maldade é um estado passageiro da alma, que desaparece quando ela for esclarecida pelos ensinamentos que Jesus nos legou em seus evangelhos.

— É um consolo e ao mesmo tempo um estímulo, sabermos disso. Sempre achei injusto Deus criar as almas para condenar muitas delas, eternamente, ao inferno; como achava pequeno o espaço de uma vida para alcançar a santidade. Desse modo, como o Ermitão explica, saio da confusão em que vivia e fui criado.

Assim falando Macário se ergueu, no que foi imitado por Ana Maria, pois notara que o sol desaparecera e a noite semeava as primeiras estrelas pelo céu.

— Vamos, filha, tua mãe já deve estar à nossa espera.

— E eu que ainda hoje tenho que subir, com Joceline e Arthur, até a cabana do tio Nicolau, pois lhe reservamos uma surpresa...

— Mas, filha, ainda hoje? Já é tarde; não gosto de sabê-la dentro da floresta, depois que o sol se põe... — replicou o jardineiro, enquanto se curvava para apanhar as ferramentas que deixara cair, quando avistara a filha.

A menina o ajudava e ao mesmo tempo ia explicando:

— Arthur e Joceline estão me esperando ao pé da montanha da floresta. Combinamos fazer uma surpresa ao tio Nicolau; fizemos para ele uma roupa, ou melhor, um daqueles mantos que usa, todo branco. Arthur nos trouxe a fazenda e nós, Joceline e eu, costuramos. Nem queira saber o trabalho que tivemos, pois o costuramos às escondidas, porque dona Rosa não gosta que os filhos vão à cabana do tio Nicolau, 'como qualquer gentinha', como diz ela. Hoje combinamos tudo, não podemos adiar. À noite, mesmo com lua, será mais fácil para eles subirem a montanha sem que ninguém os veja. Levarei o sultão comigo e garanto que nada de mal há de acontecer. O senhor deixa-me ir, paizinho? – suplicou a jovem.

– Não te posso negar coisa alguma, filhinha. Mas, não sei por que, hoje sinto que não deves sair... Sinto qualquer coisa, como um pressentimento...

– Ora! O Arthur irá conosco. Quem se atreveria a fazer mal ao filho do senhor Renoir? Além disso, levando o Sultão, bem sabe que nada temo! Não se oponha que eu vá – insistia a menina em voz meiga.

– Podes ir e eu te acompanharei, tornou o velho.

– Não será preciso, pois bem o sinto quanto está cansado; seria um sacrifício para o senhor. Com a proteção de Deus, iremos garantidos, já que não confia em Arthur, nem em Sultão...

– Confio... Apenas estou inquieto com o pressentimento que me assaltou. Porém, não falemos mais nisso: irás ao encontro dos filhos do patrão. Mas ouve, minha filha: continuas a tratar o doutor Arthur e a menina Joceline com a mesma intimidade de antigamente. Dona Rosa já pediu, bem sabes, que mudes o modo de tratar os seus filhos, que eles já estão homens e sendo os 'teus patrões' não fica bem chamá-los pelos simples nomes...

– Bem sei e ela tem razão. Porém eles não consentem que eu mude o modo de tratá-los. Quando tentei chamá-los de senhores, Arthur deu uma de suas irônicas gargalhadas e Joceline replicou com aquele modo simples que possui: "Deixa de tolices, Ana Maria! Se insistires nesse tratamento imitar-te-ei também"... – E Ana Maria continuou meio constrangida: – Eu mesma, paizinho, não me acostumo a tratá-los de outro modo, pois sinto por eles um amor de irmãos...

– Porém não deves se esquecer de que são seus patrões! Que uma grande distância os separa de ti...

– Não esquecerei, paizinho – respondeu ela com inocente simplicidade.

Enquanto falavam, iam andando em direção ao chalé azul. O calor amenizara. Ao se aproximarem do portãozinho, Ana Maria colheu de sobre a cerca uns ramos floridos de madressilva e, juntando-os às suas rosas vermelhas, levou-os para sua mãe que estava atarefada, pondo a mesa para a última refeição daquele dia. Ao vê-los, ela veio alegre recebê-los. Macário foi guardar no interior da casa as suas ferramentas e tomar banho, para poder trocar as vestes para o jantar. Ao voltar, meia hora depois, já limpo e com os cabelos penteados, disse à mulher ao passar junto a ela:

– Ana Maria vai dar um passeio com os filhos do patrão. Vou buscar o Sultão para acompanhá-los, enquanto aprontas o jantar.

E o jardineiro penetrou num corredor que ligava a sala à cozinha, onde uma porta abria para o quintal. O cão costumava ficar preso por uma corrente, ao canil, durante o dia. Era um bonito e forte animal. Enquanto o jardineiro o soltava, o cachorro lhe fazia festas, balançando a cauda e ganindo com alegria. Ao chegar à sala, acompanhado pelo Sultão, Macário se assentou à mesa, onde já se encontravam sua mulher e a filha. O animal, após festejar as duas mulheres, foi se estender sobre as patas, olhando os donos. Macário comia em silêncio: estava faminto o bom homem! Trabalhara muito ao sol, aquele dia; verdadeiramente estava exausto o velho jardineiro. Por isso não insistira em acompanhar a filha até a floresta. À noite só possuía um desejo: repousar o corpo cansado. Já não era moço e os anos estavam pesando sobre os seus ombros. Além do mais, confiava em Arthur e por que não dizê-lo: no Sultão também.

Dona Júlia servia a frugal refeição, enquanto perguntava à filha:

– Aonde vais? Não gosto que saias à noite... Não sei como o teu pai consentiu – e a diligente senhora ia servindo os pratos, agilmente.

– Não se preocupe, mamãe. Quem me poderia fazer mal? Vamos levar um presente ao tio Nicolau, voltaremos logo.

– Acho que não deves ir... E tu, Macário, não vês que é uma temeridade Ana Maria andar pelos matos em plena noite?

– Acho sim... Porém que hei de fazer? Ela quando quer uma coisa, é caso sério...

E Macário olhou a filha, piscando um olho, enquanto levava um garfo à boca.

– Tu a pões a perder – tornou dona Júlia se fingindo muito zangada.

Ana Maria, que estava comendo com bastante pressa, levantou-se sorrindo para os pais, e disse:

– Não discutam mais, meus ranzinzas queridos! Já estou atrasada...

E beijando os pais, chamou Sultão com um assovio e ligeira foi ao encontro dos seus amigos de infância.

A lua vinha aos poucos clareando a noite. Ana Maria marchava apressada por entre os arbustos, enquanto o cão pulava alegremente à sua volta. Combinara o encontro com Arthur e Joceline no sopé da montanha, onde uma pedra bastante alta guardava a entrada da floresta. A jovem caminhava cantarolando uma canção. O luar prateava as folhas das árvores. Quase ao chegar ao local combinado para o encontro, Ana Maria sentiu que alguém vinha se aproximando. Parou, pensando que fossem seus amigos. Sultão, porém, latia furiosamente, o que fez a moça ficar apreensiva, pois o fiel animal não costumava estranhar os dois moços. Quem seria, portanto? Instintivamente, ela continuou a andar ligeiro, olhando para trás assustada. E quando já se aproximava da grande pedra, um vulto de homem delineou no caminho, vindo em sua direção. A jovem abafou um grito de pavor. Reconhecera, no homem que se aproximava, um operário da fábrica, de nome Miguel, que costumava lhe dirigir galanteios grosseiros, principalmente quando a encontrava sozinha. Ultimamente ele tinha se tornado mais ousado, talvez porque a moça sempre o repelia com altivez. Ela sentia pelo operário uma verdadeira repulsa. Ao vê-lo aproximar-se, instintivamente recuou, como à procura de um abrigo qualquer que a livrasse de sua presença. Sultão, sentindo que sério perigo ameaçava a sua dona, latia furioso, em direção ao rapaz. Miguel, ao chegar perto de Ana Maria, respirando apressadamente, saudou-a, arquejando da caminhada.

– Boa noite, Ana Maria! Que faz a 'rainha' tão só, por estes matos? A quem espera?

E o operário aproximava-se cada vez mais da menina, que recuava, suplicando a Deus que aquele homem a deixasse em paz. Sultão tomou a frente dela e avançou para Miguel, que diante da ira do animal, recuou prudentemente, exclamando com raiva:

– Faça este cão se acalmar se não quer que eu o castigue com um pontapé ou coisa pior...

– Retire-se – murmurou a moça, criando coragem diante da grosseira ameaça –, que Sultão não o incomodará.

– Retirar-me sem antes lhe dizer o que há muito tenho desejado? Nem pense nisso! Não imagina o quanto esperei por um momento destes! Hoje, ao vê-la passar, pensei logo: Chegou a ocasião tão desejada de perguntar a Ana Maria se quer casar comigo...

– Casar com o senhor?! Deve estar louco! Vá embora, por favor, antes que o Sultão o morda, ele está cada vez mais zangado.

– Não tenho medo de cachorro nenhum e muito menos desse aí – disse com desprezo Miguel. Olhe, Ana Maria – e o operário mostrou um revólver à moça, que olhou aterrada para a arma que brilhava à claridade do luar –, está vendo esta arma? Pois está carregada com seis balas e se este cão quiser me morder, descarregarei todas elas no corpo dele.

A moça sentiu um calafrio, e tremendo suplicou aos céus um auxílio. Miguel a interpelou, raivoso:

– Vamos, responda! Por que vive a me repelir? Não vê o quanto a amo? Pense um pouco e verá que não mereço que me trate com desprezo. Porque, finalmente, não pense que encontrará outro melhor do que eu...

E o moço tentou se aproximar mais uma vez da menina. Esta, apavorada, sentiu que aquele homem estava alucinado pela paixão que inocentemente despertara. Compreendeu que ele queria, custasse o que custasse, uma resposta favorável que ela jamais daria.

Como estavam tardando os seus amigos. Oh! Deus! Fizesse que eles não se demorassem mais! Entretanto, em todo o tempo, Sultão latia sem parar, e o seu latir furioso ecoava acima da montanha. Parecendo não ouvir os latidos do fiel animal, Miguel, parado a uns dois metros da filha do jardineiro, tendo sempre na mão o revólver, falava apressado, como compreendendo que teria de andar ligeiro para não perder aquela oportunidade.

– Vamos, Ana Maria! Que espera? Será que me despreza porque aspira algo mais alto?... Vive sempre com o filho do patrão às voltas; pensará por acaso que ele queira, um dia, fazê-la sua esposa?! Julga, porque é bonita, que ele acolherá uma moça pobre, filha de seu jardineiro, para mulher? Não pense tal! – E ofensivo, ele continuou, após respirar com força: – o doutor Arthur talvez queira, isto sim acredito, transformá-la em uma de suas amantes.

Ao ouvir a covarde afronta, Ana Maria gritou indignada:

– Cale-se e saia daqui! Sua presença me causa asco. Saia, antes que lhe jogue o Sultão em cima. Casar-me com uma tão vil criatura, como o senhor? Nunca! Prefiro mil vezes morrer! Covarde!

O operário, ao ouvir as palavras de Ana Maria, sentiu-se profundamente ferido, chicoteado em seu amor próprio, em seu orgulho de homem. Um calor enorme lhe queimou o rosto. O sangue lhe subiu à cabeça e uma tontura, uma alucinação, lhe tomou conta do cérebro, impossibilitando-o de raciocinar... Esquecendo o perigo que o cachorro representava, dirigiu-se para Ana Maria com os braços abertos, como querendo estreitá-la num abraço. A lascívia, o desejo de possuí-la por um momento, fê-lo perder a razão. Sentindo que a jovem tentava fugir, subindo a montanha, o que teria feito se não tivesse tropeçado e caído, correu ao seu encalço, cego de paixão. O cachorro avançou com os dentes afiados e cravou-os em sua perna, defendendo bravamente a sua dona, que jazia por terra, meio desmaiada. Sentindo a dor, Miguel levantou a arma e ia disparà-la, quando sentiu que alguém o segurava pelo braço. Parou e ao ver quem o detivera, recuou cheio de temor, baixando a cabeça, envergonhado. Estava diante dele, imóvel, a figura de um ancião, de aspecto estranho, vestido com um manto branco e apoiando-se a um cajado. Miguel o reconheceu: era o tio

Nicolau, o Ermitão da Floresta. O moço levou as mãos ao rosto, deixando cair a arma, vencido e apavorado... O cão deixara de latir e colocara-se junto de Ana Maria, que olhava a cena boquiaberta. Como pudera o tio Nicolau ter surgido ali, milagrosamente, para salvar a ela e ao seu fiel animal da fúria do operário? A jovem, erguendo-se, segurou Sultão pela coleira, olhando os dois homens que se defrontavam: o velho, calmo e impassível; o moço, trêmulo, acovardado diante do ancião.

– Jovem – falou com energia o tio Nicolau, apoiando-se sobre o bastão –, que fazes aqui e por que trazias esta arma?

Miguel não respondeu: imbecilizado, olhava o revólver que deixara cair. O Ermitão continuou:

– Não sabes que é um crime carregar semelhante arma? E que um crime maior ias cometendo ao atacar, covardemente, a inocente indefesa? Reparaste, filho, como este cão se portou com mais nobreza do que tu? Enquanto, como um salteador de estradas, vilmente, atacaras a menina, ele a defendia com heroísmo!

E incisivo, o ancião continuou:

– Sabes o que quer isto dizer? Que este animal tem maior compreensão de seus deveres para com Deus e para com os homens do que tu... Seus sentimentos são mais elevados do que os teus... E baixando-se, o tio Nicolau apanhou o revólver e entregando-o ao moço, continuou a falar pausadamente, enquanto seus olhos brilhavam com estranha luz:

– Ouve uma verdade que os anos me ensinaram, pobre filho: nunca procures o amor pelo caminho do egoísmo. Semeie primeiro boas ações em volta de ti, mostra-te digno de ti mesmo, para depois poderes ser digno do coração de teus semelhantes... Por que aspirar a um sentimento, quando nada fizeste para merecê-lo? Calcando ao chão o fruto do teu amor, não poderás saboreá-lo. Antes deves embebê-lo na água cristalina na fonte de tuas virtudes e não jogá-lo na lama impura do pântano de teus desejos. Toma a tua arma. Não firas ninguém com ela para que amanhã não sejas tu o ferido. Não esqueças, meu filho: onde semeares o bem aí mesmo o colherás. Nunca o procures, levando em teu espírito o mal. Segue teu caminho e que a luz do Senhor clareie a tua alma.

Miguel, como que hipnotizado pelo velho, deu uma volta e desapareceu por entre as árvores. Só então foi que Ana Maria se aproximou do tio Nicolau. Sultão, como se também reconhecesse que a ele devia a vida, lambia-lhe os pés, calçados numa sandália, dessas usadas pelos franciscanos. A jovem, trêmula pelo susto que passara, murmurou, juntando as mãos como em prece:

– Oh! tio Nicolau! Devemos-lhe a vida, eu e o Sultão... Que grata lhe estou!

O velhinho acariciou levemente a cabeça da menina, sorrindo com bondade:

– Bem sabes – disse ele – que não deves me agradecer, minha filha. Não fui eu quem te salvou e ao teu nobre cão: foi Deus, o Todo-Poderoso, que sempre protege os seus filhos indefesos. Fui apenas o seu instrumento. Mas, sabes o nome desse infeliz irmão, que te fez sofrer, ainda há pouco? – perguntou tio Nicolau.

– Sim. chama-se Miguel e é operário da fábrica. É um homem muito mau! Deus o afaste do meu caminho...

– Miguel... O físico em nada mudou, nem o seu espírito também... Apenas o nome – murmurou baixinho o ancião.

– Que disse o senhor, tio Nicolau? Já conhecia Miguel? – perguntou a menina surpreendida.

– Conheci alguém semelhante a ele, mas se chamava Nicolau. Porém que importa um nome? O que é necessário é que este espírito se esclareça, e para este fim ofertaria sorrindo a minha vida.

Ana Maria ia interpelá-lo sobre as suas palavras, que não compreendera – não sabia ela que só mais tarde iria ter uma surpreendente explicação das estranhas palavras que ouvira –, quando um grito de mulher cortou o ar, assustadoramente. Ana Maria empalidecera, levando a destra ao coração que batia descompassado. Ela conhecera aquele grito: fora de

Joceline. O Ermitão, como era conhecido o tio Nicolau, porque vivia isolado dentro da floresta, como um verdadeiro eremita, ficara imóvel. Ana Maria sentiu uma angústia lhe oprimindo a alma. Procurou se aproximar instintivamente de tio Nicolau, mas ao tomar-lhe as mãos, soltou um ligeiro grito: a mão dele estava gelada como a de um morto! Ana Maria apenas pôde murmurar, tremendo:

– Tio Nicolau?...

Porém o ancião não lhe respondeu. Um silêncio tétrico fizera-se à volta deles. Até mesmo Sultão estava assustado e se aconchegara às pernas de sua dona, com os pelos eriçados. A mente de Ana Maria desapareceu no vácuo... Sentia que algo devia estar se sucedendo com seus amigos, porém as pernas se recusavam a correr ao encontro deles: as forças lhe fugiam... Procurando apoiar-se na pedra da montanha, ficou paralisada, temendo, em sua meia inconsciência, que tio Nicolau tivesse sofrido um ataque súbito e admirava-se de ele ainda não ter caído. Passado um momento, grande e angustioso momento, ela sentiu que passos se aproximavam e ouviu nitidamente a voz de Joceline. Ao mesmo tempo notou numa névoa que o tio Nicolau movia em sua direção. Graças a Deus! Tudo fora fruto de sua mente exaltada. Também estava tão nervosa com o que lhe sucedera com Miguel, que ao ouvir aquele grito de Joceline quase perdera a noção das coisas. Foi aos poucos voltando a si...

Quando os dois moços se aproximaram, ela estava quase refeita do susto que sofrera. Arthur, que carregava um embrulho, deixou-o cair ao avistar o tio Nicolau. Sofregamente correu para ele e tomou nas suas as mãos do velho, que silencioso olhava o céu, como se estivesse orando... Parecia que estava alheio a tudo que o cercava.

– Oh! tio Nicolau! Por que não esperou por nós? Graças a Deus chegou a tempo de afugentar com o seu cajado aquela cobra! – e Arthur osculou, agradecido, a mão do velho. – Por que não esperou para vir conosco? Nem tivemos tempo de lhe agradecer! O senhor desapareceu como que por encanto!... – exclamou o moço todo surpreso.

À proporção que o rapaz falava, Ana Maria ia se aproximando, e ao ouvir as palavras de Arthur, sentiu como um choque em seus nervos: quis falar, mas não pôde... Ele, ao vê-la cumprimentou-a, alvoroçado.

– Sabes, Ana Maria, escapei milagrosamente de ser mordido por uma cobra: Ia pulando o riachinho que fica a uns cinquenta metros daqui, quando tropecei e meu pé ficou preso a uma raiz; foi então que vi, à luz da lua, uma grande cobra que armava o bote em minha direção. Joceline também a viu e gritou! Nesse momento, tio Nicolau surgiu, não sei como, e ela fugiu. Que susto, minha amiga!

Joceline, que apanhara o embrulho que o seu irmão deixara cair, aproximou-se, coxeando, do Ermitão, que ainda estava imóvel, olhando o céu. Ana Maria, fazendo um esforço enorme sobre si mesma, acercou-se de Arthur e perguntou-lhe baixinho:

– O tio Nicolau foi quem afugentou a cobra?

– Sim, Ana Maria, foi ele! Não compreendo como pôde chegar aqui tão depressa...

O eremita falou manso, então:

– Não podes compreender a bondade de Deus, meu filho, tão grande é ela! Não fiques aí a falar de agradecimentos ao velho Nicolau. Agradece antes a Deus, o supremo salvador de todos nós. Os homens só se lembram do Pai quando estão precisando... Depois esquecem logo o bem recebido...

Arthur o interrompeu com humildade:

– Eu não o esqueci, tio Nicolau! É que tendo escolhido o senhor para me salvar, estou indiretamente agradecendo a Ele, porque foi por seu intermédio que Deus me livrou da serpente.

Joceline falou também:

– Arthur tem razão: agradecendo ao senhor, estamos agradecendo a Deus, tio Nicolau, porque a ação foi feita pelo senhor, inspirada por Ele. Quanto estou grata ao Pai do céu por ter enviado um de seus anjos para salvar o meu irmão!

Ana Maria, aproximando-se ainda mais de Arthur, chegou a boca bem perto de seu ouvido e lhe murmurou, ciciando:

– Arthur, o tio Nicolau estava aqui, comigo, e não saiu um só instante de perto de mim, depois que ouvimos o grito de Joceline...

– Estás enganada, naturalmente, Ana Maria! Ele deve ter se afastado, sem que o percebesses – respondeu com incredulidade o jovem Renoir.

– Juro-te, Arthur! O tio Nicolau não saiu um instante sequer de junto de mim...

O moço ficou indeciso, procurando ver, à luz do luar, o rosto da menina para saber se ela estava sendo presa de uma ilusão, como aliás tantas vezes acontecia com ela. Se fosse como Ana Maria dizia, então ele assistira, em seu favor, um extraordinário milagre! Mas, não! Era impossível que tal tivesse acontecido... Quem era ele para Deus agir com tamanha misericórdia? Dirigindo-se mais uma vez à moça, como querendo tirar a prova do que ela dissera, Arthur perguntou baixo, temendo que o Ermitão ouvisse:

– Tem certeza do que dizes? Não estavas, Ana querida, num desses teus momentos de êxtase, em que te transportas a mundos estranhos e vês coisas que jamais imaginaste? Pensa bem...

– Não, Arthur – respondeu a jovem, convicta –, não estava num daqueles momentos; estava assustada com o grito de Joceline, disto podes ter certeza.

– Então, o tio Nicolau, Ana Maria, é um verdadeiro santo! Vamos até ele! (pois enquanto falavam tinham se afastado um pouco do Ermitão).

– Mas, não lhe toques em nada, Arthur – pediu a menina. – Ele talvez não goste...

– Tens razão, não lhe falarei, porém vamos até ele... Vem, Ana Maria.

Os dois jovens se aproximaram rápido do local onde se encontrava a Ermitão junto com Joceline. Esta estava segurando o embrulho à espera de seu irmão e de sua amiga, sem compreender por que ambos se encontravam afastados do tio Nicolau.

Arthur, ao se aproximar, tomou novamente as mãos do velho nas suas e, comovido, agradeceu mais uma vez a graça que alcançara por seu intermédio. O Ermitão continuava imóvel, olhando as estrelas, silenciosamente, como era, aliás, seu costume. Arthur compreendeu que ele orava, e temeroso, porém sem vencer a tentação de lhe falar, murmurou mansamente, despertando-o do êxtase em que se encontrava:

– Tio Nicolau? Está sentindo alguma coisa?

O ancião, baixando a cabeça, olhou o rapaz e, sorrindo de leve, disse-lhe com seu modo calmo e sossegado:

– Que poderia sentir o tio Nicolau, meu filho? Nada temas... A minha missão ainda não foi de todo cumprida... O silenciar é próprio dos velhos. Olhava o infinito, apenas. Vê, filho, sempre neste lodo da Terra, tão pequenina diante da Magnificência do Senhor, uma estrela brilha, lembrando aos homens que para além, muito além, existem mundos onde não será preciso que vivamos sempre alerta em defesa do nosso corpo e principalmente em guarda contra os perigos que espreitam os nossos espíritos. Nesses mundos, a dor é uma dose mínima, nada em comparação com este calvário que é o viver dos humanos... Não esqueçam, nunca, filhos meus, de dar sempre graças a Deus quando virem uma estrela brilhando!...

– Sim, tio Nicolau! Agora estamos dando graças a Ele, por nos ter enviado um verdadeiro anjo!

E Arthur, sem se poder conter, beijou a mão do velho, murmurando comovido, com lágrimas nos olhos:

– Que santo é o senhor, tio Nicolau!

– Oh! – interrompeu com humildade o ancião –, não repitas tal absurdo. Sou o menor dos servos de Deus, tão indigno que Ele me esqueceu sobre a terra... Por que, pergunto em meus momentos de solidão, Ele não me livra desse exílio, se o meu corpo já se encontra mais perto do sepulcro do que da vida?

– Por que, tio Nicolau? Oh!, bem disse o senhor há pouco: para poder cumprir até o final a missão de que o Altíssimo o encarregou. E como sabe bem cumpri-la o santo Ermitão da Floresta!...

– Não te deixes exaltar, meu filho. O entusiasmo é muitas vezes perigoso... Procura ver tudo com os olhos do espírito e não com os do corpo.

Então compreenderás que tudo que consideras 'milagre', qualquer um poderá praticá-lo. Necessário se faz apenas que acima dos gozos deste mundo coloquemos o amor a Deus e ao próximo.

O Ermitão ia se dirigindo para a subida da montanha, quando Joceline e Ana Maria, que ouviam caladas o diálogo entre os dois, se aproximaram e, desenrolando o embrulho, mostraram o seu conteúdo ao tio Nicolau, que sem compreender o que era, parara.

Joceline foi quem falou.

– O senhor não fique zangado com os seus amigos, mas nós projetamos uma surpresa para o senhor. Acreditamos que não vai ficar aborrecido conosco...

– Como assim, minha filha?...

– É que... – e a menina meio confusa, pediu ao irmão: – Explica-lhe, Arthur, tens mais jeito do que eu...

– As duas, tio Nicolau, fizeram uma roupa para o senhor; foi esta a surpresa que lhe reservaram. Aceita e vai nos perdoar, não é?

– Aceito, meus filhos e nada tenho que perdoar! Sabeis que estou rico de roupas? Com esta que me dão, são três que possuo. Que Deus os abençoe! Agora, volto à minha cabana. Até amanhã, filhos queridos: que o senhor não os desampare jamais.

Apoiando-se no cajado, apesar do seu andar ser ainda firme, o tio Nicolau tomou o caminho que levava até a montanha, levando num dos braços o seu novo manto. Os moços se dirigiram também, acompanhados por Sultão, de volta a seus lares.

Os acontecimentos daquela noite iam ficar gravados em seus espíritos. Sentiam-se leves, fortes e alegres, como se novas energias tivessem sido infiltradas em suas mentes pelo Ermitão da Floresta.

O ermitão da floresta

NO ALTO DA MONTANHA DA floresta, bem no seu cimo, há muitos anos, uns lenhadores construíram uma sólida e rústica cabana. Ali eles costumavam repousar das lides de seu rude trabalho. Sendo vendida a montanha e tendo sido por isso proibido o corte de madeiras, ficara abandonada a pequena cabana, perdida no meio da floresta densa. O novo dono, aliás, misterioso personagem que ninguém conhecia, pois a compra se dera por intermédio de terceiros, jamais aparecera entre os habitantes da cidade de B. Tornara-se quase lendário. Uns diziam que ele era um excêntrico homem que, visionário, sonhava com um fabuloso tesouro enterrado dentro dos bosques da montanha. Pensando descobrir a fortuna que imaginara haver ali, comprara aquelas terras, e na calada da noite, murmuravam, vinha ele cavar em busca do tesouro oculto... Outros diziam ser o comprador um louco, que por capricho doentio adquirira aquelas matas, para ter um refúgio seguro dentro delas, quando fugia do asilo onde era internado. Finalmente, ninguém sabia ao certo quem fora o verdadeiro comprador da montanha da floresta. Todos procuravam uma explicação para o porquê daquela compra. A verdade era que o misterioso dono nunca viera reclamar os seus direitos de posse.

O povo, vendo que ninguém aparecia para cuidar daquelas terras, começou, por conta própria, a cortar as madeiras e os caçadores procuravam, despreocupados de serem surpreendidos, as suas caças prediletas. Até que um dia, misteriosamente, surgira sem ninguém saber de onde nem como viera dar ali, um estranho homem de longas barbas brancas. Não obstante o encanecimento dos cabelos, seu rosto era ainda relativamente moço! Seus olhos não tinham aquela névoa que costuma ter a vista dos velhos: eram límpidos e brilhantes, como se deles irradiassem luzes. Sem pedir licença a quem quer que fosse, tomara posse da cabana abandonada. A princípio o povo não tomou conhecimento de sua figura. Vivia isolado, sem fazer mal a ninguém. Embora tivesse aspecto de um mendigo, ele não estendia a mão à caridade pública. Desconheciam o viver do misterioso velho. Como se alimentava, ninguém sabia... Estranho era também o seu vestuário, pois usava sobre o corpo uma espécie de túnica ou batina branca. Devido a esse seu modo de vestir, muitos o consideravam um desses pobres loucos que vivem pelo mundo, vestidos com um manto à moda de Cristo, pensando serem profetas, pois em sua imaginação doentia julgavam que o hábito fizesse o monge...

O pior, para muitos, fora que ele aos poucos afugentara daquelas matas a caça aos pobres animais e pássaros indefesos. O primeiro caso se dera quando o filho do sacristão estava com sua espingarda de caça, procurando umas rolinhas para o senhor vigário comê-las, com arroz, em seu jantar. Eram essas aves o prato predileto do vigário da cidade de B. E o filho do sacristão era exímio caçador dessas 'todo-ternura' avezinhas. Passeando descuidadamente entre as árvores, Joãozinho procurava por algum casal, para abatê-lo e levá-lo à panela do glutão senhor padre. Andava sem fazer quase barulho, para não espantar as assustadiças avezinhas, quando de súbito viu surpreso que um vulto esquisito, parecendo um padre missionário que certa vez vira pregando umas missões na cidade, devido às suas vestes brancas, se dirigia para o seu lado. Porém, reparando melhor, o menino notou que aquele velho não era o tal missionário. Quem seria, então? E um frio esquisito correu pela espinha de Joãozinho. Seria, Santo Deus, o tal louco que o povo dizia ter comprado aquelas matas? Ou pior ainda, algum fantasma? Fosse o que fosse a 'visão', ela estava se dirigindo ao seu encontro e o menino pôde ver assustado, quando chegara bem perto dele, que era um homem de barbas brancas. O velho se apoiava em um bordão, embora seu corpo fosse ereto e firme, como se não sentisse o peso dos anos. Ao se aproximar de todo, ele fitara em Joãozinho um olhar profundo e o menino pensou ter visto como uma auréola de luz, cobrindo por completo a sua cabeça. E sentira, também, como se dos seus olhos tivessem saído fachos de luz. Murmurando, tremendo, apavorada, a criança falou como se tivesse diante de si um fantasma.

– Senhor, que quereis? Quem sois vós? Por favor, pelo amor de Deus, não me faças mal.

– Nada temas, meu menino. Não sou nenhum fantasma como julgas... Apenas um pobre homem que te quer falar. Como é teu nome? Queres dizê-lo? – perguntou o velho em voz meiga.

– Joãozinho me chamam, senhor.

E a criança respirou aliviada. Graças a Deus não era nenhum fantasma como temera. Sua figura parecia mesmo a imagem de São Pedro, que existia lá na Igreja. E os seus olhos eram bondosos, embora brilhassem muito, tanto que quase não se podia fitá-los.

– Joãozinho, eu sou o tio Nicolau, que veio morar aqui nesta floresta, para dizer aos meninos bons, que o Pai do céu não quer que façam mal aos seus pássaros.

– Senhor – desculpou-se a criança –, eu venho caçar a mando do vigário, ele ralha comigo e fica zangado com papai se não levo, para seu jantar, as rolinhas de que tanto gosta.

– Oh! Dize-lhe então, meu bom menino, que venha ele mesmo, caçá-las sim! Porque bem sei que o Joãozinho quando souber que as aves foram criadas, como motivo de felicidade para os homens, para alegrá-los com seus maviosos cantos e belas plumagens e não para saciar-lhes os apetites, não as caçará mais. Matar um pássaro é interromper uma vida que procura, em sua evolução, chegar até o Altíssimo. Já te disseram isso, meu filho?

– Não! Pelo contrário! Sempre me dizem que as aves não têm almas, que não é pecado matá-las.

– Deus, o Criador de tudo, não poderia esquecer de dar alma a seus pássaros. Tudo que vive possui um pouco de sopro divino e esse sopro é a alma. Alma muito grata ao seu Criador! Pois, já ouviste como ao nascer do dia elas dão graças, entoando os mais suaves cantos ao Pai do céu? As avezinhas têm uma alma, e essa alma um dia entoará seus cânticos a Deus; não deves matá-las, meu menino.

E fazendo uma pausa, o ancião continuou:

– Elas, coitadinhas, às vezes, são colhidas por uma bala. Já pensaste na dor dos filhotinhos que ficam à míngua, privados do alimento e do carinho materno? Morrem famintos, esperando em vão a mãe que não chega...

– Oh! – murmurou com os lábios tremendo Joãozinho.

Fingindo não ver a comoção do menino, o tio Nicolau perguntou:

– Já sentiste, alguma vez, um corte qualquer?

– Sim, senhor, cortei uma vez minha mão, sofri muito...

– Sofreu? Imagina a dor de uma bala num tão pequenino corpo... E tem certamente uma mãe?!

– Oh! Tenho, graças a Deus! E que boa ela é – respondeu pressurosa a criança.

– Então, que farias se alguém a matasse, enquanto preparava o alimento para ti e os teus irmãos, que farias?

– Oh! – murmurou pela terceira vez o menino horrorizado –, era capaz de matar quem tal fizesse! Nem é bom falar!

– Então, por que matas a mãezinha das pobres e inofensivas aves? Por quê? – perguntou incisivo o velho da floresta.

O menino baixou os olhos e torcendo entre as mãos pequenas, a arma que trazia, ficou sem saber o que dizer ou fazer. O tio Nicolau insistiu:

– Responde, filho, por quê?

– Senhor! Nunca mais hei de matar ave alguma, juro, nunca mais.

– Mesmo que o senhor vigário te o mande? Responde, meu menino...

– Ninguém, senhor, poderá me obrigar a tornar a matar uma ave.

E pensando que talvez o vigário o obrigasse, disse sorrindo brejeiro: caso ele insista, direi a ele que venha conversar com o senhor.

– Sim, dize ao vigário que venha falar comigo.

E o velho sorriu misteriosamente, enquanto afagava a cabeça da criança. O filho do sacristão ergueu os olhos e perguntou interessado:

– Como é mesmo o nome do senhor? E onde disse que morava?

– Eu me chamo... tio Nicolau, e moro na cabana dos antigos lenhadores, naquela cabana abandonada no meio da floresta. Sabes onde fica?

– Sei, muitas vezes fui até lá com meu pai – e a criança fez o sinal da cruz, temerosa. – Dizem que ela é mal assombrada, senhor! Como pode morar ali?!

– Em qualquer canto da terra podemos morar. Nada devemos temer, quando temos o espírito livre de maldades. Deus guarda os seus filhos, meu menino.

E Joãozinho, olhando agora já sem o menor temor aquele homem, que sabia dizer palavras tão boas, sentiu ter que deixá-lo. Como seria bom ficar junto dele, ouvindo as suas palavras. O tio Nicolau falava melhor do que mesmo o senhor vigário. Não o ameaçara com o fogo do inferno, se caso praticasse algum mal. Pelo contrário, falava apenas na bondade de Deus. Que bom seria se o Pai do céu fosse assim misericordioso, como dizia aquele velho, em lugar do Deus terrível que castigava os filhos, condenando-os eternamente ao inferno tenebroso, pela desobediência aos mandamentos da Igreja, como vivia dizendo em seus sermões dominicais o padre da cidade de B. Verdadeiramente o Deus de que falara o velho era melhor e mais justo do que aquele que ele conhecera até então. Como gostaria de ficar ali conversando, ouvindo as suas palavras, mas sua mãe o esperava; e o que era mau, o senhor vigário também esperava as suas rolinhas... Com certeza iria ser ameaçado com o inferno, pela desobediência às suas ordens... Porém, haveria de lhe contar o que sucedera. Que o padre viesse falar com o tio Nicolau! 'Porque' nunca mais poderia matar uma avezinha... E despedindo-se do tio Nicolau, o menino estendeu a mão amigavelmente, e com aquela espontaneidade que têm as crianças, conquistadas por alguém, disse meio suplicante:

– Até logo, tio Nicolau... Posso vir mais uma vez falar com o senhor, lá na cabana abandonada? Gostaria tanto de saber se o Pai do céu é como o senhor diz mesmo e que não gosta de castigar como o que me ensinaram a respeitar...

– Pode, sim, meu filho; vem conversar comigo tantas vezes queiras. Falarei do Pai do Céu e mostrarei que ele não castiga aos seus filhos; nós sofremos as consequências de nossos erros, isto sim. Vá à cabana, Joãozinho, estou sempre lá para conversar com os meninos bons, como tu és. Deus te acompanhe, meu filho...

* * *

Ao chegar à cidade, o menino contara com aquela fertilidade de expressões que afluem à boca da infância, quando qualquer aventura lhe acontece, o estranho encontro que tivera. O padre ficara furioso e jurara ir falar com aquele mendigo, para expulsá-lo da floresta, assim que o seu reumatismo lh'o permitisse subir à montanha. Ou quando o mendigo viesse esmolar na cidade. Mandaria expulsá-lo, dando-lhe uma lição em regra, embora o vigário tivesse ficado esperando por uma oportunidade que nunca surgira, pois nem a sua gota permitia subir a montanha, nem o tio Nicolau jamais fora visto mendigando na cidade de B. ou em qualquer outro lugar. Os boatos a respeito do estranho homem iam surgindo, despertando a curiosidade em torno do pacato velho, que tivera a ousadia de não ir ao encontro das ordens do guloso senhor vigário... Mas, com o correr dos anos, principalmente entre os pobres humildes, o tio Nicolau, o Ermitão da Floresta, como se tornara conhecido, devido ao seu viver cheio de privações (alimentava-se exclusivamente de frutos silvestres, mel de abelhas e raízes das plantas), tornava-se cada vez mais querido e venerado. A túnica branca ficara quase rendada pelos furos dos espinhos e suas brancas barbas cada vez mais encanecidas e ralas. Só os seus olhos não mudavam, sempre límpidos e brilhantes, dois fachos de luz iluminando as suas faces pálidas. Era uma figura conhecida em toda a redondeza da cidade, tornara-se quase lendária. Operava com suas palavras, repletas de amor, verdadeiras transformações no proceder dos humildes, feridos pelos cardos da vida. Muitos ébrios deixaram o vício depois de ouvi-lo falar. E os maridos que abandonavam os lares vinham após ouvir as palavras do Ermitão, arrependidos em busca do perdão. Um halo de felicidade enchera de paz e resignação a pobreza até então abandonada, esquecida da cidade de B., desde o dia em que surgira, sem se saber de onde nem como, aquele estranho homem, Ermitão da Floresta.

* * *

Enquanto a pobreza via no bondoso Ermitão um verdadeiro santo, um enviado do céu para minorar-lhes os sofrimentos, os ricos e os poderosos não viam com bons olhos a influência que ele exercia no povo, incutindo-lhes ideias de certa igualdade e ensinando àquela gente a ver o mundo e as coisas por outro prisma até então desconhecido. Suas palavras, repassadas de esperanças numa vida melhor, ensinavam àqueles que sofriam a aceitar os desígnios do Eterno com resignação e humildade, explicando-lhes que o reino do céu pertencia aos mansos e humildes, e enchiam de certo despeito aos ricos, que se julgavam os senhores da terra, os eleitos do Senhor, portanto, únicos merecedores dos gozos celestiais. E se não fosse temer uma vingança qualquer da plebe, há muito que o teriam expulsado daquelas terras! Porém mais do que todos, o vigário desejava ver pelas costas aquele mendigo, que ousara ir ao encontro das suas ordens. Sentia-se, mesmo, como roubado nos seus direitos de religioso e de chefe espiritual de toda aquela gente da cidade. Desde o aparecimento do tio Nicolau, aquele maníaco que vivia como um selvagem dentro da floresta, em contato com os animais, ele ficara quase posto de lado, perdendo, dia a dia, o prestígio que gozava entre o povo. Antes as suas palavras eram oráculos para os seus paroquianos.

Faziam o que ele queria; suas palavras eram lei. Até mesmo fora prejudicado em seu prato predileto. Só em pensar nele enchia a boca d'água. Como seria agradável ter sempre ao jantar as suas rolinhas tão saborosas! Aquele demente proibira a caça na floresta, onde as rolinhas viviam em abundância, e sem compreender por que, ninguém ousava nem queria mais caçar naquele local. Tudo mudara como que por encanto! Até mesmo na igreja, quando tentava explicar como era a figura do demônio e todo o horror de seu reino de castigos eternos, as crianças sorriam e replicavam convictas que nada daquilo existia. E explicavam, sem respeito aos dogmas da Igreja que Deus, sendo Pai, não iria criar um local de suplícios para os seus filhos, condenando-os a um eterno sofrimento. Diante do desrespeito às leis da Igreja, expulsara das aulas as crianças que ousavam crer em tais blasfêmias. Mas o resultado era que as suas aulas estavam quase sem ouvintes: os alunos não apareciam mais. E ele se sentia impotente. Nada podia fazer. Até o prefeito, a quem fora pedir providências, respondera que aquilo era um problema dele, que procurasse um meio de resolvê-lo. Dizia respeito à Igreja e não ao governo, de quem era representante...

E cada dia que passava, mais crescia a auréola de santidade com que o povo envolvia o Ermitão da Floresta.

Urgia tomar uma decisão e ele, vigário de B., estava decidido a entrar em campo para combater o inimigo da Igreja.

Tinha um plano para extinguir aquela heresia, aquele desrespeito às suas ordens. Haveria de convencer o chefe de polícia para acompanhá-lo até o cimo da montanha e o prefeito também. Iriam ver como vivia aquele impostor. Tinham-no na conta de santo? Então queria assistir a qualquer milagre. Iria surpreendê-lo em sua toca. Afirmava o povo que ele dormia e despertava com os pássaros, pela alvorada. Ninguém vira, até aqueles dias, uma luz artificial sequer, clareando a sua tosca choupana. Isto tudo devia ser mentira. Como mentira devia ser aquela história de que ele só se alimentava de frutos silvestres, mel de abelhas e raízes de plantas. Compreendia toda aquela comédia do suposto Ermitão... Naturalmente o velho rato aproveitava a cumplicidade da noite para ir em busca de outros alimentos, como costumavam fazer os animais rapaces. Impossível no tempo de hoje, de bons pratos, alguém viver como no tempo de Batista. Impossível! Iria provar ao povo, tão crédulo, que ele se alimentava como qualquer mortal, com a diferença apenas que o fazia às ocultas, para abusar daqueles que o consideravam um santo, um enviado de Deus! Então, cairia todo o poder do tal tio Nicolau e o povo abriria os olhos, vendo como fora iludido... Sim! Iria hoje mesmo às casas do chefe de polícia e do senhor prefeito.

E o bom vigário, chamando a sua camareira, ordenou que trouxesse o jantar; as suas ideias ficavam sempre mais claras quando estava com o estômago bem cheio. A velha empregada bem sabia que quando o padre pedisse o jantar não devia retardá-lo, senão ficaria sujeita à sua ira; diante disso, foi-lhe servida com maior rapidez a suculenta refeição. Era senhor de um grande apetite o vigário da cidade de B. Enquanto degustava os quitutes, o padre saboreava, a par do bom vinho, a vingança, a derrota que deveria tirar daquele intrujão. Limpando os grossos lábios com o guardanapo, sonhava, entre os vapores dos vinhos, com a próxima vitória. Ia ser travada a grande luta entre o Bem e o Mal; entre um vigário de Deus e o enviado de Lúcifer. Provaria a todos quem era mais digno do reino dos céus; se ele ou aquele mendigo. Após saborear a deliciosa sobremesa, bateu de leve com as mãos no ventre bojudo e suspirou satisfeito. Agora, sim, estava feliz e pronto para enfrentar, não o enviado, mas até o próprio satanás. Que boa coisa era uma boa mesa! Não condenava o pecado da gula. A felicidade provinha de um bom prato e de um bom vinho. O mais era tolice. Gostaria que o céu fosse um eterno banquete onde abundassem os frangos assados e generosos vinhos, sabendo o néctar. E também rolinhas. Ao pensar em seu prato predileto de que estava há muito tempo privado, por causa do tio Nicolau, sentiu água na boca. E tomou uma resolução inabalável; em breve comeria à vontade tantas rolinhas quisesse... E o padre, tomando de cima de um móvel o seu chapéu de abas largas e levando entre os dedos o seu breviário, dirigiu-se com passos nada firmes em direção às residências do chefe de polícia e do prefeito da cidade. Eis em que pé estavam as coisas, quando iniciamos a nossa história. Acompanhemos agora o pároco em seu itinerário e sigamos com ele pelas ruas mal iluminadas da pequenina cidade, onde os lampiões rareavam cada vez mais, até onde levava o zelo pela Igreja e – por que não dizê-lo? – o seu plano de vingança contra aquele que ousara ir contra os seus ensinamentos e... contra o seu delicado estômago.

A serpente, a mulher e o homem

DOMINANDO A PEQUENINA CIDADE, NO final de uma rua ladeirosa, erguia-se uma residência branca, onde morava o doutor Clóvis d'Almeida, o prefeito para quem o padre ia apelar. Sem a sua autoridade não poderia realizar o plano que arquitetava. Precisava de seu testemunho, no desmascaramento daquele herege que há muito vinha prejudicando o seu ministério. Quando chegou à residência do prefeito, arquejando e com a digestão perturbada, o vigário bateu palmas e, depois de uma pequena espera, foi atendido pela própria dona da casa. Ao ver quem batia, abriu pressurosa a porta e, beijando a mão gorda do vigário, pediu-lhe a santa bênção. Senhora muito religiosa, com um quê de fanatismo, deturpava quase todos os ensinamentos do Senhor. Na igreja, era presidente de todas as congregações, dominando-as como verdadeira imperatriz. Tinha no templo a sua cadeira isolada dos demais. Era quem dirigia a ornamentação dos altares nas festas anuais, onde sua vontade era lei. O padre, sabendo que possuía nela uma aliada, aprovou ter sido ela a abrir-lhe a porta. Acompanhando-a à graciosa e pequena sala de estar, o padre João (chamemos assim o vigário de B.), mal se sentara e, olhando em volta, notou surpreso um retrato do Mestre sobre a parede, indagou:

— Minha filha (era muito paternal o nosso vigário), a última vez que estive aqui não notei aquela imagem do Coração de Jesus... Por que antes de colocá-la na parede não me mandou pedir para benzê-la, como é de direito? – estranhou o vigário.

– Perdão, meu padre, colocamos a imagem ali apenas provisoriamente. Queremos ver se fica bem naquele local... O senhor, que acha? Poderia nos dar a sua santa opinião?...

– Pois não, filha. E levantando-se, olhou em volta, parecendo muito compenetrado pelo encargo recebido. Olhava, com os olhos entreabertos, os menores detalhes da pequenina sala. Depois, voltando-se para dona Amélia d'Almeida, disse diplomaticamente:

– Creio, minha filha, que seja ali mesmo o melhor local.

A senhora sorriu. Graças a Deus, o vigário combinara com ela. Seria uma pena mudar o quadro: ele ficava tão bem ali... O padre, notando a situação de sua paroquiana, continuou sorrindo:

– Quando entronizaremos nesta sala tão lindo quadro?

– Quando o senhor quiser, meu bom padre.

– Então o mais breve possível, filha, qualquer domingo destes...

– O senhor aproveite a ocasião e asperge um pouco de água-benta sobre nossa casa, para afugentar os espíritos das trevas daqui – disse dona Amélia, fazendo o sinal da cruz.

– Diga demônios, filha, pois espíritos me faz lembrar o modo herético com que costuma falar o tal Ermitão da Floresta.

E lembrando o motivo de sua vinda, tornou, meio iracundo:

– O doutor Clóvis está? Conversando, distraí-me e não perguntei por ele.

– Ele saiu... desejava falar-lhe?

– Muito! Um negócio importante...

– Que pena! Mas não faz mal, ele não deve tardar. Se o senhor esperar um pouco...

– Esperarei, sim! Pois é algo de muito sério o que tenho a tratar com ele.

Dona Amélia se mexeu na cadeira e seus olhos brilharam de curiosidade. Sem poder se conter, como toda filha de Eva, perguntou:

— Poderei saber do que se trata?

— Não há mal nenhum, filha, em sabê-lo. Mesmo porque desejo o auxílio da senhora. É sobre o tal Ermitão. Quero livrar os meus paroquianos daquele maníaco. Grande tem sido o mal que ele tem praticado entre o meu rebanho. Como bom pastor, sinto-me na obrigação de protegê-lo contra aquele lobo.

Dona Amélia suspirou comovida e, juntando as mãos, fitou o padre como quem vê um santo. O vigário olhou de soslaio a senhora e notou o efeito das palavras; pelo menos aquela ovelha, talvez mais preciosa, não fugira do seu aprisco. E continuou a expor o que arquitetara contra o tio Nicolau. A senhora o ouvia, atenta.

— Estudei, filha, toda essa onda de heresias que anda solta por aí, e pensei, inspirado em Deus, em desmascarar aquele canalha!

— Como fazê-lo, padre? Como?

— Como? A senhora ouvirá a conversa que terei com seu esposo e, então, compreenderá o plano que arquitetei. Hei de mostrar aos nossos paroquianos que eles têm sido intrujados por aquele velho! Imagine a senhora, até as crianças já foram atingidas pelo falso profeta; discutem, têm a ousadia de me contradizer. Ainda ontem, quando falava nas penas do inferno com que é castigado todo aquele que falta às missas, aos mandamentos da igreja, à obediência aos pais e ao vigário, eis que uma daquelas crianças erguendo-se, sem o mais leve respeito, gritou que o inferno não existia!

— Santo Deus! — exclamou dona Amélia, persignando-se. — E depois?

— Perguntei quem lhe ensinara tal heresia e ele me respondeu que fora o tio Nicolau. Fiquei tão indignado perante aquele desrespeito à casa de Deus que perdi a paciência.

— Que fez, meu bom vigário? Castigou naturalmente o malcriado?...

— Castigar, não ousei... — desculpou-se o padre, meio contrafeito —, não ousei porque a criança é filha de um dos administradores da fábrica de tecidos... Certamente o senhor Renoir ficaria zangado, se viesse a saber. Expulsei-o da igreja, apenas.

— Com todo aquele orgulho, naturalmente que ficaria. O senhor Renoir quer ser o único a ter direito de julgar os demais. O senhor foi previdente, meu padre. A nossa festa está próxima e precisamos do seu rico óbolo.

– Sim, filha, tens razão. Mas arquitetei um plano excelente; creio que desta vez, filha, conseguirei livrar a igreja daquele impostor.

Dona Amélia, interrompendo o padre, disse:

– Dizem por aí que até os filhos do senhor Frances Renoir vivem na cabana do velho Ermitão. Muitas pessoas os têm visto subindo a montanha da floresta.

– Que me diz? Tem certeza disso, filha?

– É o que murmuram por aí...

– E ninguém me falou sobre isso! Como as minhas ovelhas estão desgarradas! – murmurou aflito o vigário. E olhando a senhora desconsoladamente, continuou:

– Tenho que agir o mais breve possível. Veja o mal que tem feito a todos aquele velho... Até os filhos do industrial estão indo atrás de suas lábias, de suas falsas palavras... Isto a senhora não pode compreender quanto me fere! Até hoje fiz tudo para que os Renoir consentissem que eu fizesse uma primeira comunhão com as crianças da fábrica. Ia ser uma festa magnífica! Enfeitaríamos tudo com palmas e bandeirolas. E à noite o senhor Frances certamente nos ofereceria um lauto jantar! Dizem que o seu cozinheiro é um verdadeiro mestre! – E lambendo os lábios, gulosamente, concluiu:

– Os ricos são esquecidos... Nunca me ofereceram nem um copo d'água ali...

Dona Amélia, tomando também para si a delicada indireta do padre, pediu licença e foi discretamente preparar um 'lanche' para o vigário. Enquanto ela se encontrava lá pelo interior da casa, chegou o prefeito e, ao entrar na sala, viu o padre e surpreso (pois o vigário, devido à gota, quase nunca subia até a sua casa), cumprimentou afável.

– Que agradável surpresa, meu bom padre! A que devemos a honra de sua visita?

– Primeiro à vontade de vê-los – mentiu o padre João –, de vê-los e abençoá-los; depois vim em busca de sua colaboração para um negócio que deve interessar a qualquer um que se diga filho da santa Igreja.

– Estou ao dispor da 'madre' Igreja – afirmou com leve ironia o prefeito. – Alguma festa, padre?

– Não, filho! Desta vez não se trata de festas, é algo mais sério.

E fitando o doutor Clóvis com um olhar penetrante, continuou:

– Preciso que o senhor me acompanhe no cumprimento de uma grande missão: quer saber qual seja ela? – perguntou mansamente.

– Sim, padre, estou curioso... E desde já, disponha de meus humildes préstimos...

– Desta vez, meu filho – atalhou o vigário –, preciso apenas que me acompanhe a um passeio...

– Eu não poderei ir também?

Àquela pergunta os dois homens se voltaram. Era dona Amélia que, sorrindo, vinha se aproximando, tendo nas mãos uma bandeja, onde trazia biscoitos e cálices cheios de licores finos.

– Seria um prazer levá-la – respondeu sorridente o padre (nada o alegrava mais do que a perspectiva de qualquer guloseima)... – Porém aonde iremos não é lugar próprio para uma senhora e muito menos para uma fina dama... – galanteou o vigário, curvando-se.

E tomando o cálice de licor e os biscoitos que dona Amélia lhe serviu, ia saboreando-os enquanto explicava o seu plano:

– O senhor sabe, senhor prefeito, pois já lhe falei sobre isso, os dissabores por que tenho passado, desde o dia em que veio ter às nossas terras o tal Ermitão. Sofro, principalmente quando vejo o perigo a que os meus paroquianos estão sujeitos, perigos para suas almas, sobre a influência maligna desse filho de Satã. Até as crianças estão sofrendo o contato peçonhento que o mendigo exala à sua volta! Tenho que dar um fim a essa heresia, prefeito, e conto com o senhor!

– Está bem, pode contar! Se é assim, como diz, tem razão. Mas, como agir, padre?

E o prefeito, tendo entre os dedos o cálice com licor, perscrutou os olhos do gordo vigário. Aquele negócio sobre o tio Nicolau era velho para ele, e o próprio prefeito não sentia entusiasmo em prejudicar o Ermitão da Floresta. Contavam histórias interessantes a seu respeito, o povo lhe consagrava tão grande gratidão que, embora não externasse o seu pensamento à esposa nem a ninguém, não desejava perturbar a paz que gozava o inofensivo velho que vivia isolado na cabana dos antigos lenhadores.

O vigário, notando certa indecisão no rosto do doutor Clóvis, continuou a explicar os seus planos.

– Não faremos mal algum ao velho, apenas desejo desmascará-lo. Ouça, faremos o seguinte: Iremos nós e o chefe de polícia até a cabana e procuraremos ver o que faz o velho à noite. Creia, é apenas isso... Caso não o encontremos, desejo somente que o diga a quem lhe vier perguntar, desejo apenas o seu testemunho... nada mais... o prefeito sente-se mal em ajudar, para a Glória de Deus, o seu vigário?

– De modo algum – respondeu contrafeito Clóvis D'Almeida.

– Se é apenas isto que deseja, disponha de mim... Temo, porém, que o chefe de polícia não nos queira acompanhar...

– Acompanhar-nos-á, sim! Se ele for, o senhor irá também?

– Clóvis irá – respondeu dona Amélia, em lugar do esposo. – Ele irá, sim, meu padre.

E virando-se para o marido continuou:

– O padre tem razão, Clóvis. Nós, como católicos, temos que dar fim à ação maléfica que o tio Nicolau vem exercendo sobre os ignorantes e, principalmente, sobre as inocentes crianças. Não vejo mal em acompanhar o padre João: será um simples passeio à floresta. Até eu gostaria de ir – concluiu entusiasmada a senhora.

– Mal não há, Amélia, mas creio que nenhum bem vamos ganhar nesse passeio... Em todo caso, irei se o chefe de Polícia for. Mas não sei como poderá o padre, num simples passeio, desmascarar o tio Nicolau.

– Verá, filho, verá...

E o vigário se levantando, despediu-se do prefeito e de sua senhora. Ia apressado em busca do chefe de polícia. Na ânsia de desmascarar o seu inimigo, nem sentia o seu velho reumatismo. Mal passara uma hora, novamente ele apareceu e desta vez vinha acompanhado à casa do prefeito. Doutor Clóvis suspirou resignado; tinha que ir à floresta. O chefe de polícia cumprimentou a todos constrangido. E aceitando uma cadeira, falou enquanto tomava acento.

— Parece, doutor Clóvis, que teremos que dar um passeio até a cabana do velho Ermitão...

— Sim, senhor chefe de polícia, parece... O padre João assim o quer.

— O pior é que devemos ir agora à noite... Não gosto de andar pelos matos depois que o sol se põe; ficamos sujeitos a ser mordidos por uma cobra.

— É necessário irmos agora à noite, padre? – perguntou surpreso.

— Sim, filho – afirmou energicamente o vigário. – É preciso que seja à noite! E temos que ir com os nossos pés. A montanha não fica muito distante. Tem medo? Eu não tenho... Vamos, não temos tempo a perder; andando explicarei melhor o meu plano.

O prefeito, sem poder se furtar àquela missão, foi vestir uma capa e armou-se com um revólver. Trouxe também uma lanterna, para iluminar um pouco os caminhos. E despedindo-se de dona Amélia, os três homens demandaram em direção à montanha que distava cerca de três quilômetros da pequenina cidade.

Doutor Clóvis olhou o padre intrigado, de testa franzida. Era contra o seu caráter, tudo que cheirasse a mistério, à falsidade.

* * *

E como sempre tem acontecido pelos tempos afora, repetiu-se mais uma vez o drama primordial do Gênesis: o homem insistido pela mulher, comeu de má vontade o fruto do mal, que a ela fora ofertado pela astuta serpente.

Uma luz nas trevas

ACUMPLICIADO PELAS TREVAS DA NOITE sem luar e sem estrelas, o padre João, acompanhado de perto pelo doutor Clóvis e o chefe de polícia, seguia conversando, procurando animar com suas palavras o prefeito, que tomara parte, constrangido, naquela excursão noturna. O chefe de polícia, índole calma, homem rústico e afeito às injustiças da vida, seguia sempre em tudo, sem lutas com a própria consciência, a lei que representava. Para ele, calejado no cumprimento às ordens superiores de seus chefes, tanto fazia prender um justo como um criminoso. Soldado desde os 18 anos, chegara, a pedido de um amigo político, à chefia de polícia da pequenina cidade. E como fosse profundamente religioso, achava-se no dever de obedecer também ao vigário, como chefe espiritual que era. Por isso aceitara, sem discutir, o convite para acompanhá-lo naquele passeio à cabana da floresta. Que lhe importava que talvez estivesse praticando uma injustiça, se assim pedira o seu vigário? Para agradar a Deus, precisava antes de tudo agradar ao seu vigário. Por isso seguia indiferente, temendo apenas as cobras que poderia encontrar pelos caminhos, à missão que o sacerdote lhe impusera.

Tal porém não acontecia com doutor Clóvis d'Almeida. Ilustrado e tendo compreensão mais vasta do sentimento humano, sentia-se solidário nas amarguras e compreensivo para com as fraquezas do próximo. Por isso, seguia contrafeito, sentindo-se humilhado naquela empresa. De bom grado deixaria em paz o tio Nicolau em sua solidão, na cabana da floresta. Que mal fizera aquele pobre velho, finalmente? Com suas palavras bondosas animava a pobreza a carregar resignada, sem desespero, a cruz de suas vidas: eis todo o seu crime. O padre João estava com despeito, apenas isso, despeito do bom velhinho...

* * *

Há muito os três homens tinham deixado a cidade e já trilhavam as terras de Frances Renoir, onde a montanha se erguia limitando os terrenos da Fábrica à cidade vizinha de M. O padre, ao penetrar nos domínios do industrial, baixara instintivamente a voz, como temendo ser ouvido pelo poderoso senhor. Enquanto caminhavam frouxamente iluminados pela lanterna que trouxera o prefeito, procuravam se furtar à vista das raras pessoas que encontravam, temendo a curiosidade. Que iriam pensar em vê-los ali àquelas horas da noite? E, por que não dizê-lo? Todos se sentiam atrapalhados, temerosos, por aquela invasão aos domínios do senhor Renoir. Já estavam costeando a montanha, à procura do caminho que os levaria à cabana, quando o vigário, que não parara de falar por quase todo o caminho, sussurrou ao doutor Clóvis:

— Vamos ver como se porta aquele lobo na toca. Dizem que ele dorme e desperta com os pássaros, por isso não precisa de iluminação para a sua cabana à noite, vamos ver se é verdade. O prefeito não respondeu. Iluminava com a lanterna o caminho procurando os lugares mais acessíveis aos seus pés, pouco afeito às asperezas das estradas. O padre continuava a falar, indiferente ao silêncio do seu companheiro.

— Para mim, o tal Ermitão é um farsante da pior espécie. Aproveita-se da noite, como os animais noturnos, para poder sair em busca de alimento, na cidade de M., naturalmente. Porque isso dele se alimentar apenas de frutas, raízes e mel de abelha, não acredito! E o senhor, doutor Clóvis, crê nessa mentira?

— Muitas pessoas dignas de fé afirmam que é verdade, que o velhinho não come outras coisas; por que duvidarmos?

— Ora, meu filho! Admiro o senhor, um homem culto, acreditar num absurdo desses! Onde já se viu, em nossa época, alguém viver como o santo João Batista? Em nossa época, quando ninguém quer mais jejuar? Ora, doutor, não me faça rir...

— Como queira, senhor padre, ria à vontade! Mas não sou eu apenas quem acredita: em nossa cidade, quase todo mundo diz que o tio Nicolau é um santo homem!

O sacerdote atalhou horrorizado:

— Jesus! Até o senhor! Não blasfeme, doutor, com a santidade...

— Não estou blasfemando. Lembro-lhe apenas alguns fatos interessantes praticados pelo velho Ermitão: recorda-se daquele bêbedo inveterado que abandonou o vício depois que o tio Nicolau falou com ele? E aquele outro infeliz que roubara a viúva do comerciante e foi se esconder na floresta, ignorando a existência do Ermitão. Lá o velho o encontrou e exprobrou o ato do rapaz. Sem compreender como o ancião soubera do caso, arrependeu-se e veio devolver os pertences à viúva, que estava desesperada! E são tantos os casos, senhor vigário, que ficamos sem saber se ele é um demônio, como quer o senhor, se é um demente, como afirmam alguns, ou se é um santo que a pobreza venera. Mas estamos quase chegando à floresta, vamos começar a subida... Cuidado, vai se tornar mais difícil agora.

— Não tenha receio, doutor, estou ainda bem firme, apesar da idade. Quisera que os meus paroquianos estivessem tão firmes em suas convicções de católicos quanto eu no meu corpo – concluiu ferino o vigário.

Doutor Clóvis fez-se desentendido às palavras do padre João. O chefe de polícia seguia calado, ouvindo, sem dar um aparte sequer no diálogo travado entre os dois homens. Mesmo porque, achava desnecessário; seria perder tempo. Ora, o vigário era quem estava com a razão. Que podiam saber os demais em comparação com ele, que estudara tanto e além de tudo era inspirado por Deus? Doutor Clóvis nada entendia de religião, portanto deixasse de dizer tolices. Mas, apesar de todo o seu respeito pelo sacerdote, o chefe de polícia preferia que aquela empreitada não tivesse sido à noite; porque ele sentia pelas cobras um grande pavor... Como seria mais agradável aquele passeio à luz do sol! A lanterna mal clareava os caminhos, como poderiam ver uma cobra naquela semiescuridão? Porém, assim quisera o vigário, devia estar certo...

* * *

Na floresta, a escuridão era completa. O silêncio envolvia tudo. Os três homens marchavam, tentando ver à parca luz da lanterna o caminho que iam trilhando. Seus passos eram abafados pelo tapete de folhas secas que, ao caírem das árvores, iam se amontoando pelo chão. Eles seguiam calados, como temerosos de quebrarem o silêncio que reinava, dominando as coisas. É que à noite a floresta acabrunha e apavora. Tudo nela se amplia e toma uns tons fantasmagóricos. Uma folha que se desprende, o voejar de um inseto, a sombra de uma árvore, o piar de um pássaro, tudo cresce fantasticamente no silêncio da noite. Um frio desagradável arrepiava os caminhantes. De súbito, sentiram como um pequeno voejar sobre as cabeças... pararam, inquietos, prendendo a respiração. Mas o silêncio continuava em tudo... Fora, talvez, algum morcego fugindo ou uma folha que se desprendera... Envergonhados, tornaram a caminhar. Estavam próximos à cabana, finalmente. A cerca de vinte metros, em meio a uma clareira, erguia-se pequenina, indefesa, a humilde habitação. Os três homens deram mais uns passos e pararam, olhando a cabana que a noite contornava. Há não ser o pio de uma ave agoureira e o coaxar de sapos em alguma lagoa próxima, nada mais se ouvia. Estavam olhando a choupana, quando de súbito notaram, surpresos, que aos poucos ela estava sendo iluminada por uma luz fosforescente que foi crescendo até tornar-se imenso clarão!

Dos lábios dos três homens, como impulsionados por uma mesma mola, escapou-se um grito de espanto.

— Uma luz! Que luz seria aquela? Mal falaram, viram como por encanto, novamente, a cabana envolta em trevas. Assustados, o padre e o policial fizeram o sinal da cruz. O prefeito aparentava estar calmo, embora quando falou sua voz soasse trêmula:

— Não teria sido engano, padre? Ou vimos uma luz estranha envolvendo a cabana?

— Não foi engano, filho! Mas não nos assustemos. Nessa luz talvez esteja toda a explicação que eu procuro: o tio Nicolau deve ter mesmo um pacto com o demo. Vamos até o interior da habitação desvendar o mistério dessa luz.

— Irmos ali, acho uma temeridade — protestou o chefe de polícia, que até então se mantivera calado. — Deixemos para amanhã; com a luz do sol, tudo será mais fácil.

— Qual nada! — tornou o padre —, agora é a nossa oportunidade de desmascarar o bruxo; ele neste momento deve estar fazendo bruxarias para nos atemorizar. Vamos, filhos, tenham coragem: Deus está conosco!

Indecisos, por motivos diferentes, os dois homens seguiram o vigário que já estava junto à cabana; mas iam de má vontade. O policial, pelo receio que surgira em seu íntimo, ao ver a luz estranha; o prefeito, pela sua respeitosa admiração que aumentara ainda mais pelo habitante da cabana. O padre, ao chegar junto à antiga vivenda dos lenhadores, esperou destemido que os seus companheiros se aproximassem. Estava corajoso o bom vigário... Ao ver os dois homens junto dele, levou os dedos aos lábios, murmurando num cicio...

— Vamos procurar a entrada, deve haver uma porta aqui...

— Sim — afirmou o policial, que com o temor se tornara loquaz —, dizem até que ele não a fecha nunca. Vamos ver se é verdade.

Contornando a habitação, encontraram uma porta que realmente estava aberta de par em par. Nada mais os surpreenderia aquela noite, que ficaria memorável em suas almas. Dentro da cabana, reinava a mais completa escuridão; a um sinal do padre, os três homens penetraram em seu interior. De um lado qualquer, vinha um manso ressonar. O doutor, erguendo a lanterna, iluminou parcialmente o único cômodo que possuía a cabana. A luz deu em cheio, num quadro que os surpreendeu, pelo inesperado da cena: numa cama, feita de pedaços de pau, sem o menor colchão que abrandasse a dureza da madeira, dormia profundamente o tio Nicolau. Seu bordão descansava ao lado. E que decepção para o bom vigário, quando constatou que, fora aquele tosco leito nada mais havia ali. Indiferente aos seus visitantes noturnos, que o olhavam envergonhados, o Ermitão dormia, defendido pela aura que o envolvia como fortaleza intransponível. Se aqueles olhos fossem mais esclarecidos, teriam visto que um vulto de brancura lirial, erguendo a destra, traçara em volta do adormecido velho um círculo, como se o evolvesse numa couraça de luz. Era a proteção do Alto que descera sobre aquele espírito justo, livrando-o da maldade dos homens.

* * *

A lanterna projetada sobre o rosto do velho iluminava a sua barba branca, da qual saíam reflexos de prata. Sim! O padre estava profundamente decepcionado... Os seus dois companheiros, recuando de manso, temendo despertar o ancião, saíram para a noite. O vigário os acompanhara cabisbaixo: compreendia que perdera a partida. Marcharam apressados, ansiosos por descerem a montanha. E já no meio da encosta, doutor Clóvis perguntou:

– Então, padre, que me diz sobre o tio Nicolau? Ainda o julga um impostor, um filho das trevas?

O padre quedou silencioso. Começara a sentir, novamente, que o reumatismo tomava-lhe conta das pernas, que agora sentia pesadas e trôpegas... À proporção que os três se distanciavam da cabana, deixavam também para trás muitas de suas convicções. Já há muito tinham deixado a floresta e já avizinhavam os seus lares, quando doutor Clóvis tornou a falar, brando e quase em surdina:

– Padre, há qualquer coisa de sobrenatural naquela cabana. É melhor o senhor deixar em paz o velho Ermitão. Creia, dele nenhum mal nos há de vir.

– Doutor Clóvis – replicou padre João –, o demônio tem artimanhas que só Deus as conhece. Um dia hei de provar que tenho razão.

E os três homens, despedindo-se, desapareceram na noite, que não tardava a fugir também. Apenas levavam em seus corações a 'certeza' de que na noite trevosa que passaram uma luz brilhara.

Pai e filho

ARTHUR RENOIR ESTAVA APREENSIVO AQUELA tarde: seu pai o mandara chamar com urgência. O jovem se sentiu inquieto com o recado... Porque quando o industrial usava aquele modo cerimonioso para lhe falar, já sabia que o assunto era de suma importância, pelo menos para ele, Frances Renoir...

Arthur era talvez o único dos que dependiam do grande industrial que não o temia. Porém, àquela tarde, estava assaz inquieto. Sua mãe, no almoço, lhe dissera que seu pai continuava muito preocupado. O moço perguntara se não seria algo em relação aos negócios da fábrica, e ela respondera que não: pelo contrário! Os negócios prosperavam dia a dia! Então, que seria? Algum mal que ele queria ocultar de todos? Ninguém o sabia. A verdade era que qualquer coisa de muito sério estava agindo sobre seu progenitor. Notava que ele ultimamente andava agitado e fumava muito, sinal sintomático de quando algo de anormal o perturbava. O jovem, com seu modo justo e simples de encarar a vida, não poderia conjeturar que o orgulho de seu pai fora profundamente atingido quando constataram a semelhança inexplicável entre sua nobre avó francesa e a filha do jardineiro. Se fosse mais perspicaz teria concluído que toda a mudança no caráter de seu pai se dera depois que descobrira aquela extraordinária coincidência. O opulento homem fora cruelmente ludibriado pelo destino, em seu orgulho não podia ter conformação em ver sua filha, sua herdeira, deformada e grotescamente feia, enquanto que a filha de um jardineiro nascera linda, herdando – ironia atroz! – as mesmas feições de uma de suas nobres ascendentes.

O jovem Renoir resolvera descobrir a causa que lançara seu pai naquela agitação tão visível. Embora o moço há muito vivesse quase uma vida à parte da dos seus progenitores, seu amor filial era grande o bastante para se sentir apreensivo, quando percebia que qualquer um deles estava sofrendo. O jovem nascera para o cumprimento de grandes missões. Espírito de escol, profundamente altruístico, vivia num ambiente onde o egoísmo imperava, sofrendo por ver quão pouco ali, em seu lar, as dores do próximo significavam! Observava contristado que o seu pai, podendo e devendo melhorar o viver daqueles que dependiam dele, que lhes davam toda a seiva de seus corpos, nada fazia em prol daqueles homens, de seus operários, que viviam escravizados ao seu poderio. Compreendera há muito que ele via apenas naqueles homens, egoisticamente, braços, dos quais usava de modo inexorável, procurando tirar deles toda a energia necessária ao seu bem-estar. Jamais pensara em proporcionar-lhes meios mais adequados às suas condições de homens. Indiferente às suas dores, aos seus problemas e aspirações naturais, deles apenas se lembrava para usá-los, como usava as suas máquinas, com a diferença apenas que às máquinas dispensava cuidados especiais.

Essa inumana indiferença pelas vidas daqueles que cooperavam no engrandecimento de seus bens materiais revoltava seu filho que, procurando minorar o sofrimento, substituindo assim aquele que por dever devia fazê-lo, dava-lhes toda a assistência possível aos seus rendimentos de rapaz, levando-lhes remédios, distribuindo as sobras dos tecidos e, principalmente, confortava-os com palavras, encorajando-os em suas aflições. Mostrava que para além existiam mundos onde um dia eles seriam recompensados das amarguras terrenas. Enquanto Frances era temido, quase odiado entre os seus subordinados, seu filho era abençoado por todos eles que, esperançosos, sonhavam com o dia em que Arthur substituiria o pai: seria então o advento feliz, para as suas almas, cansadas do jugo Renoir.

* * *

Quando o jovem penetrou no austero gabinete de trabalho, o industrial ordenou ao filho que tomasse assento junto dele. Falou quase sem levantar as vistas de uns papéis que lia atentamente. O rapaz, afundando-se numa macia poltrona de couro e recostando-se nas almofadas, ficou à espera de que o pai lhe desse atenção. O seu olhar vagou indiferente em volta da espaçosa sala, onde se viam, circulando-a quase toda, grandes estantes pejadas de livros encadernados a couro com dísticos marcados a ouro. Encimando-as, algumas fotografias e bustos de bronze figuravam homens célebres da história, dentre eles Bonaparte, Victor Hugo, Descartes e Goethe, numa desordenada confraternização de guerreiros, filósofos, sábios e poetas. Sobre a cadeira de alto espaldar, onde se encontrava sentado o industrial, erguia-se na parede branca um retrato a óleo, em moldura dourada e antiga, do fundador da grande empresa Renoir. O seu olhar de um azul profundo que, segundo as lendas da época napoleônica, subjugara muitas damas da corte, inclusive a rainha Carlota Joaquina, caía sobre o seu jovem descendente, que o observava, notando a enorme semelhança que havia entre ele e seu pai.

O mesmo nariz ligeiramente aquilino, a boca de traços firmes e o mesmo queixo proeminente. E em ambos, a idêntica arrogância no modo de olhar. Arthur, desviando a vista do retrato, pensou que em quase nada mudaram, desde aquele tempo até a época atual, nem no físico, nem no moral, os Renoir... Depois atraíram-lhe a atenção duas fotografias que descansavam sobre uma das estantes e que a última vez que estivera ali não as notara: era o seu e o retrato de sua mãe. O de Joceline fora esquecido... Aquele descaso com sua pobre irmã magoou-lhe o coração sensível a qualquer injustiça. E querendo reparar aquela falta, tirou, de uma carteira que trazia sempre consigo, uma fotografia minúscula de sua irmã e, levantando-se, colocou-a sobre a sua, encaixando-a numa fresta da moldura. Quando voltou à poltrona, o industrial tinha o olhar preso nele com uma expressão de contrariedade, que Arthur fingiu não perceber. Frances o interpelou secamente.

– Que colocaste em teu retrato? Parece-me uma fotografia de tua irmã... Por que a puseste ali?

– Ora, meu pai! Por quê? Porque de nós dois, sendo ela a mulher, era quem por justiça devia estar ali. Não fiz mais do que reparar o teu erro. Porque como acontece comumente, o senhor mais uma vez a esqueceu... – censurou acremente o moço.

– Não tenho que te dar satisfações dos meus atos e sentimentos – respondeu com arrogância o industrial. – Não te metas onde não foras chamado...

Arthur o interrompeu, calmo.

– Parece que o senhor me mandou chamar.

– Sim! Mas, não para vires me dar lições!

E incisivo advertiu o filho:

– Ouve bem, Arthur, e procura não esquecer o que te vou dizer: aqui – e estendendo o braço, mostrou a sala num gesto de amplitude – enquanto viver, sou eu quem manda.

O moço sorriu com leve ironia:

– Descanse, meu pai! Longe de mim querer usurpá-lo em seus direitos... Se um dia vier a sentar-me nessa sua cadeira, o que espero de Deus, tarde muito, creia, não quero ser o senhor, e sim o companheiro mais afortunado de meus operários.

Frances corou, o que raramente acontecia. Não, porém, da censura que o filho lhe fizera, e sim da ousadia do rapaz em criticar-lhe os atos. Jamais se sentira culpado em ser um chefe inflexível para os seus subordinados. E que entendia de negócios aquele rapaz inexperiente, sem saber usar o cérebro? Ele via tudo pelo lado do coração!

A seu ver, aquela piedade pelos humildes era um grande defeito de seu filho. A piedade era contraproducente para um chefe. Nunca, em sua família, ninguém a sentira. Todos tinham sido austeros cumpridores de seus deveres. Nasceram para mandar e não para obedecer. O mundo sempre fora dividido em classes: ele, Renoir, pertencia à elite da Terra. Nascera rico e rico morreria. Compreendia que os ricos eram os eleitos de Deus; os pobres, os esquecidos, os párias da vida. Como alguém poderia gostar daqueles miseráveis que cheiravam a suor fétido e à roupa mal lavada? Igualdade entre os homens! Tolice... Como existir igualdade, se tudo era tão desigual? Desde as raças às inteligências... tudo. Como ele poderia se equivaler a um operário de sua fábrica? Ele era o cérebro criador, a inteligência construtiva, um super-homem! O operário era apenas o braço, a força bruta, um pigmeu enfim, curto de inteligência e aspirações. Jamais poderia haver igualdade entre os homens! Jamais!

Precisava, quanto antes, fazer o seu filho perder aquelas ideias errôneas e prejudiciais... Do contrário, todo o trabalho de seus avós e o seu, de construir aquele colosso que era a sua empresa, seria destruído. Precisava obrigá-lo a abafar em seu íntimo aquele modo de ver a vida, fazê-lo compreender principalmente em benefício de sua fortuna, que aquela classe que tanto o penalizava era composta apenas de exploradores e mesquinhos. Que ela só possuía uma utilidade: trabalhar para o engrandecimento de sua fábrica. Haveria de incutir em seu herdeiro, mais ainda, que em qualquer tempo um Renoir será sempre um Renoir.

* * *

Frances olhou Arthur que, sentado, esperava as ordens de seu pai. O industrial sentiu que naquela calma aparente de seu filho se escondia um vulcão de energias. Compreendia que havia no filho uma força idêntica à sua, embora em sentido contrário. Ele, Frances, vivia para o seu próprio bem e para a perpetuidade de seu nome e poderio; Arthur, infantilmente, desbaratava a sua energia em benefício do próximo, o que era um perigo para a continuação de sua obra.

* * *

– Arthur – falou o industrial em tom de leve apreensão na voz –, estás um homem feito, e talvez muito em breve sejas o único dono de toda esta riqueza. Espero que saibas cumprir com o teu dever de nobre descendente de homens que jamais fraquejaram e, até hoje, trouxeram sempre erguida a bandeira de seu esforço, levando-a sempre vitoriosa, em todas as lutas! Tens de continuar a obra de teus avós e a minha. Quero que sigas sempre a nossa divisa, que sempre foi: "Querendo... até o mundo é nosso". E para que o nome Renoir jamais desapareça, eu te digo: É chegado o momento de escolheres uma moça, em nossas relações, para fazê-la tua esposa e assim continuares a perpetuação de nossa descendência.

O jovem não respondeu, apenas olhou mais firmemente o seu pai. O industrial perscrutou o rosto impassível de seu filho; nele nem um músculo se movera. Meio impaciente, continuou:

– Então, que dizes? Fala!

Nervosamente batia com uma espátula de prata em uns papéis esparsos sobre a sua mesa de trabalho.

Arthur, sem demonstrar a menor contrariedade, respondeu calmo:

– Não quero me casar agora, meu pai. Por enquanto, pretendo ficar solteiro. Aliás – disse, acentuando bem as palavras –, não se incomode com esse assunto: quando pretender me casar, o senhor será o primeiro a saber.

– Não me compreendeste – tornou Frances –, quero dizer que 'chegou' o momento de casares e 'tens' que fazê-lo – e acentuou as palavras. – Quero mandar-te à Europa, mas deves ir 'casado', compreendeste?

– Sim, o senhor falou claro: quer que eu me case imediatamente. Mas, perdoe-me, não poderei fazê-lo.

– Por quê? – e a espátula batia furiosamente nos papéis...

– Porque ainda não me senti atraído por nenhuma pessoa. E só me casarei por amor.

O industrial, jogando longe a espátula, bruscamente atalhou o filho:

– Quando um Renoir se casou por amor? Bem se vê que não conheces nada da vida, rapaz! Hás de casar com quem interessa à nossa empresa, com quem possas apresentar-te em nossa sociedade, com quem for igual a ti, em riqueza e em nascimento. Amor... – disse com desdém – isso fica para os romances, e não para os homens de nossa família. Aliás – insinuou –, já combinamos, eu e tua mãe, que podias casar com a herdeira dos Salvatori; ela é rica, bonita e descendente de nobres, como tu. Um ótimo partido, creio.

– Então – tornou o industrial que não percebera a ironia do filho – está combinado. Irás amanhã pedir a filha de Pietro Salvatori, ou preferes que eu faça o pedido?

– Estás sonhando, meu pai? – exclamou o jovem admirado! – Eu pedir essa moça que sequer conheço?

– Mas hás de conhecê-la em breve...

O jovem o atalhou meio encolerizado:

– O senhor delira, certamente!

E, controlando-se, continuou:

– Já afirmei, não penso em me casar agora, não se impressione. Aliás – tornou paciente e já todo calmo, tal o controle que exercia sobre os seus nervos –, isso é um problema que só diz respeito a mim e a mais ninguém.

E vendo que o pai ia falar, atalhou primeiro, continuando:

– Quando quiser me casar, eu lhe participarei. Porém, previno ao senhor: quando esse dia chegar, creia, não verei se ela é bonita, rica ou nobre, quero ver apenas se me ama, como eu a amarei também, e nada mais, meu pai.

– Agora – replicou Frances com energia – quem te diz sou eu: Sonhas certamente!

E fitando no filho um olhar duro como o aço, tornou falando com os dentes cerrados:

– Ouve bem: hás de casar com quem eu bem queira. Tu, como meu herdeiro, hás de me obedecer, do contrário...

– Continue, meu pai – replicou Arthur com toda a calma –, do contrário...

— Eu te deserdarei. Não terás direito a um real sequer – concluiu com firmeza o industrial.

— Bem sei que o senhor o fará. Mas, a mim, pouco importam riquezas e nomes históricos! Acima de tudo, coloco a minha independência espiritual, a qual não trocarei por nada. Dinheiro, nobreza, que me importam essas coisas diante de minha felicidade? Deserde-me desde já, deixe tudo para Joceline, ela merece e precisa mais do que eu...

— Joceline! – gritou o industrial com desprezo. – Bonitos filhos Deus me deu: uma, aleijada fisicamente! Outro, um aleijado mental...

E voltando-se para Arthur, continuou:

— Pensa no que te propus. Quero que cases com a herdeira dos Salvatori e o mais breve possível. Agora deixa-me só.

Arthur ia já perto da porta quando o pai o chamou e ordenou-lhe friamente:

— Leva contigo o retrato de tua irmã: não o quero aqui. O jovem, indignado, sentiu o sangue lhe ferver nas veias; ia replicar algo de ofensivo, mas se conteve a tempo. E retrocedendo, com passadas firmes, embora bastante pálido, tirou de sobre a estante o seu retrato e voltando-se para o pai, murmurou, dirigindo-se já para a saída:

— Levo este também. Se o retrato de minha irmã não pode ficar aqui, muito menos o meu.

E sem esperar resposta, o moço fechou a porta atrás de si. O industrial ficou só com os seus pensamentos...

O homem propõe

SENTADO EM SUA CADEIRA, COMO num trono, o industrial cismava. Grande ruga aparecera-lhe entre os supercílios. Sua forte mão fechara sobre o braço da cadeira, e recostara no alto espaldar a cabeça, como se estivesse cansado. E seu pensamento corria longe: ia em busca de Arthur. Daquele filho, que era a única criatura que sempre estava contra os seus desejos. Desde que definira sua personalidade, ele vinha combatendo em surdina, na sombra, o seu modo de agir e pensar. Em Arthur sentia uma força como a sua, e essa força era como um ferro em brasa, ferindo o seu orgulho que jamais conhecera senhor. Embora aquela energia que notava no jovem fosse empregada negativamente, em causas pequeninas e mesquinhas... Enquanto ele, Frances, dava toda sua força em prol do engrandecimento de seu poderio, multiplicando os seus bens e elevando cada dia mais o nome Renoir, seu filho ingrato, esquecendo os seus e a si próprio, sonhava melhorar o viver dos outros, de seus operários, em descer até eles, levando àqueles ignorantes palavras de amor e esperança, como se porcos pudessem compreender outro viver a não ser a lama... E era nas mãos daquele rapaz de coração mole e cérebro desmiolado que ia cair a sua fortuna. Não! Impossível! Teria que mostrar a seu filho o erro em que estava. Um homem, um verdadeiro homem deve ter coração frio como a neve, ou melhor, como o bronze: a neve derrete-se ao calor do sol, o bronze resiste ao tempo. E, quando esse homem é um Renoir, tem que esquecer o coração, para só pensar com o cérebro. Como dirigir suas fábricas, todos os seus bens, pensando nos problemas do próximo? Em toda a sua árvore genealógica, jamais nenhum rebento nascera fraco. Todo Renoir era forte, orgulhoso e sempre fora senhor! E como senhor agira sempre.

Por que o seu filho viera diferente dos demais, sentindo-se fraco diante das dores alheias? A um verdadeiro Renoir, pouco importava o que diz respeito aos outros, só um interesse existia: o seu interesse. E Arthur teria que compreender isso custasse o que custasse... Antes de tudo, haveria de casar-se com a filha de Pietro Salvatori. Assim determinara, assim haveria de ser. Amor?... Que era o amor diante dos interesses de sua fábrica? Que era o amor diante do nome de sua tradicional família? Quem era ele diante do engrandecimento do poderio Renoir? Nada! Sentimento vulgar, de plebeus! Coisa de somenos importância. Desculpa de fracos...

* * *

Na quietude daquele fim de tarde o industrial quedava pensativo. Havia em tudo aquilo algo que lhe fugia... De quem Arthur teria herdado aquele coração sensível?... Aquela herança não viera de sua família. Talvez de algum avô materno, embora todos fossem tidos como duros e inflexíveis senhores. Mas a verdade é que aquela fraqueza do filho o estava prejudicando. Não era justo que deixasse que ele, com sua incapacidade para dirigir, desfizesse todo o seu poderio. Preferia deserdá-lo, porém não consentiria que todo o esforço de seus antepassados e os seus fossem anulados pela fraqueza de um rapaz tão pouco compreensivo para com seus deveres. Para evitá-lo o primeiro passo fora dado: ou Arthur se casaria com a jovem Salvatori ou ficaria sem um real... Queria ver se a loucura do rapaz chegaria até aquele extremo. Talvez não. Quem não cederia diante do argumento dinheiro? Tudo o dinheiro pode comprar, tudo! Haveria de dobrar o caráter de seu filho, a peso de ouro...

* * *

Enquanto o industrial meditava em seus problemas, o término do trabalho diário chegara. A fábrica já dera três gritos pela boca de suas chaminés possantes, ordenando aos trabalhadores que deixassem seus postos. E pelo grande pátio passavam as levas dos operários, de aspecto cansado e doentio. Marchavam como se não sentissem a alegria do viver. Iam deixando para trás a majestosa fábrica, à qual davam todo seu esforço em troca do pão de cada dia. Volviam ao lar, onde sabiam não existir o necessário para viver, como verdadeiros vencidos.

Na fábrica, ia se fazendo um grande silêncio. Os teares jaziam abandonados e já não se ouvia o ruído dos maquinismos. Apenas nos grandes laboratórios, onde os químicos combinavam as cores e procuravam melhores meios para maior variedade dos tecidos e aumento da produção, viam-se luzes, clareando as retortas e grandes tubos de ensaios. E os dois químicos, de quem dependiam a beleza e a consistência dos tecidos, notando a passagem das horas, tiraram as luvas e despiram os aventais e, como de costume, foram dar boa-noite ao industrial. Intrigados, notaram que Frances não acendera as luzes, e como o temiam, não ousaram penetrar em seu gabinete, apenas bateram levemente com os nós dos dedos na porta, sem serem sequer percebidos pelo industrial. No grande corredor, encontraram o secretário que, indeciso, esperava o patrão, que há muito não o chamava, sem ousar sair. Ao vê-lo, perguntou um dos químicos:

– Que esperas? Por que não sais, também?

– Temo que o patrão ainda precise de mim.

– Qual nada! Vem conosco. Ele está enfurnado, de luzes apagadas; não compreendo o que tenha havido. Parece que adormeceu.

– É o que penso – tornou o secretário –; creio que o senhor Renoir está cansado, pois foi a primeira vez que adormeceu no trabalho.

– Acho bom saíres também... Creio que não gostaria que um de nós o ouvisse dormindo. Bem sabes quanto é orgulhoso de sua capacidade de trabalho. Não seria prudente ficares. Anda, vem conosco.

O Secretário, depois de ligeira hesitação, seguiu os dois químicos, fechando com sua chave particular as portas atrás de si. O silêncio invadiu por completo o interior da fábrica.

* * *

No escritório, o industrial, completamente absorvido pelos seus desencontrados pensamentos, não notara a saída de seus empregados. Não percebera sequer que a noite estava se aproximando. A penumbra tomava conta do escritório.

Do corredor, alguém bateu leve na porta. Frances não notou. Novamente as pancadas se repetiram, agora mais fortes. Estremecendo, o industrial só então notou que estava quase noite. Levantando-se, fez luzes e, indo até a porta, abriu-a e viu, surpreso, um homem de aspecto humilde que o fitava constrangido, torcendo o chapéu entre os dedos nervosamente. Sem dar uma palavra, convidou-o com um gesto a entrar. E tomando assento novamente em sua cadeira, fitou um olhar severo e intrigado naquele desconhecido. Não guardava em sua memória as fisionomias de seus operários, do contrário teria reconhecido naquele, Miguel, já nosso conhecido. Notando certo ar estranho naquele homem, instintivamente, procurou a arma que sempre trazia suspensa ao cinto. O operário, notando o gesto do patrão, recuou uns passos e, nervoso, murmurou amedrontado:

– Senhor, sou operário de sua fábrica e me chamo Miguel. O senhor parece não me reconhecer... Porém trabalho na seção de tecelagem, sob as ordens do senhor Paulo de Souza.

O industrial o interrompeu, severo:

– Mas, que fazes aqui, a estas horas? Teus companheiros há muito deixaram o trabalho. Como penetraste até aqui? Bem sabes que é proibido.

– Bem sei, mas desejava falar-te. Fiquei à espera que todos saíssem e vim procurá-lo... Desculpe a ousadia. Tenho tanto que dizer-te...

– Como assim? Fale logo, pois estou atrasado...

— Falarei, senhor. O assunto é do interesse também do patrão.

— Meu interesse? – e Frances contraiu ligeiramente os cenhos.

— Fale homem – ordenou ríspido.

— Quero falar sobre o doutor Arthur – murmurou timidamente Miguel.

— Sobre meu filho? – interrompeu o industrial, perguntando com desprezo:

— Que pode haver de comum entre ti e meu filho?

— Nada, patrão... ou quase nada – replicou ferido o moço trabalhador. – É que às vezes, senhor, os destinos dos homens se encontram, até mesmo quando estes homens se chamam Miguel, o operário, e Arthur Renoir, o ricaço.

— Que queres insinuar? – perguntou Frances impaciente. – Responda depressa e deixa de subterfúgios.

— Está bem – respondeu o operário fingindo humildade. – É sobre o meu casamento, o senhor talvez pudesse dar um jeito.

— Não te estou compreendendo: principiastes falando sobre meu filho; agora sobre o teu casamento. Explica-te melhor ou então retira-te...

O operário ergueu com certa altivez a cabeça, e respondeu sem temor:

— Compreenderá daqui a pouco.

E respirando fundo, continuou:

— Desejo me casar com Ana Maria, a filha do jardineiro Macário.

— E que tenho eu a ver com isso? E o meu filho, também? Fala de uma vez – respondeu Frances que, ao ouvir o nome de Ana Maria, ficara ainda mais impaciente.

O operário, sem saber se explicar, intimidado pelo patrão, virava o chapéu de um lado para outro, procurando as palavras com cuidado. Em seu cérebro inculto não encontrava expressões adequadas para entrar no assunto que o levara até ali. Compreendia que do seu modo de externá-lo dependia o seu êxito. Como ferir o assunto sem ferir o patrão? Notando o embaraço de Miguel, o industrial tornou a falar.

— Explica-te! Que tem que ver o meu filho com o teu casamento?

— Explicarei, senhor. Falei em casamento a Ana Maria — tornou o moço se animando — e ela recusou. E como dizem por aí que ela aspira coisa mais alta...

E o operário se interrompeu ao dizer a mentira. Frances impacientou-se.

— Que queres dizer? Fala claramente; já lhe disse: não gosto de meias palavras.

— Está bem, senhor. É que dizem que Ana Maria não me quer, visando talvez o doutor Arthur — murmurou entre dentes o operário.

— Que absurdo estás dizendo? Não gosto de teu modo de falar. Bem sabes que há uma grande diferença entre eles. Nenhum dos dois pensaria uma coisa destas e muito menos Ana Maria, que parece uma menina ajuizada. Tu sim, estás em condições de ser o seu marido.

— Também acho, senhor. Mas, ela me recusou. E por que o fez? Apenas porque sonha com o doutor Arthur.

O industrial se levantou indignado, dando um enorme murro na mesa, fazendo o operário recuar amedrontado.

— Mentes, cão — bradou Frances iracundo. — Estás caluniando o meu filho! Estás despeitado, naturalmente por teres sido recusado pela moça. Retira-te e não me repitas tais mentiras a ninguém. Ai de ti, se eu ouço qualquer comentário a esse respeito... Retira-te já to disse!

Miguel, diante da fúria do industrial, recuou apavorado. Mas, criando coragem, a coragem que dá o amor desprezado, murmurou já na porta:

— O senhor ainda há de se arrepender de não me ter dado ouvido.

À saída do operário, Frances tornou a se sentar. Uma enorme ira se apoderara do seu íntimo. Sentiu como se uma avalanche estivesse prestes a rolar sobre ele. Como poderia evitar tal perigo? Por que Ana Maria vinha entrando em seu destino, como o peão no jogo de xadrez, modificando todos os seus cálculos? Sempre ela sombreando a sua vida, criando problemas, surgindo como um fator desarmonizante: aquela semelhança estranha... Aquele pendor para a música... Seus ares de grande dama. Enquanto a sua filha, tão vulgar, feia... 'aleijada'! Era de enlouquecer tal contraste. E agora surgia ela novamente, e surgia perigosa, sob a forma de astuta conquistadora. Talvez estivesse ali todo o mistério, toda a solução do seu problema quanto a Arthur. Quem sabe não seria por causa de Ana Maria que ele recusara desposar a filha do milionário italiano? Quem sabe se ali não estava a chave do problema?... Sim, estava tudo se encaixando perfeitamente, tudo explicado.

Enquanto pensava, a calma lhe ia voltando. Fizera mal em repelir Miguel. Mas isso era o menos. Teria que falar com Macário o mais breve possível. Sentia-se quase senhor da situação. Tinha todos os trunfos e ia jogá-los contra Arthur no momento oportuno. Primeiro que tudo, tinha que falar com o velho jardineiro... Depois cuidaria do casamento de seu filho com a herdeira Salvatori.

Tomando o chapéu, apagou as luzes e, fechando a porta, dirigiu-se à saída. Lá chegando, encontrou Miguel, que impossibilitado de sair, pois estava fechada a grande porta, esperava o patrão. Ao vê-lo chegar, qual não foi a sua surpresa, ao notar que ele estava calmo e meio sorridente.

– Então me esperavas? – disse cordial. – Tanto melhor, pois quero te dizer que podes contar comigo.

Uma alegria profunda estampou-se nos olhos de Miguel. Enquanto Frances abria a porta, o jovem falou nervoso:

– Então, ela será minha mulher! Só o senhor poderia dar jeito.

Já no pátio, os dois homens, ou melhor, os dois cúmplices, seguiram cada um para o seu lado. Miguel ia exultante! Frances, sentindo-se, mais do que nunca, forte. Dispusera a seu modo o destino de seu filho. E ia interferir, como senhor que se considera de todos os seus subordinados, na vida da inocente Ana Maria.

* * *

O homem propõe, esquecendo sempre que, acima da Terra, existe o Senhor de todos os destinos.

O servo e o patrão

ERA UM FIM DE TARDE, e sua brisa acariciava levemente as árvores, que murmuravam num farfalhar rítmico e agradável. Sobre os homens e as coisas descera merecido repouso depois de um rude dia de trabalho. Macário terminara seu jantar e viera descansar na pequena varanda, enquanto Ana Maria executava em seu piano uns acordes estranhos de doçura sem par. No interior da casa, dona Júlia cuidava de seus afazeres domésticos, ouvindo embevecida a música que chegava até ela, quase em surdina... O velho jardineiro, apesar de toda a sua ignorância, sentia que daquelas suaves melodias desprendiam-se sons celestiais. Havia tanta beleza harmoniosa naquelas notas, que lágrimas comovidas afloravam aos olhos do velho Macário. Quando Ana Maria se sentava ao piano era como se estivesse orando, e em êxtase ela ia executando as mais belas músicas. Os acordes fugiam de seus dedos, num crescendo, límpidos, como se fossem cascatas de notas, tal a plenitude que alcançavam. E o velho jardineiro fechava os olhos, todo ouvido, àquela melodia extremamente doce, que o transportava a paragens jamais sonhadas. Era como se acompanhasse sua filha em espírito, em seus voos, para o alto, para o infinito... Seguia mentalmente o roteiro musical e sentia-se pleno de gozos puros.

Nessa tarde, alguém veio interromper o concerto que lhe proporcionava a filha. Contrariado, Macário sentiu que um homem se aproximava. Era o empregado particular do industrial que, dando-lhe boa-noite, acercou-se da varanda, passando pelo pequenino portão.

— Boa noite, também, para o senhor, replicou o jardineiro. Que deseja? Mas, antes, sente-se.

— Obrigado, tenho pressa. Venho da parte do patrão. Trago um recado para o senhor: quer que vá lá o mais breve possível, ainda hoje, parece.

— Que será, João? Vim do jardim, há cerca de duas horas e o patrão não me falou nada... Mas, a verdade é que hoje eu não o vi.

— Não sei de nada, senhor Macário; sei apenas que ele o mandou chamar.

— Está bem, irei logo. Espera um momento. Vou prevenir a mulher que vou sair.

À chegada do emissário do industrial, o piano silenciara como que por encanto. Ao transpor a porta, Macário encontrou a filha, que o interrogava com os olhos. O jardineiro explicou, pesaroso:

— Tenho que sair, Ana Maria. O senhor Frances me mandou chamar.

A menina se surpreendeu:

— Que desejará ele, papai? Jamais o senhor foi chamado ali, após o trabalho. Que teria havido?

— Talvez alguma muda que ele queira fazer ou me recomendar. Sossega, voltarei logo. Volta ao teu piano e continua a tocar, estava tão lindo, filha. E Macário suspirou meio triste. Ana Maria o abraçou com carinho, enquanto murmurava:

— Esperarei pelo senhor. Vou ajudar um pouco a mamãe; eu a prevenirei que o papai vai até a mansão. Volte logo, sim?

— Sim, meu anjo, até logo mais.

Macário se reuniu ao empregado e ambos se dirigiram à mansão.

— O industrial, em gabinete particular, estava passeando de mãos atrás das costas como era seu costume. Quando o jardineiro entrou, forçou ele um sorriso, o que fez o velho Macário ficar de sobreaviso. Quando o industrial sorria daquele modo, quem recebesse o sorriso devia ficar alerta. Sorrindo assim, Frances Renoir era um perigo, bem o sabia o antigo servidor. Obediente, Macário tomou assento na cadeira que o patrão lhe oferecia e esperou paciente que Renoir dissesse o que desejava dele. Frances, sem fitar o servo, falou à queima-roupa:

— Sabes que hoje recebi um pedido de casamento para Ana Maria? Macário estremeceu, enquanto murmurava com altivez:

— Em que tempo estamos, senhor! Hoje os jovens se dirigem aos patrões em vez de irem diretamente aos pais de suas pretendidas!

Por essa resposta o industrial não esperava. Por isso fitou no jardineiro um olhar duro, de poucos amigos. Macário sustentou com firmeza o olhar do patrão, que lhe tornou incisivo:

— Naturalmente ele sabe que eu tenho grande interesse pela felicidade de tua filha. Ela foi criada juntamente com Joceline.

O jardineiro sorriu com leve ironia, enquanto respirava.

— Sim, sei disso, senhor. Porém sobre o casamento de nossa filha, creio que é assunto que só a ela, a mim e a sua mãe, diz respeito. Quem quiser desposá-la tem antes que escolher um desses três caminhos. O senhor desculpe se estou sendo rude, mas trata-se de minha filha, de meu único tesouro.

Fingindo não notar a contrariedade de seu empregado, o industrial respondeu aparentando uma calma que estava muito longe de sentir. As coisas estavam se complicando. Não contara com a altivez do velho Macário.

— Um operário da fábrica, um tal de Miguel. Parece um bom rapaz. Por isso acho que deves consentir e fazer o casamento o mais breve possível. Contes comigo. Darei o enxoval a Ana Maria e farei todos os gastos.

— Não seria preciso, senhor — respondeu com nobreza Macário. — Antes de pensar em enxoval, tenho que saber primeiro se minha filha quer esse casamento. Ela até hoje nunca me falou em homem algum. Nem me constava que estivesse apaixonada por alguém. Em todo o caso, vou falar com ela.

E, levantando-se, o jardineiro continuou:

— Mande também, senhor Frances, o 'tal' Miguel falar comigo. O senhor bem compreende que tenho que resolver este assunto com toda a calma. Trata-se da felicidade de minha filha — frisou comovido o velho.

— Está bem, vou mandar o moço falar-te. Acho que deves consentir nesse casamento, depois não vás te arrepender...

Havia uma ameaça velada na voz do industrial. Macário estranhou o som da voz, mas não percebeu a ameaça. Não compreendia, tampouco, o interesse repentino que o patrão demonstrava por sua filha. Que haveria em tudo aquilo? Enquanto o velho ia se dirigindo para a porta de saída, percebeu que Arthur ia penetrando no escritório particular de seu pai. Ao ver Macário, o jovem parou surpreso. Que fora fazer ali o pai de Ana Maria? – indagou, sem notar o ar de contrariedade que o industrial fizera ao vê-lo surgir.

— Que fazes aqui, meu velho?

— Vim a chamado do senhor seu pai.

Arthur lançou um olhar admirado a Frances.

— Meu pai mandou chamá-lo?

E temendo uma injustiça por parte do industrial para com o servidor, continuou:

— Para quê?

Macário explicou:

— Alguém pediu Ana Maria em casamento ao senhor Frances, e ele mandou me chamar para saber a nossa opinião.

— Alguém pediu Ana Maria em casamento? – exclamou surpreso o rapaz. – Quem, meu pai?

O industrial, que ouvira o diálogo travado entre os dois, observando o rosto de seu filho, murmurou meio contrafeito:

— Um tal de Miguel. Tu naturalmente não o conheces.

— Desde quando, meu pai, o senhor virou agente de cupido? À tarde queria a todo custo casar-me. Agora quer casar Ana Maria...

E com severidade, Arthur perguntou:

— Onde quer chegar, meu pai?

O industrial fez que não tinha ouvido a pergunta do filho. Ordenou a Macário que fosse para casa e meditasse na proposta que lhe fora feita.

Arthur acompanhou o jardineiro. Estava intrigado com aquele súbito pedido de casamento. Não lhe constava que sua amiguinha de infância estivesse apaixonada por alguém. Do contrário, ela lh'o teria dito. O jardineiro caminhava cabisbaixo, apreensivo. Precisava saber o quanto antes de sua filha o que havia em toda aquela história. A voz de Arthur veio quebrar o silêncio em que ambos estavam.

– Quem é esse Miguel, Macário? Tu o conheces?

– Não, senhor Arthur. Estou surpreendido. Tudo faz crer que minha filha escondeu esse assunto de mim, pois até aqui não me constava que gostasse de alguém. Estou surpreso, meu filho, muito surpreso.

– Eu também, meu velho! Não compreendo nada. Talvez Ana Maria nos possa explicar toda essa história.

– Tem razão. Ela jamais mentiu. E, graças a Deus, já estamos chegando. E lá está ela.

As duas mulheres estavam esperando o regresso de Macário. Principalmente dona Júlia estava curiosa, ansiando por saber o que o industrial queria de seu marido. Mal os dois homens chegaram diante delas, dona Júlia crivou de perguntas o esposo.

– Que houve? Que desejava o senhor Frances contigo? Alguma mudança nos canteiros? Fala, homem!

– Não me deixas tempo para responder, mulher, como queres que fale?

Todos riram, menos Macário, que desde que chegara olhava a filha intrigado, sem saber como começar, como entrar no assunto. Foi dona Júlia quem notou o ar sério de seu marido.

– Que tens, por que olhas Ana Maria deste modo?

A jovem fitou o pai, notando também o seu ar embaraçado. Franziu ligeiramente os supercílios, enquanto perguntava apreensiva:

– Que houve, paizinho? Está com um ar estranho... Não se sente bem?

– Muito bem, não te preocupes.

Arthur, notando o constrangimento do velho, preferiu sair, achando melhor deixá-lo a sós, mais à vontade, junto à sua família.

Fora indiscreto acompanhando-o até ali. Movera este seu gesto o grande desejo de ser útil ao velho pai de Ana Maria. Levantando, despediu-se de todos, acompanhado de perto pela moça, que o levou, como de costume, até o portão. Lá, Arthur, sem poder conter a curiosidade, tomou as mãos de Ana Maria nas suas e perguntou um pouco ansioso.

– Por que nos escondeste o que se passava contigo? Pensei que me querias como um irmão.

A jovem ergueu os olhos surpresos para o rapaz e murmurou:

– Não estou compreendendo. Que queres dizer?

– Queres mesmo sabê-lo?

– Naturalmente – respondeu a moça, intrigada.

O moço largou-lhe as mãos, enquanto murmurava secamente:

– É sobre Miguel!

– Miguel? Exclamou a jovem, corando-se fortemente.

– Conheces bem esse nome, não é Ana querida?

– Conheço, mas por que perguntas?

– Então, está tudo explicado.

– Explicado, o quê? Fala claramente Arthur; não sentes o quanto estou ansiosa?

– Sossega. É natural que assim estejas. Parece que o amor traz desassossego, mesmo. Ele te pediu em casamento esta tarde, para o meu pai.

– Ele, quem? Murmurou a jovem num fio de voz.

– Oh, não sabes? Miguel, quem mais poderia ser? Macário te explicará melhor. Pensei que houvesse em tudo isso a mão de meu pai, mas já que conhece o moço, está tudo esclarecido.

– Estás enganado! Não há nada entre mim e esse homem! Eu o detesto, sabes, detesto! – murmurou a jovem, quase chorando ao recordar a cena em que Miguel tomara parte naquela noite memorável, em que Arthur fora salvo milagrosamente de ser picado por uma cobra.

– É verdade o que dizes? Não respondas... Bem sei que não sabes mentir. Então não queres casar com ele?

– Não! Por Deus, não!

O moço suspirou aliviado.

– Volta para junto de teus pais, Macário quer falar-te. Até amanhã, Ana Maria.

E o moço dirigiu-se de volta à casa. Inexplicavelmente sentira-se alegre ao saber que sua amiguinha de infância não amava a Miguel. Inexplicavelmente estava feliz. E sem querer aprofundar a causa de sua alegria, seguiu assoviando uma canção muito em voga, satisfeito consigo mesmo sem saber por quê.

* * *

Ao voltar à sala, Ana Maria encontrou os pais silenciosos.

Notou que sua mãe já sabia do pedido de casamento, pois estava nervosa, apertando as mãos, como fazia quando algo a preocupava. Tomou assento junto ao pai e perguntou calmamente:

– Então, que desejava de meu pai o senhor Renoir? Quer me dizer agora, paizinho? – e fitou o velho com meiguice.

E ele, já resolvido falou claramente:

– Foste pedida em casamento, filha. Um operário da fábrica chamado Miguel quer desposar-te. Já deves conhecê-lo...

– Sim, conheço Miguel, porém como conheço outros operários.

– Então não o amas? Não estou compreendendo...

– Amá-lo? Deus me livre. Corteja-me quando o encontro por acaso, mas sempre o repeli.

– Por que não me contaste isto?

– Para que, paizinho? Para te contrariar? Ouço tantos galanteios desses operários que nem os ligo mais!

– Assim, recusas o pedido que fizeram ao senhor Renoir?

Creio que deves refletir um pouco, filha.

– Para que lhe dar esperanças? Jamais mudarei.

– Pois acho que deves refletir, pensar bem. É uma oportunidade que surge.

– Surgirão outras, brincou a moça.

– Mas – tornou Macário –, esse casamento é do agrado do senhor Frances, temo que a tua brusca recusa o desgoste...

Ana Maria fitou, surpreendida, os pais. Dona Júlia baixou a cabeça, contrafeita. Macário desviou da filha os olhos. A menina ficou séria de repente. Compreendeu que talvez a sua recusa prejudicasse a seu pai. Por isto, apenas por isto, resolveu pensar no caso com mais vagar, para não contrariar o seu bondoso pai. Murmurou, aparentando calma:

– Está bem, paizinho, vou pensar, depois darei a resposta.

E beijando os dois velhos, foi para o seu quarto.

Macário suspirou profundamente. E, olhando a mulher, disse apreensivo:

– Creio que nossa vida vai mudar, minha velha. Que Deus nos ajude...

– Tens razão. Diante da insistência do senhor Frances, temos que refletir um pouco. Não é prudente contrariá-lo.

– Algo me diz que o patrão está a par dos comentários sobre a amizade que une nossa filha ao senhor Arthur e quer separá-los, murmurou o velho.

– Sim, creio que deve ser isso. Não podemos repelir esse Miguel. Que irá pensar de nós o patrão?

– Que somos ambiciosos e aspiramos o seu filho para a nossa Ana Maria.

– Que Deus nos proteja e guie nossa filha. Em nossa idade, se nos despedir, para onde iremos?

– O senhor Frances é bem capaz de fazer isso, caso o desgostemos.

– Que Deus nos proteja e guie nossa filha – repetiu dona Júlia.

– Sim, tens razão: que Ele ilumine a inocente que por ser linda e boa, vai pagar, talvez, por isso um grande tributo. Como a invejam os nossos patrões e como a detestam por ser linda...

– Silêncio, Macário. Deus é justo e há de proteger a nós todos. Enquanto Ana Maria pensa, ganharemos tempo.

– Tens razão. Vamos dormir, mulher. Entre um e outro amanhã, muitas coisas acontecem.

* * *

Muitas coisas acontecem. E, quase sempre, pequeninos fatos sem importância passam despercebidos, quando às vezes são eles de uma corrente que se prendem, ligando os destinos dos homens, reunindo-os num mesmo local, por uma determinação do Alto, para que muitos ajustes sejam feitos.

O sonho

NA ENCANTADORA SALETA ORIENTAL, ONDE na parede, sobre um consolo exótico, erguia-se o retrato da linda avó francesa, deitado num divã, repousava o industrial. Seus olhos estavam presos, fitos no quadro. Recordava mais uma vez todos os acontecimentos, desde o dia em que notara a extraordinária semelhança entre Ana Maria e sua avó, até o momento em que o operário veio lhe contar que talvez Arthur e a filha do jardineiro se amavam. Passou a mão sobre os olhos, como querendo apagar a visão do quadro. Tinha a impressão de que era Ana Maria quem o estava fitando ironicamente... Sentia-se cansado. Parecia-lhe que estava sendo joguete de algum gênio do mal, que brincava com sua mente, criando enigmas indecifráveis. Quando olhava o retrato, sentia-se impotente diante daquela estranha semelhança... Parecia que fora lançado num labirinto e não encontrava a saída, por mais que a procurasse. Não conseguia resolver aquele problema. Por quê? Sempre este maldito 'por quê' sem resposta. Compreendia de má vontade que um entrelaçamento de fatos penetrara em seu viver e que cada vez mais iam se complicando sem poder explicá-los. Não percebia que, além de sua inteligência, além de seu poderio, havia qualquer coisa que os homens costumam chamar de destino e que, dessa qualquer coisa, desse destino, ninguém pode escapar. Nele, em sua tênue malha, debatia-se Frances, estonteado, como mariposa diante da luz.

* * *

 Olhando o retrato, os pensamentos lhe surgiam em catadupas. Quem sabe se a beleza de Ana Maria não cegara Arthur, fazendo seu filho recusar a ricaça, perdendo assim a noção de responsabilidade que devia ter para com os seus? Mas ficasse ele certo de uma coisa: jamais um Renoir se casaria com uma pessoa que não fosse digna de seus descendentes. E não seria o seu filho quem haveria de dar o triste exemplo. Enquanto vivesse, jamais o nome de sua família seria ultrajado.

* * *

 Sentindo a cabeça dolorida, ajeitou-a no encosto do divã, fechando os olhos. E quebrando o silêncio da saleta, ouviu-se daí a um momento o seu ressonar um pouco agitado. Vencido pelo cansaço, adormecera o industrial.

* * *

 Era uma extensa planície banhada de sol rubro e escaldante. Muito ao longe, erguiam-se palmeiras, sombreando pequena fonte de água fresca e pura. Deitado numa pele de leopardo, um rico mercador deixava-se abanar por seus escravos que agitavam sobre ele grandes leques de penas de avestruz. Alguns camelos pastavam a certa distância, remoendo, pacientes, o alimento. Um possante núbio montava guarda às ricas mercadorias, enquanto o senhor se fartava de tâmaras e refrescava a boca com água da cristalina fonte. No horizonte, surgira uma pequena caravana que lentamente se acercava do oásis. Os dois animais que a compunham estavam cansados e famintos; ao pressentirem a água, aumentaram as passadas, instintivamente. À aproximação da caravana, o mercador deu uma ordem, mandando que ela passasse ao largo. Não queria ser incomodado em seu repouso o rico senhor... Os viajantes estavam como os seus camelos, famintos e exaustos da longa caminhada pelo deserto. Seus brancos albornozes estavam suados e sujos. Sem ouvirem os escravos, apearam de suas montarias e vieram pedir ao xeique licença para saciarem a fome e mitigarem a sede. Porém, sem sequer olhá-los, o mercador, saboreando as suas tâmaras maduras, deu uma ordem seca a seus escravos e estes, segurando os viajantes, montaram-nos em seus camelos e os enxotaram sem piedade para longe... E a caravana teve que continuar a viagem sedenta e faminta. E grande era o deserto e maior ainda o cansaço, a fome e a sede dos dois viajantes! Logo mais, fartos e descansados, o mercador e seus escravos também continuaram a sua jornada. As malas, cheias das mais ricas peças, foram cuidadosamente apertadas no dorso dos camelos. E seguiam pelo sul, rumo a Tunis, onde venderiam as mercadorias ao rico xeique. Depois de uma longa caminhada, à aproximação da noite, acamparam perto de umas dunas. Um dos escravos foi posto de sentinela, guardando o seu senhor e os seus bens. Mas na calada da noite, surpreendida a sentinela sem ter tempo de dar alarme, o acampamento foi invadido pelos beduínos, que mataram os escravos e pilharam as mercadorias. Em meio à confusão, o mercador conseguiu escapar. Em sua fuga, notou que um vulto espavorido e amedrontado vinha atrás dele: era uma jovem que tinha sido aprisionada pelos ladrões do deserto, que a raptaram da casa de seus pais e iam levá-la para Tunis, onde a venderiam como escrava. Os dois fugitivos seguiram junto a caminhada, em busca de socorro. Agora, pensava a bela e doce Janina, com a graça de Allah, o Magnânimo, conseguira salvar-se e estava sob a proteção daquele senhor, isenta de qualquer perigo. Juntos, caminharam todo o resto da noite e a manhã seguinte e, quando a tarde daquele novo dia chegara, já quase exânimes, vencidos pelo cansaço, avistaram um pequenino oásis. Estavam agora livres da fome e da sede e não tardaria que passasse por ali alguns viajantes que os levariam aos seus lares: Allah não abandona os seus filhos. Sob a sombra amena das palmeiras, os dois fugitivos descansavam. De súbito a jovem Janina sentiu que o seu companheiro a fitava de um modo estranho e algo inquietante... Seu instinto feminino preveniu-a que surgira ali um perigo mais terrível que o cativeiro que lhe reservavam os beduínos. Recuou tremendo. Quis falar, mas o medo fê-la perder a voz. Vagarosamente o xeique se aproximava da jovem indefesa. E ia já estreitá-la em seus braços lascivos, quando a jovem rapidamente, tirando do seio um afiado punhal, pulou felina para trás, murmurando com voz decidida: – Não se aproxime de mim, cão imundo, se não me quer ver morta com este punhal! Afaste-se, do contrário o meu sangue há de manchar por muitos séculos essa sua alma mesquinha! E a moça encostou a pontiaguda lâmina bem junto ao seu peito. Tinha nos olhos uma decisão de mártir. O mercador, bestificado pelo desejo, sorriu do gesto da moira e como um chacal pulou em direção à sua presa. Porém, soltando um grito terrível, a jovem caiu banhada em sangue.

* * *

Frances despertou, passando a mão pela testa molhada de suor. Que sonho horrível tivera! Horrível e muito estranho... Porque ele, Frances, era aquele mau homem do deserto, que negara alimento a uns viajantes famintos e atacara covardemente a jovem moira que, obrigada pela fatalidade, entregara-se confiante aos seus cuidados. Como fora esquisito aquele sonho... E mais confuso estava, porque a jovem moira tinha as feições iguais às de sua avó... iguais às de Ana Maria. Sim, fora com ela que sonhara, fora ela que vira naquele pesadelo medonho, banhada de sangue aos seus pés. Como era fantástico tudo aquilo! Como explicar o porquê daquele sonho? O estranho era que vira tudo com tal clareza, que não parecera um sonho. Ele era, ou fora algum dia, aquele mercador de coração orgulhoso, egoísta, de instintos animalizados? E Ana Maria não era aquela Janina sacrificada pelos seus impulsos bestiais? Não! Não! Tudo não passara de um sonho... um sonho esquisito, apenas! O mais era fruto de sua mente cansada pelo excesso de trabalho e preocupações dos últimos tempos. Estava envergonhado consigo próprio por ter pensado, por um rápido momento, como criança impressionada. Ele, um Renoir, acreditando em sonhos, como uma velha mulher. Disso ainda era culpada Ana Maria. Dormira olhando o retrato de sua avó e pensando na filha do jardineiro. Aquele sonho fora resultado de uma digestão perturbada e só... Os seus pensamentos depois, apenas reflexos do pesadelo; não estava ainda acordado de todo. E Frances resolveu não pensar mais naquilo.

Como costuma fazer a maioria dos homens, o industrial achou mais cômodo não se aprofundar na realidade daquele sonho. Que era finalmente o sonho para ele? Nada, ilusões dos sentidos... Para um espiritualista teria sido de grande significação. Porque em verdade, assim como o estar acordado é vida para a matéria, o sonho é vida para o espírito: ao adormecer o corpo em que vive aprisionado por circunstâncias pretéritas, ele se liberta temporariamente das cadeias que o prendem e foge aladamente, buscando ávido as planícies infinitas. E muitas vezes lhe são mostradas, por indicações do Alto, nesses momentos, suas ações passadas, seus enganos, para bondosamente lhe serem lembrados os compromissos acertados e já esquecidos pelo torpor causado pelo ópio da vida, que torna o espírito, às vezes, em verdadeiro estado de inanição, enganado pelas miragens da matéria.

Porque tudo o que acontece no Universo, uma folha que cai, o pó que se levanta das estradas, o encontro de duas almas que se amam, todos os fatos históricos, científicos e sentimentais, tudo enfim, por mais banal que seja, é retratado no tempo e no espaço. Para o espírito esclarecido nada é mais simples do que uma retrospecção ao passado das coisas.

Frances, já esquecido de todo o sonho, ia em direção à porta que dava para a galeria, quando ouviu um grito e, estremecendo, conheceu nele a voz de sua esposa. Correu ao local de onde partira e encontrou dona Rosa estendida ao solo, sobre o tapete da grande sala de jantar. Arthur e Joceline tentavam, com cuidados extremos, fazê-la voltar a si. A senhora, abrindo os olhos, para logo fechá-los, fitou nos seus um olhar de pavor.

Porém nem um músculo de seu rosto se contraiu. Fora a senhora acometida de um súbito mal. Ajudado por Arthur, e sob as vistas espantadas e silenciosas dos empregados que acorreram ao grito da patroa, Frances carregou sua esposa para o quarto e, deixando-a aos cuidados da filha, foi providenciar para ser chamado um médico com urgência. A casa sofreu repentinamente, como movida por uma vara mágica de algum gênio do mal, uma transformação: ninguém falava quase. Todos procuravam pisar o mais leve possível para não incomodar a pobre senhora que, inconsciente e presa ao leito, fora atingida por uma doença que lhe paralisara por completo os movimentos, deixando-a alheia a tudo e a todos. O doutor que atendera ao chamado do industrial já era amadurecido em anos e com longa experiência, conhecendo quase todos os segredos da profissão que abraçara como verdadeiro apóstolo da medicina em prol dos enfermos de sua cidade natal, sendo por isso senhor da confiança de todos, até mesmo dos Renoir. Ao examinar detalhadamente a enferma, balançou desoladamente a cabeça. Quase nada poderia fazer por dona Rosa. Em todo caso, tentaria um milagre. O doutor diagnosticara que a rica senhora fora ferida por uma congestão cerebral, sendo o seu estado desesperador... Caso reagisse da terrível moléstia, ficaria certamente inutilizada numa cadeira de rodas. Mas, temendo a responsabilidade daquele caso, pediu com urgência uma junta médica. Que o industrial mandasse buscar as maiores sumidades da medicina, na capital da província. Talvez outros dessem esperanças, ele se sentia impotente naquele caso. Aplicou na paciente uma sangria e prescreveu uma poção calmante para ser dada de hora em hora e voltou aos seus outros doentes.

Frances, desesperado, despachou no mesmo instante ordens para que viessem da capital os mais afamados médicos. E à noite, quando eles chegaram, atendendo ao chamado do grande industrial, depois de meticuloso exame na paciente reuniram-se e foram unânimes em afirmar que só um milagre poderia salvar a pobre senhora. E eles não acreditavam em milagres.

* * *

O industrial sentara-se numa cadeira e olhava impotente a mulher que amava presa da terrível doença. Era o único sentimento verdadeiramente grande de sua alma, o amor que nutria por sua esposa. Para salvá-la, sacrificaria até sua fortuna. Joceline e Arthur não se cansavam de zelar pela pobre doente. Eram os enfermeiros dedicados de sua mãe. Joceline, apesar de todo o sofrimento, de toda a humilhação que sofria em seu lar, amava os pais; principalmente à mãe dedicava um grande afeto. E ao vê-la assim doente, inutilizada sobre o leito, rezava, suplicando ao Pai celestial, que lhe restituísse a mãe curada de todo o mal para a sua felicidade. Uma nuvem de tristeza cobria a imponente mansão. Até nas fábricas reinava tristeza e apreensão. Dona Rosa, apesar de todo o seu orgulho, era menos temida pelos operários. A ela, iam muitas vezes pedir socorro, nos seus casos extremos, a mando de Arthur, que sabia ser a sua mãe menos egoísta do que seu pai. Ela advogava, embora raramente, as causas dos trabalhadores, fazendo assim o industrial ser um pouco mais brando em suas decisões. Se morresse agora, talvez a vida deles piorasse ainda mais... Apesar de toda prece, apesar de todo o desejo em prol de sua melhora, dona Rosa piorava dia após dia. O dinheiro e o amor dos seus proporcionavam-lhe todo o conforto possível ao seu estado, porém parecia que a pobre senhora teria mesmo que morrer. Tudo era impotente diante daquele mal: a ciência dos médicos, o desespero de seu esposo, de seus filhos, a tristeza dos operários, tudo era inútil, nada poderia parar a avalanche da morte que se aproximava célere. Foi quando Arthur se lembrou do velho tio Nicolau, o Ermitão da Floresta. E olhando o pai que em um canto procurava, orgulhosamente, esconder as lágrimas, murmurou baixinho:

– Meu pai, quer ver mesmo a mãezinha curada?

– Ora, Arthur – respondeu-lhe com amargura Frances –, para isso daria sorrindo todo o nosso dinheiro.

– Não precisa gastar um real sequer, lembre-se que a Deus tudo é possível, meu pai!

— Que queres dizer com isso? De que santo espera um milagre?

— Ouça, meu pai: existe em meio à montanha da floresta um velho muito pobre, porém muito rico das graças de Deus e apenas ele poderá curar a mãezinha.

— Quem é esse velho?

— O tio Nicolau, o Ermitão que vive na cabana dos antigos lenhadores. Já ouviu falar nele ao certo...

— Naturalmente! Mas que poderá fazer aquele mendigo por tua mãe?

— Que poderá ele fazer? Tudo! Pode lhe restituir a saúde. Tio Nicolau é um santo homem! Consente que vá chamá-lo?

— Não! Que irão dizer os médicos e as outras pessoas quando souberem que apelamos para um charlatão?

— Nada dirão. Os médicos já desenganaram a mamãe. O tio Nicolau poderá fazê-la viver, ele é o único capaz disso – afirmou Arthur convicto.

— Filho, nós pertencemos a uma família tradicional e não podemos fazer coisa alguma que venha a manchar a nobreza de nossos avós...

— Ora, papai! O senhor até diante da morte pensa em nobreza e em preconceitos tolos! Meu pai, ouça bem – murmurou o jovem quase suplicando, com voz trêmula –, neste momento, o que é necessário é salvar a nossa mãe, e não pensar em tradições e demais tolices...

— Tolices, filho? – interrompeu Frances indignado –, tolices porque não sabes quanto custou aos teus antepassados o nome que hoje usas. Lê nos nossos pergaminhos e neles verás o quanto somos nobres.

— Sim, bem o sei! Mas neste momento, lembre-se apenas que a mãezinha está tão mal... E tenho em minhas mãos fazê-la talvez sarar. O senhor – continuou Arthur, impaciente – deve crer pelo menos em Deus, ou crê apenas no que o dinheiro pode dar?

— Deus? Creio n'Ele, sim. Mas só um milagre poderá salvar a tua mãe, Arthur, e os milagres não custam dinheiro; como poderás alcançá-los?

— Por intermédio do tio Nicolau. Deixe-me ir buscá-lo, meu pai!

— Ele nada poderá fazer, nada... será ridículo trazer esse mendigo à nossa casa. Os médicos já desenganaram a minha esposa; prefiro-a morta a vê-la inutilizada numa cadeira de rodas.

E ao ver que Joceline se aproximava coxeando, concluiu ferino:

– Basta de aleijões na família...

A menina, que ouvira o diálogo travado entre os dois, até às últimas palavras de seu pai, sorriu tristemente e suplicou com os olhos, calma a Arthur, indicando com um gesto dona Rosa prostrada no leito. E acercando-se do industrial que a olhava, intrigado, murmurou numa voz meiga, porém decidida:

– Não creio nos médicos, meu pai! O saber deles vem dos homens. Creio no tio Nicolau, porque o seu saber vem de Deus. Hei de trazê-lo aqui, ele há de fazer a mãezinha ficar boa como antes, o senhor há de ver.

O industrial olhou a filha, verdadeiramente surpreso pelo modo decidido com que ela falara.

– Que dizes tu? Vai buscar quem? Fala!

– O tio Nicolau. Trata-se de minha mãe, de sua vida. Os médicos do senhor nada fizeram. Apelemos para Deus, portanto.

– Não sabia que o tio Nicolau fosse Deus – ironizou Frances.

– Ele não é Deus – atalhou Arthur em socorro à sua irmã –, porém creia o senhor, ele possui forças que nós desconhecemos e estas forças vêm de Deus.

O industrial olhou para os seus filhos e foi tal a decisão que neles notou que pela primeira vez se deu por vencido.

– Resolvam este negócio entre si – murmurou, esquivando-se a uma decisão. – Não será com o meu consentimento que esse mendigo há de vir à nossa casa.

– Está bem – tornou Arthur –, tomarei a responsabilidade. Irei eu mesmo buscá-lo. Até logo, meu pai. E despediu-se o jovem com os olhos brilhando de esperanças.

> *"Em tudo que pedirdes ao pai em meu nome sereis atendidos"*

NA ALCOVA, FRANCES PERMANECERA, À saída do filho, olhando silenciosamente para o leito onde dona Rosa, imóvel, com as feições contraídas, arfava dolorosamente.

Joceline, toda cuidado, procurava cercar a enferma do maior carinho e conforto. Atenta, sempre curvada sobre ela, procurava ver se qualquer coisa estava mal arranjada. E aconchegava-lhe os cobertores e os brancos lençóis de linho com dedos de fada.

* * *

Uma hora já passara que Arthur saíra, quando pequeninas pancadas foram ouvidas na porta. Joceline se ergueu e de manso, quase sem fazer ruído, foi abrir a porta. Estava esperando no corredor, ligeiramente curvado sobre o bastão, tendo Arthur ao seu lado, o Ermitão da Floresta. Ao vê-lo, Joceline sentiu uma alegria enorme. Agora sabia que sua mãezinha não morreria mais.

Arthur, baixando a voz, pediu à irmã para ir prevenir o pai da presença do tio Nicolau. Porém o velho, afastando de leve os dois jovens, penetrou na alcova da senhora Renoir. Frances, ao vê-lo, levantou-se de um jato, como movido por uma mola. Porém o Ermitão fitou um olhar tão calmo e ao mesmo tempo tão firme no industrial, que ele se sentiu paralisado, por um momento indeciso, sem saber que resolução tomar. E sob a chama daquele olhar límpido e brilhante, Frances desviou a vista, como ofuscado pela luz que dele se desprendia. Como um autômato, sentou-se novamente e ficou olhando a cena que se desenrolava ao seu lado.

Arthur e Joceline, silenciosos e surpresos, acompanharam o diálogo mudo que se travara entre o monge e seu pai; e, quando compreenderam que o industrial recuara, entreolharam-se sorrindo e confiantes em Deus.

O velho eremita, entregando a Arthur o seu cajado, aproximou-se lento da cama da enferma. E sem fazer quase um gesto, ergueu os olhos para o alto e seus lábios murmuraram uma prece ao Criador. Depois, distendeu sobre a doente as mãos e sem falar ficou a fitá-la. Uma força estranha desprendia-se de suas mãos. E todos viram, principalmente o atônito industrial, que de suas mãos saíam como tênues raios de luz. Entretanto, tudo fora tão rápido que aos presentes ficara a ideia de que talvez fosse mera ilusão dos sentidos. Porém mais surpresos ficaram quando perceberam a doente abrir os olhos e fitar em todos um olhar de quem desperta de um prolongado sono. Ao ver que o Ermitão estava junto dela, franziu com estranheza a testa, sem compreender direito o que se passava à sua volta. Uma lassidão tomara-lhe conta dos membros, sentindo-os pesados e dormentes.

O tio Nicolau continuava imóvel, tendo as mãos estendidas sobre ela. Aos poucos dona Rosa, como emergindo de um pesadelo, tentou erguer a cabeça acima dos travesseiros, deixando-a cair novamente sobre as fofas almofadas com um gemido de dor. Arthur e Joceline se aproximaram rápidos do leito e ajoelharam-se diante dela, tomando-lhe as mãos que já se moviam vagarosamente.

Ao vê-los, ela pôde murmurar muito baixo, ciciando...

— Meus... filhos...

— Sim, mãezinha, seus filhos! Estamos aqui ao lado da senhora, não tenha receio, o pior já passou. Tenha fé em Deus que há de ficar completamente boa, pois está junto da senhora um de seus enviados – afirmou Joceline, com os olhos banhados de comovidas lágrimas.

Dona Rosa fitou surpresa o eremita e, como subjugada pela força que dele emanava, sentou-se na cama, apoiando-se nos filhos que a sustinham, abismados pelo que viam.

Então, só então, foi que o industrial atônito, julgando-se num sonho, aproximou-se do leito da esposa. Nesse momento, curvando a branca cabeça, o velho baixou as mãos e, dando um passo em direção à porta de saída, murmurou um ligeiro cumprimento. Frances fez menção de lhe dirigir a palavra, mas sob um impulso orgulhoso, fechou os lábios fortemente, como temendo o que ia dizer. Arthur, erguendo-se, correu ao encalço do tio Nicolau, fazendo-o parar próximo já à porta e tomando-lhe as mãos efusivamente entre as suas, suplicou que ficasse junto a eles. O Ermitão sorriu, falando manso:

— Filho, já recebeste o que pediste ao Pai com tanta fé: tua mãezinha voltou à vida; por que não me deixas voltar à minha cabana? Que mais queres, filho meu?

— Queremos a sua presença aqui, entre nós! O senhor tem que ficar. Eu...

— Já te disse certa vez que não deves te exaltar. Dá-me o meu cajado e deixa-me sair.

E o velho, apoiando-se no bastão, fez uma curvatura em direção dos demais e murmurou com seu modo calmo, olhando Frances, que fingia uma impassibilidade que estava bem longe de sentir:

— Agora, até quando Deus quiser... E desapareceu pela porta, acompanhado por Arthur.

* * *

Joceline, abraçada à sua mãe, chorava copiosas lágrimas, agradecendo, de toda a sua alma, a graça recebida. Dona Rosa, tendo por um desses milagres que a ciência não explica adquirido todos os movimentos, olhava sorrindo docemente o seu marido, enquanto acariciava a cabeça da filha. O industrial aproximou-se do leito e tomando as mãos da esposa entre as suas, beijou-as.

Ela, profundamente emocionada, falou de manso, fitando um doce olhar em Frances:

– Estive... muito mal... não... foi, meu amigo?... Parece... que despertei... de um... pesadelo terrível...

– Sim – respondeu o senhor Renoir –, estiveste doente, porém agora tudo já passou. Parece que o teu organismo reagiu surpreendentemente...

– Oh! Papai – atalhou Joceline –, por que não dizer milagrosamente? Bem sabes se não fosse a presença do tio Nicolau, talvez a mamãe ainda estivesse sofrendo horrivelmente! Foi a um milagre, mãezinha, que deve a sua vida e quem o operou foi o tio Nicolau! Creiam meus pais, ele é um santo, o santo que todos dizem!

– Se... foi... assim – falou a doente com voz fraca –, verdadeiramente... seu poder é... grande.

– Tolices – replicou Frances –, tolices! Uma simples coincidência. Fomos todos vítimas de uma forte sugestão, nada mais...

E sem notar o olhar magoado da filha, continuou:

– Vou mandar comunicar aos médicos a tua espantosa melhora. Mas, deita-te... Não deves abusar de tuas forças.

Depois que o marido saiu, a senhora ficou meditando. Tudo lhe parecia muito vago... distante. Sabia que estivera muito doente e não compreendia por que agora estava sentindo-se tão bem. Descera sobre ela uma agradável sensação de calma e, com os nervos relaxados, sentiu que ia adormecer. Joceline, percebendo que ela fechava os olhos, aconchegou-lhe os lençóis, ajeitou as almofadas e cerrou as cortinas, escurecendo o quarto para a enferma poder repousar melhor. Suave calma cobria-lhe as feições, antes tão alteradas, e um sono reparador tomou-lhe conta do corpo. Joceline, como um anjo de guarda, sentou-se numa cadeira ao seu lado, atenta ao menor gesto de sua mãe e, enquanto velava agradecia ao Pai ter atendido à sua prece de um modo tão surpreendente.

* * *

Enquanto isso, Arthur guiava o Ermitão pelas aleias do formoso jardim da imponente mansão. O tio Nicolau ia silencioso e o moço respeitava o seu mutismo. Quando chegaram à cabana, o velho pediu ao rapaz que voltasse para junto de sua mãe, dizendo:

– Vai, filho, e nada temas; o perigo já foi afastado. Pela augusta vontade do Pai foi que tudo isso aconteceu. A missão do tio Nicolau está mais perto do fim do que julgava... De hoje em diante teu pai vai começar a duvidar, a duvidar dele próprio. Aquele espírito tem que cumprir com os desígnios do Senhor. Quando um homem tem na mão o destino de tantas criaturas, precisa ser ajudado pelo Alto, e quando não cumpre com os seus deveres para com o próximo, o Pai misericordioso manda que ele seja alertado. E foi o que aconteceu hoje, meu filho. O poder de teu pai chega ao término e muito em breve hás de ver outro poder se plantando nestas terras: o poder de Deus. Volta, filho; a doença de tua mãe foi o meio de que se serviu o Senhor para abrir os olhos de teu pai, até aqui cego pelo mais profundo egoísmo. Vai, filho, e que a luz da Verdade ilumine sempre os teus passos.

E o Ermitão penetrou em sua cabana.

Quando Arthur chegou ao lar, os médicos discutiam acaloradamente a extraordinária melhora de sua mãe. Todos estavam surpreendidos e diziam entre si:

– Se aceitássemos o milagre, diríamos que assistimos a um.

Frances ouvia os médicos em silêncio, tendo um vinco entre os supercílios. Mal fitou Arthur quando este chegou; procurou mesmo não falar com o filho. Ouvia os médicos, quase sem responder às suas perguntas. O jovem Renoir sorriu misteriosamente e, deixando a sala em meio à discussão dos filhos de Esculápio, dirigiu-se ao quarto de dona Rosa. Joceline velava ao seu lado. Arthur, ao ver que sua mãe dormia calmamente, tomou de uma cadeira e assentou-se também ao seu lado. E notando o ar cansado, macilento, de sua irmã, tomou-lhe as mãos e com doce autoridade ordenou com brandura:

– Vai descansar, Joceline, precisas dormir um pouco. Foste uma dedicada enfermeira, incansável, corajosa. Mas agora precisas repousar. Graças a Deus, a nossa mãe já está completamente curada.

– Sim – respondeu a moça –, os médicos estiveram aqui e saíram maravilhados. Como Deus foi bom para nós, Arthur, e que santo é o tio Nicolau!

– Tens razão. Ele afirmou que essa doença foi um aviso do Alto para o nosso pai, para que se torne um pouco melhor para os seus semelhantes e principalmente contigo, minha boa irmã.

Joceline fitou nele um olhar tão cheio de desolação que Arthur sentiu os olhos umedecidos. Porém, reagindo contra a comoção que se ia apossando do seu espírito, fez a irmã levantar-se e levou-a até o seu pequenino quarto, voltando incontinenti para junto de sua mãe, e enquanto velava por ela, pensava em Joceline. Arthur possuía um grande coração. Vivia procurando extinguir as dores alheias, sem pensar nas suas. Compreendia todos os sofrimentos de seu próximo e procurava amenizá-los. Fazia de toda a amargura sua amargura. Toda dor era sua dor. Sentia-se revoltado pelas injustiças praticadas por seus pais e jurara proporcionar aos oprimidos uma nova vida, se um dia viesse a ser o dono daquela fortuna. Sentia em seu íntimo uma necessidade imperiosa de ajudar os seus semelhantes. E que vastíssimo campo para a prática do bem era a fábrica de seu pai! Como seria feliz se um dia ouvisse daquelas bocas, sempre famintas, palavras de gratidão para o autor de seus dias. Aquele egoísmo paterno causava profundas chagas em sua alma sensível. Seu pai não poderia terminar os seus dias aprisionado àqueles sentimentos mesquinhos que forjavam o seu espírito. Aquele egoísmo tão frio talvez fosse uma consequência de erros passados, os quais ainda não pudera ou não tivera forças para reparar.

O tio Nicolau sempre explicara o porquê de tanta incompreensão, de tantos dramas, dessa disparidade de vidas, desse desequilíbrio entre os homens, como se Deus não soubesse dividir. A uns dera tudo, a outros, nada. Uns belos e sadios; outros doentes e deformados. Uns bons e virtuosos; outros maus, escravizados aos vícios. Sim! Dizia que a justiça divina era inflexível. Todo aquele que semeia más sementes, frutos maus há de colher. Até que um dia compreenda a vantagem de separar o joio do trigo, o erro da verdade.

O homem vive preso a uma verdadeira corrente de causas e efeitos. Se hoje pratica consciente o mal, amanhã sofrerá as consequências do seu erro. Às vezes basta uma boa ação para resgatar muitas culpas. Mas como são raras as boas ações... O homem, essa criatura fraca e mesquinha que vive presa à Matéria, vivendo de seus gozos impuros, julga quase sempre comodamente que o mundo está limitado a esta terra e almeja viver da melhor maneira nela, sem pensar no espírito, sem cuidar de melhorar as suas condições para uma rápida evolução para o Infinito, onde a Verdade de todas as coisas o espera.

Seu pai haveria de despertar ainda em tempo de recuperar o muito que perdera. Aquele espírito não poderia ficar estacionado no meio da jornada. Algo haveria de fazê-lo caminhar, vencendo os obstáculos, senhor de seu destino. E todos a quem fizera sofrer, seus operários, Joceline, entoariam um cântico de Graças, porque até que afinal soara para suas vidas o advento feliz, há tanto tempo esperado.

* * *

Em seu pequenino quarto, Joceline suplicava com os olhos fitos no Alto que sua cruz chegasse logo ao calvário.

O lobo e o pastor

NAQUELA MANHÃ DE VERÃO, CLARA e alegre como costumam ser as manhãs nos trópicos, onde sob o céu de um azul transparente, o sol – médico do espaço – prodigalizava sua terapêutica vivificante à Natureza, transmitindo com seus raios de ouro o calor aos homens e aos animais e, como se não bastasse ser médico, sendo ainda pintor infatigável, clorofilava com suas pinceladas esmeraldinas as plantas, as árvores e os musgos, dando um toque de vida a tudo e a todos.

Naquela radiante manhã, uma cabriolé, puxada por um cavalo baio, parou diante da majestosa mansão Renoir e dela saltou o padre João, engalanado em sua luzidia batina domingueira, trazendo à cabeça um chapéu de veludo negro de abas largas.

Aproximando-se do portão, agitou nervoso o sino e pediu ao empregado que veio atender que o fosse anunciar à dona Rosa. A convite do servo, acompanhou-o até a sossegada sala de entrada e lá ficou à espera, fingindo ler o seu livro de orações.

Passado um momento, voltou o empregado trazendo uma escusa delicada da senhora Renoir:

– A patroa – disse o moço – não o pode receber, devido ao seu estado de saúde ainda muito precário. Manda dizer ao senhor que, por ordem do médico, está terminantemente proibida de receber quem quer que seja.

– Mesmo ao seu vigário? – estranhou o padre João.

– Sim, padre, mesmo ao senhor. Ela manda dizer ainda que o receberá com satisfação na próxima semana, se já puder fazê-lo...

O padre levantou-se um pouco bruscamente, dirigiu-se para a porta de saída, sem mesmo despedir-se do atônito empregado que, ao notar sua irritação visível, distendeu o lábio inferior e dando de ombros, num expressivo momo de ignorante espanto, acompanhou-o até o portão. Tomando acento na cabriolé e dando uma ordem seca ao boleeiro, o vigário entrou em cismas, enquanto a pequena carruagem tomava a estrada de volta à cidadezinha de B. Ao longe, banhado de sol, avistava-se, cortando o horizonte, o campanário da igreja. A cidade aparecia à distância num amontoado de casas de telhados vermelhos, onde os pequeninos bueiros fumegavam, dando um sinal de vida humana à paisagem circulada por matas verdejantes.

Em paralelo à estrada, o rio corria num murmúrio encachoeirado. Andorinhas pontilhavam de negro o azul do ar. Bandos de canários amarelos esvoaçavam assustados com o tropel do cavalo, num chilreado alegre e barulhento. Nas raras casas, à direita da estrada, crianças de ventres nus e bojudos sobre perninhas descarnadas olhavam amedrontadas, chupando os dedinhos sujos, a carruagem que passava, quebrando a monotonia daquelas paragens. No rio, à sombra de ingazeiras, algumas mulheres lavavam roupas, cantarolando.

O padre, indiferente ao encanto daquela manhã, com os braços em cruz descansados sobre o gordo ventre, estava concentrado em seus pensamentos, os quais não pareciam muitos alegres. Indiscretamente, vejamos a causa de sua contrariedade:

Estava magoado o sacerdote com a família Renoir, e tinha ele lá suas razões... Pois soubera por um dos fâmulos da casa que estivera na mansão, trazido por Arthur, o tio Nicolau! Essa notícia abalou profundamente o sensível vigário.

Por isso viera pressuroso saber, pessoalmente, a causa daquela estranha visita, num momento em que dona Rosa estava tão mal...

E voltara sem saber o que fora fazer ali o Ermitão da Floresta. Quão decepcionado estava! Ele, um sacerdote da Igreja, não fora recebido, enquanto um herético, um filho de Belzebu fora certamente recebido de braços abertos. Era demais aquela afronta. Não fora ele apenas o atingido, fora a Igreja, também.

Como expulsar daquelas terras, antes tão amenas, aquele mendigo que surgira ali como a besta do Apocalipse, sem saber-se de onde nem como? Que a inspiração divina descesse sobre ele, dando-lhe uma ideia de como salvar a Igreja ultrajada, ferida em seus dogmas, por aquele que sabia, por arte de Satã, intrujar até os mais precavidos com seus ares patriarcais e suas falsas palavras.

De sobrecenhos contraídos, meditava o padre em seus problemas, enquanto a cabriolé rodava sem pressa pela estrada poeirenta.

De momento a momento, ouvia-se o estalido seco do chicote, tangido pelo boleeiro que, pachorrento, dirigia a condução. O calor aumentava à proporção que o sol chegava a pino. Bagas de suor brilhavam na testa calva do sacerdote. E aos poucos, de manso, uma ideia foi surgindo em sua mente. Vaga a princípio, porém logo após foi tomando forma até transformar-se numa forte resolução.

Iria novamente à cabana do velho mendigo e agora iria só. Fora contraproducente o testemunho de seus companheiros na primeira visita que fizera ao suposto Ermitão. Servira apenas para angariar mais dois simpatizantes para o herege. Agora agiria sozinho, à luz do sol. Pensou, como estava próximo à montanha, que devia aproveitar e ir sem tardança até a cabana dos antigos lenhadores.

E, fazendo parar a carruagem, para espanto do cocheiro, ordenou a este que seguisse caminho, porque ele iria dar um passeio a pé.

Retrocedendo, o padre João dirigiu-se à montanha da floresta, que se erguia a cerca de um quilômetro e meio de distância.

* * *

O vigário subia, arquejando, o sinuoso caminho. Em seu zelo pela Igreja, esquecera seu reumatismo e que estava com suas vestes domingueiras, impróprias para tal empreitada. Apesar do calor, trazia à cabeça o chapéu, protegendo-se assim dos raios solares.

E, à proporção que penetrava na floresta, o calor abrandava, amenizado pelo farfalhar das árvores. Em volta, nas ramagens, o gorjear dos pássaros fazia-se ouvir e para desespero de seu estômago, aqui e ali, algumas rolinhas beliscavam o chão, à cata de alimento. Dos troncos das árvores pendiam caulícolas, que vivendo de suas seivas, davam-lhes em troca a policromia de suas flores...

Parasitas exóticas, de coloridos maravilhosos, pendiam dos caules e, em seus exógenos filetados, as abelhas e algumas vezes colibris de reflexos doirados vinham sugar o doce pólen.

Sob a copa das árvores, a Natureza rendilhara filigranas de folhas.

O padre, forçado pela beleza exuberante que emanava da floresta, diminuiu os passos, respirando com prazer desconhecido o cheiro de resina misturado com o perfume das flores e das baunilhas silvestres. E à proporção que andava, ia recordando a primeira vez que estivera ali...

Como tudo fora surpreendente...

Ele jamais esquecera aquela noite e – por que não dizê-lo? – aquela estranha luz!

O padre João já estava próximo à cabana quando notou uma cena que o fez parar, surpreso! Sentado num tronco de árvore, estava o tio Nicolau distribuindo alimento a uns passarinhos, tendo o seu cajado abandonado aos pés.

O ancião não pressentiu a presença do padre. Estava absorvido em dar o almoço aos seus pássaros queridos. Alguns pousavam em seus ombros, outros beliscavam em suas próprias mãos sem o temor e, ainda outros, volteavam sobre a sua cabeça branca.

O vigário, mau grado seu, não se pôde furtar ao encanto daquele quadro. Pigarreando, fez sentir-se ao Ermitão que, voltando a cabeça, fitou no visitante um olhar calmo, sem a menor surpresa.

O vigário, verdadeiramente desconcertado diante da impassibilidade do tio Nicolau, sentiu vir à tona toda a malquerença que nutria pelo bondoso velho. E vendo, no silêncio que ele mantinha, hostilidade à sua pessoa, sentiu crescer em seu íntimo todo o rancor já há muito ali enraizado. E notando que o Ermitão não falava, exasperado diante daquela calma, corando muito, murmurou uma saudação à guisa de conversa:

— Bom dia, senhor!

— Bom dia – respondeu o tio Nicolau, voltando a dar atenção aos seus pássaros que, ao sentirem a presença estranha, esvoaçaram para o abrigo das ramagens.

Com a cabeça erguida, procurava o ancião ver onde foram pousar.

O padre, notando que ele não queria mesmo falar, sopitando o orgulho, interpelou-o diretamente, com a voz enrouquecida pelo esforço que fazia para dominar o despeito sentido.

— Conhece-me, senhor?

— Sim – respondeu tio Nicolau sacudindo para um lado o resto do alimento que trazia ainda no colo, dentro de uma folha –, conheço, como não?

— Neste caso, tudo será mais fácil, pois vim aqui para conversarmos sobre certos pontos obscuros...

— Estou ao seu inteiro dispor, senhor padre. Prefere ficar aqui ou iremos até a nossa cabana?

— Fiquemos aqui.

E sobre um tronco tomou também assento, diante do Ermitão, o vigário de B. E sem mais preâmbulos perguntou o servidor da Igreja:

— A que religião pertence o senhor?

— À religião universal da crença num só Deus de bondade infinita, supremo criador de todos os mundos – respondeu com brandura o interpelado.

— Mas – replicou o padre – isso não é uma religião! Quer dizer apenas que aceita a existência da divindade; não tem, portanto, uma religião determinada...

— Como o senhor queira. A minha religião é esta: creio em Deus e em seu enviado Jesus, que veio à Terra na missão divina de minorar o sofrimento dos homens, ensinando-lhes o perdão e o amor. E a sua, senhor padre, qual é a sua religião?

O padre ergueu os olhos espantados e surpresos diante daquela ingênua pergunta. Ela bem mostrava o desequilíbrio mental do velho! Aquilo era pergunta de um louco!

– Sou católico, não vê que sou ministro de Deus?

– Porque veste essa batina, acha que devia ver logo que é um sacerdote, um continuador da obra de Cristo, não é, senhor padre? Em minha ignorância, o hábito não faz o monge... E, em minha precária maneira de compreender as coisas, é necessário, para seguirem-se as pegadas do mestre, saber cumprir os deveres para com o próximo, observando à risca o mandamento que nos legou em sua última ceia.

– Que mandamento é esse? Cumpro todos os mandamentos de Deus e da Igreja.

– Estranho o senhor que se diz um sacerdote do Cristo perguntar qual seja esse mandamento... Ei-lo, senhor padre: amar o nosso semelhante como a nós mesmos...

– Ah, senhor! Esse certamente que o conheço e por ele pauto a vida. Tudo abandonei para servir a Deus e aos seus filhos. Sou um dos poucos que atenderam à sua voz quando disse: abandona tudo e segue-me.

– E o senhor tem certeza de que tudo abandonou e segue o caminho de Cristo?

O padre corou pela segunda vez e não respondeu. Bem em seu íntimo sabia que não abandonara certas coisas...

Por exemplo, era profundamente guloso. Diante de um bom prato não sabia conter-se... E tinha outros pecadinhos. Gostaria de ter, em sua volta, lindas moças, fazendo-lhe reverências, beijando-lhe as mãos com seus róseos lábios. Preferia mesmo conviver com as mulheres, mais do que com os homens.

Elas eram mais religiosas, certamente devia ser por isto que as preferia.

E além de tudo, gostava de dormir numa cama macia a agradável.

Parecia que aquele velho maníaco estava fitando nele um olhar irônico como se estivesse lendo os seus menores pensamentos. Finalmente, subira à montanha para interrogar e não para ser interrogado.

E, murmurando uma prece, implorou à Nossa Senhora que o ajudasse a desmascarar aquele hipócrita. E, sem responder à sua pergunta, inquiriu novamente o Ermitão que o olhava sorrindo.

– O senhor crê nos santos da Igreja?

– Creio! Muitos deles, principalmente os que não foram canonizados por interesses políticos e financeiros, são hoje guias de grandes luzes. O senhor já teve oportunidade de falar com alguns deles?

– Santo Deus – respondeu o atônito vigário –, naturalmente que não! E o senhor não me venha dizer que já conversou com eles...

– Às vezes – respondeu em seu modo calmo o tio Nicolau – Deus me concede essa graça. Quantos ensinamentos, quantas coisas sublimes eles me ensinam! O senhor devia tentar comunicar-se com Francisco de Assis. Ele lhe daria ótimos ensinamentos, principalmente a respeito de pássaros...

E o velho sorriu meio irônico, embora os seus olhos estivessem sérios, muito sérios.

– Sim, sei que ele costumava falar aos pássaros, que num milagre acorriam à sua voz, mas o fazia como meio de atrair os homens para a Igreja. Não me consta que São Francisco proibisse caçá-los...

– Quando ele, senhor padre, dirigia-se aos pássaros, é que reconhecia nos mesmos uma alma capaz de sentir e compreender. E Francisco não seria o santo que foi e o espírito de luz que é, tendo já atingido já boa caminhada em sua evolução, se consentisse em tal pecado, como costuma falar o senhor. Matar é contra os mandamentos de Deus. Não matarás, disse Ele. E não precisou: não matarás 'apenas' o homem. O que quer dizer: não matarás a nenhum vivente sobre a face da Terra. Matar é condenável e principalmente quando matamos essas criaturinhas tão puras e inocentes como são as pobres avezinhas. O senhor não sente assim também, padre?

— Não, de modo algum, e falo sem temor do inferno. Deus criou os peixes para alimentar o homem; criou os animais e as aves, também, para este fim; criou as frutas, assim como as verduras e os legumes, para nos alimentar; criou...

— Basta, senhor padre! Pelo jeito vai me dizer que Deus criou o homem para alimento do próprio homem.

— Ancião – respondeu o vigário, melindrado –, não costumo brincar com coisas sagradas e saiba o senhor que não sou nenhum ignorante. Quando afirmo que as aves, assim como os outros animais, foram criados como alimento para as criaturas feitas à semelhança do Criador, digo porque disso tenho certeza!

— E como interpreta o senhor as palavras do Gênesis, quando lê: Deus criou todas as coisas e achou-as boas e amáveis. E soprando sobre elas disse: Crescei e multiplicai-vos?

— Interpreto como um consentimento à lei natural da procriação. Necessário era que, para haver consumidor, deveria haver, logicamente, o que consumir. Baseado nessa lei, foi que disse o senhor com 'certeza', que tudo foi feito para o prazer do homem.

— O senhor deve ter 'certeza' de muitas outras coisas, não é, senhor padre?

— Tenho, sim! Por exemplo – e o vigário acompanhou a frase com um olhar terrível de ameaça – Deus castiga com o inferno a todo aquele que vai contra as leis da Igreja e contra os seus sacerdotes.

— Que elástico deve ser o inferno, para poder conter tantas almas que estão e outras que estiveram contra as leis da Igreja e contra os seus sacerdotes! Há no mundo, espalhadas, um grande número de outras religiões. Quase todas elas vão contra as suas leis e dogmas. Como Belzebu pode, sem ter o poder Criador de Deus, criar tantos lugares de suplício, para tão grande números de almas?

— O senhor... o senhor... Como devo chamá-lo?

— Como todos me chamam, Nicolau ou, se prefere, tio Nicolau.

— Está bem, senhor Nicolau, apesar de seus cabelos brancos, parece que gosta de brincar. Esquece que para a alma não é necessário espaço material? Pelo menos isto o senhor compreende.

— Talvez... Entretanto, os senhores costumam descrever o tal inferno do modo mais material possível. Além de possuir cadeiras fumegantes, os demônios têm sempre entre as mãos instrumentos terríveis de torturas. Parece que é assim que os padres costumam descrever o tal lugar de suplícios, ou estou enganado?

— Não! Mas como é o inferno para o senhor?

— O inferno não existe, senhor padre. Como quer que o Criador, sendo Onisciente, criasse espíritos, sabendo de antemão que iria condená-los ao inferno?

— Ele nos deu o livre-arbítrio e a inteligência para compreendermos o Bem e o Mal. Só nos condenaremos se quisermos...

— E Deus sabe o que vai acontecer hoje e sempre, não, senhor vigário?

— Naturalmente, ele é Onisciente.

— Então, não obstante o livre-arbítrio, Ele criou um espírito sabendo que seria condenado, amanhã, aos fogos eternos. Não acha o senhor, que desse modo Deus seria tal qual aqueles sacerdotes de ritos bárbaros que enfeitavam a vítima, dando-lhe mesmo momentos agradáveis para depois imolá-la aos seus ídolos? Veja, dentro de sua teoria, ele dá o livre-arbítrio a um espírito, embora sabendo que o vai condenar amanhã. Se não fosse a falta de lógica dessa ideia, essa história de inferno seria boa para intimidar crianças.

— E como o senhor explica este dilema: Para onde vão após a morte as almas de pessoas boas e as de criminosos, por exemplo?

— As almas boas, ou os espíritos já bastante evoluídos, seguem sua ascensão para o Alto até chegar em sua última etapa – que é Deus. Os maus, ou os espíritos atrasados, seguem também, embora vagarosamente, ora caindo, ora levantando, a subida para o Pai.

Mas, creia, senhor padre, todos chegam até lá, aos braços do Criador.

– Confesso que não o estou compreendendo, senhor Nicolau. Onde está a Justiça Divina? Onde a recompensa para os bons e o castigo para os maus? Essa sua ideia é errônea e perigosa. Assim, onde está o mérito por sermos bons? Se chegamos todos, santos e pecadores, até Deus, para que nos esforçarmos, então? Sua ideia é um convite ao crime e aos erros, pois, segundo ela, sabemos que errados ou certos, todos irão para o céu, um dia.

– Sim padre, todos! Desde o santo ao pecador. Para isso, em sua sabedoria, o Todo Compreensão nos deu, além de livre-arbítrio, uma lei, a lei da evolução espiritual. Por isto, disse Cristo ao Nicodemos: "Para alcançares o céu, necessário se faz que nasças outra vez". É por meio da reencarnação que o espírito segue o seu ciclo evolutivo para a perfeição infinita. Isso, sim, é justiça. E agora é que entra em cena o livre-arbítrio: depende apenas de nós a demora da nossa evolução. Aquele que soube compreender os ensinamentos do Pai e os praticou com melhor boa vontade, mais cedo atingirá a reta final. Feliz de quem caminha rapidamente, vencendo todos os obstáculos encontrados em sua marcha para o infinito. Feliz, senhor padre, quem não fica pelos caminhos, tateando nas trevas, cego pelo egoísmo e pela maldade.

Feliz de quem não perde tempo, estacionando, ou arrastando-se nos lodos da terra, nos lamaçais dos vícios, como lesma. Feliz de quem, tendo a liberdade de escolha, tendo o livre-arbítrio, soube escolher a boa estrada, apesar de magoar os pés nas pedras e feri-los nos espinhos. Esta ideia não incentiva o crime, antes, pelo contrário, estimula o espírito para a prática do bem. É uma ideia de esperança, reconfortando aos fracos e oprimidos; é uma ideia de justiça, pois mostra ao que hoje sofre, como fez sofrer ontem, ensinando-lhe a ser bom e desejar ao próximo toda ventura que sonha para si. É caridade, é perdão, é amor. Senhor vigário, perdoe haver-me estendido tanto, mas é que essa ideia é a única razão de ser do velho Nicolau.

– Continue, senhor. Por suas palavras compreendo o terreno em que estou pisando. Explane a sua teoria, sou todo ouvidos.

– Já a explanei, padre.

— O senhor fala uma linguagem para mim desconhecida, embora já tenha ouvido falar nela. Até o final, descubro-lhe a máscara.

É espírita, não é?

— Conforme o sentido que o senhor der a esta palavra – espírita.

— Dou o sentido que ela merece: é uma doutrina errada, cheia de bruxarias, de artimanhas do demônio!

E o padre fez o sinal da cruz, como querendo esconjurar algum espírito das trevas.

O Ermitão sorriu, embora fitasse um olhar triste no sacerdote.

Sorriu, como costumam sorrir os adultos ao ver qualquer criancice.

Continuou a falar, com voz calma, como continuava fazê-lo, embora soubesse que estava pregando no deserto.

— O espiritismo não é religião, apenas...

— Que é mais ainda?

— É ciência, uma grande ciência a estudar. Um dia ela há de suplantar todas as demais ciências. Quando o homem compreender – e para essa compreensão marchamos – que traz em si forças capazes de curar todas as doenças e de criar todas as coisas possíveis aos humanos dará mais importância às coisas espirituais.

Calou-se o Ermitão da Floresta. O padre quedou, também, silencioso. Apenas, nas copas das árvores, os pássaros chilreavam seus maviosos cantos. O sol já estava a pino. Tomando de seu cajado e erguendo-se, o ancião foi até a cabana, enquanto o padre João observava os seus menores gestos. Ainda não se dera por vencido, embora compreendesse, para o seu pesar, que não era o vencedor nessa peleja que travara. Era muito forte o inimigo a combater, porém mais fortes eram Deus e sua Igreja.

"Acima de tudo, a verdade"

SAINDO DE SUA CABANA, O tio Nicolau carregava numa das mãos, dentro de umas folhas, alguns frutos e favos de mel e, aproximando-se do vigário, estendeu-lhe o que trazia, dizendo com humildade:

– Sirva-se e perdoe a frugalidade do almoço, mas é o único que tenho para oferecer.

– Obrigado – recusou o padre.

O Ermitão, sem maior insistência, deu início ao seu almoço e depois, com as sobras, começou a esmigalhar entre os dedos pedacinhos de frutas, para os seus pássaros.

O padre compreendeu que ele dera por encerrada a discussão.

Mas o vigário tinha muito que dizer e não tocara ainda no assunto principal que o levara ali, por isto, interpelou-o como já fizera no início da conversa.

– Desejava saber, senhor Nicolau, se podemos continuar nossa conversação, interrompida pelo almoço.

O eremita ergueu a cabeça e fitou no visitante o seu olhar límpido e brilhante. O padre não resistiu à força que dele se desprendia, por isto, desviou o seu. Perturbado, sentindo-se incapaz de fitar por segundos mais aqueles olhos que pareciam ler em seu íntimo como num livro aberto.

O tio Nicolau, suspirando longamente, murmurou de manso:

– Que o Todo-Poderoso, senhor padre, inspire o velho Nicolau, para que possa alcançar esta graça: Que o senhor, ao volver à sua Igreja, leve outras ideias e deixe para sempre as que trazia quando subiu a montanha. Que Ele não permita que perca mais tempo, enganando os homens com o falso brilho delas...

– Falso brilho? O padre leva um tempo enorme para adquirir os ensinamentos que depois reverte em benefício de seus semelhantes. Falsas ideias são as dessas criaturas que, sem estudos nem autoridade, começam a pregar ao povo, fantasiados de profetas.

E ao dizê-lo, fitou um olhar ferino no Ermitão. O velho sorriu e continuou impassível a esmigalhar pedaços de frutos em volta, para seus passarinhos.

O vigário, diante do silêncio do tio Nicolau, falou diretamente, procurando quebrar a calma que o ancião mantivera até ali:

– Que sabe o senhor, por exemplo, para ensinar essas exóticas teorias às pobres criaturas ignorantes? Que credenciais pode apresentar? Onde estudou? Certamente em lugar que não pode mencionar... E já meditou no mal que tem praticado nesta cidade, antes tão pacata e obediente aos ensinamentos de seu padre? Vim aqui exortá-lo para que não continue por esse caminho errado. Ainda é tempo de reparar o erro em que tem vivido. Parta de B. e, creia, Deus o abençoará por isto...

– Oh, senhor padre, não pronuncie esse nome com tanta leviandade... Principalmente quando vem de um irmão vestido assim com capa de cordeiro quando em seu íntimo esconde-se um lobo voraz.

– Senhor! Creio que está me insultando!

– Longe de mim tal coisa, padre! Mas que culpa tenho eu de ler em seu íntimo tão negros pensamentos? Devia, senhor, pejar-se de vir a um velho com tão más intenções...

– Não! Não tenho a menor má vontade para com o senhor. Jamais desejei mal a ninguém e muito menos a um ancião. Mas – tornou manhosamente –, o senhor talvez tenha que abandonar esta floresta. Já pensou no que acontecerá quando o dono desta floresta aparecer e reclamar da presença clandestina do senhor aqui?...

— Já. Ele me agradecerá ter poupado as suas madeiras e os pássaros do vandalismo dos homens — respondeu o tio Nicolau olhando as suas aves que confiantes esvoaçavam por entre os rendilhados das folhagens, modulando seus suaves cantos.

O sacerdote fez-se de desentendido e voltou ao ataque, ansioso de vencer o contendor.

— Por que não vai para outro lugar, viver como qualquer humano, em vez de resistir na cabana que não lhe pertence, fingindo o que não é, desviando as criaturas do caminho do Bem?

— Desviar do caminho do bem os meus irmãos? Padre, como o despeito cria em sua boca palavras venenosas! Creia, sinto ao ouvi-lo profunda tristeza em ver quão cego ainda está, quão necessitado da ajuda celeste! Não imagina como o lastimo, senhor vigário. Todo mal que diz ter eu praticado foi ter trazido um pouco de consolo, um pouco de esperança numa vida melhor a essas pobres almas que viviam abandonadas, sem nenhum conforto material nem espiritual, escravizadas ao poderio dessa empresa que as explora sem piedade, sem que jamais uma voz se erguesse para defendê-las, como a sua agora ergue-se para atacar-me, porque dei-lhes um pouco de esperança.

— Pelo contrário, o senhor planta nos corações dos humildes revolta e ódio. E essa ilusão de igualdade que espalha por meio dessa doutrina, mostrando aos pobres e ignorantes que ontem devem ter sido talvez senhores, fazendo-os por meio dessa mentira suportar resignados o sofrimento atual, esperançosos num melhor viver amanhã, prejudica-os, porque assim perdem o respeito e o temor por seus superiores hierárquicos e ao seu padre também. Sem o temor do inferno, como evitar que pratiquem o mal? Andam aí às soltas, a igreja vazia, e já não vêm mais ao confessionário, em busca do perdão de Deus. E o culpado dessa rebelião é o senhor! Não deve agir assim, se quer praticar o bem, como diz.

— Senhor vigário, plantando nesses corações, antes tão desconsolados, um pouco de esperança, mostramos apenas que o Criador é Todo-Bondade e Justiça e não o Deus terrível, implacável que condena os seus filhos eternamente, quando acaso erram. O viver dos pobres e humildes é já tão cheio de gemidos e lágrimas, que seria maldade afirmar-lhes, falsamente, apenas para intimidá-los, que o inferno existe, fazendo assim brotar em seus espíritos o gérmen da revolta contra Aquele que tanto nos ama, sem distinções de raça ou de cor.

— Pelo contrário! Devemos mostrar o castigo para evitar o erro. Só por meio do medo conseguimos a resignação e o bom comportamento no meio em que vivem os homens. Toda força da Igreja nasceu do temor do Inferno. Como disciplinar os homens sem ameaçá-los?

— Esclarecendo-os na Verdade. O castigo acovarda, não corrige. Não devemos intimidar e nem mentir, nem mesmo para alcançarmos um Bem qualquer. Pelo embuste nunca chegaremos aos pés de Deus. Mentir não é permitido, nem mesmo para alcançar-se um bom fim. Todo aquele que deseje viver sob a luz de Deus, não pode falsear a Verdade. Ela deve ser dita acima de tudo. E quando alguém se esconde com um nome suposto, quando aparenta uma vida que não possui, sugestionando o povo com uma aparência daquilo que está bem longe de ser, não está por acaso falseando a Verdade?

— Que faz o senhor, então? Fala, acaso, a verdade, quando prega essas exóticas ideias? Quando finge alimentar-se como São João Batista, bancando o santo, não mente, por acaso?... Se é verdadeiro como diz, diga-me: Quem é o senhor, 'tio Nicolau', suposto 'Ermitão' da Floresta? Quem é o senhor?

Tio Nicolau ergueu os olhos para o alto e depois baixou-os sobre o padre, enquanto respondia com humildade.

— Quem sou eu? Um pobre e humilde filho de Deus. Jamais desejei ser mais do que isso. Nenhum título me acompanha em minha peregrinação pela Terra.

O padre, pensando ter chegado o momento esperado de vencer o velho, tornou ironicamente:

— E com que nome o filho de Deus se esconde? Como toda a criatura humana deve ter recebido um nome ao nascer...

— Sim, com a graça de Deus, tenho um nome e este já lhe dei: Nicolau me chamo. Que mais quer, senhor padre?

— Nicolau? Então como veio parar aqui? De quem recebeu consentimento para apossar-se destas terras? Não teme, como já perguntei antes, que o dono apareça e o expulse?

— Não temo tal coisa... E, se acaso chegar esse dia, verá o senhor, que deixarei esta montanha, se assim for a vontade do Pai, sem o menor deslize.

— Mas — tornou o padre —, se uma autoridade vier até aqui e perguntar de quem recebeu ordem para viver nestas terras, que responderá?

— O que for verdade. Jamais me furtei aos deveres para com Deus e para com os homens.

— Pois bem, como autoridade que sou da Igreja, conjuro ao senhor a me dizer quem consentiu em seu viver aqui?

— Oh! Senhor padre — respondeu o Ermitão sorrindo —, esquece que não sou agregado à sua Igreja e, portanto, não vejo autoridade no senhor para vir a mim reclamar algo que só diz respeito à lei? Desça a montanha e traga, como já o fez certa noite, uma autoridade, e garanto que a ela mostrarei que posso viver naquela cabana sem roubar os direitos de pessoa alguma — afirmou tio Nicolau, apontando a choupana, que se erguia perto.

— Mente! — disse o vigário, perdendo o controle —, como pode saber que já estive aqui antes em companhia de quem quer que seja?

— Oh! Senhor padre, não se exalte tanto! Mentir é pecado...

— Agora me lembro que estava dormindo...

E o vigário suspendeu a frase, porque compreendeu que, em sua exaltação, confirmara que estivera ali. Vendo que era inútil agora negar, disse, levantando-se:

– Oh! Então fingia dormir? Tudo foi fingimento? Até aquela luz, naturalmente?!

– Não fingia, senhor padre. Apenas o corpo dormia, mas o espírito velava. Em todo caso, muito lhe agradeço, de toda a minha alma, a visita que me fez naquela noite. Oxalá ela tenha sido mais proveitosa aos espíritos de seus companheiros, do que esta que o senhor me faz agora, que em nada, creio, o esclareceu – concluiu tristemente o Ermitão.

O vigário estava profundamente desorientado diante do rumo imprevisto que a conversa tomara. Um tanto humilhado, ferido em seus brios de vigário da Igreja, compreendera que ou hipocritamente, ou por qualquer motivo oculto que escapava à sua mente, o Ermitão estava sendo o vitorioso naquela espécie de duelo que se travara entre eles. Bem diziam que a força do mal era tão grande quanto a do bem. Desceria a montanha, mas haveria de voltar em breve, e voltaria com a autoridade que o Ermitão pedira. Precisava descobrir quem era aquele homem que, tendo um aspecto de mendigo, falava como um homem culto, embora as suas ideias fossem erradas. Em tudo aquilo havia um mistério que ele, padre, um dia tinha que desvendar. Compreendendo que nada mais poderia tirar do tio Nicolau, o vigário murmurou a contragosto uma ligeira despedida, mais parecendo uma ameaça.

– Até um dia, senhor Ermitão da Floresta. Voltarei, como pediu, e não voltarei só...

E o padre dirigiu-se com passos vagarosos, parando de momento a momento, parecendo cansado, de volta ao seu lar. Não teve olhos nem para o encantamento da floresta que, esplendorosa, exuberante de seiva, em meio ao canoro gorjear dos pássaros, imergia toda num banho de sol.

Ficando só, o tio Nicolau ergueu os olhos para o Alto e de seus lábios escapou uma fervorosa prece:

– Senhor – pediu ele ao Pai –, uma réstia de vossa luz para este pobre espírito que, cego e surdo aos vossos ensinamentos, vive aprisionado ao erro e ao egoísmo, tão distanciado ainda dos teus caminhos! Para ele vos pede clemência o humilde servo... Luz para que este espírito desperte e caminhe acordado. Luz, para lhe dar forças a recuperar o tempo perdido. Luz, para esclarecê-lo e que ele cumpra os desígnios do Pai e os compromissos que assumiu. Luz para esse vosso filho tão apegado às falsidades da Terra e ainda tão distanciado dos gozos celestiais. Luz, senhor, para este pobre irmão, pede-vos o ínfimo servo. Atendei-o em sua prece, Senhor... Depois, o ancião erguendo-se, apoiado em seu bastão, dirigiu-se para a cabana.

Lá, sentara-se em sua cama tosca e sem o menor conforto e, fechando os olhos, ficara silencioso, como se estivesse orando. Seus músculos não se moviam, tão concentrado estava o seu pensamento. Fora, o silêncio envolvia quase de todo a floresta. Apenas ouvia-se levemente o farfalhar das folhas nas árvores acariciadas pela brisa e o gorjear dos pássaros nas ramagens.

O Ermitão, com o ego erguido às alturas planetárias, alheara-se por completo da Terra, e em espírito transportou-se às regiões mais puras do éter, em busca de um refúgio, onde pudesse por um momento descansar das lutas terrenas. Assim recebia novas energias, emanadas das plagas infinitas, onde espíritos iluminados transmitiam-lhe fluidos benfazejos, reconfortantes e purificadores.

A todo o homem foi dado esse poder de isolar-se do ambiente em que vive, por meio do transporte.

Basta, para isso, trazer o seu espírito liberto das impurezas da matéria. Vencida toda a fraqueza terrena, ele pode, toda vez que o desejar, ir em busca de um repouso nos espaços infinitos.

Tio Nicolau volvia sempre à lama da terra, suspirando saudoso das etéreas amplidões, onde, sob a luz do Pai, hauria a eterna felicidade. Pelo muito sofrer, pelo muito estudar e meditar, fora que chegara àquele grau, atingido apenas pelas criaturas já bastante evoluídas que, por um simples pensamento, podem dominar quase todas as necessidades fisiológicas, todos os impulsos da matéria, procurando apenas alimentar e satisfazer o espírito.

Volvia-se desses transportes, onde antevia toda a ventura que o esperava quando liberto das cadeias da matéria, suspirando profundamente...

Reconfortado e com a mente banhada de luz, já de todo purificado dos fluidos negativos de inveja, despeito e rancor que o padre exalara em sua volta, liberto dessas perturbações que causam sentimentos e delírios, o tio Nicolau despertou de seu sonho extático.

Suave calma iluminava-lhe o rosto.

Tomando de seu inseparável bastão, volveu à floresta. Os pássaros, ao vê-lo surgir, esvoaçaram em sua volta. Uma rolinha parda pousou em seu ombro. O ancião acariciou-lhe a plumagem macia, enquanto murmurava docemente:

– Compreendo o teu carinho, meiga avezinha... És grata ao tio Nicolau e queres demonstrá-lo, eu bem o sinto. Sei que tens uma alma sensível e boa! Que o pai te abençoe, suave criaturinha...

Em torno do bondoso velho, os pássaros gorjeavam alegres!

Ouvia-se perto o estridular das cigarras. A aragem dedilhava, nas teclas das folhas, ligeiras sinfonias farfalhantes...

Havia, em meio à mata, uma apoteose de sons e cores como se a Natureza estivesse em festa.

O astro-rei espargia sobre a montanha jatos de luz, e a floresta, virgem selvagem, banhava-se pudicamente, imersa em sol!

Miguel

CURVADO SOBRE A URDIDEIRA, FORMADA por duas peças paralelas e verticais, onde em pregos de madeira, os ramos da teia são dispostos para a tecelagem, Miguel urdia os fios têxteis, prendendo-os nos tornos em seguimento ao tamanho da urdideira. Seus dedos corriam ágeis levando o fio com o qual ia tecendo cuidadosamente. Em sua volta os demais operários também trabalhavam nesse vai e vem de fios – como verdadeiras aranhas humanas. Eles tramavam as teias para depois serem tecidas convenientemente nos grandes teares. Trabalhavam sob a vista atenta do capataz. O menor descuido seria severamente punido com suspensões e descontos nos já tão parcos ordenados. E a qualquer reincidência de uma falta cometida, o culpado seria irrevogavelmente despedido da empresa. Reinava ali, como em todas as demais seções, férrea disciplina! Quebrá-la seria o desemprego, a fome, a miséria.

Nenhuma lei garantia aqueles homens, subjugados ao poderio Renoir. Quantas vezes muitos deles não foram vítimas de injustiças, causadas pelos ódios vingativos de seus chefes, sem que nem uma voz se erguesse para justiçá-los...

Miguel trabalhava em silêncio. De momento a momento, dirigia pela janela um olhar impaciente ao relógio de frontão, que daquele ângulo em que ficava a seção de tecelagem e urdiduras, via-se sobre a porta de entrada da grande fábrica.

O moço operário estava com um aspecto cansado e doentio. Seu rosto empalidecera e pequenos 'tiques' nervosos atormentavam-no. Diante da indiferença de Ana Maria, ele sofria os recalques de seus impuros desejos. Escravo da paixão que a filha do jardineiro lhe inspirara, sentia-se preso, acorrentado aos seus encantos. O desprezo da moça desesperava-o...

Muitas vezes fora ao escritório de Frances Renoir, em busca de uma resposta que viesse dar fim àquela ansiedade, àquela tortura.

Mas, o industrial, devido à doença de dona Rosa, não o pudera receber. Impaciente com a demora de sua felicidade, Miguel fora falar com o próprio Macário.

O jardineiro recebeu sem grande entusiasmo o pedido de casamento para sua filha. Um espírito mais perspicaz do que o do operário teria notado a frieza com que fora ouvido. O velho relutara na resposta... Pedira que Miguel esperasse um pouco. Ana Maria estava refletindo, dissera ele...

O moço, fustigado pela paixão, voltara outras vezes a falar com Macário, insistindo numa resposta. Porém sempre era recebido com as mesmas evasivas: esperasse mais um pouco... Ana Maria ainda não resolvera nada.

Agora, o operário estava decidido a ir falar novamente com o senhor Renoir. Queria que o patrão, cumprindo a sua promessa, exigisse uma pronta e positiva resposta da mulher que ele amava profundamente.

* * *

Mas, como que zombando da impaciência de Miguel, que devorava com os olhos o relógio, ansiando pela hora da saída, os ponteiros não aumentavam a velocidade, antes aparentavam que se moviam ainda mais lentamente...

* * *

De mãos atrás das costas, caminhava em passadas largas, Frances Renoir. Tinha expressão dura nos olhos e seus lábios estavam cerrados fortemente. De sobrecenhos contraídos, testa franzida, estampava em seu rosto grande contrariedade. Dera ordem terminante ao secretário para não ser perturbado em seu escritório.

Fora, na larga galeria, onde diversas portas abriam para ela escondendo à indiscrição dos estranhos os grandes escritórios da fábrica, sentados em bancos postos juntos às paredes alguns homens esperavam pacientes o momento em que o industrial quisesse recebê-los. O secretário particular de Frances, sentado também entre eles, conversava em voz baixa, dando vagas explicações, criando desculpas, procurando diplomaticamente ver se iriam embora, pois bem sabia que naquela tarde o patrão não mais os receberia. Acostumado aos humores instáveis do industrial, temendo-o mais do que ninguém, aguardava que a hora da saída chegasse, para se ver livre por algumas horas da tirânica vontade do patrão.

* * *

Entretanto, caminhando nervoso, indiferente aos problemas daqueles que o aguardavam ansiosos, Frances se alheara por completo do lugar onde estava, entregue aos seus desencontrados pensamentos. Se disséssemos que um Vesúvio de ideias chamejava em sua mente não exageraríamos. Acostumado a ser sempre o senhor absoluto de todas as situações, pela primeira vez sentia-se desorientado, em luta consigo próprio, surpreso diante dos fatos imprevistos que iam surgindo em sua vida, sem que ele os pudesse controlar. Fizera planos, traçara rumos e não os pudera cumprir nem segui-los, até ali. Arthur continuava inabalável em sua resolução, não queria desposar a herdeira dos condes de Salvatori, e Frances sentia que não poderia deserdá-lo. Compreendia que algo o impossibilitava de fazê-lo. Havia no filho uma força que apesar de sentir-se ele forte, percebia que não o dominaria jamais. E em sua mente surgia uma sensação inquietante, inexplicável. Era como se algo o atemorizasse. Sentia-se amedrontado... Mas, do quê? – perguntava a si próprio. Não sabia respondê-lo.

Esse mal-estar nascera desde que testemunhara a surpreendente melhora de sua esposa. Compreendia vagamente que abusara inconsciente ou não, de alguma força oculta e que ela agora levantava-se contra ele, numa revanche esmagadora. Não era mais o senhor dos destinos daqueles que viviam sob o seu jugo. Talvez, pensou angustiado, nem mesmo de seu próprio destino fosse o senhor. Fechando os olhos, deixou-se cair numa cadeira, exausto de caminhar. Via, como num livro aberto, todos os seus atos passados. Praticara-os conscientemente, sem temores vãos. Seguira em tudo uma linha de conduta de seus antepassados. Por que essa angústia, então? Não foram todos homens fortes, talhados para o mando, almas de grandes empreendedores? Foram, sim! Seu filho era quem falhara, fugira à divisa dos seus, acovardara-se diante da dor alheia, era um fraco! Mas, o industrial sentia que, apesar de toda a sua força, não pudera, até ali, vencer aquele 'fraco', que era Arthur.

Onde, perguntava sua alma aflita, fora seu filho buscar coragem para ir contra a sua vontade? Que idealizava ele, para desprezar toda a sua fortuna, em troca de sua liberdade espiritual, como lhe dissera certa vez? Que quereria dizer por liberdade espiritual? O sentido daquela frase era-lhe completamente estranho... Arthur, de um modo diferente, era como Joceline: não parecia seu filho, não era um Renoir. Como compreender aqueles enigmas da Natureza? Em vão tentava fazê-lo desde que a filha viera à luz. A sua luta com o destino nascera desde aquele instante fatídico, desde o nascimento de Joceline... Aquela deformidade de sua filha fora o seu primeiro fracasso, compreendia agora. Que lhe valera o dinheiro, o nome, o poder? Nada! Depois, os fatos foram sucedendo-se imperceptivelmente, até que se tornaram mais visíveis com aquela estranha semelhança de Ana Maria com a sua linda e nobre avó. Aquela descoberta fora um véu que se rasgara, pondo a descoberto todas as tramas, todas as malhas do destino.

O industrial sentia-se preso, emaranhado naquelas malhas como nos tentáculos de um polvo; não podia fugir. Precisava lutar, senão estaria perdido. Mas, lutar contra quem? Contra o destino? Sim, contra o destino. Ele, Frances Renoir, ainda não se dera por vencido. Haveria de vencer! Sabia que seus trunfos, naquele jogo que travara com o destino, seriam os casamentos de Arthur com a herdeira Salvatori e o de Ana Maria com o operário Miguel. Já que seu filho resistia ao seu desejo, talvez sonhando com aquela loucura que seria o seu amor pela filha do jardineiro, precisava afastar, quanto antes, Ana Maria do seu caminho. E que melhor maneira de fazê-lo do que casando-a com Miguel? Mas pensou, erguendo-se novamente, até aquele tolo, aquele imbecil, não mais aparecera, precisava vê-lo quanto antes. E, parando diante de sua escrivaninha, agitou nervoso uma sineta de prata, chamando pelo secretário. O moço não tardou em surgir, meio nervoso, pois deixara o patrão uma hora antes bastante mal- humorado.

Ao vê-lo aparecer, Frances ordenou-lhe que mandasse vir à sua presença um operário que trabalhava na seção de tecelagem, chamado Miguel. Sem murmurar uma palavra, o secretário foi cumprir as ordens do industrial. Já conhecia o moço operário, pois aquele já viera muitas vezes pedir-lhe para falar com o senhor Renoir. Despachara-o sem mesmo consultar o patrão, alegando a doença de dona Rosa, pois pensava que ele poderia não gostar de ser perturbado por qualquer operário da fábrica, coisa aliás sem precedentes, porque era proibida a entrada de qualquer um deles naqueles recintos, onde ficavam os escritórios. Surpreso com o súbito interesse do patrão, sem poder compreender o que poderia haver de comum entre ele e um dos operários, foi pressuroso cumprir-lhe as ordens.

Passado um momento, aparecera Miguel, acompanhado pelo secretário. Com um gesto, o industrial ordenou a este que se retirasse. Controlando a curiosidade, o secretário deixou-os a sós. Miguel, de chapéu na mão, aproximou-se do senhor Renoir respeitosamente, tendo nos olhos uma expressão de certa familiaridade. Com essa afoiteza característica dos ignorantes, compreendia que havendo entre ele e o patrão um plano, esse plano aproximava-os, ou melhor: igualava-os. Sorriu um pouco contrafeito, porém sem aquele antigo temor que, como todos, sentia pelo industrial. Frances compreendeu, com certo mal-estar, aquela espécie de 'cumplicidade' que surgia entre eles. Como um 'segredo' prendera-os, unira-os. E o rico senhor, bem no seu íntimo, compreendia que, se caso vencesse aquele jogo, muito perderia em orgulho. E, mais do que nunca, sentiu-se humilhado, ferido em seus brios de nobre.

Miguel, que ignorava e não poderia jamais compreender a trama que se desenrolava em sua volta, aproximou-se ainda do grande industrial e com a voz um pouco enrouquecida pela emoção que o assunto lhe causava, murmurou ousadamente:

– Então, senhor Renoir, já resolveu o nosso assunto?

Frances, naquele 'nosso' do seu servidor, compreendeu que já estava longe o tempo em que ele temia até falar em sua presença. Mais profundamente sentiu-se humilhado ao ouvir aquele familiar 'nosso' de seu operário. Ferido em seus brios de grande senhor, em comungar nos mesmos pensamentos com um servo e lutar pela mesma vitória. E ele sentiu também que se quisesse vencer aquele jogo, deveria antes de tudo esquecer o orgulho e todos os reconceitos de sua tão decantada linhagem... E o milionário, fazendo um esforço sobre-humano, respondeu pausadamente:

– Sim, Miguel, o 'nosso' assunto já está quase resolvido. Haveremos de vencer. Do contrário, não me chamarei Frances Renoir.

"Quem com ferro fere, com ferro será ferido"

MUITOS DIAS SÃO PASSADOS, DEPOIS dos últimos acontecimentos que descrevemos. Na mansão Renoir, com a convalescença de dona Rosa, a tranquilidade ia voltando. Aos poucos tudo se ia normalizando. Apenas o industrial andava visivelmente irritado. Trancava-se horas seguidas em seu gabinete particular sem receber quem quer que fosse, ou então se demorava na fábrica, numa atividade impressionante, trabalhando e fazendo os seus subordinados não pararem um momento sequer. Demorava-se nos laboratórios, acompanhando de perto as experiências dos químicos. Exigia daqueles uma maior produção, causando com esta exigência estranheza e descontentamento, pois era impossível aumentar a produção de tecidos, já bastante considerável. Frances, procurando esquecer seus problemas no ardor do trabalho, obrigava também egoisticamente que os seus subordinados fizessem o mesmo. Todos, desde o mais humilde operário ao mais credenciado funcionário dos grandes escritórios, andavam esgotados, pois além da excessiva energia gasta, viviam sob uma tensão nervosa, causada pelo pavor que o industrial lhes inspirava. Em seu lar, ninguém ousava perguntar a causa daquela agitação, daquele mau humor constante. Dona Rosa, ainda presa ao leito, numa convalescença que ela demorava propositadamente, temendo uma recaída, não percebera até que ponto o seu esposo andava perturbado com seus problemas íntimos. Joceline, esta, coitada, passava os dias ao lado de sua mãe, que, com a doença, tornara-se de uma tirania inconsciente, abusando das forças de sua filha. A menina empalidecia e perdia o apetite assustadoramente. Mas, em seu egoísmo de enferma, dona Rosa só tinha olhos para sua própria palidez e fraqueza.

Apenas Arthur notava, apreensivo, o aspecto doentio de sua irmã. A não ser ele, ninguém mais se interessava pelo bem-estar de Joceline. Tentara, muitas vezes, afastá-la do quarto de sua mãe, de um modo indireto, sem querer magoar a convalescente, para que a pobre moça recebesse um pouco de sol e respirasse um ar mais puro, do que o do quarto da enferma, sempre de venezianas e cortinas fechadas. Mas era em vão o seu esforço. Joceline não se afastava um instante sequer de junto de dona Rosa, numa abnegação muito própria de sua extremosa alma.

* * *

Naquela tarde, Arthur, num de seus costumeiros passeios pelos campos, encontrara por acaso Ana Maria, sentada numa grossa raiz de um frondoso carvalho, bordando num pequeno tear. Sentara-se diante dela, numa pedra. A jovem trazia seus loiros cabelos entrançados, em volta da cabeça, como uma coroa natural. Nenhuma coroa, aliás, brilharia mais do que aquela, formada por seus doirados cabelos. Seus pés calçavam umas botinas, muito em voga naquela época que, apesar de grosseiras, não escondiam a pequenez de seus pés de gueixa. Trazia uma blusa de tecido leve, azulada, muito simples, sobre uma saia de panamá de cor cinza que, de tão longa apenas deixava a descoberto seus minúsculos pés.

Arthur notou que sua amiguinha de infância estava silenciosa e que seu lindo rosto estampava uma tristeza fora do comum, pois Ana Maria era de natureza viva e alegre, como costumam ser criaturas inocentes.

Sem se conter, o moço perguntou, num misto de natural curiosidade e de interesse fraternal que sentia pela filha do jardineiro:

— Que tens, Ana Maria? Noto que estás triste; alguém te magoou?

— Não ando triste; apenas preocupada — respondeu a jovem, levantando a vista do bordado para fitá-la em seu amigo.

— Mas, preocupada com quê? — estranhou o jovem, franzindo ligeiramente a testa.

Ana Maria baixou os olhos, enquanto explicava:

— Desde que aquele homem me pediu em casamento ao teu pai, não tenho tido nem mais um minuto de sossego. Quase diariamente vai lá em casa, em busca de uma resposta. Meu pobre pai já não sabe mais a desculpa que arranja, para acalmá-lo, pois Miguel quer a todo custo casar-se comigo. E eu, concluiu ela, prefiro morrer a casar-me com aquele homem.

— Não deves aceitar semelhante casamento, desde que não ames aquele rapaz. Por que não o repeles de uma vez? — inquiriu o jovem.

— Para não contrariar os meus pais. Não imaginas, Arthur, como eles estão preocupados... Pensam que sendo esse casamento de gosto do senhor Renoir, devo aceitá-lo para evitar maiores complicações... Porém — concluiu, voltando ao bordado —, bem sei que se não fosse o respeito que sentem por teu pai, não me constrangeriam.

— Não fiques triste por isso. Hás de ver que tudo se resolverá da melhor maneira possível...

E, sorrindo vagamente, olhando sem ver a montanha da floresta que se erguia à distância banhada de sol, continuou meio triste, meio alegre:

— Meu pai, também, Ana Maria, quer me casar com uma ricaça a quem nem sequer conheço... Mas, eu só me casarei com aquela que o meu coração ordenar. E tu — aconselhou ele com firmeza na voz — deves fazer o mesmo também.

— Mas, Arthur, esse é o meu maior desejo: casar-me com quem eu possa amar.

E, abandonando ao colo o tear, juntou as mãos, nervosamente, enquanto concluía impulsiva:

— Odeio aquele homem, tenho horror a ele!

— Não deves odiar a ninguém, Ana querida: odiar é próprio das pessoas baixas e mesquinhas... Como queres abrigar tão feio sentimento, sendo tão pura e boa? – repreendeu o jovem com brandura.

Depois de um pequeno silêncio, enquanto a menina voltava a bordar, meio agitada, ele tornou a falar:

— Ouve, Ana Maria, não fiques assim tão triste e apreensiva. Macário, eu bem o conheço, não te obrigará a este casamento.

Quanto a meu pai, deixa-o por minha conta. Hei de convencê-lo que nem eu, nem tu estamos em época de pensarmos nessas coisas. Há de ver que ele não fará nenhum mal aos teus. Não penses mais nesse assunto. Sorri para mim, estou cansado de ver tanto rosto triste em minha volta, sorri, Ana Maria – suplicou o jovem.

A jovem lhe obedeceu num risinho triste e meio choroso.

— Está bem, Arthur, não vou ficar mais triste. Direi ao papai que não quero tal casamento e bem sei que ele não o deseja, também. Mas, coitado, está atemorizado, receando desgostar o senhor Frances...

— Deixe o meu pai comigo, já te disse que resolverei esse assunto com ele... Falemos noutra coisa. Como vai o tio Nicolau? Desde o dia em que esteve em nossa casa, não mais o vi. A mamãe, devido ao seu estado de saúde, ainda bastante fraca, pediu-me para não me afastar. Ultimamente tenho saído apenas para respirar. Mas, Joceline não se afasta um minuto de junto de seu leito. Vivo apreensivo com o aspecto de minha irmã, anda muito pálida e emagrecendo a olhos vistos...

— Ela deve estar cansada, Arthur, naturalmente com as noites em claro e as preocupações, os cuidados que o estado de dona Rosa lhe inspira – disse Ana Maria, tentando sossegá-lo –; por que não vai buscá-la, para juntos, nós três, irmos até a cabana do tio Nicolau?

— Ótima a tua ideia! Talvez assim consiga arrancá-la daquele quarto por alguns momentos. Mamãe está abusando das forças de Joceline, que está definhando por falta de exercícios, de sol e ar puro. Espera-me aqui, Ana Maria, vou buscá-la – disse o jovem erguendo-se presto.

A menina também ergueu-se, guardando os seus apetrechos de bordar numa pequena sacola que trazia suspensa no cinto, murmurando:

– Não, Arthur, não te esperarei aqui, irei andando devagar, enquanto vais buscar Joceline.

– Como queiras, mas cuidado com as cobras. Não gosto de sabê-la sozinha, sem o Sultão, por estas matas.

– Nada receies, vai depressa buscar Joceline; irei andando devagar, talvez ainda me encontres pelo caminho quando chegares.

Enquanto Arthur seguia em busca de sua irmã, Ana Maria foi andando em direção à montanha da floresta. Já estava em plena mata, quando, sentindo-se cansada e vendo um tronco de árvore caído ao solo, sentou-se nele para descansar da íngreme subida que levava à montanha. E embalada pelo farfalhar das folhas àquela hora, quebrado apenas pelo cantar de algumas aves e pelo zumbir dos insetos, Ana Maria relaxou os músculos e, fechando os olhos, sentiu que um grande esmorecimento lhe tomava conta do corpo; fruto talvez do cansaço, pensou ela. E deixando-se vencer pelo torpor, foi aos poucos adormecendo. Como num sonho mágico, sentiu-se transportada para uma terra estranha. Encontrava-se numa fértil planície, onde à distância, numa pequena elevação, cercado por uma fortaleza, erguia-se lindo castelo. Ela dirigia-se para ele, como quem volta de um passeio qualquer. Toda a paisagem era-lhe familiar; sentia-se a senhora daquelas planícies e do castelo. Ia andando despreocupada, quando avistou um homem sentado numa das bordas da estrada. Olhava absorto o castelo que se erguia ao longe, e a sua sacola de peregrino descansava ao seu lado. Ao vê-lo, a jovem sentiu-se receosa, pois o seu aspecto era algo inquietante. Notava-se por suas roupas empoeiradas que muito caminhara. À proporção que dele se aproximava, percebeu assustada que o seu todo era de um salteador de estradas. O rosto magro e macilento denotava maldade, e notando cupidez em seu olhar, ainda mais atemorizada ficou. Não sabendo o que fazer, temendo passar por perto dele, parou indecisa. Porém, criando coragem, envergonhada de sua fraqueza, continuou a caminhar, embora vagarosamente. Ao aproximar-se de todo do estranho homem, ela viu apavorada que ele, erguendo-se com visível esforço, dirigia-se para junto dela. Recuou sufocando um grito de socorro, pois o seu aspecto era ainda mais aterrador, visto assim de perto. Estendendo a mão descarnada, pediu-lhe ele com voz enrouquecida:

– Uma esmola, pelo amor de Deus, senhora, para o faminto caminhante. A jovem, sufocando o terror que o maltrapilho lhe inspirava, respondeu-lhe com voz pouco firme:

– Não carrego comigo nenhuma moeda.

E, notando que ele se aproximava ainda mais, criando coragem, murmurou com asco de seu aspecto horripilante:

– Afaste-se, deixe-me passar! Não vê que está me tomando o caminho?

– Oh!, senhora – insistia o mendigo –, estou tão cansado e faminto, dê-me uma esmola, estou exausto!

E estendendo um dos braços, fez menção de querer tocá-la.

A jovem, tremendo, possuída de um grande medo, afastou-o com um brusco empurrão e correu pela estrada afora, com a velocidade que as suas trêmulas pernas permitiam, em direção ao castelo. Ao aproximar-se de seus portões, surgira à sua frente um homem, vestido com uma estranha roupagem, tendo aspecto de um servo, e notando o seu ar assustado veio em seu socorro. Ela, então, respirando com dificuldade, deu uma ordem e o homem que tinha o todo de um fâmulo saiu em busca do atrevido que ousara atemorizar a sua dona e senhora. Notando que o maltrapilho se aproximava dos portões do castelo, ele correu ao seu interior e voltou trazendo uma arma, espécie de mosquete de cano largo e apontou-a para o estranho homem, ordenando que ele parasse. Porém aquele, mal percebendo o perigo que a arma representava, sentindo apenas o estômago corroído pela fome que o martirizava há mais de um dia, aproximou-se dos portões meio trôpego. Ao vê-lo, a jovem gritou amedrontada. Ao ouvir o grito de sua senhora, o empregado fez fogo e o esfarrapado homem caiu, segurando o peito com as mãos, convulsivamente; de sua boca saiu um jato de sangue. Então, vendo o seu perseguidor caído por terra, a jovem se aproximou ainda em tempo de ouvir as suas palavras, antes de exalar ele o último suspiro:

— Mulher sem coração, apenas... desejava... um pouco... de... alimento. Que... meu sangue... te acompanhe... por... toda a vida... a ti... e... ao... teu maldito... servidor...

Ana Maria, estremecendo, despertou. Sentiu que mais uma vez fora transportada a uma era longínqua de um passado ignoto. Em que época, em que local, vivera aquele instante horrível, onde fora a causa de um crime covarde? Com uma sensação de medo, olhou em sua volta. A floresta pareceu-lhe lúgubre e assustadora. Sentiu receio de continuar ali sentada. Olhando para todos os lados, temia ver surgir alguma aparição, como a que vira momentos antes, em transporte. E ao lembrá-la, parou como se tivesse recebido um golpe qualquer, tão surpreendida ficara. Agora percebia com quem aquele mendigo se assemelhava. Ele era Miguel, apenas mais magro e... esfarrapado; mas, não havia dúvida, a menor dúvida: vira Miguel em seu transporte. Nele não reconheceu apenas Miguel, reconheceu ainda o seu pai, no homem que prostrara o maltrapilho com um tiro da esquisita arma de cano largo e comprido. Que significava aquele transporte? Seria um aviso do Alto? Como explicar tudo aquilo? Oh! Deus! Que jamais o seu bondoso pai cometesse um crime tão bárbaro, tão horrível!

E Ana Maria, aumentando as passadas, quase corria em direção à cabana do tio Nicolau, na ânsia de ver o Ermitão. Só ele saberia explicar aquela visão. Há muito sofria aquelas visões como fugas de seu espírito às eras remotas de passadas existências. Todas essas visões causavam-lhe estranheza e a deixavam confusa. Parecia-lhe quase impossível que já tivesse vivido tantas vidas, como lh'o explicara certa vez o tio Nicolau. Mas não poderia duvidar do Ermitão, pois além da confiança que depositava em seu saber e santidade, tinha naqueles transportes, a que era sujeita, as provas insofismáveis da verdade que ele dizia. Sua imaginação não poderia criar aquelas cenas, aqueles estranhos lugares que, embora em suas visões lhe fossem tão familiares, em sua vida atual eram-lhe completamente desconhecidos. Quase correndo avistou com um suspiro de alívio a humilde cabana plantada em meio da clareira da montanha da floresta. E, mais sossegada ficou, quando notou a figura do tio Nicolau, sentado num tronco, como numa confortável cadeira. O sol refletia-se em sua barba branca, que cintilava como fios de neve. Apoiava-se em seu inseparável bastão, como de costume. Ao avistar Ana Maria, seu rosto iluminou-se num sorriso em que os dentes brancos e perfeitos davam-lhe um ar de mocidade perene. Seus olhos eram como seus dentes, claros e brilhantes, repletos de vida e luz. A menina correu para o seu lado ao ver que ele fazia menção de levantar-se. Aproximou-se, estendeu a destra ao velhinho, beijando em seguida a mão que segurava a sua, em sinal de respeito. O tio Nicolau paternalmente afagou a cabeça de Ana Maria e depois a convidou a descansar ao seu lado. Obedecendo, a jovem arrastou para junto do ancião um dos muitos troncos que existiam espalhados na clareira e nele assentou. E fitando no Ermitão o seu olhar de um azul escuro, depois de ligeira hesitação, contou-lhe a visão que tivera no caminho, enquanto descansava num recanto da floresta. O ancião ouvia-a em silêncio. Só depois que ela parou de falar, contando detalhadamente todo o transporte, foi que ele perguntou, com o seu modo calmo de expressar-se:

– Então, compreendeste por que o pobre Miguel exige hoje de ti que cases com ele? Negaste-lhe um dia alimento para o seu corpo; agora ele volta, numa vindita, e exige de ti algo mais precioso que o pão: quer o teu amor, para alimentar os seus impuros desejos. Tens agora que se reajustar com a grande lei, se já não o fizeste por outros meios. Sendo ainda pouco esclarecido o seu espírito, pois jamais procurou evoluir, tendo perdido grandes oportunidades, tanto no espaço como em encarnações consecutivas, ele procura, em seu atraso espiritual, uma maneira de vingar-se do que sofreu há centenas de anos. Enquanto o teu espírito evoluía, o dele estacionava. Miguel é como um brilhante bruto, sem lapidações. Custoso vai ser traçar as facetas de seu espírito, até tirar delas alguma luz. Quanto a teu pai, terá que se reajustar também, diante desta 'dívida' de sangue que com ele contraiu, no pensar embrutecido daquela alma. Ele, como muitos, interpreta a seu modo as palavras do Cristo de Deus, quando disse: "Quem com ferro fere, com ele será ferido". Nada que o Divino Mestre disse foi em vão; mas muitas de suas palavras são deturpadas pelos homens. Quem sabe, filha minha, se já não se ajustaste com a lei? Às vezes uma boa ação apaga muitas faltas cometidas. Lembras-te do bom ladrão? Disse-lhe o Cristo: Hoje mesmo estarás comigo no Paraíso. E o pobre Simas carregava pesada culpa de erros passados e presentes. Nada temas, portanto: Confia na Justiça do Pai. Ora, filha minha, ora toda vez que sentires o teu espírito perturbado; a oração é o mais salutar dos bálsamos para o espírito, quando sofre. Unta com ele qualquer chaga que sangrar em tua alma que há de sarar rapidamente.

 Enquanto o Ermitão falava, a jovem sentia como se seu espírito estivesse sendo imerso num banho de luz. A paz voltava à sua alma. E com os olhos umedecidos pela emoção, ia bebendo as palavras do tio Nicolau, saciando assim a sede de seu espírito, ávido de saber, na linha da Verdade que ia jorrando naturalmente daquela fonte pura que era o espírito esclarecido do Ermitão da floresta.

Diálogo entre espíritos

QUANDO ARTHUR CHEGOU À PEQUENINA clareira, acompanhado por sua irmã, foi recebido pelo Ermitão com palavras repassadas de ternura, dirigidas também a Joceline. Ambos os recém-chegados tomaram assento nos únicos bancos existentes no lar do tio Nicolau: os troncos de madeiras...

Joceline colocou o seu junto ao de Ana Maria e tomou entre as suas as mãos da amiga. Estava ansiosa por ouvir as palavras do Ermitão, pois desde que milagrosamente socorrera e salvara a sua mãe, não mais o vira, presa que estava sempre junto ao leito da querida convalescente.

Alma simples e pura, vivendo apenas para o bem-estar dos demais, sem ter tido até ali ninguém que a amasse, a não ser Arthur e Ana Maria, sentia-se feliz sempre que podia estar junto do tio Nicolau, ouvindo as suas palavras sábias e bondosas. A esperança cantava aos ouvidos de todos os infelizes, quando o Ermitão da Floresta falava... O ancião acolhia o sofrer de todos, tendo para cada um, em particular, palavras reconfortantes, adequadas às suas dores. Quantas vezes não secara os olhos da infortunada filha de Frances Renoir as lágrimas causadas pelo desamor dos seus!

Aconselhou-a a fazer de sua vida um manancial perene de amor. Que jamais se fartasse de amar os seus semelhantes, mesmo aqueles que a faziam sofrer.

Ensinou-lhe, em palavras claras e precisas, a resignar-se em ter nascido feia e aleijada. Afastou de sua mente a ideia, ali plantada pelo desprezo dos seus, de que o Criador fosse injusto para alguns de seus filhos, dando a uns todos os bens da Terra – beleza, amor e fortuna –, e a outros negando quase tudo... Como em seu caso...

Explicou-lhe que pouco importava a forma da matéria; o essencial era a perfeição do espírito. Muitas vezes ele, o espírito, escolhe de livre vontade a forma do corpo assim deformado e desgracioso para melhor evoluir. Tudo se prendia a uma corrente de causas e efeitos que tinha seus primeiros elos quase sempre presos aos atos pretéritos. Não se sentisse infeliz, portanto, dissera-lhe ele, em ter aquele pé torto. Sofresse com resignação, sem desesperos inúteis, procurando levar, assim, até ao Gólgota, a cruz de sua vida. Que ela não parasse no caminho da perfeição, por maiores os obstáculos que encontrasse, porque talvez aquela condição a ajudaria a chegar mais depressa ao Senhor.

Joceline, como todos, enfim, que viviam em contato com o Ermitão, como todos os que sabiam compreender os seus ensinamentos, sentira-se consolada e quase feliz! Um novo caminho surgira em sua vida e ela não hesitara em segui-lo. Embora recoberto de cardos, repleto de espinhos, seguiu por ele, certa de chegar junto d'Aquele que, sendo Pai infinitamente bom, tem apenas um desejo: de ver, rapidamente, todos os seus filhos abrigados em seu regaço divino.

A menina aceitara o convite de Arthur para vir até ali porque desejava saber 'algo' sobre um assunto que muito lhe interessava. Somente por isso deixara a sua mãe, por alguns momentos, entregue aos cuidados de uma serva, e acompanhara o irmão até à cabana da floresta.

Sentado diante dos três jovens, o Ermitão olhava-os bondosamente.

E sob esse olhar claro e brilhante, eles se sentiram como se estivessem sob a sombra amena de frondosa árvore, tal a calma, a doce paz que dele se desprendia. Sentiam-se confiantes, na certeza de que, se houvesse qualquer dúvida em seus espíritos, seria esclarecida; se houvesse qualquer sofrimento, o tio Nicolau tentaria amenizá-lo. Assim, Joceline, curvando-se para ele, perguntou em sua maneira simples e humilde, com certo constrangimento:

— Tio Nicolau, gostaria de saber uma coisa do senhor, muito importante para o meu sossego espiritual; poderia ajudar-me?

Ele respondeu:

— Filha, nada é impossível a Deus, porém aos homens tudo é limitado. Em todo o caso, diga o que deseja saber do servo do Senhor. Quem sabe se não me será permitido esclarecê-la?

— É sobre o papai — tornou a menina tristemente. — Não venho pedir-lhe para ele gostar de mim, não. Creio que nem o senhor conseguiria esse milagre — murmurou ela baixinho, que mal se ouviu.

— Bem sei — continuou Joceline, animando-se —, porque o senhor já m'o explicou um dia, que tenho para com ele grandes dívidas. Gostaria de saber isto, apenas: quando e como poderei me ver livre de meus desacertos? Poderia tio Nicolau explicar-me?

E a jovem fitou no ancião um olhar súplice, repleto de tristeza, que a todos comoveu. Arthur e Ana Maria sentiram os olhos marejados. Como devia ser profundo o pesar de Joceline, pensaram eles!

O Ermitão fitou longamente a menina, procurando ler em seu íntimo, em seu espírito, o 'porquê' daquele desejo. Assim fitou-a longo tempo, sem que ela se perturbasse. Depois, deixando cair o cajado, tomou entre as suas as mãos de Joceline e, fazendo uma forte pressão nelas, enquanto erguia a vista para o alto, murmurou em espírito uma prece fervorosa. Na clareira, em torno deles, fez-se um grande silêncio. Nem o cantar de aves se fazia ouvir. Uma calma estranha caíra sobre tudo e todos.

O Ermitão, aproveitando os dons mediúnicos de Joceline e com os santos meios de que dispunha, fê-la quase adormecer. E, guiado o seu espírito por força poderosa, transportou-se a um plano onde lhe foi mostrado o 'livro do seu destino' e de algumas de suas tristes experiências passadas. Depois... sentiu que ainda mais se elevava, chegando às alturas, de onde via a Terra como um pirilampo qualquer, nimbando-se no espaço, e aí então lhe foi revelado, por uma graça especial, o roteiro sobre tudo o que potencialmente iria praticar em benefício do seu e dos espíritos que dela necessitavam. Arthur e Ana Maria compreendiam que o tio Nicolau estava dando uma resposta à pergunta que Joceline lhe fizera. Silenciosos, concentraram o pensamento em Deus, e procuraram não perturbar aquele diálogo espiritual que talvez estivesse sendo travado ali entre eles, em meio à floresta, por um desses prodígios tão comuns ao Ermitão. Passado um momento, como despertando de um prolongado sono, Joceline voltou a si, suspirando. E, fitando o seu olhar de corça no tio Nicolau, sorriu docemente, enquanto murmurava:

– Que se faça a vontade do Pai... Apenas, ciciou meio triste, terei saudade de Arthur e do senhor, bondoso tio Nicolau...

– Silêncio, filha, interrompeu o Ermitão. Os arcanos de teu destino foram-te revelados, porém não te é permitido que os revele a mais ninguém.

Arthur e Ana Maria, intrigados, não compreenderam o sentido das palavras do ancião. E sentiram, também, que não tinham direito de pedir uma explicação do que assistiram. Resolveram ambos, sem haverem se consultado, apenas instintivamente, silenciarem e depois ver o que iria acontecer. Compreenderam que alguma coisa de importante estava para suceder.

Quem sabe Joceline não iria, talvez, partir para algum lugar, onde pudesse viver sem humilhação, sem sofrimentos, longe daquele Calvário, que era o seu lar? Sim, pensavam eles, devia ser por isto, do contrário ela não diria que apenas sentiria saudades de Arthur e do tio Nicolau. Joceline iria partir para onde... não sabiam. Ana Maria, tomando entre as suas a mão de sua amiga, perguntou com meiguice:

– E de mim, Joceline, não vais sentir saudades, quando partires?

– De ti? Oh! Sim, sentirei! Mas, creia, para onde for, caso vá para alguma parte, levarei em minha alma a 'certeza' de que, tanto meu irmão como tu, sereis felizes e que jamais esquecereis a pobre Joceline. Mas – disse a menina levantando-se –, vamos embora, pois mamãe está à minha espera. Bem sabes, Ana Maria, depois que ela melhorou, graças ao tio

Nicolau, quer que eu esteja sempre ao seu lado. Sinto andar ultimamente meio esgotada, temo adoecer, temo por mamãe... Ela está precisando tanto de mim... Como sou feliz em lhe ser útil.

O Ermitão sorriu docemente e disse:

– És um anjo, minha menina. Muito o Pai de Bondade espera de ti... Nada temas, minha filha. Que Ele abençoe e proteja a ti que na Terra apenas conheceste o sofrimento e a humilhação. Sempre procuraste levar a tua cruz da melhor maneira, embora ela seja tão pesada para os teus ombros pequenos e frágeis... Adeus, filha, que Deus te abençoe.

* * *

Os dois irmãos, acompanhados por Ana Maria, seguiam um pouco pesarosos. Entre os três, caíra profundo silêncio. Como um pressentimento que algo de mal iria acontecer, surgira entre Arthur e Ana Maria. Um acontecimento qualquer iria realizar-se, e que tal acontecimento prendia-se a Joceline não tinham a menor dúvida. Foi Ana Maria quem tentou afugentar aquela nuvem que descera sobre eles. Com seu modo meigo de falar, tentou brincar, dizendo:

– Quem sabe se Joceline não vai casar-se agora? Parece que ultimamente os nossos pais nos querem ver todos casados... Por que tu irias ficar solteira?

Joceline olhou a sua amiga e sorriu. E tomando as suas mãos murmurou já sem a menor tristeza:

– Quem sabe? Só Deus!

E os três amigos continuaram a descer a montanha, de volta a seus lares.

Quando chegaram à entrada da mansão, Joceline e Arthur insistiram para que Ana Maria subisse com eles até o quarto de dona Rosa. Porém, alegando ter que esperar o seu velho pai, como costumava fazê-lo desde criança, ela se despediu dos amigos e, tomando por um pequeno atalho, volveu ao seu lar, onde dona Júlia já a esperava, meio aflita com a sua prolongada ausência.

Entretanto, Arthur e Joceline tinham convidado Ana Maria, sem o menor temor de que ela fosse mal recebida por sua mãe. Ambos vinham notando, de certo tempo para cá, desde sua prodigiosa melhora, que tanto surpreendera os médicos, que ela mudara o modo de tratar a filha do jardineiro. Já sentia prazer visível em olhar Ana Maria, sem sentir despeito como antigamente.

Humanizara-se, após a sua doença, a qual Arthur já qualificava de providencial... Chegara a pedir aos filhos que convidassem Ana Maria para tocar no grande piano, que jazia abandonado a um canto na sala de música, desde que a filha de Macário fora proibida de usá-lo... Joceline não o abrira, pois não gostava de tocar. Arthur não respondeu à sua mãe, apenas deu-lhe um significativo beijo na fronte, onde pequenas linhas começavam a aparecer.

O jovem exultara ao ouvir as palavras de sua genitora. Encheu-se de esperança de que talvez um dia, ela fosse tocada pela graça divina e compreendesse afinal que todos são irmãos!

E quando notou que uma pequena luz estava se fazendo em seu espírito, presa até ali do mais negro egoísmo, todos os dias, por meio da prece, implorava ao Pai de Bondade, pedindo-lhe que aumentasse cada vez mais a pequena luz que surgira naquela alma, para que em breve, tanto ela quanto o seu pai, pudessem cumprir melhor a Missão de que vieram investidos na Terra.

Porque – sentia ele – os dois até ali não tinham vivido, apenas vegetaram, sem ter ainda encontrado o verdadeiro sentido da Vida, que era, no dizer do tio Nicolau:

– Encontrar, guiado pelo amor ao próximo, o caminho que leva rapidamente aos pés do Senhor.

Joceline

EM SUA CABANA EM MEIO à floresta, tio Nicolau cismava... Pensava em Joceline. E revia todo o seu drama, toda sua tortura. Sabia que ela viera à Terra com planejamento para cumprir espinhosa missão.

Fora-lhe revelado todo o seu destino e ele admirava aquela que soubera vencer, galhardamente, todas as duras provas por que passara. Como devia ter sofrido aquela alma na luta que travara com as provações que lhe foram impostas! Nascera com aquele físico desgracioso, ferindo assim os corações de seus pais no que eles mais prezavam: a vaidade e o orgulho. Com que horror eles viram a filha de seus sonhos deformada e feia! Sentiram vergonha de seu aspecto e, desde então, ela foi tratada em seu lar como estranha, indesejável. Jamais considerada uma filha; era a usurpadora daquela que eles sonharam formosa e perfeita. Necessário se fazia, entretanto, que aquele espírito ávido de elevações, levasse a termo a missão escolhida para tal. Porque em vidas pretéritas aquela alma fora possuidora de belas formas e amada por muitos. Porém, quanto fizera sofrer... Como que fazendo de sua beleza uma arma perigosa, destruíra lares, levando aos corações luta e desespero. Seus pais, em mais de uma encarnação, foram vítimas de seu orgulho, desprezara-os por serem feios e humildes.

Agora voltara numa nova oportunidade, revestida daquele corpo sem encantos e, ainda mais, aleijada, sofrendo hoje o que ontem fizera sofrer. E ela vencera a prova sem esmorecimento. Aquele espírito com a forma material de Joceline, a rica herdeira que viera ao mundo em berço de ouro, jamais adaptou-se ao modo egoístico de viver dos seus. Fugindo de toda a ostentação, procurando os misteres mais modestos, ela vencera as provas com humildade cristã, aceitando tudo resignadamente; jamais haveria de voltar a este mundo, a não ser para ensinar aos que necessitassem o caminho mais curto para o céu, o caminho que trilhara, o caminho da dor. Nunca pelo gozo, pelos prazeres materiais, o homem chegará à perfeição desejada. Aquela flor que brotara no lar opulento dos Renoir jamais fora admirada pelos seus. Deixaram que ela sozinha levasse até o fim a sua provação, sem o suave conforto de um carinho. Porém em nada foi abatida a coragem e a força daquele espírito, que subiu até o último degrau a escada da amargura. Quando todos os carinhos, todos os elogios eram reservados para o seu irmão, Joceline em vez de ofender-se ou magoar-se, antes exultava, porque sabia-os justos e merecidos. Sofria ao ver os pais tratarem com desprezo a filha do jardineiro. Quantas e quantas vezes, dissera, sinceramente, como seria mais lógico se Ana Maria, tão linda, tivesse nascido em seu lar, satisfazendo, assim, com seus encantos naturais, o orgulho e a vaidade de seus pais, em vez dela, que possuía um físico mais adequado para o lar de Macário... Ela não sentia despeito em notar quão era bela Ana Maria. Seu espírito, nesta vida atual, jamais abrigara um negro sentimento. Assim, dominando todo o impulso da matéria, todo pensamento negativo, pouco a pouco ia burilando a pedra de seu aperfeiçoamento e integrando-se cada vez mais em seu desejo de elevação. Enquanto as jovens de sua idade aspiravam a um amor todo material, a feia e doce Joceline apenas sonhava com o amor de Deus. E assim, cismava o tio Nicolau, coxeando pela terra, a filha de Frances Renoir caminhava a passos largos para a sua redenção espiritual.

* * *

O silêncio da noite descera sobre a mansão Renoir. Joceline se aproximou do leito de sua mãe e, afastando os cortinados, percebeu que ela dormia sossegada... O mal que atingira dona Rosa fora de todo debelado. Ao vê-la restabelecida, a menina compreendeu toda a Bondade Divina! Seu espírito elevou-se ao Infinito, em uma prece de ação de graças, tanto pela volta da saúde, como pela luz que começara a brilhar na alma de sua mãe. Como o Criador combina todas as coisas, fazendo com que elas rumem para um determinado ponto, como as águas dos rios, que por maiores voltas que deem, chegam sempre ao seu destino, o oceano. Deus, pensou ela, é o oceano sem fim nem princípio, para onde convergem os espíritos que, como os rios, percorrem o itinerário da vida, ora em mansos caudais, ora em grandes quedas, ora em pestilentos pântanos, porém sempre correndo em busca do oceano, em busca de Deus.

Quanto o Criador era estranho em seus desígnios, pensou Joceline... Quantas vezes aquilo que nos parece errado é o certo; outras, quando julgamos que estamos certos, quanto errados estamos. Ali em sua mãe estava a prova disso. Sentia que agora ela tentaria ver a vida por um outro prisma, por onde a dor alheia se refletia em suas diversas formas. Para enxergar além de seu egoísmo, fora preciso antes sofrer. Não fora apenas o seu corpo que o tio Nicolau arrancara da paralisia, fora o seu espírito também.

A jovem afastou do rosto de dona Rosa uma mecha de cabelo que já começara a encanecer e, de leve, beijou-a na fronte. A senhora Renoir não sentiu o beijo da filha, dormia profundamente... Joceline, após ter-se certificado de que sua mãe de nada precisava, recolheu-se ao seu quarto de dormir, contíguo ao dela. Estava exausta a boa menina! Seu cansaço era motivado pelas noites insones que passara ao lado da enferma. Sofrera paciente as exigências, as crises nervosas, todas as imposições do gênio egoísta de sua mãe, acostumada como estava a ver satisfeitos todos os seus desejos. Joceline, sem uma palavra sequer de revolta, estoicamente, fazia-lhe todas as vontades, tendo sempre nos lábios pálidos um doce sorriso de resignação. E dona Rosa não compreendia quanto a filha estava cansada, perdendo as forças naqueles seus excessos. Joceline, em sua abnegação, esquecera muitas vezes de se alimentar. Somente agora, ao ver sua mãe já completamente restabelecida, foi que começou a sentir o organismo se enfraquecendo. Devia estar muito cansada, pois o corpo doía-lhe como se estivesse presa de um mal qualquer. Foi com um suspiro doloroso que ela se deitou em seu leito de virgem, adormecendo profundamente.

Já passavam das cinco horas da manhã, pois o céu começara a enrubescer para os lados do nascente, quando dona Rosa percebeu que do quarto de Joceline vinham uns gemidos. Pensando que fosse ilusão de seus ouvidos, ficou atenta, em expectativa. Os gemidos continuavam. Erguendo-se sobre os cotovelos chamou pela filha:

– Joceline! Joceline! Que tens? Responde... Mas, apenas, do quarto da menina vinham dolorosos gemidos.

Dona Rosa compreendeu que algo de grave acontecera à sua filha. Procurando apoiar-se nas bordas do leito, ficou de pé e, vagarosamente, foi quase se arrastando em direção ao quarto de Joceline. Estava profundamente assustada e não teve a coragem de chamar o esposo, que dormia num compartimento perto do seu. Desde que ela adoecera, Frances, para não perder noites de sono, mudara de quarto. Era o seu eterno egoísmo: enquanto a companheira gozara saúde, podendo assim satisfazê-lo em seus deveres de esposa, jamais se afastara dela, agora, sendo impossível satisfazê-lo, deixara-a sozinha, fugindo aos incômodos causados por qualquer convalescente... Não fora Joceline, a senhora teria ficado entregue aos cuidados de uma enfermeira estranha. Dona Rosa, ao penetrar na alcova da filha, aproximou-se de seu leito e, pondo-lhe a mão na fronte, sentiu que abrasava. Joceline agitava-se no leito, presa de terrível febre, pronunciando palavras sem nexo.

Dona Rosa, sem saber o que fazer, lembrou-se de chamar Arthur e, dirigindo-se para os aposentos do filho, com passos trôpegos, quase caindo, pois devido à sua prolongada convalescença, sempre acamada, suas pernas sofriam a falta de exercício, mas, andando assim com dificuldade, foi em busca do moço que dormia em um quarto um pouco afastado dos demais. Passou pela alcova de Frances, sem acordá-lo, pois bem sabia que ele não desculparia ninguém, nem mesmo ela, caso fosse incomodado em seu repouso, por causa de uma simples febre em Joceline... Deus a livrasse de fazer tal coisa.

Arrastando-se dolorosamente, sentindo tonturas, alcançou o quarto do filho. Ao bater, ouviu aliviada a voz de Arthur. O jovem ergueu-se assustado ao perceber que era sua mãe quem o chamava. Algo de terrível devia ter acontecido para ela deixar o leito. Ansioso, abriu a porta e mal ouvindo as palavras de dona Rosa, vestido mesmo como estava, pois colocara apenas um chambre sobre as roupas de dormir, dirigiu-se para o quarto de Joceline. Tomou a mãe sobre os braços ao vê-la cambalear, e andando o mais rápido que lhe permitia o fardo que carregava, chegou até o leito de sua irmã, depositando antes dona Rosa numa poltrona.

Acercou-se da menina, com um triste pressentimento dominando-lhe o coração. Como estava febril a sua Joceline! Tomou-lhe as mãos e sentiu que elas queimavam. Santo Deus, pensou torturado, não poderia sua irmã morrer! Como estava abatida, quase irreconhecível!... Arthur tomou de uma sineta e agitou-a com força. Passado um momento, que lhe pareceu enorme, surgiu um empregado, todo surpreso ao ver os patrões despertos quase de madrugada; Arthur, sem notar o ar de admirado do servidor, deu uma ordem para que ele fosse sem demora chamar o médico em B., para socorrer a senhorita Joceline que adoecera repentinamente. O empregado, sem mais explicações, saiu apressado para cumprir as ordens do jovem patrão. Era um velho servidor da casa e amava como filha a Joceline. Um dia fora socorrido pela menina, num momento de aflição e, desde então, sentia por ela um grande afeto. Assim foi pressuroso buscar o médico em B.

A senhora Renoir acompanhava, nervosa, as providências que o filho ia tomando. Sentia-se constrangida diante dele, como de costume, aliás. O filho era tão correto e justo em suas ações, que ela receava, temendo as suas sempre justas censuras. Agora mesmo sentia que agira mal pois, ao ver Joceline doente, nem lhe passara pela ideia chamar um médico, quando o seu primeiro cuidado deveria ter sido esse. Admirava o filho por ser assim justo em suas ações e sem temor; nada o assombrava, nem mesmo diante de Frances sentia receio. E, ao ouvir Arthur fazer-lhe a pergunta que temia: Já preveniu o meu pai do estado de Joceline, mamãe?, baixando os olhos, ela respondeu:

– Não...

E procurando desculpar-se perante ele, que a olhava com ar de censura, explicou sem fitá-lo:

– Não compreendes, Arthur, que ainda estou bastante enfraquecida? Sinto-me tão doente, ainda – queixou-se ela. E continuou em tom lamurioso: Creio que foi por isso que não me passou pela mente acordar o teu pai, ando tão nervosa... Achei mesmo completamente desnecessário incomodá-lo...

– Como completamente desnecessário? – interrompeu Arthur, meio indignado. – Como, sendo mãe, tem coragem de afirmar tal coisa? Ainda não compreendeu o estado de sua filha? Não percebe que ela está vencida pela febre?

– Creio que estás exagerando um pouco – respondeu a senhora –; ela não pode estar tão mal assim de um momento para outro. Vê, ela chama por alguém...

– Sim, por Ana Maria.

E Arthur, ajoelhando-se diante do leito de sua irmã, tomou-lhe as mãos que abrasavam. Pobre vítima do destino, pensou ele com amargura. Ao vê-la inconsciente, delirando, sentiu o espírito perturbar-se, os seus olhos marejaram-se de lágrimas. Joceline haveria de sarar; ela não poderia morrer, levando da vida apenas amargura e sofrimentos... Arthur, sem procurar ir acordar o seu pai, sabendo que ele, diante do leito de dor de sua única filha, iria agir como sua mãe, com fria e revoltante indiferença, preferiu ficar junto dela, que o chamava delirantemente. Curvando-se sobre ela, procurou acalmá-la.

Compreendeu, ao ouvi-la chamar apenas por seu nome e o de Ana Maria, quanto ela deveria ter sofrido em silêncio, ao sentir-se junto de seus pais, só e desprezada, órfã de um carinho, de um beijo de mãe. Não poderia haver maior solidão do que a de sua alma, exilada do amor de seus pais, em seu próprio lar. Segurando-lhe as mãos febris, ele murmurou baixo, tentando fazê-la voltar a si:

– Que tens, minha querida irmã? Sou eu, Arthur, não me reconheces?

A menina, sentindo que aquela doce pressão em seus dedos só poderia vir dele, seu irmão, abriu levemente os olhos avermelhados pela febre e tentou sorrir ao ver seu rosto aflito, curvado sobre ela. Meio inconsciente, murmurou com dificuldade, fechando logo após os olhos, com um gemido:

– Voltarei... Arthur... voltarei...

– Que dizes? Quase gritou o jovem em meio à aflição. Não compreendo. Fala, Joceline...

Porém ela, sem noção das coisas, voltou a delirar, misturando o seu nome com o de Ana Maria. O moço ergueu-se desanimado. Enquanto isso, dona Rosa olhava a doente, sentindo-se perturbada e presa dos mais desencontrados sentimentos.

Arthur compreendeu que, devido ao estado de saúde de sua mãe, ela não poderia cuidar de sua filha. Teria que ir, com urgência, buscar Ana Maria para ser enfermeira de Joceline. Transmitiu seu pensamento a dona Rosa, que aprovou em silêncio.

As horas estavam passando rápidas; o dia já de todo despertara. Uma criada viera trazer a primeira refeição da manhã aos patrões. Entrara no quarto, dirigindo ao leito da enferma um olhar aflito. Joceline era querida pelos humildes. Quantas vezes não ajudara ela, escondida de sua mãe, o trabalho das servas. Costurava as suas vestes e fazia, para os seus filhos e irmãos pequenos, vestidinhos dos retalhos que Arthur trazia da fábrica.

Enquanto segurava a bandeja, a mulher tinha os olhos ansiosos, presos na doente. Mentalmente implorava aos céus saúde para a boa menina.

Nem Arthur, nem dona Rosa aceitaram o alimento. Despacharam-na com um gesto. Ela se retirou procurando não fazer barulho. Arthur, impaciente com a demora do médico, andava nervoso, parando de momento a momento junto ao leito de Joceline, na esperança de vê-la voltar a si. Em vão era o seu desejo; presa ao leito ela gemia angustiada, com as faces incendiadas pela febre. Apenas murmurava palavras soltas, delirantes.

Ao vê-la assim, dona Rosa sentiu uma comoção desconhecida tomar-lhe conta da alma. Recordou o tempo em que esperava, sonhando, o nascimento de Joceline... Notara que estava prestes a ser mãe novamente, quando viajava pelas capitais europeias, com o esposo e Arthur, menino de sete anos, então. Ao regressar, viera comprando o rico enxoval. De renda de Veneza fora o seu cortinado, róseo como o céu da Itália... Minúsculos sapatinhos trouxera de Paris. Cambraias preciosas de Portugal.

E nascera ela, numa tarde, trazendo para a alma de seus pais decepção profunda. Aquela criança tão desejada viera estigmatizada pela fatalidade. Era um monstro em miniatura. Seu rosto não tinha beleza, antes era de uma fealdade que causava espanto. Apenas os olhos eram belos, grandes, aveludados... O mais, decepcionava! Fronte estreita, cabelos grossos e sem brilho; a pele áspera e meio escamosa. A boca... oh! a boca de Joceline! a boca de sua filha... Parecia mais uma grande chaga talhada em seu rosto, sempre com os cantos dos lábios feridos e a pele toda crestada. O nariz, de tão saliente e avermelhado, mais parecia o nariz de um palhaço. Nascera feia, nascera horrenda a sua filha. E para completar aquele aspecto quase repugnante, tinha as pernas curvadas e um pé deformado, torto, dando um aspecto grotesco ao seu andar. Entretanto, com que conformada resignação ela suportava aquele físico e o desprezo de seus pais... Agora, estava talvez prestes a desaparecer. E quem sabe? Talvez fosse melhor assim. Porém dona Rosa interrompeu a marcha de seus pensamentos, quando chegou a esse ponto. Não! Não queria que Joceline morresse. Embora feia, aleijada, era a sua filha, a criança que dera à vida, a quem embalara, nas noites insones. Que ela vivesse, que ela ficasse na vida, dando-lhe uma oportunidade para ela ser finalmente mãe... a mãe que não soube ser. Enquanto dona Rosa torturava-se, sentindo as primeiras picadas dessa dor que se chama remorso, Arthur impacientava-se com a demora do médico. Ia chamar novamente um dos empregados, quando percebeu que ele enfim chegara. Somente, então, foi que dona Rosa teve coragem de ir acordar o marido.

Frances, resmungando impaciente, foi a contragosto ao quarto da filha. Porém, ao vê-la, um pequeno ricto de surpresa franziu ligeiramente seu lábio superior. Verdadeiramente o aspecto da menina era alarmante! Em poucas horas de febre, parecia que estava doente há muito tempo, tão abatida se mostrava.

O médico, com a testa franzida, examinava Joceline. Tomara-lhe a temperatura que constatou altíssima: quarenta e um graus de febre. Auscultava agora o peito da moça, auxiliado por Arthur. A menina, meio inconsciente, deixava-se examinar passivamente, pronunciando palavras soltas, sem o menor sentido. Arthur não escondia a sua imensa aflição. Dona Rosa também acompanhava os menores gestos do médico, com um vinco entre as sobrancelhas, apreensiva. Apenas Frances estava calmo, sem dar o menor sinal de comoção.

O médico, depois de um minucioso exame, feito quase em silêncio, murmurou:

– Sinto dizer que o estado da menina Joceline é grave. Desconfio de uma pneumonia dupla. Em todo caso, amanhã, poderei dizer ao certo, não quero ser precipitado. Exijo que a doente tenha o maior sossego possível, pois a sua alta temperatura não permite que ela sofra o menor abalo. Espero que todos tenham calma e fé em Deus; vamos ver o que poderemos fazer por nossa doente.

Pelas palavras do médico, dona Rosa compreendeu que o estado de sua filha era melindroso e, despertando um pouco tardiamente o seu instinto materno, começou a chorar baixinho. O industrial, diante daquelas lágrimas, franziu os sobrecenhos e, sem olhar para o lado da filha, murmurou secamente:

– Tem certeza do que afirma, doutor? Ou essa febre não passa de uma ligeira indisposição?

– Claro que não se trata disso, senhor Renoir! Infelizmente, sinto afirmar que o estado se sua filha não é nada bom... Creio que todos devem estar prontos para o que possa acontecer... Não posso dar esperanças...

– O senhor – soluçou dona Rosa – não quer dizer que minha pobre filha vai morrer, ou quer dizer isso, doutor?...

– Oh! Minha senhora, não quero dizer nada... Sei que estou sendo rude com minha franqueza, mas é meu dever de médico, que me obriga a agir assim. Tenho que ser claro em minhas palavras, para que compreenda que o estado da menina Joceline é delicadíssimo...

E ao dizer isso, ele dirigiu ao industrial um olhar firme e penetrante. Era de todos conhecido o descaso com que Frances tratava a filha. Porém o médico, notando o desespero de dona Rosa, que chorava convulsivamente, murmurou, consolando-a:

– Não chore assim, minha senhora... A nossa doente pode ouvi-la. A Deus nada é impossível! Apelemos para Ele, o Médico dos médicos.

A libertação do espíritos

ENTRETANTO A INFELIZ MENINA RICA, não obstante todos os cuidados que lhe foram dispensados, piorava de hora para hora. Onde houvesse um médico pelas cidades vizinhas, logo era chamado para ver se poderia fazer o milagre de afastar o mal terrível que atacara de um modo tão brusco aquele frágil organismo.

Frances Renoir, apesar da indiferença que sentia pela filha, queria demonstrar a todos, caso ela morresse, que não fora por falta de socorro. Tudo que dependesse de dinheiro, estava sendo posto à sua disposição. Agia assim, talvez, como reparação ao desprezo demonstrado à infeliz criança que ele jamais pudera amar como filha.

Porém, era inútil o esforço dos médicos, tão inútil como o dinheiro do pai... O anjo da morte tomara assento junto a Joceline, esperando o momento determinado para arrebatar-lhe o espírito preso à matéria. A ciência e a riqueza dos homens falharam diante dos mistérios da morte...

Dona Rosa, sentindo despertar em sua alma todo o amor materno até ali adormecido, postou-se ao lado da filha, esquecendo a sua fraqueza, dispensando-lhe todo o cuidado possível. Tudo que dependesse dela para mitigar os padecimentos da enferma, estava pronta a fazer carinhosamente. Pena que Joceline não notasse aquele súbito interesse, aqueles desvelos de mãe... Quão feliz não ficaria ao senti-los. Quase sempre chega tarde o arrependimento...

Arthur não se afastava um momento sequer de junto da irmã. Pela manhã, fora logo em busca de Ana Maria, satisfazendo assim o desejo da doente que, em seu delírio, chamava insistentemente pela amiga. A filha de Macário viera pressurosa para junto de Joceline; aflita, ajudava dona Rosa, com o coração dilacerado, pressentindo que a morte fazia a sua ronda pronta para atacar ao menor descuido a vítima que, indiferente à dor dos seus e à avidez da morte, inconsciente a tudo, pairava já acima das contingências da matéria. Preparava-se o espírito de Joceline para o delicado momento em que haveria de desprender-se da carne, para retornar ao espaço. Quanto mais esclarecido esteja o espírito, menos doloroso é esse transe.

Junto de Joceline, Arthur orava ao Pai de Infinita Bondade, implorando a graça de um milagre. Suplicava misericórdia para sua irmã. Que fizesse aquele anjo voltar a si.

– Oh! Senhor, pedia ele, deixai-a viver... Não a leveis agora. Piedade, Senhor...

Entretanto, parecia que o jovem orava em vão. Quanto maior era o seu desejo de retê-la na Terra, maior parecia a vontade do altíssimo de levá-la para o céu.

Já tinha três dias que Joceline não melhorava um instante sequer; as crises sucediam-se cada vez a menores intervalos e as suas feições iam aos poucos, visivelmente perdendo a aparência de vida, adquirindo esses tons violáceos que prenunciam a morte.

Arthur, desesperado, lembrou-se do tio Nicolau. E prevenindo Ana Maria, saiu em busca do auxílio do Ermitão da Floresta. Quase louco de aflição, temendo ao voltar não encontrar com vida a irmã, mais corria do que andava.

O sol também agonizava no poente, para ressuscitar no outro lado da Terra, como o espírito iluminado após a morte ressuscitará no espaço, num outro lado da vida, como um sol imortal e eterno!

Ao chegar à clareira, arquejante com a respiração dificultada pelo cansaço, pois subira quase correndo a íngreme montanha, Arthur parou surpreso, esquecendo por um momento, pelo imprevisto da cena, a missão que o levara até ali. A cabana estava envolta por uma estranha claridade: luz etérea desprendia-se dela. Como explicar aquele fenômeno e de onde provinha aquela luz? Aos poucos, suavemente, ela foi desaparecendo...

O jovem estava extasiado! Mais um mistério, um desses mistérios que envolviam o Ermitão da Floresta. Onde aquele velho adquirira o poder de operar milagres os mais admiráveis? Onde, a não ser em sua grande fé em Deus? – pensou o moço.

Só então, ao pensar em milagres, Arthur lembrou-se daquela que deixara quase expirando... Lembrou-se de Joceline. Correndo ansioso, penetrou na cabana. Nenhuma estranha luz havia no seu interior; apenas suave penumbra a envolvia...

Passado um momento, o Ermitão baixou os olhos sobre o moço e, parecendo não notar a sua visível aflição, murmurou com doçura:

– Notaste, também, como o poder divino é sublime para com as criaturas, mesmo as mais indignas como este humilde servo? Notaste como Ele é ilimitado em seu poder? Não me respondes? Por que tanta aflição quando devias estar satisfeito? – estranhou o ancião.

– Oh! Tio Nicolau – murmurou o moço chorando –, fala assim porque ignora quanto estou triste, desesperado...

– Triste... desesperado? – repetia o ancião. – Por que, meu bom filho?

– A minha irmã, Joceline, está às portas da morte... Salvai-a, tio Nicolau!

– Portas da morte? – repetiu como num eco o Ermitão. – Filho, a morte não existe, o que chamas de morte é a libertação do espírito. Por que desesperas? Não vês que para o espírito de tua irmã chegou o grande dia?

– Que quer dizer o senhor? Que 'grande dia' é esse do qual me falas? – estranhou Arthur. – Como ter calma quando Joceline está tão mal?

– Ela estava 'mal', agora está muito 'bem' – respondeu calmamente o velho, e continuou: – Volta ao teu lar, talvez sejas necessário ali...

Volta, meu filho. Porém ouve: haja o que houver, não te deixes vencer pelo desespero. Na dor é que o homem mostra a sua coragem, não deves esquecê-la. Caso ela venha a bater na sua porta, recebe-a com ânimo forte, não fujas dela. Que a paz do Senhor te acompanhe, meu filho.

Arthur, sem compreender as palavras do Ermitão, como um autômato, obedeceu-lhe. Voltou, como chegara, quase correndo à mansão. Havia no interior da casa um silêncio que o fez estremecer. Sem compreender a razão, diminuiu os passos... A calma que envolvia o seu lar encheu-o de temores. Ao chegar ao quarto de Joceline, sentiu um choque terrível! O que tanto temia acontecera em sua ausência: Joceline deixara de existir. O moço divisou, em meio à névoa que obscureceu a sua vista, Ana Maria depositando umas velas em volta da cama de sua irmã. Em seu leito de virgem, ela parecia que dormia, tão calma era a expressão do seu rosto. Ao notar a presença de Arthur, Ana Maria veio ao seu encontro, estendendo-lhe a mão. A jovem pediu a Deus coragem para poder animá-lo naquele transe doloroso. Murmurou, dominando as lágrimas, apontando para a morta:

– Ela quase que não sofreu... Foi tudo tão rápido, que não tivemos de mandar chamá-lo. Morreu como viveu, mansamente, como um passarinho...

Arthur escondeu o rosto entre as mãos e caiu de joelhos junto ao leito mortuário, soluçando baixinho. Aos poucos a calma lhe foi voltando. Pôde então olhar aquela que acabara de repousar das lides da Terra, liberta afinal das amarras que a ligavam àquele feio ancoradouro que era o seu corpo. Arthur fitou longamente o rosto de sua irmã. Tão distraído estava que não sentiu que Ana Maria tinha saído, deixando-o sozinho com a morta querida, respeitando assim sua dor. Enquanto perscrutava o rosto que a morte imobilizara, sentiu como se do corpo estivesse desprendendo-se uma estranha fumaça finíssima. Espantado, esfregou os olhos, julgando estar vendo miragens, causadas pelo seu grande pesar. Porém, o esquisito fenômeno persistia... E aos poucos, daquela fumaça foi se formando como uma forma humana, com as mesmas características de Joceline. E essa, como sombra da morta, projetou-se em sua direção. Ele compreendeu que era sua irmã em espírito que estava se aproximando dele. E sem o menor temor, sentindo, pelo contrário, uma alegria imensa tomar-lhe conta da alma, extasiado, ouviu a voz de sua irmã, partindo daquela aparição, dizer-lhe:

– Sim, sou eu, Arthur. Não aquele corpo que vês ali, mas o meu espírito que te fala e que vem por uma particular bondade de Deus despedir-se de ti. Venho, porque sei o quanto estás triste pelo meu passamento: venho pedir-te para não chorares por isso. Não compreendes que 'aquilo' que me fazia sofrer, 'aquilo' onde fui aprisionada, jaz ali naquela cama? Agora, sim, sinto-me feliz. Se 'eles' pudessem me ver como tu estás vendo, naturalmente ficariam orgulhosos com o meu aspecto... Vê, repara quão diferente estou daquela Joceline que estavas acostumado a olhar... O que vês diante de ti é a minha verdadeira forma, isto sim, sou eu! O mais é matéria, lama, nada...

Arthur realmente estava deslumbrado com o esplêndido aspecto de sua irmã. Joceline em espírito era de uma beleza notável! Estava envolta em uma auréola de luz. Tinha o aspecto tão radiante, que o moço compreendeu o 'porquê' de sua frase quando dissera: 'aquilo' que a fizera sofrer jazia morto na cama. Fora uma fealdade que desaparecera. E se a 'sombra' não estivesse falando, ele se julgaria preso de uma ilusão. Mas a realidade estava ali, sem a menor dúvida: enquanto na cama jazia o seu corpo, Joceline continuava viva em espírito, diante dele, esta era a verdade incontestável.

A 'sombra', notando o espanto daquele que fora o seu irmão, murmurou:

– Não pense que sonhas. Assim como me vês, embora esteja por mais alguns momentos presa àquele corpo, em breve estarei cumprindo com a missão que me foi imposta. Não compreendes, agora, o que te digo, ouve apenas isto: muitas transformações irão operar-se em pessoas de nossa família; há de ouvir coisas que te causarão espanto maior do que este que sentes agora. De ti depende muito o cumprimento da missão de que fui encarregada: temos nós dois um compromisso por enganos do passado com nossos pais. Muito sofrimento causamos a eles, principalmente eu... Compreendo o porquê daquele ódio, daquele rancor que sentiam por mim. E em outras vidas torturei-os sem compaixão, principalmente a meu pai. Como Joceline, me ajustei e muito, porém tenho que terminar a minha missão. Comprometi-me com a Lei ser o instrumento principal na obra de regeneração dos espíritos que ontem, por minha culpa, estacionaram no caminho da evolução. Privar-me-ei por algum tempo de gozar dos puros deleites que são proporcionados a todo aquele que aproveita melhor as oportunidades do bem para poder cumprir com êxito sua missão. Mas com a graça de Deus, sentir-me-ei feliz se puder trazer um pouco de luz para estas almas que, por minha causa, pelos padecimentos que lhes proporcionei um dia, vazando-lhes nas mentes o veneno dos maus sentimentos, despertando nelas, com minha maldade, desejos irrefreáveis de vingança, estacionaram em sua evolução. Se puder esclarecê-las, sentir-me-ei sobejamente recompensada por esta condição. E de ti espero uma ajuda: preciso de tua colaboração, sem ela, não poderei vencer.

Arthur, sem poder compreender aonde a sombra de Joceline queria chegar, comprometeu-se, entretanto, mentalmente com ela, assegurando ajudá-la na delicada empresa. Ela continuou serena:

– Não penses que vou exigir algo de muito doloroso de ti, não! Apenas desejo que tenha paciência e procures levantar o ânimo daquele que vai passar por muitas provas; com a tua ajuda e a do mentor espiritual dele, conseguirá vencer todas elas. Tu também te comprometeste com o Alto de que tudo farias para se ajustar com a Lei; eis chegado o momento de pores em ação a tua promessa com o Senhor. Queres evoluir progressivamente sem precisares voltar muitas vezes a este antro que chamas de Terra? Ajuda-me a regenerar esses dois espíritos.

– Sim – respondeu Arthur falando pelo pensamento –, disponha de mim.

Então, como as imagens de um sonho, evaporou-se no ar a sombra de Joceline, ficando apenas na sala um dulcíssimo perfume sabendo a lírio.

Arthur fitou o rosto de sua irmã e, novamente, prometeu ajudá-la em sua missão redentora. Suave calma descera sobre ele.

Nesse momento, Ana Maria e dona Rosa, acompanhadas de Frances, penetraram o quarto. A senhora Renoir estava pálida e profundamente abalada em seu sistema nervoso, com a morte de sua filha. Sua dor era grande, porque, além do mais, misturava-se com o travo do remorso, pois compreendera, tarde aliás, que muito mal cumprira com os seus deveres de mãe para com aquela que só tivera um defeito: ter nascido feia e 'aleijada'...

O senhor Renoir estava calmo, apenas leve tristeza embaraçava-lhe o olhar. Sentia, porém sem o menor remorso, que fora rápido demais o viver daquela que tanto desgosto trouxera-lhe ao nascer. Se adivinhasse que ia acontecer, não teria ficado tão ferido em seu orgulho com o aspecto de sua filha, teria sido mais complacente com ela. Porém, o que passara, passara! Não costumava ficar remoendo antigos pesares. Com a sua morte, cessara a sua humilhação.

Não sofria com o seu desaparecimento, antes sentia-se como liberto de um peso que carregava n'alma. Um de seus problemas estava resolvido: a morte o solucionara. Frances era sincero consigo mesmo. Essa sinceridade era uma de suas virtudes. Por muito conhecer-se, sentia, sem o menor remorso, que a filha, até aquele momento, dera-lhe uma satisfação apenas: ter deixado tão prematuramente o mundo dos vivos. Agora ele sentia-se liberto de sua intrusa presença. O pesadelo passara. E, se não fosse aquela inexplicável semelhança entre Ana Maria e sua avó, não se sentia preocupado com nenhum problema. A presença da filha do jardineiro em seu lar viera avivar ainda mais a lembrança daquela coincidência... Ao olhá-la, parecia ter diante de si o original do retrato que enchia de mistério a saleta oriental, onde ele imperava com seu sorriso de esfinge. Quantas vezes não tentara descobrir, na impassibilidade daquele sorriso, a chave do problema daquela semelhança... Agora, procurava encontrar, no rosto de Ana Maria, o fio que o levaria a desvendar as causas daquele mistério. Sentia-se como aprisionado, perdido no dédalo insondável do destino, procurando como

Teseu agarrar-se no tênue fio que era o doce rosto de Ana Maria. Talvez ele o levasse a decifrar aquele enigma... Teria que haver uma razão para tanta semelhança. O industrial, tão absorvido estava em seus pensamentos, que não notou a aproximação do filho... Arthur, tomando entre as suas as mãos de sua mãe, murmurou, dirigindo-se aos dois:

– Que golpe para o coração dos senhores, meus pais. Digo-lhes, entretanto, que não devem chorar, ela agora está feliz, muito feliz.

Frances, sem compreender o sentido da frase do seu filho, respondeu-lhe com indiferença:

– Sim? Ao teu ver, ela agora está feliz? Então sigamos o seu exemplo: fiquemos todos felizes, também.

Arthur dirigiu um olhar de desprezo ao pai: ia lhe replicar com algo que ferisse aquele que aceitava a morte da filha com uma tão revoltante frieza, quando lhe pareceu ouvir a voz daquela suplicando-lhe calma, pedindo-lhe que a auxiliasse a bem cumprir sua missão... Calou-se, envergonhado. Como ia falhando logo no princípio, com o compromisso que assumira! Não seria tão fácil cumpri-lo como julgara. Teria, para isso, que dominar os seus impulsos, mesmo os seus melhores impulsos. Sensível como era, seria dura prova silenciar diante das palavras ofensivas de seu pai. Magoava-se ao sentir quão pouco o seu progenitor queria àquela que fora a sua única filha. Sim, teria que se dominar, do contrário fracassaria... Dona Rosa sentou-se aos pés da morta e fazia correr, entre os dedos, as contas de um rosário de ouro. Ana Maria, em doloroso silêncio, procurava dar certa ordem ao aposento. Fora encarregada, a pedido de dona Rosa, de providenciar tudo que dissesse respeito aos funerais de Joceline. A pobre menina, dominando a própria dor, pois tinha pela falecida afeição de irmã, procurava ser útil à mãe daquela que, em vida, sempre tivera para ela palavras de amor repletas de ternura. Como sabia amar a sua Joceline... Que tesouro inesgotável de carinhos era a sua amiga, a sua irmã. Como soubera amar e sofrer. Jamais pronunciara uma palavra de queixa. Ana Maria pensava com amargura, como o aparato daquele enterro iria ferir a modesta Joceline. Ela haveria de preferir, em sua volta, lágrimas sinceras, em vez daquelas ostentações de falsos sentimentos. Deviam continuar a tratá-la depois de morta como costumavam fazê-lo em vida. Para que tanto fingimento, tanta hipocrisia, agora? Era que o orgulho dos Renoir não permitia que passasse da fronteira de seu lar o modo desprezível com que tratavam a filha. Além disso, todos teriam que ver como era importante um rebento de sua família, mesmo depois de morto. O enterro teria que ser pomposo, com ricas carruagens e suntuosas coroas... Haveria lágrimas fingidas, falsas como as lágrimas de cera dos brandões que ela depositara junto ao leito mortuário.

Antes a tivessem sabido amar enquanto vivia... Quanto fora humilhada a pobre Joceline... Sentia que ela fora a vítima indefesa do orgulho desmedido de seus pais. O desprezo deles feriu-a... Matou-a.

Mal Ana Maria teve esse pensamento, ouviu nitidamente uma voz que a fez estremecer: era Joceline quem falava ao seus ouvidos, dizendo-lhe:

– Ana Maria, não sejas precipitada em teus julgamentos. Nesta terra, só temos o que merecemos. Não penses que somos infelizes por culpa de outrem, não. Repito: somos e temos o que merecemos. Portanto, cuidado, minha amiga, não te precipites...

A menina, assustada, olhou para os demais que se encontravam na sala. Todos estavam impassíveis como se nada de anormal tivesse acontecido. Apenas ela ouvira aquela voz, advertindo-a. Talvez fosse ilusão, porém juraria que ouvira 'realmente' a voz de Joceline.

* * *

Na sala para onde fora transportado o corpo da filha de Frances Renoir, os convidados para o seu sepultamento tinham um ar compungido, próprio desses momentos. Aparentavam um grande pesar, como se a perda de Joceline lhes fosse irreparável. Ninguém em verdade sentia realmente a sua morte. Entretanto, como choravam aqueles homens e mulheres! Era o choro forçado das conveniências sociais. Procuravam, desse modo, ser agradáveis com os poderosos donos de casa. Chorar é uma arte como outra qualquer. Para um artista dramático, nada é tão fácil como chorar diante do público. E em parte alguma, em palco nenhum, representa-se tão bem como no palco da alta sociedade. Ali, chora-se e ri-se, conforme as conveniências... Portanto, leitor, não vos admireis dessas lágrimas vertidas na câmara mortuária da pequenina Joceline.

Choravam todos menos Arthur e Ana Maria, os únicos que pranteavam sinceramente, no recôndito de suas almas, a partida da irmã e amiga inesquecível.

* * *

Em B. jamais houve um enterro como o da pequena Renoir. Todos que compareceram trouxeram flores e lágrimas. Diante do branco esquife, os sentimentos chocavam-se humanos e frágeis. Os convidados procuravam ficar num ângulo onde pudessem ser vistos pelo industrial. Porque se ele os visse chorosos e coesos com a sua dor, talvez ajudasse um de seus filhos, ou o seu marido, ou mesmo o seu irmão, tão necessitados de um aumento em seus salários. Era tão fácil chorar, mesmo porque, aquela pequena Renoir fora tão boa e compreensiva para com os sofrimentos alheios... Quantas vezes não tinham ido implorar-lhe uma graça do todo poderoso seu pai. Com que doçura os acolhia, prometendo ajudá-los. Estranhavam apenas ela pedir-lhes que, em vez de irem a ela, deviam ir ao seu irmão... Mas sempre eram atendidos e, se às vezes não conseguiam o que desejavam, Joceline tinha uma palavra bondosa, não os deixando ao desamparo. Era tão fácil chorar... Tinham tantos motivos para fazê-lo, que quase não faziam esforços para arrancar os soluços.

Assim, entre lágrimas estranhas e convencionais, entre a indiferença de seu pai, o remorso de dona Rosa e a saudade sincera de Ana Maria e Arthur, os restos mortais de Joceline seguiam para o repouso no seio da terra. Deles surgirá amanhã talvez bela árvore, provando aos homens que a morte não existe nem mesmo para a matéria. Coisa alguma do que foi criado na terra se destrói, apenas sofre uma transformação. Somente o espírito é imutável em sua forma, é como um diamante bruto, precisando apenas ser lapidado, para melhor brilhar. Quanto mais aperfeiçoada for a lapidação, mais esplendoroso ficará um dia, ao término de seu ciclo evolutivo, ao retornar ao seio do Pai. Nada perece sobre a terra. Do corpo de Joceline surgirão amanhã flores e frutos: flores, para encantar as almas dos homens; frutos para alimentar-lhes as vidas.

* * *

Entre os que acompanhavam o branco esquife, estavam Macário e Júlia. A senhora, enxugando os olhos congestionados pelo pranto, amparava-se no braço do seu velho companheiro. Iam atrás de todos, humildes e cabisbaixos. E entre as lágrimas sinceras, vertidas naquele pomposo enterro, nenhumas tão verdadeiras, tão saudosas, quanto as daquele rústico casal.

* * *

As carruagens seguiam vagarosamente rumo ao cemitério de B. e, após elas, vinha uma multidão composta de operários da fábrica e gente do povo que acorrera a ver o grande espetáculo! Não era sempre que morria um Renoir... Silenciosos e de cabeças descobertas seguiam atrás do féretro. Do alto da montanha, sobre uma pequena saliência, um vulto acompanhava o fúnebre cortejo: era o Ermitão da Floresta, que do seu mirante natural, banhado pela luz do sol daquela tarde, olhava a multidão que levava Joceline à última morada. Olhava e só ele via, jubiloso, a apoteose daquele momento, em que, radiante de luz, o espírito de Joceline, liberto das cadeias que o aprisionavam, aprestava o voo para o Infinito.

O pergaminho

NAQUELA SEMANA QUE SUCEDERA AO falecimento de sua única filha, Frances pela primeira vez viera em busca de calma no sossego de sua saleta oriental.

Entregue aos seus invariáveis pensamentos, procurava fazer uma retrospecção de todos os fatos, desde o momento em que por um desses acasos que sempre existem nas vidas dos homens, descobrira perplexo que a filha do jardineiro era a cópia de sua avó. Daquela linda francesa que com seu encanto deslumbrara a corte de França. Procurando decifrar aquela enigmática semelhança, ele mergulhava os olhos no retrato, como fizera no rosto de Ana Maria. E as horas passavam sem que Frances as percebesse...

Pensamentos estranhos surgiram-lhe na mente. Que elo prenderia aquela plebeia à sua nobre avó? Como explicar semelhante coincidência? Onde encontrar as causas que motivaram aquele fenômeno, onde?

De súbito, lembrou-se de ir ver como se chamava a sua avó. E, impelido por um impulso repentino, levantou-se e foi até um móvel, pequena escrivaninha talhada no mais puro estilo século 18, construída em cedro e toda trabalhada em madrepérola e marfim, demonstrando por suas linhas caprichosas o gesto apurado da época de Luís XV. Era a escrivaninha um mimo de arte e elegância!

Movendo uma pequena mola oculta por trás de uma gaveta, ele retirou um velho pergaminho já bastante amarelecido pelo tempo: era a árvore genealógica da família Renoir. O industrial, correndo a vista sobre ela, encontrou surpreso, em um dos seus ramos colaterais, num pequeno quadrado, o nome de sua avó escrito em francês, sobre duas datas: Anne Marie – 1755-1804.

Frances, atordoado pela revelação, sentiu ligeira tontura e, segurando o pergaminho, assentou-se. Era coincidência demasiada! E, não podia haver dúvida quanto ao nome de sua avó, porque na árvore genealógica estava bem claro: ela fora justamente aquela linda viscondessa que se casara com um primo, o cavalheiro de Renoir e após brilharem ambos por certo tempo na corte crioula do grande Corso, caíra num dia em seu desagrado, devido às ideias monárquicas do ardoroso cavalheiro e conspirara para colocar no trono de França o irmão do malogrado esposo de Maria Antonieta, Luís XVIII e, devido a esse fato, imigraram para Portugal, lá vindo a falecerem de nostalgia da pátria, três anos antes da célebre vitória em Austerlitz, quando foi a paz firmada em Tilsit. Portanto, não podia haver o menor equívoco: Anne Marie era o seu nome; o mesmo nome da filha do jardineiro: Ana Maria.

Fechando os olhos, descansou a cabeça no espaldar da cadeira, tentando fugir à visão do retrato que sorria misteriosamente...

Precisava não pensar mais naquela semelhança; sentia que ela já se estava tornando uma obsessão em sua mente. De tanto procurar as causas daquela coincidência, temia perder a razão. Teria que viajar, ir à Europa. Talvez fosse melhor afastar Ana Maria para sempre de sua vista. O melhor era despedir Macário... Por que já não pensara nisso há mais tempo?! Longe da filha do jardineiro, certamente aquele assunto não mais o perturbaria. Tudo voltaria ao sossego de antes; ele não mais teria problemas. Aos poucos, Frances foi-se alheando do local onde se encontrava. Adormeceu segurando o velho pergaminho. De súbito, despertou, abrindo os olhos, intrigado. Pareceu-lhe ouvir, enquanto dormitava, que alguém o chamara com insistência. Ajeitou-se melhor na cadeira, meio desconfiado... Teria sonhado, ou ouvira realmente uma voz chamando-o? E julgando-se presa de uma ilusão auditiva, olhou as horas num pequeno relógio de ouro que trazia suspenso na algibeira, para certificar-se que já não dormia: eram quatro horas da tarde. Ainda olhava o relógio quando ouviu e, desta vez, nitidamente, alguém o chamando de papai. Frances estremeceu, como se tivesse recebido um choque qualquer. E, apavorado, reconheceu naquela voz a de Joceline. Reconheceu o seu modo calmo de falar, a sua maneira particular de pronunciar 'papai', quando raramente se dirigia a ele.

Olhou em volta amedrontado, temendo que estivesse perdendo o juízo. Porém, como querendo provar a realidade do que ouvira, a voz tornou a falar, com mais clareza ainda, e, desta vez, ele pôde notar que um vulto estava diante de sua cadeira. Quis gritar, mas compreendeu ser impossível fazê-lo, tal o terror que se apossara dele. Era o medo que estava sentindo Frances Renoir, o homem corajoso por excelência. Negro pavor tomara-lhe conta do cérebro, e seus membros tremiam como se o seu corpo estivesse ao desabrigo nas noites de invernada...

A sombra, no entanto, como num sonho alucinante, murmurou, na mais humana das vozes, algumas palavras que ele não pôde perceber, tão amedrontado estava. Reconheceu, banhando-se de suor frio, que tinha diante de si o espectro de sua filha. Que lhe queria ela? Oh! Deus, que tortura! Sentia que ia, pela primeira vez em sua vida, perder os sentidos... Não resistiria por mais tempo àquele pesadelo horripilante!

A 'sombra de Joceline' falava, então:

– Nada tema, disse. Sou em espírito aquela que em vida chamava de filha; sou Joceline... Mas – continuou ela – por que apavorar-se tanto? Nada receie, porque os espíritos que têm compreensão de seus deveres jamais praticam o mal. Não fique atemorizado, portanto... Se estou junto do senhor, é apenas o cumprimento de uma missão. Tenho que lhe dar um esclarecimento necessário à evolução de sua alma que se perde em verdadeiro abismo de erros, esquecida de que, ao abandonarmos a matéria, estes bens que tanto ama ficam com ela no lodo da terra. Em nada eles nos valem para a nossa elevação espiritual...

E, depois de pequena pausa, a 'sombra' continuou:

– Creio que já está menos aterrorizado agora, ou prefere que me retire e volte em outra ocasião?

Frances murmurou, mentalmente, um fraco 'não', compreendendo que aquilo que ele julgara apavorante, macabro, não era tanto quanto pensara. Queria apenas saber se estava sendo joguete de um pesadelo ou se realmente tinha diante de si o espírito de Joceline. Porém parecia que a 'sombra' tinha o poder de ler o seu pensamento, pois mal ele fizera essa reflexão, ela, estendendo um braço, tomou-lhe o velho pergaminho e desapareceu.

Frances deu um salto, ao notar que a visão não mais estava ali e, dirigiu-se à gaveta da escrivaninha, em busca da árvore genealógica. Ela não estava lá. Então, não fora um pesadelo que tivera! Realmente a sombra de Joceline aparecera-lhe e levara consigo o velho pergaminho!...

Que lhe estaria acontecendo? Será que sua mente iria agora fraquejar? Como explicar o que acontecera? Que estranho fenômeno fora aquele? Frances sentia que se deparara com algo que à sua inteligência escapava, não sabia explicar. Como pudera ouvir a voz de sua filha e vê-la também? Santo Deus! Que se fizesse em sua mente um pouco de luz!

Oh! Senhor! – suplicou ele agoniado –, não permitais que a minha inteligência mergulhe no vácuo... Clareai-a, Senhor!

Depois de implorar ao Altíssimo, sentiu-se mais reconfortado. Desejava mesmo que o vulto tornasse a aparecer-lhe, porém não agora, pensava ele. Sentia-se fraco, com os membros doloridos como se estivesse saindo de uma terrível doença; porém precisava ver outra vez o espírito daquela a quem chamava Joceline... Frances, com passos trôpegos, dirigiu-se para os aposentos de sua esposa. Dona Rosa dormia, meio agitada, segurando um medalhão preso ao pescoço por grosso fio de ouro. Em sua mesa de cabeceira, uma chávena com um líquido esverdeado, junto a um vidro de comprimidos, atestava a insônia que ela sofria ultimamente. A senhora achava-se presa de um grande remorso, desde que a filha falecera. Com os nervos abalados, vivia remoendo as faltas praticadas. Só depois que ingeria uma forte dose de calmantes, a pobre senhora conseguia adormecer.

Frances curvou-se sobre a esposa, retirou delicadamente o medalhão de entre os seus dedos e olhou o que ele encerrava. Era uma miniatura de Joceline, retratando-a em toda a sua fealdade. Depois de olhá-la, depositou-a no colo de sua adormecida esposa e ficou a fitar a senhora, analisando-a.

Notava contristado que ela perdera o encanto físico. Sua doença e agora a morte da filha viera dar fim ao que aquela começara. Sua Rosa murchara como faziam as suas irmãs em nome. Envelhecera e a sua formosa beleza despetalara-se... Espantoso era que ele continuava a sentir por ela o mesmo carinho de antes. O seu amor não desaparecera com a formosura dela... não! Ele o sentia agora mais sólido, embora sem os arroubos da mocidade. Ao vê-la adormecida sobre o leito, pareceu-lhe uma flor colhida pela tempestade. Ali estava sua mulher, vencida pelos temporais da vida, com todo o seu encanto desfeito, com suas pétalas de beleza murchas, feridas pelos ventos maus do sofrimento. Sim! A 'sombra' dissera-lhe uma grande verdade: tudo o que é material fica nesta Terra, desfeito em pó... Compreendia agora que apenas o espírito, a fagulha que ilumina o corpo dando-lhe vida, é eterno. Ele era como a 'fênix' dos caldeus, renascia sempre das cinzas da morte, mais puro e mais belo do que antes. Notara isso na 'sombra' da filha. Ela aparecera aureolada pela mais brilhante formosura, predicado este que não possuíra em vida. Vida... Não estaria ela viva por acaso? Que morrera nela? Apenas morrera a matéria, o seu espírito continuava mais vivo do que nunca!

Frances recordou um livro que já lera, no qual se dizia que a alma, por meio de diversas encarnações, passava por um aprimoramento espiritual até atingir o mais alto grau de perfeição. A vida não era mais que um laboratório onde, segundo lera, o espírito vem se purificando nos seus grandes recipientes cheios de dores, amarguras e sofrimentos, até atingir a Verdade de todas as coisas: Deus. Era dessa Verdade que ele queria ficar conhecedor.

Mas, pensava seu espírito analítico, que necessidade havia que os homens sofressem tanto? Por que Deus não os fizera livres de toda a amargura? Por que essa disparidade? Qual a razão de haver nascido Joceline feia, aleijada e Ana Maria bela, perfeita? Qual o motivo de ter nascido ele rico, poderoso e Macário pobre, humilde? Havia uma grande injustiça dominando o mundo, sentia ele agora. Tanto no plano físico, como no intelectual e no plano social, notava-se essa desigualdade dominando em tudo. Por que, se Deus é o Criador, o Pai de todos, não soube dividir os bens da Terra igualmente entre os seus filhos?

Um pai tem que ser justo e não negar a uns tudo e dar a outros todas as delícias da vida! Uns ficavam sempre com as melhores iguarias; outros com os sobejos, as sobras. Por que essa injustiça, esse desequilíbrio na Humanidade?

E Frances Renoir com a alma ávida de saber e torturado pela impotência de não poder desvendar os arcanos dos destinos dos homens, sentia-se mais do que nunca aprisionado nas malhas ocultas de um poder que ele sabia Poderoso e Inatingível!

Dominando a angústia de que estava possuído, curvando-se, tocou levemente no ombro de dona Rosa e agitou-a até vê-la abrir os olhos, e, sob o seu olhar de espanto, perguntou nervoso:

— Estás doente? Que tens? Só vives acamada como se ainda estivesses enferma. Precisas reagir, sair deste marasmo em que andas!

— Não fiques preocupado – respondeu a senhora –, estou apenas descansando... Ando muito agoniada... Não me conformo com a morte de Joceline. Perdi o encanto pela vida. Depois que ela morreu, compreendi o quanto fui má para com ela, tão boa e meiga para nós, apesar de nossa indiferença. Quanto não deve ter sofrido aquele coração sensível com o nosso desprezo! Porém, ouve, Frances, peço a Deus uma nova oportunidade para resgatar o mal que pratiquei. Como gostaria de tê-la junto a mim, para poder dizer-lhe do meu arrependimento. Oh! se Deus o permitisse, como gostaria de vê-la, para suplicar-lhe perdão. Mas – concluiu, escondendo o rosto entre as mãos – sei que isso é impossível!

Frances, balançando a cabeça num gesto negativo, murmurou à meia voz:

– Quem sabe? Talvez ainda a possas ver...
– Que dizes? Interrompeu dona Rosa, descobrindo o rosto.
Falas de um modo estranho... Que se passa contigo, Frances?
– Nada! Ando apenas cansado... nada mais – respondeu, suspirando fundo, o industrial. – Em breve, tomarei umas férias e partirei contigo para a Europa. Ambos estamos necessitando de uma viagem; que dizes sobre iso?
– Nem sei... Talvez nos faça bem. Foi na Europa que geramos Joceline, lembras-te?
– Lembro-me...

* * *

O industrial não quis falar à esposa da 'aparição' que tivera. Precisava antes preparar-lhe o espírito para uma tal revelação; ela ainda estava enfraquecida, talvez não resistisse ao tomar conhecimento de um fato tão extraordinário! Depois que ela recuperasse a saúde perdida, então falaria. Deixando-a, dirigiu-se à fábrica.

Dona Rosa ficou remoendo em sua alma as culpas passadas e o remorso presente.

Feliz de quem chora os seus mortos sentindo apenas a doçura da saudade; sentir-se-á consolado pelo próprio amor que dedicou àquele que partiu em busca do Além. A sua consciência tranquila de ter sabido fazer feliz aquele que se fora ajudá-lo-á a estancar as lágrimas vertidas pelo morto querido. Infeliz de quem chora os seus mortos, sentindo em suas lágrimas o fel do remorso... A dor sem remédio há de torturá-lo até o paroxismo. Nada mais será agradável à sua alma, porque o remorso, como um ácido corrosivo, queimará todo o gosto que possa ter em sua vida.

Feliz de quem soube semear, em volta de si, amor e bênçãos! Feliz de quem chora os seus mortos sentindo apenas a doçura da saudade...

* * *

Uma semana depois, após uma rápida visita aos escritórios da fábrica, Frances encontrou Arthur, que voltava de um passeio.

O jovem emagrecera e parecia envelhecido, desde que a irmã morrera. Seu ar triste preocupou o pai. Apesar das suas ideias contrárias às do rapaz, depositava confiança em seu caráter, admirando-o até em muitas coisas. Sabia que ele, com o correr dos anos, teria que mudar, forçosamente.

Frances, dominando a emoção que o aspecto do filho lhe causara, chamou Arthur e perguntou se ele poderia lhe dar uns momentos de atenção. O industrial falara de modo diferente do costumeiro, com doçura na voz, o que surpreendeu o moço, acostumado à sua maneira autoritária e orgulhosa de dirigir-se aos demais. Meio desconfiado, o jovem Renoir respondeu que sim. E ambos encaminharam-se para a mansão, em busca de um local onde pudessem ficar isolados de todos, o que não era difícil, pois no interior da majestosa casa reinava uma solidão que enervava, confrangia as almas. Silêncio tumular dominava em tudo. Parecia a mansão um desses castelos encantados, onde um gênio do mal tivesse petrificado os seus habitantes. Não se ouvia em seu interior nem o riso inocente das crianças, nem o cantar das mulheres, nem o vozear dos homens, nem o suspirar saudoso dos velhos. Tudo era silêncio... solidão. Frances encaminhou o filho pela galeria, procurando um recanto onde pudessem ficar acomodados. Tinha algo de confidencial para revelar-lhe.

Arthur, estranhando o modo diferente do pai, acompanhava-o desconfiado. Temia que todo aquele aparato, aquela doçura, fosse apenas uma armadilha para vencer-lhe o coração e convencê-lo ao casamento com a filha do milionário italiano. Como o conhecia pouco o seu pai... Ele, mais do que nunca, estava resolvido a não contrair tal matrimônio.

Enquanto o jovem, desconfiado com os modos suaves, tão diferentes dos de seu progenitor, preparava-se para resistir-lhe, Frances, por sua vez escolhia em sua mente palavras com as quais pudesse contar ao filho o fenômeno a que assistira. Em todo o percurso, ambos iam criando coragem, armazenando energias.

O filho, para enfrentar o pai e, de uma vez por todas, encerrar aquele assunto; o pai escolhia as palavras temendo que o filho o tomasse como um demente, um visionário. Ao chegarem à biblioteca, Arthur parou e o industrial seguiu-lhe o exemplo. O moço, instintivamente, guiara o pai para aquele local. Junto de seus livros, confidentes, mestres e amigos de sua alma, talvez tivesse mais coragem para ir ao encontro daquele projeto do autor de seus dias. Diante de seus livros, ele se sentia forte como junto de aliados. Foram eles que, juntamente com o tio Nicolau, plasmaram o seu caráter, clarearam o seu espírito. Jamais cederia em casar com aquela moça, jamais. E Arthur, procurando uma cadeira, tomou um assento junto à poltrona onde Frances deixara-se cair, tendo uma ruga de preocupação entre os olhos. O industrial precisava desabafar, contar a alguém o que lhe acontecera.

Estranho, pensou ele, não sabia como o seu filho iria receber aquela sua primeira confidência... Talvez rindo, ironizando naquele seu modo que tanto o incomodava. Sentiu-se constrangido ao notar quão pouco conhecia a alma de seu único filho. A verdade era que o conhecia tanto como a um estranho qualquer. Jamais procurara uma aproximação entre ele e os seus herdeiros. Agora, nesse momento, foi que sentiu, meio confuso, que nenhum laço sentimental, afetivo, prendia-o ao seu filho. Eram estranhos, tão estranhos como se não fossem pai e filho. E ao perceber isso, perdeu o ânimo de falar a Arthur.

O moço aguardava que o pai começasse o que tinha a lhe dizer. Porém, notando o seu ar constrangido, achou que devia tomar a iniciativa da conversa e, meio indeciso, perguntou:

– Que deseja o senhor comigo? Noto que está preocupado. É algo de muito sério o que tem a me dizer?

E o jovem Renoir, com a voz entristecida, continuou a falar cheio de amarguras:

– Nada do que tenha a me dizer causar-me-á sofrimento, pois bem sei que a sua intenção é a melhor possível. Sinto não poder combinar com as suas ideias, questão talvez de pontos de vista. Porém fale sem constrangimento: que deseja de mim, meu pai?

— É um assunto que me deixa confuso — principiou o industrial. — Confesso que estou, pela primeira vez em minha vida, desorientado, sem rumo certo.

Arthur enviou-lhe um olhar meio admirado, porém esperou que o pai continuasse e este lhe disse:

— Antes de iniciar o que tenho a dizer-te, gostaria de saber se crês na alma e em sua sobrevivência após a morte; crês, meu filho?

— Ora! — respondeu o moço, surpreso pela pergunta imprevista —, creio firmemente, com toda a convicção, que a alma sobrevive ao corpo. E o senhor não crê?

Frances relutou um pouco antes de responder. Mas, notando o ar sério do filho, preferiu ser sincero, como ele parecia que estava sendo, por isso afirmou:

— Às vezes acreditava, porém outras, duvidava se ela realmente existia ou se não seria invenção dos religiosos...

Arthur tornou a lhe perguntar muito sério:

— Em que acreditava realmente o senhor?

— Acreditava no homem, em seu poder e em sua energia.

Acreditava que essa energia, essa força motriz, existia e se achava na terra à disposição de qualquer pessoa, bastando que esse qualquer tivesse apenas coragem de saber aproveitá-la em benefício dele e tirar da mesma o máximo em seu favor.

— E, depois? — perguntou Arthur, interessado.

— Depois? Oh! Sim! Neste aproveitamento de energias que eu cria esparsas pela Natureza, era como o homem superior distinguia-se do homem comum, inferior, incapaz de vencer na vida. Foi baseado nessa teoria que plasmei todo o meu passado até o presente.

Arthur o escutava encantado e surpreso. Estava achando um sabor agradável em palestrar com o seu pai. Ele estava se revelando um homem, com uma prosa fascinante, faceta esta que desconhecia. Sempre o vira austero, orgulhoso e egoísta, cuidando e pensando apenas em seus negócios, procurando meios de aumentar o trabalho e o capital. Profundamente interessado pelo rumo que a conversa tomara, perguntou curioso:

— O senhor plasmou o passado e o presente; no entanto, não falou em seu futuro, por quê?

— Por quê? Ouve bem, Arthur: hoje estou vendo que planejei a minha obra sobre uma base profundamente falsa e muito frágil. Creio que a vida tem que ser erguida em outros alicerces, alicerces esses que têm um fundo de segurança em Forças vindas do Alto, de Deus. Triste daquele que colocou os seus ideais em base tão frágil como seja a da alma sem fé e sem crença. Por isso me vês aqui, desorientado, abalado em meus princípios: faltava-me o equilíbrio de uma fé inalterável, com base sólida. Creio, meu filho, que não soube construir o meu alicerce espiritual.

Frances falara sem fitar o moço, que o olhava boquiaberto, radiante, dando graças intimamente ao Deus de Bondade que permitira, até que enfim, o esclarecimento daquela alma que vivera até ali prisioneira do mais puro egoísmo.

— Meu pai — murmurou ele exultante —, graças a Deus o senhor começou a ver de maneira certa, o verdadeiro sentido da vida. Sim! Nós humanos temos que zelar por esse tesouro de que nos fez guardião o Criador. Tesouro esse que é o nosso espírito. Agora — disse o moço com os olhos umedecidos — sinto-me orgulhoso em ser seu filho, em ser um Renoir.

E Arthur, comovido, estendeu a mão ao pai que a tomou, sentindo n'alma profunda comoção: ele tinha também os olhos marejados de lágrimas...

Nesse momento, em que sua mão descansava nas de seu pai, Arthur ouviu, com os ouvidos da alma, uma voz murmurar estas palavras.

— Que Deus te abençoe, irmão! Solveste neste instante uma grande dívida, estendendo a mão a esse espírito vacilante e rebelde. Muito depende de ti a sua evolução. Mais tarde, compreenderás a solenidade deste momento. Saberás, então, porque vivíeis tu e ele nessa angustiosa incompreensão. Nós estamos regozijados com a paz que começa hoje a reinar entre os vossos espíritos. Continua a ajudá-lo, estaremos sempre a teu lado, cumprindo de nossa parte com os desígnios de Deus. Que ele te ilumine com a sua Divina Sabedoria.

Frances, que estava completamente absorvido com a revelação que tinha a fazer, não percebera que o filho silenciara e que estava como em êxtase.

Largando-lhe de manso a destra que se lhe entendera numa como reconciliação, o industrial continuou a palestra:

– Hoje compreendo que enveredei por um caminho errado. Espero que deste momento em diante saiba trilhar o verdadeiro, encontre a compreensão necessária e aja de maneira a recuperar o tempo perdido.

Fora o seu espírito forte e combativo que falara; ele reconhecera o erro em que estava, não perderia tempo com tardias lamúrias, não ficaria chorando sobre o cadáver de suas culpas. Daí em diante seguiria outro rumo, evitando as curvas inúteis, para vencer mais rapidamente o tempo que passara trilhando uma estrada sem saber ao certo onde o levaria ela. Agora traçaria um plano e evitaria assim ficar tateando, indeciso, sem rumo certo. Haveria de recuperar o tempo que perdera, cego pelo egoísmo e pela maldade.

– Como estou satisfeito em ouvi-lo falar desta maneira! – exultou o rapaz. – Conte comigo. Acompanhá-lo-ei nesse novo caminho, por maiores obstáculos que possamos encontrar.

– Muito obrigado, meu filho! Preciosa vai me ser a tua ajuda – respondeu o industrial.

– Porém – tornou Arthur –, permitiria-me fazer-lhe uma pergunta?

– Quantas queira – murmurou ele.

– Gostaria de saber o que fez o senhor transformar-se assim, quase de repente? Creio que deve ter sido o tio Nicolau, restabelecendo a mamãe daquela maneira milagrosa, não foi?

– Estás enganado – respondeu vagarosamente o senhor Renoir. – Não foi o tio Nicolau quem me fez mudar. Por que, para ser sincero, não interpretei aquele ato de cura como milagroso.

– Como aceitou, meu pai? Tenho curiosidade em sabê-lo...

— Conhecendo a tua mãe, como conheço e sabendo-a criatura sugestionável, pensei naquele momento que o Ermitão, tendo achado nela um bom campo para agir, lançou mão de sua força hipnótica que pensei ele possuísse e, assim, não fazendo mais do que qualquer um de nós faria se possuíssemos tal poder. Por isso, meu filho, aquele ato não me abalou de maneira alguma, naquela ocasião, depois, sim. Pensando melhor vi que estava sem um ponto de apoio e comecei a duvidar de minha teoria. Pois a tua mãe encontrava-se, naquela ocasião, inconsciente, incapaz de sofrer qualquer influência por mais forte que fosse. Mas não aprofundei a minha dúvida, fiquei intrigado apenas, indeciso, procurando ver como aquele velho agira, e onde ele buscara poder para obrar daquela maneira prodigiosa. E não encontrava uma razão plausível que me satisfizesse. Depois deixei de pensar no caso...

— Então, qual a causa que tão de pronto atuou e fez o senhor compreender que estava errado; pode me revelar?

— Sim, foi para isso que te chamei e vou dizer-te o que fez mudar tão depressa o meu modo de pensar: a causa foi a tua irmã, foi Joceline.

Arthur não pôde dominar um gesto de espanto.

— Como! – exclamou ele –, Joceline? Que quer dizer com isso?

— Quero dizer, meu filho, que a tua irmã me apareceu e falou comigo; assim como estou te vendo e falando contigo.

— Tem certeza do que diz, meu pai? Não foi uma ilusão dos seus sentidos?

— Não, Arthur! Era ela, apenas com aspecto diferente: tinha o seu espírito um ar formoso, belíssimo mesmo! E falava com personalidade, coisa que ela possuía bem fracamente em vida...

— Engana-se, meu pai! – protestou Arthur com ardor. – O senhor jamais compreendeu a alma meiga e pura que se escondia naquele feio envoltório. Joceline sempre foi simples, fugindo das coisas da Terra, como se o seu espírito apenas sonhasse com os gozos do céu. Nunca o senhor compreendeu a pureza de sentimentos, a resignação, a coragem com que aquela criatura soube aceitar as suas provações. Suas virtudes, escondidas na mais alta modéstia, não podiam viver em comum com o lodo, os vícios da Terra... Por isso ela viveu tão pouco.

Frances baixou a cabeça, envergonhado, sentindo nas palavras do filho ligeira censura ao seu modo de tratar Joceline. Compreendeu, humilhado, quanto fora um mau pai. Desejara apenas encontrar em sua filha uma beleza passageira, que o orgulhasse; sem notar, em sua cegueira, quanto de formoso, de perfeito havia naquela que, com o seu desprezo, muito fizera sofrer.

Arthur, notando o ar triste de seu pai e vendo que certamente o feriria com o seu modo brusco de defender a irmã, tomou-lhe novamente a mão, dizendo-lhe:

— Não fique magoado comigo, não quis feri-lo. Apenas procurei mostrar que o espírito de Joceline em vida foi sempre belo, tão belo quanto o aspecto que tomou após desencarnar.

— Não te amofines, meu filho. Sei quanto errei em relação à tua irmã, é com humildade que o digo: fui um falso pai, mas não me lastimo. Muitas faltas tenho que resgatar, não apenas com ela, mas com quase todos os que me cercam e não poderei perder tempo com lamúrias. Tenho que agir rapidamente, se quiser vencer os meus inúmeros erros.

— Sinto-me feliz em ouvi-lo. Um espírito forte e corajoso como o do senhor não poderia ficar por muito tempo estacionado, deixando-se vencer pelo egoísmo. Não foi em vão que o Senhor depositou em suas mãos o destino de tantas vidas. Sabia Ele que mais cedo ou mais tarde cumpriria com os seus deveres. O senhor não poderia parar, como um fraco, na subida para Deus: não poderia parar em sua evolução.

Frances compreendeu que tinha, diante de si, um mestre naqueles assuntos espiritualistas. E desejando saber com quem ele teria aprendido aqueles ensinamentos, perguntou intrigado:

— Pelo teu modo de falar, noto que pareces conhecer profundamente esses assuntos que se relacionam com o espírito, com o metapsiquismo... Aceitaste com muita naturalidade o aparecimento da alma de tua irmã, o que me aliviou, pois temia que não me levasse a sério... Com quem aprendeste essas coisas?

– Pensei que já o soubesse – respondeu Arthur. – Desde muito moço que vivo em contacto com ele. Tanto eu, como Joceline, devemos muito a esse amigo, verdadeiro santo para nós. Não adivinha ainda quem seja ele?

– Sim, respondeu o industrial. Já percebi de quem falas. Foi então o tio Nicolau quem os orientou nesse sentido? Um velho ignorante e maltrapilho! Parece incrível!

– Maltrapilho, sim, mas ignorante, não! Fale com ele e verá se exagero... Em todo o meu estudo, jamais encontrei mestre nenhum que me satisfizesse tanto quanto o sábio Ermitão da Floresta.

– É surpreendente o que me dizes! Tinha-o na conta de um desses curandeiros que vivem por aí às soltas, bancando santos em suas manias de dementes... Porém, parece pelo que me dizes, que estou nesse assunto também enganado – respondeu o industrial sorrindo.

– O senhor não imagina como gostaria de conversar com o tio Nicolau! – continuou o moço com entusiasmo. – Porém não pense que ele vive bancando o demagogo; pelo contrário, é de uma modéstia fora do comum. Ensina-nos conversando e nós que já sabemos quanto há de sabedoria em suas palavras, procuramos não perder nada do que ele diz.

– Compreendo, meu filho. Graças a Deus, tiveste em teu caminho uma sábia orientação. Agora sei por que sempre foste contra o meu modo de ver e agir: és esclarecido, enquanto eu vivo nas trevas...

– Não! – protestou Arthur. – O senhor 'vivia' nas trevas, mas graças a Deus, já não vive mais! E, quando estudar mais profundamente esses assuntos que se prendem à evolução do espírito, compreenderá quanto de magnânimo foi Deus para conosco, ínfimas criaturas. Se, em sua infinita sabedoria, nos deu livre-arbítrio de poder escolher o bom e o mau caminho, em sua bondade divina, sabendo o quanto é frágil a criatura humana, deu-nos também uma outra lei que nos proporcionará meios para salvarmos os espíritos quando, cegos pela liberdade, cairmos nos erros: a lei da reencarnação. E quando ainda o senhor perceber que, nesse viver atual, tem reflexos de nossas ações do passado não se desesperará e nada de sobrenatural achará em que Joceline em espírito venha lhe dar uma prova de que após a morte é que começamos realmente a viver. Viver esse em conformidade com o que praticamos na Terra. Por isso Cristo ensinou: "Semeia boas sementes, que colherás bons frutos".

– Sim, meu filho, o Cristo assim o ensinou. Mas que sementes tenho escolhido para semear em meu caminho? Creio no que ele disse, porque só maus frutos tenho colhido.

– De hoje em diante, a sua colheita, meu pai, vai ser diferente: colherá apenas frutos de amor, paz e esperança. Mas – tornou o moço mudando de assunto –, o senhor não me contou com detalhes como Joceline lhe apareceu. Como foi isso, meu pai?

– Não sei dizer-te com precisão como aconteceu. Foi tudo tão rápido, que deixei escaparem os detalhes. Sei que foi maravilhoso...

E o industrial relatou ao filho o que nós já assistimos. Ouvindo-o Arthur em silêncio, concluiu Frances:

– E quando a 'sombra' de tua irmã desapareceu, fiquei apavorado! E desde então venho buscando uma explicação para o que me aconteceu e resolvi, pois, falar contigo num desabafo... Gostaria que me desses um esclarecimento a respeito desses fenômenos.

– Esses fenômenos metapsíquicos são comuns e muitas vezes necessários para aclarar uma alma que se encontre em trevas. Mas para tornar mais inteligível a minha explicação, direi o que sente mais ou menos o espírito ao separar-se da matéria, ao morrer, como se diz comumente. Dá-se a ruptura de um modo semelhante ao que acontece quando de sua encarnação: após um de seus ciclos evolutivos, ele volve ao espaço em estado meio inconsciente como quem volta a si depois de um longo desmaio e, nessa inconsciência, fica às vezes por muito tempo, dependendo do seu grau de adiantamento.

"Quantos, meu pai, em seu atraso espiritual, pensam que ainda estão vivos, encarnados! É com verdadeiro horror, julgando-se num pesadelo macabro, que assistem ao seu próprio enterro e ouvem choros dos parentes e amigos. Despertados, gritam que estão vivos! E, quase enlouquecidos, notam coitados que ninguém presta atenção às suas pessoas, que ninguém ouve os seus gritos... E nessa impotência, nessa ignorância de seu novo estado ficam semanas, meses, anos, até que um dia um orientador vem tirá-los dessa confusão em que se encontram. É com evidente surpresa que eles vão aos poucos compreendendo que não pertencem mais ao rol dos vivos e que como espíritos têm que ter outros modos de agir, de proceder. Começa então um novo aprendizado.

"Às vezes tão desorientados estão, tão debilitados pelos males da Terra, que continuam a sentir os mesmos sintomas, as mesmas dores causadas por suas doenças de quando encarnados. São então recolhidos carinhosamente e tratados com todo amor, num canto de repouso, onde recuperam a saúde (poderei dizer assim), à proporção que eles vão se integrando em suas funções espirituais. Geralmente isso acontece a um espírito muito apegado à Terra e aos seus erros. Aos poucos, vão melhorando e ingressarão, como os homens fazem, em cursos de aprendizado. Verão então o quanto estavam atrasados nos conhecimentos necessários para a evolução de seus espíritos.

"Outros, no entanto, mais evoluídos, após o despertar do sono da morte, voam, ávidos de outras paragens, de outros mundos, em busca de mais claros horizontes, onde possam cada vez mais, purificar os seus espíritos, ansiosos de elevação.

"No caso de Joceline, é explicável, suponho, meu pai, que ela deve ter uma missão junto ao senhor, a de chamá-lo para o bom caminho. Creio que só da maneira como agiu, o senhor acreditaria que era ela quem realmente estava diante do senhor. De outro modo, teria relutado em aceitar o fato. Se ela tivesse escolhido o sono, por exemplo, para entrar em comunicações com o senhor, talvez nem mesmo tivesse lhe dado importância. Necessário se fazia agir de uma maneira mais drástica, e foi o que ela fez. Encontrou em seus dons mediúnicos os meios para materializar-se e apresentou-se diante do senhor como se viva estivesse. Porém ao sentir a sua dúvida, desapareceu, levando o pergaminho, como prova de sua existência interplanetária; usou para isso dos meios de que dispõe. Porque assim como pode materializar-se, pode também desmaterializar qualquer objeto, fazendo-o tornar-se invisível aos olhos humanos.

Apesar de não ter mais um corpo como o que dispomos, ela existe realmente. Foi do senhor que ela retirou uma matéria, que os espíritos lançam mão para materializar-se, chamada ectoplasma e, por meio dela, mostrou-se como se viva estivesse. É que, realmente, Joceline continua mais viva do que nunca, disso o senhor não tenha a menor dúvida. E, quando ela voltar trazendo-lhe o pergaminho, nada receie. Antes, dê graças ao Altíssimo de ter tido essa prova de que o homem não é apenas matéria... Prova essa que bem poucos têm. Acreditamos apenas por uma questão de fé, de intuição da Verdade. Porque se todos tivessem semelhantes provas, acabar-se-ia o mérito dos que creem sem jamais terem ouvido nem visto; dos que não são como Tomé, dos que creem porque creem... – concluiu Arthur quase de um fôlego.

O senhor Renoir, silencioso e admirado, ouvia o filho. Como poderia ter ficado cego por tanto tempo, junto dele? Da sua boca ouvira explicações cheias de verdade, que o satisfaziam plenamente. Agora compreendia muita coisa que a sua mente não pudera aceitar até então.

* * *

E as palavras de seu filho foram, para o seu espírito, como um farol apontando-lhe o verdadeiro Norte, mostrando-lhe o roteiro que o guiaria pelas trevas em que se encontrava, ao porto da salvação.

O ajuste de contas

NA CASA DO JARDINEIRO NINGUÉM mais sorri. O piano de Ana Maria jaz abandonado, e ela raramente é encontrada no seu lar. Mal o dia amanhece, chama Sultão e, levando a sua sacola onde guarda um bordado há muito principiado, busca o abrigo das árvores ou, quando o sol declina, fica sobre a pedra do rio, olhando as águas, absorta, esquecida de ir esperar o velho Macário sob a mangueira em meio ao caminho. Ela emagrecera e de suas faces, antes tão rosadas, fugiram as belas cores. Seus olhos já não têm o mesmo brilho que dá a felicidade... Pequena ruga corta-lhe as sobrancelhas e os cantos de seus lábios decaíram num ricto de amargura.

Também dona Júlia passara por uma transformação em seus hábitos: já não é tão diligente em seus afazeres. Durante o dia, leva muitas vezes a ponta do avental aos lacrimosos olhos, os quais vivem agora vermelhos e inchados. Passa mais vezes olhando os caminhos, esperançosa de ver surgir a filha tão arisca ultimamente, do que cuidando de suas obrigações domésticas. Outras vezes, olha saudosa o piano abandonado e suspira, desejosa de ouvir aquelas músicas tão suaves que Ana Maria executava tão a miúdo.

O velho jardineiro estava quase irreconhecível. Seus cabelos embranqueciam de um dia para outro e fundas rugas sulcavam-lhe o rosto queimado de sol. Já não sentia mais prazer no trabalho nem no descanso. Quando volvia do jardim da mansão, trazendo flores para a filha, como costumava fazê-lo, já não a encontrava sentada na raiz da mangueira. Deixava cair as flores tristemente ao solo e, quando chegava ao lar e não encontrava

Ana Maria, sentia-se mais cansado do que nunca. E a sua casa parecia-lhe fria e triste: faltava nela a sua filha, o seu raio de sol! E Macário, sabendo quem causara aquela modificação em suas vidas, sentia uma grande revolta minando-lhe o coração. Diante de Miguel, fazia um esforço tremendo para não perder a calma. Quando o operário o importunava grosseiramente, ansioso por uma resposta positiva daquela a quem desejava acima de tudo, o velho aparentava uma paciência que estava muito longe de sentir. Era com fria delicadeza que suplicava que o jovem esperasse mais um pouco: Ana Maria, explicava ele, não resolvera ainda, em lhe dar uma resposta. O operário replicava áspero, que já estava perdendo a paciência. E a última vez que estivera com o jardineiro, ameaçara rudemente:

– Não pense o senhor que sou brinquedo de moça nenhuma! Que sua filha se resolva logo, ou eu vou buscar o sim da boca do senhor Renoir. Macário ouviu a atrevida imposição do operário, sentindo o sangue ferver-lhe nas veias. Se não fosse o temor de perder o emprego já no fim da vida, teria dado uma lição ao grosseiro moço. E era àquele selvagem que o seu patrão queria dar o seu tesouro. Oh! Se não dependesse dele, se pelo menos fosse um pouco mais moço, Miguel nem se teria atrevido a pedir a mão de sua filha, quanto mais fazer sofrer aquele anjo... Mas o velho, tão gasto já pelos anos, onde encontrar outro emprego? E sabia, também, o perigo que correria, desgostando o poderoso senhor. Quem se atreveria ir contra as suas ordens? Era de todos conhecido o modo frio, desumano, com que ele costumava castigar as ofensas. Macário, impotente, humilhado, apelava para Deus, na esperança que ele fizesse um milagre, afastando Miguel de sua filha.

Eis as angústias, os desesperos que surgem na vida da criatura, quando o espírito da cupidez, da luxúria, penetra nos corações dos homens. Quanto mal já fizera naquele lar, roubando das almas de seus habitantes a alegria de viver.

Dona Júlia, sentada na varanda, olhava com tristeza o pôr do sol. A brisa acariciava, levemente, a copa das árvores. Pássaros cantavam num chilrear alegre e barulhento. Cigarras sibilavam num desafio em notas agudas. Um barulho sadio vinha da tarde, como se a Natureza estivesse em festa. Mas era simplesmente um pôr do sol nos trópicos, tão lindos são eles! Indiferente, olhando sem ver o encanto da tarde, cismava a boa mulher. Não podia ela aceitar que um dia a sua filha fosse a esposa daquele operário, daquele grosseiro moço que falava tão áspero com o seu pobre velho. Como iria ser depois de casados, então? Certamente haveria de querer mandar em seu lar, mais do que o próprio Macário...

Se pelo menos Joceline estivesse viva, talvez resolvesse aquela situação angustiosa... talvez desse um jeito. Às vezes, meditava ela, desejava falar sobre aquele casamento com Arthur, mas sabendo do que alegara Miguel, não se atrevia. O operário não escondia a sua desconfiança contra o filho do patrão: julgava que Ana Maria o amasse, por isso o odiava. Nem ela nem Macário queriam envolver Arthur naquele assunto: temiam uma vingança qualquer do operário. Desconfiavam mesmo que ele já levara ao conhecimento do senhor Renoir aqueles boatos mentirosos e infamantes. Só assim explicava-se aquela sua insistência de casar Ana Maria com Miguel. A verdade era que o industrial jamais se envolvera na vida particular de seus subordinados. O operário era capaz de tudo, pensava atemorizada, a boa mulher. Dona Júlia olhava tristemente para o caminho por onde Macário costumava vir do trabalho. Era, como já vimos, um pequeno atalho que levava à mansão. Há muitos anos, vinha toda tarde esperar o esposo, sentada na varanda ou debruçada sobre o portãozinho abrigado pelo jasmineiro.

Ele surgia ao pôr do sol, carregando os seus apetrechos de jardinagem, acompanhado por Ana Maria. Sempre fora assim. A repetição diária daquela cena não a cansava nunca. Era, pelo contrário, o lenitivo às suas horas estafantes de trabalho. Sorria feliz ao ver o grupo formado por sua filha e seu marido. Passava o dia ansiando por aquela hora. Com que carinho preparava as refeições para saciar-lhes o apetite. Porém agora, como era diferente... O seu velho voltava ao lar, como sempre fizera, às mesmas horas, porém vinha cabisbaixo, triste e sozinho... Já Ana Maria não o acompanhava. E quase sem falar, ia para o interior da casa, guardar as ferramentas, vindo, depois de trocar as roupas, sentar-se ao seu lado. Quase não falavam. Olhavam constantemente os caminhos, ansiosos pela presença da filha. Quando ela chegava, triste, dirigindo-lhes apenas um cumprimento ligeiro. Sem beijá-los, recolhendo-se logo após, quase sem se alimentar, em seu quarto, eles suspiravam, desconsolados.

Apenas uma vez, lembrava dona Júlia, depois do pedido de Miguel, ousaram-lhe falar, e o fizeram premidos pela insistência do operário. Perguntaram-lhe se ela já resolvera dar uma resposta qualquer à pretensão do moço. Disseram-lhe ainda (e era verdade), que o industrial aguardava a sua resposta. Ana Maria replicara que ainda não resolvera nada...

Que o seu pai deixasse o senhor Renoir esperando. Suplicara a Macário que não lhe falasse mais naquele assunto... Eles desde aí respeitaram-lhe o silêncio. Mesmo quando o operário os ameaçara de ir buscar o sim junto ao patrão, nada lhe disseram. Porque notaram que Ana Maria, desde o momento em que eles pediram uma resposta à pretensão de Miguel, procurava de todo modo evitá-los, como se os temesse. E os dois velhos, sem acharem uma solução para aquele caso, sentiam-se desesperados, temerosos de perder o amor da filha adorada. Em sua dor, não tinham para quem apelar, a não ser para Deus, e foi o que fizeram eles.

O sol declinava e seus raios cobriam quase de todo o coqueiro que servia de orientação à mulher de Macário para ver as horas. Era o seu relógio infalível: quando o astro doirava as suas folhas, ela já sabia que passava das quatro horas e seu marido não tardaria a chegar.

Enquanto aguardava a volta do velho jardineiro, dona Júlia surpreendeu-se a ouvir uns rumores de passos que vinham em sentido contrário ao atalho que levava aos jardins da mansão. Não podia ser Macário, pensou ela. Nem Ana Maria, pois a sua filha pisava leve, quase sem fazer rumor. Aqueles passos eram fortes, passos de quem não tem receio de machucar os pés nas pedras nem feri-los nos espinhos, passos de quem está acostumado a pisar sem ver obstáculos que podem existir em meio às estradas. De quem seriam eles?

Dona Júlia viu aparecer, receosa, o dono dos passos ásperos e fortes. Era Miguel. O operário, aproximando-se do portãozinho, entrou pelo jardim sem a menor cerimônia. Conservava o chapéu, grosseiramente. Dona Júlia, ao vê-lo, ergueu-se de chofre, e perguntou-lhe em voz alta, o que era fora de seu costume:

– Que deseja o senhor? Com quem quer falar?

– Com o seu marido – respondeu o operário. – Venho da parte do senhor Renoir buscar uma resposta, e bem sabe o que desejo.

– Sim – respondeu a contragosto a velha senhora –, o meu marido já me falou sobre o seu desejo de casar-se com a nossa filha.

– E que resolveram? – perguntou com aspereza Miguel que, apesar de ignorante, notara humilhado que a mulher do jardineiro não o convidara a entrar. Isso lhe aumentou ainda mais o rancor de que estava possuído.

– Nós não resolvemos nada, pois o assunto só diz respeito a nossa filha, ela é quem sabe quando deve casar-se.

E, continuou dona Júlia, procurando controlar aquela conversa amigavelmente:

– Por que o senhor não espera mais um pouco? Ana Maria é ainda tão criança! Talvez fosse melhor se o senhor tivesse um pouco mais de paciência...

– A senhora – respondeu meio irônico o operário – não entende desses assuntos, já está velha e vê esses negócios com o coração frio da idade. Saiba a senhora que os moços não gostam de esperar por muito tempo por aquelas a quem amam. Além do mais, tenho pressa de me casar, porque preciso seguir viagem e quero levar comigo a minha esposa. Talvez não possa voltar tão cedo...

– Que diz o senhor? Vai viajar e quer levar a nossa filha? Pelo amor de Deus, não faça tal! – suplicou a senhora, juntando as mãos, aflita.

– Ah! Deixe de tolices! A senhora quando casou deixou os seus pais, agora é a vez de Ana Maria fazer o mesmo.

E olhando em volta, perscrutadoramente, perguntou desconfiado:

– Onde anda Ana Maria? Quero vê-la.

Dona Júlia, ansiosa por ver afastar-se tão indesejável visita, antes de Macário ou sua filha aparecerem, mentiu corando:

– Foi até a cidade de B., fazer umas compras com Macário.

– Sim? – duvidou o moço. – Então vou esperá-los... Se a senhora me der licença, descansarei aí na varanda, enquanto eles não chegam.

Dona Júlia, sem saber o que fazer ou dizer, afastou-se um pouco para dar passagem ao importuno rapaz. E dizer que aquele bruto queria roubar o tesouro que eles possuíam! Queria casar com aquele anjo que era sua filha. Que Deus não consentisse em tal absurdo! Era o que pedia fervorosamente.

Miguel, sorrindo com cinismo, sentou-se cômodo numa das cadeiras e, cruzando as pernas, ficou aguardando a volta de Macário. Ele estava decidido a obter naquela tarde a resposta que desejava. Estava no auge de sua paixão cega. Não compreendia, em sua lascívia, que escolhera um mau caminho para chegar ao coração daquela que queria por sua esposa. Escolhera o caminho da força e da violência, em vez do caminho do amor, como lhe ensinara o tio Nicolau. Torturado, vencido pelo desejo da carne, ansiava pelos carinhos da inocente menina. Sonhava estreitá-la em seus braços, saciar em seus lábios a fome de sua boca, faminta dos beijos, dos lábios puros de Ana Maria. Cada dia que passava, mais aumentava aquela louca paixão. Preferia vê-la morta a pertencer a outro homem! Ai daquele que a desejasse! Matá-lo-ia com prazer satânico. Com que volúpia não lhe beberia o sangue, satisfazendo assim os seus instintos vampirescos. Pobre infeliz que se deixara vencer pelos baixos impulsos da matéria. Como ele, quantos não profanam esse sentimento que santifica a criatura, o Amor! Quanto ele é deturpado pelas paixões materiais que amesquinham e embrutecem o homem!

Amor, corrente que prende dois espíritos, unindo-os num só corpo, para juntos cumprirem a determinação do Criador na Gênese dos mundos, multiplicarem-se! Amor, essência divina espalhada na Terra, como as criaturas sabem pouco aspirá-la!... Amor, herança celestial dada aos homens pelo Pai, como eles a desperdiçam!

Amor, flor edênica, como os homens ferem-na, maltratam-na, ao colhê-la!... Amor, fonte pura, manchada pelos lábios carregados de miasmas, daqueles que vão nela saciar apenas os sedentos desejos da carne.

Amor, elo santo que une as criaturas do Criador! Como és deturpado, incompreendido, vilipendiado pelos pobres homens, não somente por Miguel, rústico operário que, sem compreender o erro em que se encontrava, via e sentia unicamente a sua paixão pela doce filha do jardineiro.

Dona Júlia deixara o rapaz na varanda; arrependida de sua inútil mentira, fora esperar os seus entes queridos, debruçada sobre o portão, aspirando o perfume dos jasmins. Pela primeira vez em sua vida, pedia a Deus que tardasse a vinda deles até aquele homem, cansado de esperar, fosse embora...

Não agoirava nada de bom entre o encontro de Miguel com o marido. Sentia que o seu velho estava se controlando e, não fosse o medo de perder o emprego, há muito que ele teria resolvido aquele assunto. Dona Júlia olhava inquieta os caminhos e nunca desejara tanto de não ver surgir ninguém por eles, como naquele dia.

Porém, ou por força do destino, ou porque assim sempre acontecia, ela viu, temerosa, que Macário se vinha aproximando em companhia de alguém... Alguém que reconheceu logo como sendo Arthur. O seu velho coração quase parou de bater, tão assustada ficara. Como Miguel iria receber o filho dos seus patrões? Que a luz divina descesse sobre eles, suplicou. Quando os dois homens alcançaram o portãozinho, Macário parou, meio surpreso e contrariado, ao ver o operário, porém logo se refez e sem demonstrar o que lhe ia pela alma, dirigiu-se para casa.

Ao passar junto de dona Júlia, Arthur cumprimentou-a amável, como costumava fazer.

Macário, dando boa-tarde à velha esposa, chegou perto da varanda, segurando seus apetrechos de trabalho. Arthur o acompanhara. Ambos cumprimentaram Miguel, também, que olhava o filho do industrial com expressão feroz. O jardineiro dirigiu ao operário uma pergunta:

– Segundo parece, o senhor está me esperando... Que deseja?

– Venho em busca de uma resposta ao pedido que fiz.

O moço, embora respondendo a Macário, olhava para Arthur de uma maneira pouco amigável. O velho sentiu naquele olhar quanto o operário odiava o filho do patrão. Continuando a falar, Miguel fitava o moço de modo estranho e assustador. Murmurou meio rouco:

– Como estava dizendo ainda há pouco à sua mulher, preciso viajar e quero levar a minha esposa comigo, pois conto demorar-me para onde vou.

Se o espanto de dona Júlia foi grande, o de Macário ainda foi maior.

– Viajar? – gritou ele empalidecendo. Disse isso mesmo?

– Sim – respondeu frio o operário –, viajar, e quero levar Ana Maria comigo.

– O senhor não vê que é impossível, não vê que ela tem que se aprontar? Bem sabe que somos pobres, os pobres não podem andar apressados...

– Quanto a isto, fique descansado, pois o patrão já me garantiu que dará tudo o que for preciso para Ana Maria.

– Sim, bem sei, ele também me disse – murmurou tristemente Macário. – Porém, o senhor sabe que essa resposta não depende de mim, e sim de minha filha e ela ainda não se decidiu.

Miguel não respondeu. E Macário continuou, procurando de uma maneira qualquer livrar-se da sua presença. Aparentando estar calmo, perguntou-lhe:

– Por que não faz a sua viagem sozinho, se tem tanta pressa e, na volta, resolveremos com mais vagar este assunto?

– Impossível! – respondeu de modo abrupto o moço. – Quero ir casado, pois ignoro quando voltarei.

Diante da resposta, Macário ficou sucumbido. Depositando a um lado as ferramentas, mordeu os lábios até sangrá-los. O velho tremia de indignação e impotência... Arthur, que procurara se afastar um pouco, discretamente, não querendo intrometer-se em assunto tão íntimo que só dizia respeito aos pais de sua amiga de infância, diante da resposta de

Miguel, aproximou-se com aquele modo irônico que tinha às vezes, principalmente quando se impacientava, e respondeu em vez do jardineiro de seu pai:

— Se tem tanta pressa de viajar e 'viajar' casado, por que não escolhe outra moça, em vez de Ana Maria que, segundo parece, não tem pressa nenhuma de casar-se agora?

Miguel ficou rubro, para logo depois empalidecer horrivelmente, com a intromissão do rapaz. Perdendo a calma, pois a raiva se apossara dele, fitou um olhar terrível no filho do industrial, enquanto replicava bruscamente:

— Não se intrometa onde não foi chamado! Não pense que por ser filho do patrão me impossibilita de agir de homem para homem. O senhor deve ser a última pessoa a se intrometer neste assunto. Arthur sentiu que por qualquer motivo por ele ignorado, aquele homem o odiava. Sem compreender a causa daquele rancor, pois jamais ofendera quem quer que fosse, replicou calmo, como se não tivesse compreendido a grosseria do operário:

— Tem razão! Nada tenho a ver com esse assunto, apenas estou lhe dizendo, como amigo da família, que deve tomar outra decisão, pois parece que ninguém deseja que Ana Maria se case por ora.

— Sim, ninguém deseja e muito menos o senhor...

Miguel terminou a frase com um olhar tão colérico, que Arthur sentiu um estremecimento. Por que aquele homem o odiava tanto?

Macário, apavorado, procurava isolar o filho de Frances Renoir daquele assunto, pois notara que o operário queria provocar um escândalo. Com a delicadeza própria do seu caráter, pediu que o moço não se envolvesse; ele resolveria aquele caso sozinho. Naquele momento Ana Maria vinha se aproximando, vagarosamente, de sua casa. Seu aspecto tinha mudado a olhos vistos. Parecia que estava envolta numa nuvem de tristeza... Andava lentamente e nem a presença de sua mãe lhe dera a alegria costumeira. Estacara ao ver o grupo formado na pequena varanda, compreendendo que qualquer perigo devia estar ameaçando seus pais e

Arthur e esse perigo vinha de Miguel que, enlouquecido pela paixão, talvez não se controlasse ao ver aquele de quem sentia um ciúme doentio em casa daquela que considerava sua noiva. Desde a visão que tivera dentro da floresta, antes da morte de Joceline, sentia pelo operário profunda comiseração. Sem saber como poderia resgatar aquela dívida de sangue, adiava a resposta que teria que dar um dia, forçosamente, tentando ganhar tempo. Entretanto, a preocupação ia aos poucos ceifando-lhe a saúde e a alegria. Sentia que lhe pesava sobre os ombros grande responsabilidade. Que Deus a guiasse e a dirigisse naquele caminho, mostrando-lhe como deveria agir. Ao perceber Miguel junto de seu pai, pareceu-lhe que ele estava ali num ajuste de contas, numa vindita, e encheu-se de temores! Sentiu o espírito perturbar-se...

Macário, ao ver que a filha aproximava-se, correu para ela como querendo protegê-la de qualquer perigo. O primeiro impulso de Arthur fora também correr para o lado da menina, tão constrangido ficara com o seu aspecto cansado e doentio. Desde a morte de Joceline, que a via raramente. Viera à casa dela, aquela tarde, para lhe contar o que sucedera ao seu pai. Queria dizer-lhe, também, a palestra que mantivera com o seu progenitor. Desejava convidá-la para irem juntos até à cabana do tio Nicolau, contar-lhe a quase conversão do industrial. Entretanto, ao ver a moça, ficara parado, sem compreender o que sentia, ouvindo o próprio coração pulsar em seu peito com força fora do comum. Sentimento até então adormecido despertou-lhe na alma e ele teve como uma revelação de que amava Ana Maria, acima de tudo! Um deslumbramento tomou-lhe conta do espírito. Sem poder esconder o que passava em seu íntimo, fitou um olhar tão radiante e tão repleto de ternura na jovem, que ela, sentindo-se perturbada, desviou os olhos dos dele, corando. Arthur deu um passo em direção a Ana Maria, porém Miguel, tomando-lhe rápido a frente, interpelou a moça com aspereza:

— Quero a tua resposta hoje ao meu pedido. Responde: Queres casar-te comigo?

A jovem não respondeu. Olhava em volta como corça perseguida.

Ninguém falava, todos aguardavam a sua resposta, sentindo em seus corações mil pensamentos contraditórios. Miguel fora o único que notara o olhar de Arthur. Ao ver que a moça corara sob esse olhar, sentiu que um frio corria-lhe a espinha. Desejo de destruição tomou-lhe conta dos sentidos. Precisava tomar desforra. Compreendeu que se pudesse, mataria Arthur naquele momento, tinha sede de sangue daquele que se interpunha entre ele e a mulher que desejava com loucura.

Ana Maria, ao sentir a aproximação do operário, quis recuar, mas qualquer coisa que notou em seu rosto fê-la ficar onde se encontrava. Transportou-se em pensamento àquela visão da floresta, viu horrorizada que Miguel tinha a mesma expressão e a mesma voz de quando lhe pedira uma esmola, para saciar a fome. Fechando os olhos como querendo fugir daquele homem que vinha de remota existência reclamar uma dívida, ela sentiu, agoniada, que agora tinha que satisfazer-lhe o desejo. Sendo que 'agora' esse desejo não era pão, significava a sua própria pessoa... Deveria mesmo oferecer o seu corpo virgem em holocausto ante o compromisso assumido outrora? Que fazer, oh! Deus?

Enquanto isso, todos compreendiam que chegara o momento decisivo para as suas vidas, e o aguardavam ansiosos. Miguel tornou a perguntar, insistindo na resposta:

— É apenas um sim que te peço, é tão difícil dizê-lo? Por que não me respondes, Ana Maria?

— Sim, Miguel. Tens razão. Serei tua mulher... — respondeu ela em voz fraca.

Antes que o operário pudesse responder, tão paralisado ficara, alegre pela surpresa, Arthur correu em direção a Ana Maria, tomou-lhe as mãos que estavam frias como as de uma morta, perguntou-lhe, louco de aflição:

— Não vês que é uma loucura o que vais fazer? Por Deus, perdeste o juízo? Ana, querida, suplicou ele, não podes fazer tal coisa: Não deves casar-te com aquele homem...

– Silêncio Arthur, bem sei o que sentes. Mas se queres uma explicação, vai falar com o tio Nicolau: Ele dirá melhor a razão deste meu sim. Tirando as mãos das do rapaz, tornou a falar com toda a calma:

– Casar-me-ei contigo, Miguel. Que esse casamento possa ajudar-te um pouco no esclarecimento de teu espírito.

E voltando-se para os pais, continuou já meio triste:

– Não fiquem assim, pesarosos, estarei sempre aqui, junto dos dois.

Engolindo um soluço, sem poder esconder as lágrimas, Macário respondeu desolado:

– Não ficarás junto de nós por muito tempo, filha querida.

– Por quê? – perguntou assustada a moça.

– Porque o teu noivo vai viajar e quer levar-te com ele...

A revelação fê-la cambalear, como se tivesse levado um choque.

– Como sabe o senhor? – murmurou de lábios trêmulos. – Quem lhe disse isso foi Miguel?

– Sim – respondeu Júlia –, foi ele quem nos disse.

E, sem se conter, a pobre mulher entrou em casa, levando a ponta do avental aos olhos cheios de pranto. Ficaram os três homens sós, com Ana Maria. A menina, compreendendo que as forças iam lhe faltar, dirigiu-se também para o interior da casa em busca do sossego do seu quarto. Queria, no silêncio orar, pedir a Deus que lhe desse força para levar ao término sua expiação.

Arthur, compreendendo que a sua presença ali estava sendo demasiada, pedindo licença, dirigiu-se para os lados da montanha da floresta.

Vendo o moço afastar-se, o operário, já calmo, murmurou ironicamente, apontando o vulto do rapaz que desaparecia entre as árvores:

– Lá vai o bobo buscar consolo, junto ao Ermitão. Ana Maria deu-lhe uma lição em regra: pensava, por ser rico, que poderia ter tudo, até a minha noiva.

Macário não respondeu. Ocultando as lágrimas, sentiu que a vida começara-lhe a declinar; porque para aquele velho a vida era Ana Maria.

Ainda o ajuste de contas

NO POENTE, O SOL, COMO se estivesse encravado numa custódia gigantesca, espalhava os seus raios por sobre a Terra e o espaço, dando a tudo uns tons doirados e incandescentes. A tarde, como presa de um grande incêndio, derramava sobre a paisagem clarões vermelhos, afogueados. Calor sufocante castigava as criaturas. Nem uma brisa agitava o leque das palmeiras, nem a copa das árvores, suavizando o ar carregado de eletricidade, quase irrespirável, prenunciando tempestade.

Arthur, cabisbaixo, caminhava em direção à cabana dos antigos lenhadores, sentindo um esmorecimento em todo o seu ser.

Havia um silêncio triste em volta de tudo. Apenas as cigarras estridulavam de quando em quando. Aos ouvidos do moço, aquelas notas agudas soavam como dobrados de sinos em dias de finados... Seu coração estava enlutado, chorando a morte de seu amor. Como poderia compreender as surpresas do destino? Vivera até ali em contacto constante com Ana Maria e só viera compreender o quanto a amava no momento justo em que dava a sua palavra a outro... Ah! Deus! Que terrível ironia! Como o seu coração estava dilacerado e fora a sua Ana Maria que o ferira desse jeito... Ela que sempre fora tão meiga, tão sua amiga, satisfazendo-lhe todos os caprichos, abandonava-o agora quando sua alma ansiava por ela. Tudo parecia tão estranho que se sentiu como um viajante que súbito se depara no final de uma estrada com duas encruzilhadas e, indeciso, sem saber qual delas deva tomar, assentando-se em meio ao caminho, fica desnorteado, temendo trilhar um rumo incerto. Assim ficara ele: que rumo tomar sem a sua companheira de infância, sem a sua doce Ana Maria que sempre estivera ao seu alcance e, quando fora tomá-la para a sua vida, fugira-lhe como que por encanto... Foi tão rápido o que lhe sucedera, porém tão doloroso, que Arthur compreendeu que algo se quebrara em sua alma. Sim, houvera um esfacelamento em seu espírito. Por que, de um momento para outro, fora encontrar o seu ideal, para vê-lo morrer minutos depois?

Era tão grande o amor que o jovem sentia pela filha do jardineiro, que não pensou sequer em acusá-la de leviana, sabendo o horror que a menina dissera sentir por aquele homem a quem dava agora a mão de noiva espontaneamente, acabando por todo o sempre com a esperança que poderia haver em seu coração. Apenas acusava o destino que o ludibriara roubando-lhe Ana Maria no instante exato em que ele compreendera que a amava acima da própria vida. Por que fora assim?, perguntava angustiado. Logo naquele instante tão maravilhoso? Por que não em outra ocasião? E assim, sentindo-se um joguete nas mãos do destino, caminhava em direção àquele que sempre tivera para ele uma palavra que tudo explicava.

Quantas vezes, sofrendo, magoado com as injustiças de seu progenitor, procurando uma explicação àquele mistério de um pai sentir desprezo e rancor pelos filhos, viera em busca do tio Nicolau? Como sabia escolher a expressão justa que o acalmava, que punha fim ao seu desespero, aquele velho que vivia isolado no silêncio da floresta? Agora, mais do que nunca, precisava dele. Lembrava, vagamente, em seu aturdimento, que Ana Maria lhe dissera que o Ermitão lhe explicaria tudo... Mas, explicar o quê? O seu noivado com aquele homem grosseiro? Que coisa repugnante era pensar naquele casamento tão desigual! Como compreender a união daquela linda moça, dotada das mais raras prendas espirituais, com aquele homem boçal, rústico, tão primitivo ainda em seus sentimentos? Sim. O destino inexorável atirara aquela pérola àquele porco... Não! Aquela união era um verdadeiro crime! Como poderia aquela donzela, tão pura quanto delicada, integrar-se no viver rústico daquele homem egoísta e mesquinho? Oh! Deus! Não o deixasse enlouquecer! Apertando a cabeça entre as mãos, Arthur cambaleou como se estivesse ébrio. Ao pensar naquela união, que lhe parecia monstruosa, sentiu que a razão lhe fugia... porém, tal não acontecia, porque Deus não abandona aqueles que vivem na prática do Bem. Pode prová-los, porém nunca castigá-los. Como lançar nas trevas da loucura aquele espírito que mesmo ferido cruelmente, no que tinha de mais caro, o seu amor, não tivera nem um pensamento sanguinário, nem um pensamento negro, manchando-lhe a mente?

Apenas sofria ao ver que aquela flor de pureza ia ser tão mal colhida. Apenas sofria pela amada. Em sua exaltação, compreendia que aquela que considerava rainha ia ter como trono, um charco.

Ele via aquele casamento como se Ana Maria fosse um lírio pendido sobre um fétido pântano... Sofria, porque desejando dar à sua amada todo o tesouro de sua alma, compreendera que ela o rejeitara por um outro onde as joias eram todas falsas... Oh! Deus! Desse um pouco de calma para poder aceitar com humildade aquela provação... Compreendia que o homem mostrava a sua fortaleza não na felicidade e sim no sofrimento. Quanto maior o golpe, tanto mais corajosamente deve recebê-lo. Era o que pedia a Deus: força para poder aceitar aquela prova com resignação e humildade. Já mais calmo, sentiu que não era em vão que o homem apela para Deus em suas aflições: porque, embora o encanto de viver tivesse desaparecido de sua alma, já não desesperava: a paz voltara ao seu espírito. Assim chegou à cabana do Ermitão da Floresta.

Tio Nicolau, ao ver o rapaz, compreendeu que algo o feria profundamente. Pareceu-lhe, na frouxa luz daquele fim de tarde, que Arthur envelhecera anos, tal o aspecto cansado do pobre moço. O Ermitão, erguendo-se de sua cama tosca onde estava sentado, pronto para dormir, tomou a mão do rapaz e sem falar, com aquele carinho, com aquela ternura que naturalmente existia nele, dirigiu-se com o moço para fora da cabana, a fim de poder ver melhor o seu olhar na meia luz da tarde. Sentiu, ao fitá-lo, que aquela alma estava mais ferida do que pensara. Elevando o pensamento ao Pai, orou, suplicando que enviasse um pouco de sua luz sobre aquela cabeça tão dolorosamente provada. Arthur, ao chegar junto de seu amigo, sentiu sua força fraquejar e, escondendo o rosto entre as mãos, chorou copiosamente, sinceramente, como todo homem ferido sabe fazê-lo.

O chorar não é apanágio dos fracos, e sim consolo dos fortes. Cristo foi visto muitas vezes chorando diante dos sofrimentos dos homens... E quem mais forte do que Jesus, o Cristo de Deus?

O Ermitão, sabendo que o bálsamo é a lágrima nas aflições, deixou que o jovem chorasse, sem tentar interrompê-lo... Enquanto ele chorava, o tio Nicolau orava. Arthur foi aos poucos serenando e, quando as lágrimas secaram de todo, só então, foi que o velho falou:

– Que dor tão grande desespera a sua alma, meu filho?

O moço fitou o ancião tão desoladamente que ele sentiu os olhos umedecidos pelo pranto. Aquele espírito era como um receptor de todo sofrimento alheio; sentia-o tanto como se fosse dele próprio. Nada o comovia mais que a dor do próximo. Vendo que o moço não respondia, tornou a perguntar com doçura:

– Que há, meu filho? O tio Nicolau está triste de ver o seu amigo tão desolado... Que espinho te fere o peito?

– Oh! Tio Nicolau– murmurou Arthur num soluço. Ana Maria, compreende o senhor? Ana Maria vai se casar...

– Com Miguel, meu filho? – perguntou o Ermitão.

– Como sabe?! O senhor, por que não me disse, se já o sabia? – tornou o moço aflito.

– Nunca me perguntaste, filho, como querias que t'o dissesse? Crê no que diz o tio Nicolau: eu não o sabia. Mas tinha uma intuição que isso um dia poderia acontecer.

— Por quê? – perguntou Arthur.

— Porque, meu filho, as leis do Pai são sábias – respondeu o ancião sorrindo tristemente.

— Não o compreendo... Quer explicar o sentido de sua frase? – com ânsia o moço fitou o ancião.

A noite já ia quase tomando conta da floresta. No silêncio que se fizera, o Ermitão falou:

— Nós todos viemos a esta Terra, filho, para nos ajustarmos uns com os outros. Ninguém sofre se já não fez sofrer. Feliz de quem pode ressarcir as suas faltas e ficar livre sem ter de quem se envergonhar ou fugir. Não é em vão que o Senhor reúne às vezes num mesmo local criaturas que incompreensivelmente se antipatizam. É que Ele está proporcionando uma oportunidade para que esses espíritos que se odeiam se reconciliem, porque só pelo amor é que o homem evolui.

— Mas – interrompeu Arthur –, quem odiava Miguel? Que mal fiz eu a ele? Nenhum...

— Como poderás afirmar? Que sabes tu? A tua vida atual é apenas um dos muitos episódios de teu viver evolutivo. Não te rebeles contra as provas, elas são necessárias e justas. Porque toda a dor que sofremos hoje, já fizemos alguém sofrer muito antes, ontem. Senta-te neste tronco e ouve, meu filho, uma história que vou narrar-te. Sentar-me-ei, aqui, também.

Sobre a clareira, as estrelas brilhavam. Forte brisa, vinda do mar dissipara a tempestade que se prenunciara, tangendo para distante os cúmulos carregados de eletricidade. O calor amenizara. E na calada daquele fim de tarde, Arthur ouviu a mais estranha das histórias.

* * *

— Meu filho – principiou o Ermitão –, quem fere nesta Terra, nela será ferido... Assim, porém, não pensava um nobre russo, cujo nome suponhamos tenha sido Nicolau Yvanowsk. Senhor de grande fortuna, tinha em suas mãos o destino de muitos homens. Já deves ter lido em alguma parte como é um nobre russo: aqueles homens só respeitam na Terra a um poder: o do tzar. Aqueles que não são nobres eles consideram seus escravos. E dentro desse princípio egoísta e anticristão, o russo nobre comete maldades terríveis, deixando muito aquém o inferno do Alighieri. E nenhum deles era mais minucioso na prática do mal do que Nicolau Yvanowsk. Sendo senhor absoluto em suas vastas terras, usava o Knut de suplício como verdugo nato. Achando que as bolas primitivas de metal eram suaves demais, fabricou outras em forma de ouriço, com as quais ciliciava, dilacerando as carnes dos pobres mártires, dos seus míseros escravos.

"Mas para Deus, tudo tem um limite. Cansado de ver quão perverso e frio diante do martírio dos outros era aquele filho, resolveu dar uma lição àquele espírito que abusava do direito de livre-arbítrio. Então, começou para ele a derrocada. Entregando-se aos prazeres da corte e a todos os vícios, foi, aos poucos, sua fortuna desaparecendo entre o jogo, bebidas e mulheres. Todos já o evitavam, porque quando o cão fica hidrófobo, todos acham que devem lhe atirar pedras. Aquele homem tornara-se perigoso, ameaçando o bem-estar alheio. Raros eram os que já não tinham sido ludibriados por ele nas mais baixas falcatruas. Até que um dia chegou aos ouvidos do tzar o seu procedimento repugnante e impróprio de um nobre. Foi-lhe cassado o título em favor de seu filho, pois o infeliz tinha um filho, e as suas terras passaram às mãos de seus inúmeros credores.

"Assim passou pela vida esse espírito egoísta, tão dominado pelos vícios da Terra. Herdou seu nome manchado pelo sangue de suas vítimas, o seu jovem filho chamado também Nicolau... Era o moço a antítese do pai. Espírito ávido de elevação, sonhando com os mais puros e belos ideais, sofrera também toda a maldade de seu progenitor e assistira chorando a sua derrocada para o abismo. Quanto mais crescia o seu pai em maldade, mais ele subia em sua ânsia de perfeição. Quantas vezes fora às escondidas em busca das vítimas indefesas, para levar-lhes o lenitivo de uma palavra e um bálsamo para as suas feridas causadas pelo Knut. Quando o velho nobre se entregou à mais negra devassidão, o filho, em súplica, pedia ao Altíssimo que tivesse compaixão daquela alma que ia rolando pelo despenhadeiro dos vícios, cega pelo egoísmo e pela maldade, na mais terrível das quedas... Porém, parecia que o Todo-Poderoso não ouvia aquelas ardentes súplicas e, assim, aquele filho em desespero assistiu a seu pai morrer na mais completa cegueira espiritual...

"Pobre herdeiro de um nome desonrado, o jovem sentiu toda a injustiça dos homens cair-lhe em cima dos ombros: passando inocente pelos crimes de seu pai, o jovem Yvanowsk fora banido da corte, diplomaticamente, por aqueles que viam no filho, talvez, um herdeiro dos vícios do pai; e com essa precaução perniciosa dos covardes que temem o contato com os maus, temerosos de seguir-lhes os exemplos, aqueles fidalgos afastaram de seu meio o jovem, como costumavam evitar o contacto dos filhos de leprosos. Nicolau, sentindo que a sombra de seu progenitor escurecia-lhe os passos pela vida, pois sofria as consequências de seus erros, resolveu emigrar. Muito sofreu o seu coração sensível, com aquela resolução, pois entre as paredes do Kremlin, deixara a alma de moço sonhador. Era a sua amada, linda jovem, dama de honra da tsarina, portanto, filha da mais alta nobreza russa, porque só podiam ter essa dignidade as herdeiras dos mais nobres da corte. Senhora de grandes dotes morais, possuidora de um espírito límpido que se refletia na luz que irradiava de seus olhos, amara também profundamente Nicolau Yvanowsk.

"Foi um quadro triste o último dia da despedida, em que os dois, às ocultas num jardim de Moscou, disseram adeus àquele amor contrariado. Ambos juraram de alma para alma, que jamais olvidariam. E, entre lágrimas e juras de amor eterno, separaram-se, forçados pelos falsos preconceitos sociais. A jovem continuou na corte, enquanto o seu amado partia para longes terras... Partia, sonhando ir em busca de fortuna, para depois vir ofertá-la à sua dama, como faziam os antigos cavaleiros. Assim correu quase toda a Terra, como judeu errante. Conheceu em seu peregrinar a torridez das areias dos desertos, a amplitude das planícies; o calor dos trópicos, o frio das terras árticas, a exuberância das florestas africanas e a selvageria dos povos bárbaros; como outro Ashaverus.

"Peregrinando de terra em terra, muito aprendeu e muito sofreu em contato com os homens. Tornara-se mestre pelo saber e tinha a experiência de um velho. Porém, em toda parte onde ia, levava escondido, no cofre de sua alma, o seu tesouro: o amor por sua dama. Jamais o traíra, nem em pensamento, nem em ação... E muitas foram as tentações que tivera de vencer, porque elas não faltarão jamais aos homens; o que escasseiam são homens que saibam vencê-las. Assim foi Yvanowsk, acumulando fortuna, saber e experiência.

"Um dia resolveu voltar à sua terra... Oh! Por que desejara despertar? Volvia venturoso em busca de sua amada, que devia estar à sua espera... Não podes imaginar quão ansioso, quão certo estava de que ela o esperava também, fielmente... Muito mudara a corte de Moscou, naquela sua ausência. Já outro tzar tinha sucedido àquele que não soubera estender a mão ao filho do pecador, ele tinha morrido assassinado numa rebelião em seu palácio. Yvanowsk deparara-se de surpresa em surpresa! Procurou os raros amigos que deixara e bem poucos encontrou vivos e, esses mesmos, estavam banidos do Kremlin, afastados para as suas longínquas terras, caídos no desagrado do novo tzar. Com a nova tsarina, outras damas vieram também substituir as antigas.

"Por mais que indagasse, ninguém dava notícias de sua amada. Porém Nicolau não desanimou. Tinha aprendido a esperar naqueles longos anos... Pacientemente, o jovem ia de informação em informação, procurando o caminho que o levaria à sua dama. Certo dia o encontrou. Alguém, que não vem ao caso, pôde lhe dar as indicações necessárias. Yvanowsk correu ao encontro daquela por quem tanto lutara e sofrera... E foi encontrar a maior decepção de toda a sua vida: porque encontrou a sua amada nos braços de outro, casada com um homem vinte anos mais velho do que ela, porém vinte vezes mais rico... Oh! A dor do despertar de um sonho! Onde encontrar palavras que possam descrever? Melhor fora que tivessem arrancado de seu peito o coração! Se tal tivesse acontecido a sua dor seria menor que aquela que sentira na hora. Viu como era frágil o ideal que sonhara. Sua estátua onde colocara todo o seu anseio de beleza e perfeição era de argila, tombara esfacelando-se ao sopro de um vento que lhe trazia o eco de tinir de moedas... Pouco lhe importava que esse vento lhe trouxesse o frio do inverno para a primavera de sua vida, se poderia agasalhar-se, abrigada num viver faustoso. Ensurdecida pelo tinir das moedas, esquecera tudo... Foi assim que Nicolau Yvanowsk encontrou o despertar de seu sonho de amor.

"Após convalescer de uma moléstia que quase lhe roubara a vida, fugiu mais uma vez daquelas terras e desta vez para sempre. O jovem russo procurou no estudo o esquecimento à sua dor. Pesquisando sempre a razão de ser das coisas, procurou encontrar a pedra filosofal que explicasse a seu contento o porquê do viver dos homens. Um dia a encontrou pela voz de um mestre que lhe esclareceu todos os pontos obscuros que obumbravam a sua mente.

Aquela voz foi a pedra filosofal que lhe transformou em ouro o metal inferior que era a sua vida até então. Desde esse dia, Nicolau, que muitos cabelos brancos já possuía em sua fronte,

compreendeu que nenhum ideal pode ser realizado se não tiver como base o amor de Deus. Amar acima de tudo uma criatura humana é querer, cedo ou tarde, encontrar a desilusão. Todo o amor terreno, querendo resistir ao tempo, tem que estar abaixo do amor do Pai.

"Yvanowsk assim o compreendeu. Com os anos, longos anos dedicados ao estudo da verdade, orientado por aquele Mestre, o russo atingiu um grau de conhecimento muito acima da maioria dos homens, quanto a tudo que se prendia aos mistérios de além-túmulo. Ao passo que ia desvendando esses arcanos, sentia-se pequenino diante da grandiosidade do Senhor! Ele achou que, se por amor a uma mulher lutara procurando enriquecer para vir deitar-lhe aos pés o finito de seu trabalho, por um amor terreno tivera essa coragem e força, por que agora que encontrara o verdadeiro Amor – o Amor de Deus –, não teria coragem para enriquecer armazenando tesouros de boas ações, para ofertá-los ao Pai de Infinita Bondade? Nicolau teve essa coragem. Desde esse tempo dedicou-se completamente à prática do bem. Ele encontrara, enfim, o verdadeiro sentido da vida. Amando a Deus no Infinito e ao próximo na Terra, voltou à sua peregrinação. Foi aprendendo, dessa vez, com os olhos do espírito, os ensinamentos que jazem ocultos àqueles que buscam apenas no saber dos homens o conhecimento da Verdade.

"Quando certa vez, no silêncio da noite, ouviu a voz daquela a quem muito amara, não ficou surpreso, já esperava que tal acontecesse. Aquele espírito vinha lhe suplicar perdão pelo perjúrio e, ao mesmo tempo, mostrar-lhe o 'porquê' daqueles fatos, necessários à evolução espiritual de Yvanowsk. Em uma de suas últimas encarnações, tomara vilmente a esposa daquele que, confiante, num momento doloroso, a entregara a seus cuidados. Roubara a esposa de seu amigo; ultrajara o lar daquele que o fizera guardião. Com suas palavras enganosas, conquistara aquela que era a razão da vida de seu quase irmão. Tudo isso, enquanto o amigo se encontrava à distância, lutando por um ideal comum, a pátria de ambos. Essa traição causara o desmoronamento daquele lar, fazendo aquele esposo ultrajado entregar-se ao vício da embriaguez, do jogo e dos lupanares. Assim esclarecido, ele compreendeu quão pouco sofreu em relação ao mal que causara...

"Compreendendo que a derrocada de seu pai, a traição de sua amada, tudo trazia relação com atos do passado, aceitou todas as provações que lhe vieram depois, com humildade e paciência, achando que eram nada em comparação aos seus erros pretéritos... Foi vendido como escravo nas terras turcas; condenado às galés, por um crime que não cometeu, em França; posto à tortura da fome e da sede num calabouço da China, em vez de um pobre que, para matar a fome dos seus, roubara a um rico senhor de terras... De sofrimento em sofrimento, sempre os achando insignificantes diante de seu remorso, Yvanowsk, enquanto ia recebendo dos homens mil torturas, sentia-se recebendo graças do Senhor. E um dia, acidentalmente, ele foi ter às altitudes Himalaias, lá ingressando numa antiga seita, onde aprendeu que o corpo não impossibilita que o espírito se transporte onde queira, bastando para isso que esteja livre de impurezas terrenas. De lá, volveu ao mundo, consciente de sua missão: dar aos pobres e desesperados o consolo de uma palavra de Amor!"

* * *

Ao chegar neste ponto de sua narrativa, o tio Nicolau fitou em Arthur um olhar tão límpido, tão pleno de bondade, que o moço se sentiu envergonhado de seu desespero anterior... Erguendo-se, estendeu a mão ao velho, sorrindo, já sem a menor amargura. Compreendera toda a lição oculta daquela estranha história. O Ermitão tomou a mão do jovem, sorrindo com humildade, enquanto murmurava:

— Não se desesperes, meu filho, jamais! Grandes são os desígnios de Deus! De toda a dor, devemos tirar os ensinamentos que dela nos vêm. Sofrendo, o homem se engrandece ou amesquinha-se... Aquele que covardemente foge e desespera diante do sofrimento, perde uma grande ocasião de evoluir, de engrandecer-se. Feliz o que aceita e faz da dor uma escada por onde transpõe os obstáculos que possa encontrar em sua ascensão para o Alto, para Deus.

E olhando o infinito estrelado, o tio Nicolau terminou:

— Vê, filho, como no alto as estrelas brilham! Para elas devemos sempre olhar, porque para lá iremos um dia após o nosso ciclo terreno. Lá não existem dores nem sofrimentos, apenas perpétua contemplação ao Pai.

E deixando Arthur, dirigiu-se para o interior de sua cabana.

O moço viu o vulto desaparecer na sombra da tosca habitação. Estava para ele explicado todo o mistério do Ermitão da Floresta.

O esclarecimento

NADA MUDARA NA SALETA ORIENTAL, porém Frances notava que o seu aspecto estava diferente. É que ele agora via com outros olhos, porque as pessoas e as paisagens tomam o colorido que lhes emprestamos. Se fitais com alegria um pôr do sol, ele refletirá o vosso estado, parecendo que vos sorri no poente; mas se olhais com amargura um alegre alvorecer, ele se vos afigurará como os vossos sentimentos: triste, nublado pela melancolia que vos atormenta. Alegrai-vos e a Natureza vos sorrirá. Alegrai-vos e os homens vos sorrirão. Alegrai-vos e até as coisas vos parecerão animadas, sorridentes, como se vida tivessem. Nada mais contagiante que a alegria! Nada mais contagiante que a tristeza também... Olhando a saleta, onde, sobre um console na parede branca, sorria misteriosamente em seu retrato a formosa francesinha, o industrial já não sentia mais aquele mal-estar que o acompanhava sempre quando antes ali penetrava. Ao fitar a imagem de sua avó, ela não se lhe afigurava mais uma incógnita indecifrável, como antigamente, porque do espírito de Frances ia se afastando aquela penumbra egoísta que o envolvera por tanto tempo. A vida e as coisas se lhe apresentavam agora por um prisma mais humanitário, onde o altruísmo começara a refletir seu brilho quase sem jaça. Podia notar a semelhança que existia entre a sua nobre ascendente e Ana Maria, livre da aversão e despeito, que tanto o humilhava. Talvez, pensava, até aquela coincidência estranha pudesse ser explicada, como Arthur explicara tantas coisas mais.

Pela primeira vez, desde que se sentira profundamente ferido ao notar quanto a sua avó se assemelhava à filha de Macário, estava usufruindo a calma que envolvia aquele recanto tão propício ao descanso. Sentado em sua cadeira predileta, Frances relaxava os músculos e, liberto de pensamentos perturbadores, procurava repousar da trabalhosa manhã que passara em seu escritório, lá na fábrica. O sono já começara a pesar em suas pálpebras, quando, de súbito, sentiu como se estivesse sendo mergulhado numa atmosfera diferente. Sensação desconhecida se apossou dele. Quis reagir levantando-se, porém uma força maior que a sua fê-lo ficar imóvel e notou que seus membros tinham como que ficado adormecidos, independentes de sua vontade, apesar de sua inteligência continuar desperta. Sentiu mentalmente que não estava só. Diante dele, envolta em luz, encontrava-se novamente a sombra de Joceline, trazendo nas mãos o pergaminho que lhe arrebatara em sua primeira aparição. Com o mesmo modo meigo e simples que possuía em sua vida material, o espírito de Joceline se aproximou de seu pai e depositou em suas mãos a árvore genealógica da família Renoir, falando suavemente:

— Eis a prova, meu pai, de que existo independente de um corpo físico. Embora espírito, posso encontrar-me, pela vontade do Eterno, em sua presença, pronta para esclarecê-lo em muitas coisas que lhe têm sido verdadeiros enigmas.

Assombrado, porém sem poder supor que estivesse sonhando, pois o pergaminho era uma realidade plausível ali entre os seus dedos, Frances procurava se esforçar para não perder nem uma palavra, nem um gesto da sombra de sua filha. Compreendia, comovido, que por uma razão desconhecida, fora escolhido, por graça especial, para ter a prova insofismável da existência da alma, de sua sobrevivência à matéria.

Joceline, como se procurasse um pretexto para iniciar a conversa com seu pai, murmurou, apontando o pergaminho:

— Que diria o senhor se soubesse que muitos daqueles que tiveram os seus nomes gravados a ouro nesse pergaminho hoje trabalham humildemente como operários em sua fábrica? Está surpreendido ou decepcionado em ouvir dizer que alguns daqueles de quem tanto se orgulhava em descender estão hoje encarnados como modestos subalternos, vivendo miseravelmente? Talvez esteja pensando que estou criando essas coisas, pois deve achá-las absurdas e impossíveis, porém ouça-me. Olhe para aquele retrato: ele tem sido em sua vida um angustioso enigma, desde o dia em que descobriu a semelhança de Ana Maria, a filha do jardineiro, com ele. Pois bem, essa que foi, na corte dos imperadores e reis, tão admirada por seus dotes físicos e intelectuais, hoje vive humildemente como a filha de Macário. Quem diria que aquela nobre volveria à Terra num lar humilde como a filha de um plebeu? Não lhe parece tudo isso terrivelmente confuso? E que surpresa não sentiria, se penetrasse um pouco mais além e fosse encontrá-la como sua própria filha, vivendo a seu lado, uma vida de prazeres, nos salões esplendorosos de Versailles e Fontenebleau, em meio ao fausto pagão da corte de Luís XIV? Que pensaria, se lhe afirmasse que essa mesma francesinha, antes, já fora, em épocas remotas, ainda sua filha, a quem muito fez sofrer, porque, sendo cristã, apaixonara-se loucamente por um muçulmano? E mais surpreso ficaria se lhe dissesse que esse muçulmano é hoje o seu filho Arthur, o meu tão bom irmão. Ele vem há muito acompanhando Ana Maria, como almas irmãs que são. Aquele cavaleiro de Renoir que se exilou em Portugal, fugindo à ira napoleônica, amado esposo dessa Anne Marie, cuja imagem tanto admira, foi também uma das encarnações de Arthur. Duvida o senhor? Então duvidará ainda mais, quando lhe disser que em vida pretérita certa vez, dominado pela luxúria, cometeu o crime de abusar da confiança de uma pobre moira, que, fugitiva como o senhor, se entregara aos seus cuidados, fazendo-a derramar o próprio sangue em defesa de sua virgindade. Duvidará, certamente, quando lhe afirmar que essa moira é hoje Ana Maria. Talvez julgue que depois que deixamos a matéria, ficamos com a imaginação muito ampliada... Mas continuemos: que sentiria se lhe revelasse que apenas nesta encarnação atual foi que nasceu com esse nome do qual tanto se orgulha? Quer saber o 'porquê' de ter nascido Renoir? Foi por isto: um espírito que pertencera em vida terrestre a essa orgulhosa família muito o humilhou, muito o fez sofrer. Esse espírito foi o do meu avô, de seu pai... Em outra existência quanto fez sofrer ao senhor que ousara erguer os olhos para a sua filha, a qual é hoje sua esposa, Rosa, a minha mãe.

E fazendo uma pausa, a 'sombra' de Joceline continuou:

– Bem vê, meu pai, que segundo a lei da evolução espiritual, pela qual vamos passando após encarnações múltiplas, de coisa alguma devemos nos orgulhar. Porque se hoje somos poderosos e senhores, amanhã poderemos ser fracos e servos; se hoje desprezamos um semelhante, amanhã poderemos ter vida em comum com ele, ligados pelos limites da família. Dizendo isso, explico essa antipatia que sentimos às vezes por um irmão ou por um parente próximo; é que o espírito encarnado guarda as reminiscências das impressões profundas de outras vidas, embora fugazmente... E ao ver aquele que o fez sofrer, sente um mal-estar indefinível, cujas causas se perdem no pretérito de suas vidas. Por exemplo, meu pai: eu tenho para com o senhor uma grande dívida, a qual, pela graça de Deus, foi-me dado me ajustar em parte, nesta última encarnação, como sua filha. E se me encontro agora, diante do senhor, é tão somente para completar o que iniciei quando em matéria. Venho em espírito cumprir o término do meu compromisso ancestral. Não se acuse de ter sido para mim um pai tão pouco afetivo... Como poderia o senhor sentir carinho por Joceline, se quando ela foi sua madrasta, em uma de nossas encarnações em comum, tão mal soube cumprir com os seus deveres junto ao pobre órfão? Como o maltratei e humilhei em benefício de meu filho, atualmente Arthur. Maltratava-o, porque era o indefeso órfão formoso e o meu filho junto dele fazia uma triste figura. Fomos para o senhor dois algozes, eu e Arthur. Porém, a maior culpa cabia-me, entretanto, porque, tendo ele, Arthur, sido criado e orientado por mim, abafei em seu íntimo todo o bom sentimento a seu respeito, fazendo vir à tona apenas os maus. Não pode avaliar o quanto fui má e perversa. Tão má, que em sua última hora de vida, o órfão jurou que haveria de se vingar do quanto lhe fiz sofrer. Brotou, assim, em seu espírito, plantada por mim, a erva daninha da vingança, que nele se aninhou, sugando-lhe a seiva vivificante da virtude. E quando o senhor, meu pai, encarnou, vindo como filho daquele que muito o fizera sofrer quando foi seu pajem, então, eu escolhi – já arrependida estava de minhas inúmeras maldades – escolhi, espontaneamente, voltar à Terra como sua filha, para poder assim resgatar todo o mal que lhe fizera. Arthur em espírito, em sua sede de aperfeiçoamento, já estava encarnado como seu filho, também. Juntos, mais uma vez, iniciamos uma nova e promissora etapa de regeneração espiritual. Bem sabe o quanto nos fez sofrer, com o seu desprezo, com o seu orgulho ferido, com a sua indiferença. Porém, se não previsse que haveria de ser assim, não teria escolhido um corpo deformado e feio para encarnar, pois tinha certeza de que não poderia amar uma filha quase disforme, orgulhoso como era da beleza e dos dons terrenos. Escolhi vir assim para ficar sob a sua ira e, portanto, sofrer tudo quanto fizera outrora. Cumpri o meu compromisso e eis-me agora aqui para indicar-lhe o Caminho da Verdade, do qual fiz o senhor se afastar com minhas maldades, despertando-lhe n'alma sentimentos maus. Pode dialogar comigo, e qualquer dúvida que possa ter, com a graça de Deus, poderei talvez esclarecê-la: é para isto que aqui estou, completando, assim, a minha missão reconciliadora.

O industrial, que já estava mais do que convencido da realidade do que presenciava, sentia-se grato e comovido pela graça recebida, da qual não se considerava digno; porém, com o seu espírito prático não quis perder tempo com preâmbulos, por isso, fazendo um esforço grande para falar, articulou com humildade as seguintes palavras:

– Vem me esclarecer no Caminho da Verdade, a mim que fui tão mal para com você? Bastar-me-ia a sua presença tão benigna, pois ela foi suficiente para me convencer da bondade de Deus e do quanto vivia cego pelo mais negro egoísmo... Que mais poderei desejar além da doçura do seu perdão?

— Não se torture, meu pai, com o que me fez, coisa insignificante, aliás, em comparação com a minha maldade passada. Se houvesse necessidade de perdão, teria que ser mútuo. Todos nós erramos nessa vida e é errando que encontramos a Verdade – Caminho certo que nos levará até Deus.

— Como poderemos saber que trilhamos o caminho certo, oh, espírito bondoso, se tantas são as religiões esparsas sobre a Terra e todas elas se julgam detentoras da Verdade?

— Sim – respondeu a sombra filial de Joceline –, muitas são as religiões, porém a verdade que leva até Deus é uma só: a que ensinou o Cristo de Deus e que se encontra em seus Evangelhos. As instituições religiosas foram organizadas pelos homens, inspiradas em altos ideais, porém sujeitas aos erros e às injustiças de seus próprios autores: elas são frutos dos homens, enquanto a Verdade cristã é fruto de Deus. Não importa essa ou aquela religião, o essencial é que cada um cumpra as determinações evangélicas. Jesus disse: "Quem não é contra mim, é por mim". A verdade cristã não é exclusividade dessa ou daquela religião, é de todo aquele que souber segui-la como foi ensinada nas plagas da Judeia. Todo aquele que cumprir, está seguindo o bom caminho, está com a Verdade, pouco importando a religião a que pertença.

Porém, poucos sabem seguir os ensinamentos do mestre... Quase todos se deixam cegar pelas glórias e pelos prazeres passageiros da Terra. Senhores do livre-arbítrio que são, escolhem sempre o caminho mais agradável à vista, caindo, assim, nos pântanos enganosos que se cobrem de flores tentadoras para melhor esconder os répteis que abrigam. Desprezando a Verdade cristã, os homens mergulham na lama do vício, aprisionados à matéria... Nesse caminhar, meu pai, nenhum espírito encontra o reino de Deus.

— Como saber, filha, a nossa missão na Terra e como conhecer que a estamos bem realizando?

— Todo humano nasce, meu pai, com uma tendência para este ou aquele ofício; no decorrer da vida, quase sempre, ser-lhe-ão facilitados os meios necessários, com os quais poderá realizar a sua inclinação natural ou, melhor dito, espiritual. Conhecida essa inclinação vocacional, ele deve segui-la, procurando não fracassar. Por exemplo: um espírito vem com a missão de ser médico; do espaço, ele será encaminhado a uma família que possa ajudá-lo. Forma-se e começa a clinicar. No princípio, pratica a medicina da melhor maneira, porém, depois, ao ganhar fama, cego pelo dinheiro, pela glória e pelo orgulho, começa a deturpar a sua missão de apóstolo da medicina, chegando às vezes até ao crime... Em consciência, esse espírito sabe que falhou, assim como sentia antes que trilhava o bom caminho. Feliz do homem que sabe levar até o final a sua missão, seja de rei ou servo; de sacerdote ou leigo; da mais alta à mais humilde vocação. Tão grande é o mérito do missionário – de qualquer religião – que se embrenha nas selvas catequizando os selvagens, como o do trabalhador humilde que, sol a sol, ganha com o calejar das mãos o sustento diário de sua família, tendo sempre, apesar do cansaço e privações, um sorriso nos lábios. Compreendeu-me o senhor?

– Sim, compreendi... Entretanto, gostaria de saber por que Jesus disse: "É mais fácil um camelo passar no fundo de uma agulha do que um rico se salvar."

– Jesus fez uma simples comparação, porque, meu pai, havia nas muralhas de Jerusalém e, ainda hoje existe, uma porta que abria para os desertos da Síria; de tão baixa e estreita, fazia-se necessário ao mercador que vinha com os seus camelos carregados de mercadorias, deles desmontar e também descarregá-los para que pudessem passar pela porta, que foi por isso chamada Buraco da Agulha. O Cristo de Deus comparou a entrada do reino dos Céus, com essa porta. Porque para um rico se salvar necessita não se apegar tanto aos seus bens, podendo livrar-se deles, por amor ao Pai, no momento preciso. O rico pode transpor a Porta do Paraíso – que é mais estreita que a da Agulha – usando o seu ouro em proveito do seu semelhante, trabalhando, não para acumulá-lo ainda mais, porém para proporcionar por meio dele, ao seu próximo necessitado, todo o bem possível. Bem vê que não é tão difícil um rico evoluir em meio às suas riquezas: basta saber como usá-las...

— Quer dizer que a provação do pobre é mais vantajosa que a do rico?

— Pelo contrário! A prova de pobreza é uma das mais difíceis de ser vencida. Muitos são os obstáculos que surgem impedindo o seu bom êxito. A inveja, o desespero diante das privações, a cobiça levando-o muitas vezes ao roubo e ao assassínio, levam, quase sempre pelos ares as boas intenções do espírito que escolheu a pobreza como meio para melhor evoluir. Uma bem difícil provação a do pobre... Porque, além do mais, com frequência o espírito, pensando que para melhor evoluir basta ser pobre, nada faz para melhorar as suas condições, ficando, por preguiça, descansando, sem lutar, arrastando-se pela vida como lesma. Quando chega à realidade, após desencarnar, esse espírito que age assim tem a desagradável surpresa de ver que quase nada caminhou pela estrada de sua evolução. Sim, meu pai, é muito difícil a provação do homem pobre.

— Bem o compreendi. Mas, por que escolhem alguns espíritos certas provações como, por exemplo, a de leprosos? Por que não escolhem provas menos repugnantes? Noto, em geral, que estes míseros vivem quase sempre desesperados, maldizentes, em verdadeiro estado de revolta! Bem poucos têm a resignação de um Job, e quando a possuem, parecem mais indiferentes que conformados com suas chagas... Não serão, por acaso, estes últimos espíritos, atrasados e incapazes de aspirações mais elevadas?

— Engana-se! Esses espíritos são geralmente bem adiantados, apesar de seus corpos causarem horror às criaturas. São espíritos em prova, em duras provas escolhidas ou aceitas de boa vontade, as quais cumprem admiravelmente, com a máxima resignação. Enquanto os outros, os revoltados, o aspecto repugnante retrata em seus corpos as chagas e as deformações de seus espíritos. Vêm assim revestidos, para que vejam como são asquerosos e tentem, por meio do sofrimento, adquirir um aspecto mais agradável. Essa revolta que demonstram é um atestado de que não aprenderam ainda a lição... São estes os espíritos que ainda estão bem distanciados dos conhecimentos evolutivos. São eles os habituados com as sombras do Umbral. São os que por mais boa vontade que tenham os seus orientadores no espaço, teimam em desconhecer outros horizontes onde brilham sóis imensos, tão afeitos estão às trevas. Se encarnam assim asquerosos, é que essa asquerosidade é necessária à cura de seus espíritos, assim como certos remédios causticantes são os únicos capazes de curar as feridas malignas.

– Esclarecido fiquei. Mas, diga-me, bondoso espírito, o sombrio Umbral, do qual falou, é o inferno dos católicos?

– Não no sentido que a religião católica dá à palavra inferno, porque ela afirma que o inferno é um lugar de suplícios eternos. Aliás, essa afirmativa católica não passa de uma falsa interpretação das palavras evangélicas. Interpretação bem acomodada com os interesses imperialistas e financeiros dos dirigentes católicos, quando começaram a mistificar a missão da Igreja, no mundo. Pelo temor do inferno foi que a religião católica conseguiu dominar em quase todo o mundo, até certo tempo. Ameaçando as criaturas com os fogos do inferno e seus horrendos demônios, entulhou os cofres do Vaticano com os tesouros cobiçados. Fazendo do Evangelho de Jesus exclusividade sua, ela trazia os seus prosélitos em completa ignorância dos textos sagrados, interpretando-os ela como melhor lhe convinha. Só após ter a Terra emergido da obscuridade medieval, sendo traduzida a Bíblia para línguas conhecidas, o homem foi compreendendo o logro em que caíra, começando daí a dar aos livros sagrados a interpretação verdadeira, embora ainda hoje, neste fim de século, muitos não tenham podido libertar-se de todos os tentáculos desse polvo que se chama Vaticano... Mas, o advento desse dia não está longe; então, os homens, todos eles, compreenderão que o Criador, em sua Onisciência, não poderia criar um lugar de sofrimentos eternos para os seus filhos, feitos à sua imagem e semelhança. Assim, Ele seria um monstro e não o Deus de bondade infinita que adoramos. Como criar espíritos, sabendo que amanhã teria que condená-los eternamente, por seus pecados? Não há lógica nem bondade nessa teoria infernal. Umbral ou inferno é um lugar de sombras, onde espíritos pouco evoluídos vegetam, escondendo, na noite que os cerca, seus crimes, suas faltas, seus erros. Porém dele sairão pelo poder do Amor divino, que enviou Seu filho unigênito, até às suas plagas, onde com a sua luz mostrou a todos o Caminho que deviam trilhar para livrarem-se das trevas infernais: o caminho que os levará até ao Calvário – o do amor ao próximo. Do Umbral, volverão à luz, por meio da reencarnação e, um dia em uníssono com todos aqueles que atingiram a meta indicada pelo mestre – Deus –, cantarão no concerto celestial!

– Verdadeiramente divino esse conceito do inferno, divino e lógico! Grato estou pela explicação dada. É consolador saber que por meio da reencarnação ou evolução gradativa do espírito, todos serão salvos um dia. Mas essa lei da evolução atua apenas na Terra?

– Não, em todos os planos do Universo. O espírito é partícula divina espalhada em todo o cosmos para evoluir, até chegar à fonte de origem – Deus.

– Perdoe-me, filha, pela insistência, mas se o espírito é de origem divina, deve ser puro; que necessidade tem de evoluir, então?

– Ele é puro, porém lhe faltam méritos para ter a perfeição do Pai. Para consegui-la tem que passar pelo burilamento da evolução até tornar-se digno de seu divino autor.

– Pureza não quer dizer perfeição? Só a criatura humana é que evolui? Como se processa a evolução na Terra?

– Não, já disse: a evolução é uma lei universal. O processo evolutivo humano ou terrestre se dá nos quatro reinos da Natureza: no mineral, no vegetal, no animal e humano. Para atingir o reino humano, o espírito tem que passar antes pelos três primeiros reinos. Atingindo este, sofrerá um aperfeiçoamento gradativo, até chegar à altura do Cristo, passando para outro plano, onde novos rumos lhe serão mostrados e, assim, de aperfeiçoamento para um aperfeiçoamento maior, atingirá grande evolução.

– Por que não é permitido a todo o espírito se lembrar das vidas pretéritas? Não seria mais fácil, conhecendo os erros passados, evitá-los no presente? Sendo conhecedor de tudo que fez em outra encarnação, não evoluiria mais rapidamente?

– Não! O homem, criatura fraca por excelência, ainda muito apegado às coisas da Terra, jamais poderia se conformar com já ter nascido, por exemplo, como um rei poderoso e ter voltado depois como um simples campônio... E se encontrasse um de seus campônios como rei, agora, que não sentiria ele vendo como descera na escala social? Desesperaria e blasfemaria contra o Pai. Veja, por exemplo, o que se passa na Terra: Quando alguém chega a ocupar nela um alto cargo e depois é deposto, quantas vezes esse alguém não fica desesperado e vai até o suicídio? Imagine ainda um homem possuidor de fabulosa fortuna, voltando em outra encarnação como pobre por não ter sabido usá-la: que loucuras não praticaria contra aqueles que julgasse usurpadores? E os 'choques' que surgiriam entre vítimas e algozes? E o 'peso' que não seria em seus espíritos a lembrança de todos os atos maus praticados? Não, meu pai! Se os espíritos encarnados guardassem, 'ao vivo', todas as suas ações passadas, ainda estaríamos na era troglodita... Era necessário, para o próprio bem da alma que vem iniciar um novo aprendizado, que como homem esquecesse as suas experiências pretéritas, porque muito frágil é a condição terrena, sujeita como é aos imperativos da carne pecadora e fraca. Livres da matéria, os espíritos se libertam de todas as suas necessidades e fraquezas, e veem a terra apenas como um laboratório, onde praticam experiências positivas ou negativas. Se elas têm êxitos, surge para eles a glória de novos e mais vastos e claros campos experimentais, onde as oportunidades evolutivas serão maiores e mais sérias. Se fracassam, novas energias lhe serão ministradas, no espaço, energias essas que são verdadeiros tônicos, os quais lhes darão ânimo para voltarem ao 'laboratório' e iniciar uma nova experiência.

– Pensando melhor – tornou Frances –, creio que tem razão.

– Eu, não! – retrucou Joceline. – Deus sim! O Criador de tudo tem sempre razão em sua Onisciente Sabedoria. Nós somos menos que átomos ignorantes, diante de sua ilimitada sapiência.

— Sim, assim o sinto também, espírito bondoso. Porém, permita-me fazer-lhe algumas perguntas mais: É dado a todo o espírito escolher as suas missões?

— Não. Unicamente aos mais conscientes. Na criatura comum essa liberdade é limitada, sendo restritas as possibilidades de escolha. Há muitos tais possibilidades são impostas e eles as cumprem, às vezes, muito mal.

— Se nem todos têm a mesma liberdade, como compreendemos o livre-arbítrio? – tornou Frances.

— O livre-arbítrio é igual para todos. Não o confunda com modos de evoluir. A liberdade de que falei diz respeito à escolha de missões, por isso disse que os atrasados muitas vezes não cumprem com o que se comprometeram... Não cumprem porque são livres para seguir o bom ou o mau caminho. Deus criou espíritos livres e não escravos. Não confunda expiação com missão, nem com provação: expiação é consequência penosa de faltas cometidas; missão é trabalho que o espírito se compromete em realizar; provação é exame a que ele se submete para aquilatar suas próprias forças morais.

— Ainda existem espíritos para encarnar pela primeira vez como homens, ou todos os que tinham de passar por este reino já o atingiram?

— Sim. Assim como há espíritos que já passaram pela Terra e continuam em outros planos mais elevados para sua evolução, ainda existem os que terminaram seu ciclo pelo reino animal, vindos da cadeia lunar, e somente agora estão em preparo para ingressar no reino humano.

— Quer dizer que já fomos mineral, vegetal ou um animal qualquer?

— Sem a menor dúvida. Deus não criou espíritos para serem encarnados logo como humanos. Há espíritos, em evolução ainda, em muitos outros planos e não apenas no plano físico.

— E quando os espíritos humanos iniciaram a sua evolução?

— Eles iniciaram desde o princípio da evolução cósmica. Quando a Terra era uma simples nebulosa, eles já estavam evoluindo com ela.

— Então, por que estes espíritos não tiveram o mesmo adiantamento se iniciaram todos com o nosso planeta, a sua evolução?

— Porque muitos não se deixaram ficar presos à Terra, enganados pelos gozos da matéria, souberam evoluir em sabedoria e amor. Cumpre também lembrar que muitos milhões de habitantes da Terra são muito mais velhos do que o nosso planeta: já eram velhos quando a Terra se formou e foram para aqui enviados de um antigo planeta, da Constelação do Cocheiro, do Sistema da Capela. Outros espíritos se acham encarnados sobre a Terra em missões superiores. Estes são muito mais adiantados do que a população normal da Terra, inclusive os milhões que vieram daquele orbe da Capela.

— Quer dizer, assim, que o espírito de um criminoso, apesar de sua origem divina, é menos puro do que o de um santo?

— Não! O espírito de um criminoso é tão puro quanto o de um iluminado. Apenas este já alcançou a compreensão e o adiantamento que aquele está ainda bem longe de atingir. Um é puro, mas ignorante e sem poder; o outro é puro, porém pleno de saber e potência.

— Sabemos que na Terra nascem mais pessoas do que morrem; como pode haver tantos espíritos para encarnar?

— O número de espíritos atual, no gênero humano, é de 60 bilhões, tendendo sempre a aumentar com o ingresso de novos espíritos vindos após o término da ronda lunar. Ora, como a população de seu planeta é de 2 bilhões mais ou menos, fica um débito a favor dos que nascem de perto de 58 bilhões de espíritos... Portanto, bem pequena é ainda a população do globo terrestre. Porém, meu pai, não esqueça que estou falando das coisas que se prendem à Terra, porque a limitada inteligência humana não pode desvendar os arcanos do Senhor e nem todos eles são de nosso conhecimento, bem longe ainda de alcançá-los.

— Quer dizer que o processo evolutivo na Terra difere do de outros mundos?

— Difere, porque o processo evolutivo depende do grau de adiantamento do espírito. E o fator meio está sempre em relação com este adiantamento: quanto mais evoluído o espírito, mais evoluído o plano onde se encontra.

– E há grande diferença entre a Terra e esses outros mundos?

– A diferença da Terra para esses mundos é como a diferença que existe do interior de um calabouço para o resto da Terra. Assim como existe entre as criaturas umas mais evoluídas que outras, também entre os planetas e os astros soltos nos espaços há uma escala evolutiva. Há astros onde os espíritos alcançaram tal grau de elevação que desconhecem por completo o que sejam bem ou mal, prazer ou sofrimento. Aliás, estes sentimentos são exclusividade da Terra. Nos planos superiores onde se encontram os espíritos humanos desencarnados, eles não existem e muito menos nos planos divinizados.

Para Deus e seus espíritos não existem definições do bem e do mal e sim conceitos muito acima da compreensão do homem terrestre, onde tudo é limitado à pobreza do seu intelecto. Nesses astros de elevação superior, o viver é alado, em quase contacto com o Criador. Os homens não podem imaginar como sejam esses astros e seus habitantes, porque, sendo a sua linguagem muito restrita e a sua inteligência muito limitada, como já dissemos, nós não temos palavras com as quais possamos nos fazer compreendidos e, impossibilitados de lhe dar uma explicação mais ampla, diremos, apenas, que, ao afirmar essas coisas, nos sentimos com as mesmas dificuldades que o homem sente quando uma criança lhe pede explicação sobre um assunto importante e ele, compreendendo que se empregar termos complicados não se fará entendido por seu pequeno ouvinte, busca usar uma linguagem simples, mais adequada à compreensão infantil. Assim acontece conosco, quando o homem, em sua sede de saber, nos interpela sobre os arcanos infinitos. Ficamos indecisos, porque sendo esses assuntos muito transcendentais, sendo apenas compreendidos com o auxílio da metafísica, ciência desconhecida para muitos, e não dispondo nós de palavras que sirvam para esclarecê-los, damos geralmente exemplos que estão muito aquém daquilo que realmente são. Na Terra, tudo é relativo e limitado. Como poderemos falar de assuntos tão absolutos, como seja, por exemplo, o viver em outros mundos, onde os planos são tão superiores, que um espírito humano, ali, nada poderia ver, tal a claridade que eles espalham? Já experimentou fitar longa e demoradamente o sol quando em todo o seu esplendor? Se já o experimentou sabe que quando desviou a vista de sua luz, tudo o mais desapareceu de sua órbita e tão ofuscado ficou, que se insistisse em fitá-lo por mais tempo, perderia a visão? Pois bem, a luz que se desprende desses astros é bilhões de vezes mais forte que a do Sol, e se lá a criatura humana chegasse, não poderia viver. Fiz-me compreender, meu pai?

– Sim, espírito bondoso. Entretanto, pergunto: nós humanos poderemos chegar um dia a tal elevação?

– Sim, e lá chegarão certamente. O espírito humano, nesta própria Terra, pode se elevar tanto que, ao volver ao espaço, esteja preparado para entrar em contacto com mestres, os quais lhe darão instruções e indicarão o caminho que o levará rapidamente ao ingresso nesses mundos.

– Mas, como poderemos agir na Terra, para chegarmos preparados no alto?

– Muito simplesmente: instruindo-vos tanto no plano espiritual, como no físico ou material, e no plano intelectual ou mental.

– Não o compreendi, espírito iluminado. Que quer dizer planos espiritual, material e mental?

– Esses planos são os pontos estruturais da criatura humana: Espírito, matéria e inteligência. Aperfeiçoados estes três pontos, está alcançado o objetivo do homem na Terra, que é evoluir nestes três planos.

– E como fazê-lo?

– O homem, para alcançar esse objetivo, que é o seu aperfeiçoamento integral na Terra, tem que aperfeiçoar o espírito, burilando-o nas sendas do Evangelho de Jesus; tem que aperfeiçoar a matéria, livrando-a de toda a impureza; tem que angariar conhecimentos, os quais se vão armazenando zelosamente em seu intelecto pelas encarnações afora. Quando o homem atingir estes três planos, do desenvolvimento terrestre, não poderá viver mais sobre a Terra, porque ela nada mais terá para lhe ofertar. Atingirá tal grau de adiantamento, que não será mais compreendido pelos seus semelhantes, que o qualificarão de santo, gênio ou mesmo de louco. Portanto, chegando a essa elevação, tende a ir para uma esfera mais ampla onde, talvez vindo da Terra como mestre, chegue lá como discípulo... E comece então um novo aprendizado em sua evolução, até atingir o grau máximo de desenvolvimento daquela esfera. Seguindo assim, o espírito chega até Deus, confundindo-se em sua luz. Creio que agora me fiz entender melhor, ou ainda não?

— Oh! Espírito de minha filha! Estou comovido até as lágrimas que, bem vê, rolam-me pelas faces... Aprendi mais neste momento do que durante os meus longos anos de estudos.

— É que os homens vivem muito apegados ao tempo, medindo tudo, no que perdem momentos preciosos. E nós, espíritos, não o medimos, porque não necessitamos dele, pois vivemos sem perceber se já passaram dias, semanas, meses ou anos, porque no plano em que estamos, isso nada significa.

— Rendo graças ao Altíssimo por todo o esclarecimento que me prestou. Meu espírito está genuflexo diante da clemência divina. Que fiz para merecer tão grande dádiva, eu tão indigno?

— Deus, como Pai amantíssimo, derrama sobre todos a sua luz, apenas alguns fecham os olhos para não vê-la... Essa luz foi que me guiou até aqui para resgatar a minha dívida, porque era minha jornada espiritual uma alta montanha... Tentei transpô-la como Joceline, e o consegui em parte, com a Graça do Pai. E para completar a missão iniciada, ficarei junto ao senhor, até que todo o mal que lhe inspirei tenha desaparecido. Desejo que compreenda que nada se faz sobre a Terra que se perca: nem o bem nem o mal. Deles teremos as consequências. Agora, sigo. Não esqueça, sempre estarei ao seu lado toda vez que necessária for a minha presença. Que a paz de Deus desça sobre o senhor, com as divinas bênçãos.

E desapareceu como viera, suavemente, a sombra benfazeja de Joceline.

Propósito regenerador

EM TODAS AS VIDAS PECADORAS surge um dia, pela graça de Deus, uma estrada que leva sempre a Damasco, onde os espíritos arrependidos veem novamente a Luz.

Frances Renoir trilhava a estrada de Damasco, abrigando em seu íntimo pensamento bem pouco cristão, quando foi surpreendido pela aparição de Joceline, e seu espírito tombara ofuscado pela claridade divina que a guiara até ele.

Imóvel, conservava-se ainda sentado, segurando o pergaminho. Seus olhos já não choravam. Ele compreendera que o momento não era para lágrimas e sim de ações. Fez um retrospecto de todos os seus atos e sentiu que não podia perder mais tempo. Tinha que traçar um plano e realizá-lo o quanto antes, não devia perder um momento sequer.

Dali em diante, todos os dias de sua vida iriam ser dedicados à execução daquele plano. Muito tinha que fazer. Dessa hora avante, faria como o grande convertido da estrada de Damasco: todo o seu viver seria dedicado à prática do bem, por amor ao mestre. Estes espíritos, fortes e batalhadores, nada fazem pela metade: ou não abraçam uma causa ou, abraçando-a, dão-lhe todas as suas energias.

Assim como chegam aos maiores extremos quando no mal, ao reconhecerem o erro, não medem limites nem sacrifícios na prática do bem. Frances tomara uma resolução e nada o abalaria! Como Paulo de Tarso, ele não se acusaria de seus erros, porém dali em diante, tudo faria para resgatá-los. Queria agir e não chorar. Como o discípulo de Gamaliel, sua alma murmurava com humilde simplicidade:

– Senhor, que ordenais que eu faça?

Intuitivamente compreendera que aquele plano que lhe surgira fora a inspiração, a ordem que lhe viera do Alto e, para cumpri-la, Frances não mediria obstáculos.

Sentia-se, agora calmo e feliz: a luz do Senhor iluminara-lhe o espírito.

* * *

Erguendo-se, guardou o pergaminho em uma de suas algibeiras, e passou ao jardim.

João, seu empregado particular, estava limpando algumas botinas de uso do patrão, quando este, surgindo, lhe ordenou:

– Encontre o meu filho e peça-lhe que venha, o quanto antes, à minha presença na biblioteca.

– Está bem, senhor...

Sem aguardar a saída do empregado, Frances se dirigiu para a mansão. Seus passos eram abafados pelos macios tapetes persas, espalhados por toda parte, cobrindo o solo completamente.

Pela primeira vez sentiu o lúgubre silêncio que envolvia toda aquela riqueza. Como eram tristes aqueles salões, onde dos tetos, trabalhados em custosos painéis, talhados em alto-relevo, pendiam lustres de cristal da Boêmia, iluminando móveis do mais puro estilo Luís XV... Sobre as brancas e imaculadas paredes, espelhos venezianos davam maior amplitude ao ambiente, ao refletir-lhe a dupla imagem. Por toda parte, quadros célebres e delicadas estátuas de Sevres e de Tanagra descansavam, sobre o frio mármore dos consoles.

Apenas algumas rosas vermelhas, arrumadas em vasos chineses, onde pequenos dragões doirados atestavam a pureza de sua origem, eram a única nota alegre daquelas salas, decoradas num luxo verdadeiramente asiático.

Diante daquelas riquezas, sentiu-se o industrial constrangido e humilhado. A mansão se lhe apresentava agora como um símbolo do viver egoísta de todos os seus ancestrais e do seu próprio. Ela era o símbolo do absolutismo, do poder e do orgulho de toda a família Renoir. Em seus salões jamais penetrara o amor, nem o mais leve pensamento altruístico em prol dos que sofriam.

Ali, naqueles salões, nababescamente luxuosos, jamais os corações sentiram que além daquelas paredes existiam lares nos quais o sol não penetrava nunca, a não ser pelas frestas por onde gotejava à vontade a água das chuvas. Nada viam em sua miopia espiritual, além do fausto e do brilho de seu interior. Lá fora devia haver pobres e infelizes, porém, eram necessários para servirem e trabalharem para o prazer dos Renoir. Se não houvesse pobres, quem iria servi-los? Que continuassem a existir, era o que desejavam eles. Seu pensamento fora este também, até ali... Como vivera enganado, cego pelo egoísmo! Que não fosse tarde demais para sanar o seu erro e o de todos os seus antepassados, pensou Frances, entrando na biblioteca. Sobre uma estante descansava, entre dois candelabros de prata, um livro encadernado a couro. Tombou-o e sentou-se em uma poltrona, passando distraidamente as suas folhas. Despertando de seus pensamentos, leu o título do volume com súbito interesse: era o Novo Testamento. Esquecido de Arthur, mergulhou em sua leitura...

Assim foi que, passada boa hora, o jovem que tinha vindo de estar com o tio Nicolau, o encontrou tão absorvido nas páginas que lia, que não percebeu a sua presença. Arthur se sentiu satisfeito ao reconhecer o livro que seu pai lia com tanto interesse. Que o código do Evangelho derramasse sobre ele a sua luz, suplicou o jovem, orando em sua alma.

Ao notar-lhe a presença, o industrial, fechando o livro, depositou-o em seu primitivo lugar. Ao fitá-lo, Arthur constatou que aquela agitação tão visível, na última entrevista que tivera ali, desaparecera do rosto de seu pai. Por sua vez, observando o filho com atenção, Frances não pôde deixar de ficar sobressaltado com o seu aspecto. Arthur tinha mudado, e até para os olhos menos observadores que os do industrial, a mudança era flagrante, tão patenteada estava ela. Ele tinha envelhecido anos, em poucas semanas. Grande tristeza nublava o seu rosto jovem.

Assustado, o senhor Renoir perguntou, sem esconder a sua aflição:

– Estás doente, meu filho?

– Estou bem, meu pai, nada me aflige. – E procurando mudar de assunto, perguntou: – Que desejava o senhor de mim?

– Mas – tornou Frances, sem notar a última pergunta –, teu aspecto não me agrada... Parece que sofres muito, meu filho! Que tens?

– Não te aflijas! Eu não sinto nada – tornou o moço.

– Não me enganas... Há qualquer coisa em ti que me preocupa. Por que não vais a um médico?

– Se fosse preciso, iria... Mas asseguro-te que não tenho coisa alguma.

Aquele interesse de Frances por seu bem-estar já não o surpreendia mais, porque muito mudara o industrial, desde que vira pela primeira vez o vulto de Joceline. Hoje era um pai afetuoso, ansioso pela felicidade de seu filho. Arthur sentia o seu súbito interesse paternal presente nas menores coisas e esse amor de seu progenitor era um consolo para o seu coração provado, dando-lhe ânimo e coragem diante do sofrimento. Fora por delicadeza, temendo magoá-lo com a revelação de seus sentimentos relacionados a Ana Maria, que Arthur tinha resolvido ocultar dele o que se passava em seu íntimo. Para que contrariá-lo com a revelação daquele amor pela filha do jardineiro, se agora já era impossível, mesmo se tivesse o consentimento de seu pai, casar com ela? Não! Teria de ocultar de todo aquele sentimento, que lhe era tão caro, apesar de tudo, jamais o trairia...

Entretanto, o senhor Renoir insistia:

– Estás doente, meu filho, isto é visível! Por que não consultas um médico?

– Não estou doente... Mas se assim o deseja, amanhã irei até B. consultar o doutor.

– Assim ficarei mais sossegado.

– Então conversemos, meu pai.

– Sim, Arthur. E para iniciar, vê o que tenho aqui na algibeira.

E Frances desdobrou, diante dele, o pergaminho. Ao vê-lo, o jovem murmurou com visível satisfação:

– Então, Joceline voltou!

– Sim, e como vês, trouxe-me a prova de sua existência além da morte.

– Tinha certeza de que ela voltaria para devolver o pergaminho. Mas, como aconteceu? Dormia?

– Não, estava acordado. Foi assim...

E o industrial relatou o que se passara entre ele e o espírito de Joceline. Arthur ouvia-o exultante!

– Oh! Meu pai, que grande espírito é ela – murmurou o jovem com unção.

– Sim! Grande e iluminado! Que alegria não vai sentir a tua mãe, quando souber o que se passou...

Arthur atalhou-o dizendo:

– O senhor, agora que tem a prova de que necessita, deve revelar tudo à mamãe...

– Não, ainda é cedo para contar-lhe, o seu estado de saúde ainda é bastante melindroso, não permite fazê-lo. A morte de Joceline foi um bem duro golpe para ela. Antes de falar-lhe sobre isso, desejo tirá-la daquele marasmo em que vive ultimamente, e para tanto conto com o teu auxílio.

– Tenho feito o possível para arrancá-la daquele quarto, mas mamãe parece nem me ouvir as palavras, sempre chorando e lastimando, com o retrato de minha irmã entre os dedos... Creio que, revelando-lhe o que se passou com o senhor, ela se reanimaria.

– Engana-se. Seus nervos abalados não aceitariam com naturalidade revelação dessa natureza. Prezo-a muito para correr o risco.

– Talvez tenha razão, esperemos mais um pouco.

– Enquanto ela melhora, creio que teremos muito que fazer, e espero que até a tua mãe se interesse por certos planos que idealizei...

– Que planos? – perguntou curioso e interessado o jovem.

— Eles são mais teus do que meus, em verdade. Porque foste tu que me imploraste o desejo de melhorar o viver de nossos operários.

— Oh, meu pai — falou o moço com voz enternecida —, que grande dia é o de hoje para a minha alma! Há anos que espero ouvir de seus lábios tão abençoadas palavras! Que Deus o abençoe, por dizê-las mais cedo do que esperei.

E Arthur, tomando entre as suas a mão de seu pai, beijou-a comovido. O industrial tinha os olhos marejados de lágrimas. Naquele beijo de seu filho, dado com tanta espontaneidade, sentiu-lhe o perdão e o amor.

Dominando a comoção que se apossara de seu espírito, ele falou com humildade:

— E pensar que somente agora, depois de tantos anos, é que vejo o quanto desbaratei o tesouro que Deus me ofertara, que eram os meus dois filhos. Como os fiz sofrer...

— Lembra-te, meu pai, das palavras de Joceline: mais fizemos nós ao senhor. Gostaria — suplicou o jovem — que não mais falasse no que passou; pensemos apenas no presente, que parece tão auspicioso! Falemos de seus planos. Como pensou em melhorar o viver de nossos operários?

— Proporcionando-lhes melhores casas, escolas e hospitais, para eles e suas famílias. Desejava que escrevesses para a capital, e consultasses alguns de seus colegas sobre os nossos planos. Desejava, também, que eles providenciassem a vinda de alguns engenheiros para aqui, pois estou ansioso para começar a recuperar o tempo perdido. Farás isso?

— Com imenso prazer! Porém, achava melhor ir eu pessoalmente até a capital da província, tratar destes assuntos.

— Este era o meu propósito, porém, vejo-te tão abatido que temo que a viagem prejudique a tua saúde.

— Quanto a isto, não tenhas cuidados. Consultarei, para sossegá-lo, um bom médico, quando lá chegar. Creio que essa viagem só poderá me fazer bem, verá o senhor.

— Então, quando pretendes seguir?

— Amanhã mesmo, meu pai.

— Neste caso, tenho que providenciar certos papéis que deves levar. Já que queres ir logo amanhã, vamos prevenir a tua mãe.

— Vamos...

E os dois se encaminharam para os aposentos de dona Rosa.

A notícia da próxima viagem de seu filho para a capital da Província de... não modificou a tristeza em que se encontrava a pobre e fraca senhora. À noite, quando Arthur foi dar o beijo de despedida, pois partiria naquela madrugada, murmurou chorosa e disparatadamente:

— Vê se não te acontece algo. Joceline já morreu, queres também nos deixar?

— Sossegues, mãezinha, voltarei em breve... Anima-te mais um pouco e distrai-te em minha ausência. Quando voltar, quero encontrá-la forte e alegre. Que deseja que lhe traga lá da capital?

— Coisa alguma, apenas que não te demores.

E quando o filho já ia cruzando a porta de saída, chamou-o:

— Que quer, mãezinha?

— Pede a Ana Maria que venha até aqui. Ela nunca mais apareceu, por que, meu filho?

— Creio que tenha estado ocupada, pois noivou há alguns dias.

— Então deve ser isso. Mas desejava vê-la, sua presença me distrai os pensamentos.

— Está bem, deixarei um recado para lhe ser levado, logo mais. Até a volta, mãezinha.

— Que Deus te acompanhe — murmurou dona Rosa, enxugando os olhos.

* * *

Naquela madrugada, após despedir-se de seu pai, Arthur, montado no cavalo que o levaria até a estação de B., onde tomaria o comboio, pensou dar ao empregado que ia acompanhá-lo até lá para trazer de volta a sua montaria, o recado de sua mãe para a filha de Macário; porém, pensando melhor, sentiu que não devia perturbar Ana Maria naquela fase de seu noivado. Não seria delicado nem próprio, pensou a alma nobre do rapaz.

E dando um impulso nas rédeas, tomou o destino de B. sem nada dizer...

* * *

Enquanto seu filho seguia para a capital da província, para contratar engenheiros, Frances, nessa mesma manhã em que Arthur partira, comparecera cedo aos escritórios da fábrica, onde, chamando o secretário, pediu que fizesse vir à sua presença o gerente da empresa. Momentos depois, este, obedecendo-lhe ao chamado, apresentara-se meio apreensivo diante dele. Era proverbial comentar-se ali que, quando alguém comparecia à presença do industrial, surgia sempre uma contrariedade. Foi por isso, tomado de surpresa o senhor Santos Julian, chamemos assim ao gerente, quando, entre sério e sorridente, Frances travou o seguinte diálogo com ele:

— Julian, quantas escolas temos aqui?

— Nenhuma, senhor Renoir. As nossas crianças vão estudar nas escolas da cidade de B.

— Que descuido, Julian! Essas crianças andam três quilômetros para chegarem até lá. Como já não sanamos isso?

— Permita-me lembrá-lo, senhor, que já quis abrir 'aqui' um grupo escolar, porém, o senhor se opôs tenazmente, dizendo que elas fossem estudar nas escolas de B.

— Sim, tens razão! Eu é que tenho sido culpado. O descuido foi exclusivamente meu. Porém, jamais é tarde para se corrigir o erro.

E fitando o seu olhar profundo no rosto espantado do gerente, continuou:

— Providencies, quanto antes, professores para ensinarem os filhos dos operários. Utilize, por enquanto, a casa que fica perto da entrada; ela é bastante ampla; servirá como escola provisória. O meu filho embarcou hoje para a capital, foi tratar da vinda de engenheiros para aqui, pois temos que começar, já e já, a construção de um grupo escolar para as nossas crianças. Desejo, também, que os operários que não sabem ler frequentem aulas à noite, e isso o mais breve possível. Participe, ainda a eles, que a contar do próximo mês, terão todos um aumento de salário, aumento este em relação ao número de filhos menores. Diga-lhes mais, que todo aquele que tenha além de trinta anos de serviços prestados à empresa será aposentado com todos os vencimentos, ficando, entretanto, com direito ao aumento relacionado aos demais. E não esqueça, Julian, que o aumento diz respeito a todos, do menor ao mais graduado dos meus colaboradores.

— Não o esquecerei, senhor Renoir, tornou o atônito gerente. E desde já conte com a gratidão de todos. Quanto a mim, estou sem palavras para externar o meu contentamento. E que mais ordena, senhor?

— Não ordeno, desejo apenas, retificou Frances.

Diante dessa humildade, Julian pensou sonhar. O seu espanto crescia, à proporção que o industrial falava, quilometricamente. Que milagre ter-se-ia operado no espírito do senhor Renoir? Ou teria ele, Santos Julian, enlouquecido?

Parecendo não perceber o espanto do gerente, Frances continuava a externar os seus planos.

— Anuncies, também, que vamos montar aqui uma casa hospitalar onde todos terão, gratuitamente, assistência médica e dentária constante. Agora, pode retirar-se, Julian. Que as providências sejam tomadas quanto antes, pois muito tempo já foi perdido... Desejo que as aulas funcionem o mais breve possível, não esqueça. Pode ir Julian.

O gerente fitou um olhar de tamanha gratidão no senhor Renoir que ele se sentiu emocionado.

Retirando-se, foi Santos Julian levar as boas novas a todas as seções da empresa.

Os operários e os demais funcionários ficaram alvoroçados, radiantes de alegria e julgaram sonhar! E pela primeira vez, naquele setor de trabalho, a disciplina foi esquecida. Todos, desde os chefes aos operários, correram ao pátio, reuniram-se diante das janelas do patrão, esquecendo as máquinas e teares. E aqueles lábios, que tantas vezes amaldiçoaram o nome Renoir, gritavam agora, entre lágrimas agradecidas, vivas e bênçãos ao industrial.

Frances, surpreso, sem compreender os gritos que ouvia, chegara-se a uma das janelas e só então atinou com o motivo do súbito alvoroço. Ao vê-lo surgir, os vivas se redobraram e palmas explodiram exuberantes!

Ele, fazendo sinais com a mão, pediu silêncio e, diante daqueles rostos agradecidos, ergueu a voz, sem poder dominar a emoção que o envolvera.

– Agradeço a todos os vivas e as palmas! Agradeço ainda mais essa gratidão que leio nos rostos e a qual com mais eloquência me fala à alma, dizendo-me muito mais do que as palmas e vivas. É que essa gratidão, brotando de seus espíritos, transmite ao meu o sentimento de todos. Porém, suplico aos senhores que nada externem por agora. Guardem as suas palmas e os seus vivas para o momento preciso, ainda é muito cedo para aplausos. Reservem-nos para o dia em que virem erguidos, em nossas terras, o hospital, a escola e as novas casas, onde os filhos dos senhores encontrarão saúde, saber e conforto. Porém, nesse dia, dirijam os seus aplausos em memória de minha filha e abençoem também Arthur, verdadeiros autores desse projeto que hoje tanto alegra aos senhores. Agora, voltemos aos nossos postos de trabalho, que muito temos que cumprir.

Mal terminou sua pequena alocução, o industrial foi freneticamente aplaudido. E novos vivas vieram juntar-se aos nomes de Frances, Joceline e Arthur. Até o de dona Rosa foi aplaudido com entusiasmo.

Olhando emocionado de sua janela aquela turba agradecida que o ovacionava, Frances Renoir notou, em meio dela, algo que o fez estremecer... Estaria sendo vítima de uma miragem, ou vira realmente, num relance, o vulto de um ancião, sorrindo bondosamente, abençoando-o em meio à multidão? Miragem ou visão, tinha 'certeza' que percebera o tio Nicolau sorrindo para ele, dentre os operários. Porém, fora tão rápido, que lhe ficara a impressão que sofrera apenas, em seus sentidos, uma ilusão de óptica.

Naquele dia ao volverem ao trabalho, aqueles homens iniciaram as suas tarefas com mais coragem e as realizaram com maior perfeição do que durante todos aqueles anos que ali serviram. Do íntimo de suas almas esperançosas brotavam preces, suplicando ao Altíssimo que abençoasse o patrão, que afinal se lembrara que eles também eram filhos de Deus.

* * *

Nova vida nascera na fábrica. Riso de satisfação banhava todos os rostos. A esperança ressurgira naqueles corações calejados pelos golpes da vida. O assunto geral, nos lares e nos trabalhos, eram os projetos regeneradores do industrial.

À noite, os nomes da família Renoir eram confundidos, nas preces daquela gente simples e boa, com os próprios nomes dos filhos.

E quando começaram a funcionar as aulas noturnas, todos correram à escola, ávidos de saber. Era comovente ver a vontade que velhos operários de mãos rudes tinham de aprender a assinar os seus nomes, com os professores de seus filhos e netos.

Frances, quase todas as noites, fazia uma rápida visita às salas de aula, iluminadas com bicos de querosene. Sua presença, ao princípio, dera certo constrangimento a todos, professores e alunos; porém, logo notaram, aliviados, que ele já não procurava inspirar temor, como antigamente. Assim, até as suas visitas eram aguardadas com satisfação. Em seu lar, Frances estendera, também, a sua influência contagiante junto de dona Rosa, entusiasmando-a com o seu novo plano de trabalho. Com o seu modo dominador, porém, agora altamente benéfico, interessara-a, pouco a pouco, fazendo-a prestar também a sua assistência às aulas das crianças. Assim, em poucos dias, criou a senhora um novo e mais nobre amor pela vida, que até ali passara improdutiva. Integrando-se na causa que abraçara, criou um curso doméstico para as filhas e esposas dos operários, como conhecera numa de suas viagens, em companhia do esposo, pela Europa.

Em verdade, nova e abençoada era despontara, naquela pequenina parte do mundo.

Todos trabalhavam com ardor e gosto. Um surto de progresso banhara aquela gente, que até ali conhecera apenas o tacão inflexível e pesado da família Renoir.

Visita inesperada

NA CAPITAL DA PROVÍNCIA, ARTHUR hospedara-se em um dos hotéis seus conhecidos. Logo que lá chegara, entrara em contato com engenheiros os mais aptos da cidade e assim, em poucos dias, a sua missão tinha sido cumprida sem encontrar grandes obstáculos. Apenas houvera, entre os velhos amigos de seu pai, uma reação inesperada, expressa em comentários acres, revoltados que ficaram com aquilo que consideravam quase uma traição à causa comum. Surpresos com a avançada iniciativa humanitária do poderoso industrial, mal escondiam a sua desaprovação, qualificando-a de um extremismo verdadeiramente revolucionário. Onde iriam parar as fortunas, se todos os capitalistas seguissem ideias tão perigosas? Perguntavam escandalizados os conservadores daquele tempo. Eles ainda não se tinham erguido dos rudes golpes abolicionistas e republicanos que lhes foram infligidos, e vinha aquele que consideravam o esteio principal, o cérebro de suas ideias tradicionalistas, plantar em seu meio novos sistemas de tendências tão claramente igualitárias.

Indiferente a todos esses comentários, Arthur estava, nesta quente manhã, ultimando alguns pequenos negócios relacionados com a sua missão quando o funcionário do hotel veio lhe trazer, numa salva de prata, um cartão de visita. Sem atinar quem fosse o seu dono, tomou-o e surpreso leu o nome, entrelaçado com uma coroa de conde: Pietro Salvatori. Que significava a presença daquele homem em seu hotel? Quem lhe indicara o endereço? Teria sido o próprio pai? Então, se assim fora, que significava tudo aquilo? Mas seu pai seria incapaz de agir assim, sorrateiramente. Não devia fazer suposições precipitadas, antes de falar com o conde. Segurando ainda o cartão, dirigiu-se o jovem ao encontro de sua visita, na sala de recepções do hotel. Mal nela penetrou, um senhor baixo, de traços acentuadamente italianos, levantou-se à sua chegada, curvando-se num cumprimento silencioso.

– Se não me engano, é o senhor conde de Salvatori? – perguntou Arthur.

– Ele mesmo, cavalheiro – respondeu, curvando-se novamente o delicado homem.

– Estou ao seu inteiro dispor. Porém – tornou o moço –, antes queira o senhor se sentar e dizer-me depois a causa que me deu a honra de sua visita.

Acomodando-se no sofá, o conde, sem aparentar constrangimento, fitou os olhos negros meio amortecidos em Arthur, enquanto aplicava com acento peninsular:

– Tomei a liberdade de vir à sua presença, devido à amizade que tenho a honra de merecer junto ao senhor de Renoir, de quem tenho orgulho de ser amigo. Talvez o senhor seu pai tenha já pronunciado o meu nome diante do senhor... – disse meio indeciso, fitando no rapaz um olhar perscrutador.

Com um pequeno meneio de cabeça, Arthur assentiu com ar grave e preocupado. Onde queria aquele homem chegar? – pensou apreensivo.

– Então sentir-me-ei mais à vontade junto ao cavalheiro... De certo modo, não lhe sou completamente desconhecido.

O jovem não respondeu. Seu todo era expectativa! Arthur, sem saber quem enviara o conde à sua presença, temendo ter sido o industrial, não sabia qual o caminho que deveria tomar, naquela inesperada entrevista.

Como se tivesse lido em seu pensamento, o conde perguntou, quebrando o silêncio que se fizera.

– Deve estar curioso em saber quem me indicou o seu endereço. Foi simples coincidência, fruto de um feliz acaso.

— Como assim, senhor conde? – perguntou Arthur, sentindo alívio em saber que o culpado daquele encontro não fora o seu pai. Isso o sossegou sobremodo.

— Encontrei-me ontem à noite com o encarregado dos negócios do senhor Renoir e soube por ele da presença de seu filho entre nós. Veio passear, senhor Arthur?

— Não – respondeu este laconicamente. – Vim a negócios.

— Quer dizer que não dispõe de muito tempo para os amigos?

— De tempo quase nenhum. O assunto que me trouxe à capital foi o mais urgente possível.

— Que pena!

— Que lastima o senhor? – estranhou o jovem.

— O seu tempo escasso.

— Em que lhe pode pesar, senhor conde? – perguntou Arthur, franzindo os supercílios.

— Pesa-me saber que não terei tempo de estreitar o nosso conhecimento, como seria de meu desejo. Sinto sinceramente, jovem.

— Oh! Senhor! Confunde-me a sua gentileza. Agradeço em nome de meu pai e no meu, a sua prova de amizade.

— O jovem amigo, permita-me tratá-lo assim? Não me acharia importuno se o convidasse a vir hoje à tarde até à nossa casa? Talvez, quem sabe? Conseguisse uma hora para nos dedicar. Sentir-me-ei honrado em recebê-lo em nosso lar. Ou estou sendo importuno?

— Pelo contrário! Está sendo muito gentil. E a honra, se dispusesse de tempo, seria toda minha – acentuou o rapaz, furtando-se ao convite.

— Entristece-me a sua delicada recusa, meu jovem amigo. Preparei-lhe, contanto que aceitasse o convite, um lauto jantar! Que pena... Como vai ficar triste a minha senhora...

— Sinto, senhor conde, causar transtornos em seu lar, mas...

— Seria grande o sacrifício – atalhou ele – e a nossa casa talvez não fosse digna de recebê-lo – concluiu melindrado Pietro Salvatori.

— Oh! senhor conde! Assim, obriga-me a aceitar seu convite, apesar, creia, de não dispor de muito tempo.

— Aceitou! Sabia que o jovem era um fidalgo, um cavalheiro! Conto com o senhor hoje à tarde sem falta. Estou contentíssimo! — exclamou o conde levantando-se sem deixar tempo a Arthur para protestar como era intenção sua. Cumprimentando numa curvatura, deixou o salão, diante do aturdido rapaz.

Contrariado, Arthur voltou ao quarto e sentou-se para refletir um pouco sobre aquela estranha visita. O que havia de real por trás de tudo aquilo? Estaria aquele homem a par dos projetos matrimoniais de seu pai, sobre a sua filha? Se assim fosse — tudo no conde evidenciava isto — que esperaria dele, hoje à tarde em sua residência? Que planejara ele? Devia haver qualquer coisa convencionada, entre o seu pai e o conde, sentia... Aquela visita fora uma prova. Apenas, talvez o seu progenitor não lembrasse mais daqueles projetos matrimoniais; porém, o conde não os esquecera, isto era evidente, ou talvez não lhe conviesse esquecê-los... Bem sabia ser um partido difícil de ser substituído, pensou com amargura o filho do industrial. O conde não se conformaria em perder tão facilmente tão rico genro. A sua visita e aquele convite que o forçara aceitar, atestavam tudo isso. Teria que arranjar um pretexto e não comparecer ao jantar. Sua presença na casa do conde talvez viesse a dar margens a maiores esperanças a seu respeito, relacionadas a compromissos que ele jamais assumiria. Mas, não! Devia ir, porque de uma vez por todas, resolveria aquele assunto. E Arthur, tomando uma resolução, guardou o cartão do conde, depois de olhar o endereço. Compareceria ao jantar.

* * *

À tarde o jovem Renoir, tomando uma carruagem de praça, dirigiu-se à residência de Pietro Salvatori. Erguia-se ela num dos recantos mais aprazíveis da cidade, em meio a um jardim circulando pequeno lago, onde se viam dois elegantes cisnes, boiando entre nenúfares brancos e amarelos. Formosas estátuas de deuses campestres plantavam-se entre as flores as mais diversas e raras. Vinha do jardim, acumpliciado com o ar morno da tarde, um encanto misterioso e indefinível orquestrado pelos pássaros que em pequenos voos pousavam ora numa árvore, ora numa estátua, ou esvoaçavam sobre o lago, confundindo o reflexo de suas águas com o azul do céu. Arthur não pode fugir ao fascínio que vinha daquele local tão convidativo à poesia e ao sonho. Aquele jardim era um poema de harmonia e cores.

Mal descera ele da carruagem e pagava o seu aluguel, quando apareceu a figura do conde no alto de uma escadaria de mármore que conduzia à porta de entrada de uma casa branca de linhas senhoris, acenando-lhe festivamente. Arthur respondeu tirando o chapéu, num cumprimento.

Pietro Salvatori veio pessoalmente abrir os grandes portões, e conduziu a sua visita para um salão cujo aspecto meio pesado destoava com o agradável exterior da casa. Havia ali um amontoado de móveis e cadeiras, quebrando a harmonia do conjunto, que talvez arrumado de maneira mais apurada surtisse melhor efeito à visita. Faltava naquela sala, pensou Arthur saudoso, a finura da mansão Renoir, tão própria dos franceses.

Entretanto, em meio a sorrisos afáveis, elogios exagerados e desculpas banais, onde a modéstia estava apenas para disfarçar o orgulho do senhor de todas aquelas riquezas, o conde fez o jovem assentar-se diante de uma mesa pequena, onde sobre ela estava depositada rica licoreira, em luxuosa bandeja. Tomando dois de seus cálices, despejou neles um pouco de vinho e ofereceu um deles a Arthur, bebendo em seguida o conteúdo do seu em honra à presença deste em seu lar.

Arthur distraia-se com os gestos amavelmente artificiais do seu anfitrião. Parecia-lhe o conde uma dessas personagens de teatro, antes de entrar no assunto principal de uma peça. Aquelas mesuras, aqueles elogios, eram prólogo anunciando o entrecho, cujo final seria aguardado com esperança e quase certeza de vitória. Quando, pensava ele divertido e curioso, surgirão as outras personagens do drama?

Fazia quase uma hora que se encontrava naquele recinto a ouvir, entediado, longas histórias sobre antepassados do conde, a olhar retratos antigos num volumoso álbum de couro de búfalo, quando, correndo um reposteiro, surgiu na sala, dando o braço a uma linda jovem e uma senhora de idade, magra e alta, cujos cabelos grisalhos descansavam no alto da cabeça, num coque apertado. Tinha a expressão fria e orgulhosa, com um olhar onde se poderia ler tudo menos a bondade. A moça possuía uma dessas belezas comuns no sul da Itália, banhada pelo cálido mediterrâneo. Tinha olhos negros, brilhantes, parecendo estrelas sob a noite dos cabelos. Sua pele acetinada, de um moreno pálido, realçava o seu tipo de madona, onde o perfil ligeiramente aquilino denunciava, em seu rosto, ligeiro toque de origem judaica.

Eis, pensou Arthur, as personagens que faltavam.

À entrada das senhoras, o conde fez as apresentações:

— Ercília, minha esposa; Beatriz, minha filha.

— Muita honra, senhoras! Arthur Renoir, um criado para servi-las— disse o moço curvando diante delas sua bela estatura.

Dona Ercília olhava-o por trás dos vidros de um lorgnon, seguro ao peitilho da renda do vestido, por uma grossa corrente de ouro.

— Senhores, participou ela, o jantar está na mesa. Dê-me o braço, senhor conde, deixe que o jovem acompanhe a nossa filha. Arthur sentiu que a moça relutara um pouco antes de colocar o braço no dele. Percebeu também que, por qualquer motivo, ela estava visivelmente contrariada. Seus lábios não se abriram, nem para pronunciar um ligeiro agradecimento quando ele a saudou. Na mesa, notou também que ela mal tocou nos alimentos. Seu ar distante intrigou o rapaz... Não que estivesse sentindo-se atraído por ela. Embora formosa, aquela estranha jovem não tinha o poder de lhe despertar a menor emoção. Mesmo que ainda fosse dono de seu coração, não amaria aquela donzela de ar tão triste que seu pai certa vez lhe quisera impor como esposa. O que intrigava Arthur era a sua maneira de olhá-lo, quando por acaso os seus olhos se encontravam, liam-se nela, desconfiança e mesmo temor. Por quê? Perguntava ele. Ao deixarem a mesa, onde um variadíssimo jantar regado de vinhos fora servido por criados atenciosos, passaram todos à sala anterior, onde num recanto, junto ao piano, Beatriz se recostou, completamente alheia aos pais e à vista, olhando, pela janela que abria para o jardim, a tarde que se despedia lentamente, derramando em tudo uns tons suaves de doce melancolia. Foi ela arrancada de seu cismar pela voz áspera de sua mãe, ordenando-lhe:

— Beatriz, dá o braço ao senhor Renoir e vai mostrar-lhe o encanto de nosso jardim. Bem sabes que a minha gota não me permite cumprir com as obrigações de dona de casa. Anda menina, que esperas?

Ainda dessa vez, Beatriz não falou, unicamente fitou em sua mãe um olhar súplice, onde se lia uma dor imensa. A velha senhora fingiu não percebê-la, ordenando ainda com maior rispidez:

— Vamos Beatriz! Não faça o moço esperar.

Vagarosamente, a jovem aceitou o braço de Arthur, e relutando, acompanhou-o ao jardim. Silenciosos, os dois moços deram ligeira volta pelas aleias floridas. Ambos estavam constrangidos e indecisos, como se intimamente estudassem como deviam agir, naquele curioso passeio. Tomando uma resolução, Arthur propositalmente dirigiu a sua companheira para um banco meio escondido entre as touceiras do jasmineiro.

— Senhora, sentemo-nos um pouco aqui, desejava falar-lhe.

Dois olhos negros o fitaram desconfiados e rancorosos e só então ela falou:

— Também eu precisava falar-lhe, senhor.

— Prefere que eu principie ou quer ser a primeira? — perguntou Arthur, tomando lugar junto dela, em respeitosa distância.

— Tenho que falar antes de ouvi-lo — começou ela, e com visível constrangimento continuou:

— Cavalheiro, sei qual a intenção que o trouxe até a nossa casa. Há muito tempo que aguardava com receio a sua visita. Porém, creia, ultimamente estava esperançosa que jamais aparecesse... Mas, hoje pela manhã, essa esperança morreu.

E Beatriz suspirou profundamente.

Arthur aguardava com paciência que ela continuasse. Via que a moça ainda não terminara. A jovem, torcendo as mãos com desespero, murmurou:

— Perdoe-me externá-lo, porém tenho que dizer: prefiro morrer a casar-me com qualquer homem a não ser...

E ela se interrompeu, olhando assustada em volta.

— Aquele a quem ama, senhora? — continuou o moço com delicadeza.

Beatriz como se desafiasse, ergueu a formosa cabeça, afirmando com nobre orgulho:

— Sim, acertou! Ou casar-me-ei com ele, o homem a quem amo, ou morrerei.

— E quem o proíbe, senhora? — perguntou o moço admirado de seu ar desafiador.

— Quem? Ainda o pergunta? Quem a não ser o senhor que veio aqui para o evitar? Porém, não duvide: ou casar-me-ei com Geraldo ou matar-me-ei! — afirmou Beatriz erguendo-se.

Arthur não se moveu.

— Sente-se, minha senhora — pediu ele — e ouça-me. Jamais viria à sua casa se o senhor conde não me tivesse forçado quase a isso. Bem vê, portanto, que não deve temer nada de mim. Jamais me casaria com mulher nenhuma, mesmo amando-a, contra a vontade dela. Admiro-a, em notar que também a aborrecem esses casamentos por conveniências de família. Tornemo-nos amigos, senhora. Talvez possa ajudá-la.

— A mim? Não me está enganando?

— Longe de mim enganar quem quer que seja, quanto menos alguém que está sofrendo e precisando de auxílio.

— Oh, senhor Arthur, perdoe-me... Mas temi-o tanto... Sim, aceito a sua amizade. Bem que necessito de um amigo...

E Beatriz caiu em convulsivo pranto. Arthur, receoso que os pais da moça surgissem, ou qualquer servo a visse naquele estado, tomou-lhe as mãos, suplicando:

– Acalme-se, boa menina... Assim, como poderei ajudá-la? Preciso ouvi-la, não chore, por favor... Conte-me a sua história.

– Sim, senhor Arthur, tem razão! Sou uma tola! Só sei chorar... perdoe-me... Mas tenho sofrido tanto!

E Beatriz, dominando os soluços e enxugando os olhos, foi aos poucos se acalmando, sob o olhar penalizado do filho do industrial. Pobre moça, pensou ele, parece bem infeliz...

– Serei breve em minha história, pois a noite não deve tardar – começou ela. – Nasci na Itália, senhor, mas vim bem criança para esta generosa terra e nela fui criada, adotando-a como minha verdadeira pátria. E vivia descuidada e feliz, apesar de toda a austeridade de minha mãe. Vivi feliz até o dia em que conheci um jovem patrício, e por ele me apaixonei. Geraldo me amava também, embora receando sempre que os meus pais não consentissem em nosso casamento, pois, dizia ele, era pobre e sem nobreza. Mas, para mim, para o meu coração, não via obstáculos ao nosso amor. Até que um dia fui chamada à presença de meus pais e intimada, entre gritos e ameaças, a esquecer 'aquilo' que eles qualificavam de 'vergonha da família' de 'minha loucura'. Geraldo foi despedido como um lacaio, pois era secretário de meu pai, e ameaçaram-no com prisão, caso me procurasse. Foi quando ouvi falar no senhor. Disseram-me que teria de casar-me com o filho do industrial Renoir. Pensei enlouquecer! Geraldo, às escondidas procurou falar comigo. Estava magro e infeliz. Papai lhe movia uma perseguição terrível, querendo assim forçá-lo a voltar para a Itália. Ninguém queria lhe dar trabalho, temendo desgostar meu pai. Porém, senhor Arthur, maior sofrimento me causava mamãe. Passou a me vigiar como uma prisioneira. Se não fosse a cumplicidade de uma serva, eu já teria morrido, não apenas de saudades de Geraldo, mas dos maus tratos que ela tem me infligido, sem piedade. Essa boa serva é quem consegue burlar a vigilância de minha mãe. E assim, vez ou outra, consigo falar com o meu pobre querido. Mas não podemos continuar por muito tempo, em breve serei mãe, senhor, não tenho pejo em dizê-lo! Embora compreenda que diante do irremediável, só temos uma saída, eu e meu filho, a morte.

– Não fale assim, pobre menina. Deus dá as provações para por meio delas depurarmos os nossos espíritos. Tenha coragem! A morte, dona Beatriz, não afasta nossas provas, apenas às vezes, tentando fugir delas pelo suicídio, as aumentamos. Deus há de resolver a sua situação de outra maneira. Ele jamais abandona os seus filhos. Não desespere. Também como a senhora, amo alguém e só me casarei com esse alguém, isso, aliás, era o que lhe desejava dizer. Confie-me o endereço do senhor Geraldo. Vou tentar ajudá-los...

– Quanta bondade, senhor! Foi a Providência Divina que o trouxe aqui, e eu que já estava desesperando d'Ela...

– Não é bondade, apenas solidariedade que todo cristão deve demonstrar a um irmão que sofre. Dê-me o endereço, senhora.

– Ei-lo, senhor Arthur. E ela entregou ao moço um cartão, que trazia escondido no seio. Sinto que posso confiar no senhor. Que Deus o abençoe. E dizer que quase o odiei...

– Tinha razão, não me conhecia... Mas não falemos mais nisso. Prometa-me apenas não desesperar mais. Disse-me uma vez um santo homem que conheço, num momento em que me encontrava sofrendo como a senhora, que todo o sofrimento é necessário e justo para o reajuste de nossas faltas passadas. Diante disso, devemos até aceitá-los com satisfação, com o prazer que sentimos ao nos acertarmos com a grande lei de amor. Voltemos agora à sala. Mais uma vez lhe peço: não perca a esperança, aguarde notícias minhas com calma. Vamos, boa menina, seus pais já devem estar estranhando a nossa demora.

– Certamente estão esperançosos que voltemos noivos...

– E se Deus nos ajudar, eles vão ter em parte razão: porque em breve teremos um noivado aqui, porém o feliz noivo não serei eu – brincou Arthur, animando a triste jovem.

Beatriz sorriu, olhando-o com gratidão. E os dois moços dirigiram-se por entre os raminhos que cortavam os canteiros, de volta à casa.

Naquela mesma noite, Arthur encontrou Geraldo Ferrari num miserável quarto de hotel de terceira classe, e teve com ele uma longa conversa. Quando o moço o deixou, o italiano sorria por entre lágrimas. Já desaparecera há muito no silêncio da noite o barulho da carruagem em que ia Arthur de volta, ainda o pensamento de Geraldo o seguia, agradecido, suplicando à Madona do céu, que o protegesse sempre, com o seu amor.

* * *

Cinco dias depois, passava das três horas da tarde, quando de uma carruagem desceram, diante da casa branca dos Salvatori, Arthur e Geraldo. O moço italiano estava pálido, porém seu aspecto era calmo e tinha a expressão de quem já não desespera. Trajava com certa elegância, embora com sobriedade. Arthur se fez anunciar, agitando o sino do portão. Desta vez um velho criado veio atendê-lo e, ao ver quem o acompanhava, fez um olhar de espanto e sem se conter, murmurou amedrontado:

– Aqui, senhor Geraldo! Que loucura... Por amor da sinhazinha Beatriz, volte... Que fará o senhor conde, quando o vir?

– Deixe o conde por minha conta, bom velho – disse Arthur. – Conduza-nos à sala e anuncie apenas a minha pessoa, se é amigo de Beatriz. Tome esta bolsa, como lembrança, e agora entregue o meu cartão ao senhor Salvatori.

Receoso, o empregado conduziu os dois moços ao salão já nosso conhecido. À saída do velho servo, Arthur disse a Geraldo:

– Tenha coragem, amigo. Quando amamos, nada devemos temer.

– Tem razão, senhor Arthur. O amor de Beatriz é que me dá ânimo, se não fosse ele já teria desesperado há quanto tempo!

– E vai precisar dele, se não me engana a vista, Geraldo.

Arthur tinha razão de sobra. O conde vinha entrando na sala, todo risonho, de braços abertos, mas quando avistou o seu ex-secretário, a sua mudança foi rápida e terrível! Seu olhar ruminou o pobre moço, enquanto gritou arquejando, ou melhor, urrou:

— Aqui, miserável! Quem o trouxe?

— Eu, senhor conde! — respondeu Arthur, levantando-se com a sua calma costumeira.

— O senhor? Será possível? Não compreendo... Logo o senhor? — gritou estupefato.

— Acalma-se, peço-lhe, senhor conde... Tenho algo para dizer-lhe.

Pietro Salvatori assentou-se, ou melhor dito, deixou-se cair numa cadeira. Estava completamente fora de si, dominado pela raiva. Arthur o fitava, pedindo intimamente a Deus que o acalmasse, que afastasse daquela alma o aguilhão do ódio. Com toda a sua pureza de espírito com sua fé no Altíssimo, o jovem orava. E com o poder que tem a prece, capaz de vencer até a fúria do mais feroz animal, o conde foi aos poucos voltando quase ao seu estado normal; de seu olhar fugira aquela expressão de loucura que o possuíra. Arthur não deixou passar a trégua.

— Perdoe — disse ele com dignidade —, a minha intromissão em assuntos que só dizem respeito ao senhor. Porém, sinto que foi a Providência quem guiou os seus passos até o meu hotel há dias passados. Pensava o senhor que ia em busca de um genro, a quem convencionara com meu pai de dar a mão de sua filha, apesar de ela amar outro homem. Mas, enquanto os homens propõem, Deus dispõe as coisas a seu modo. E foi o que aconteceu com o senhor e o meu pai. Deus interferiu em seus planos, modificando-os... Aquela tarde, vim até à sua casa, apenas para lhe dizer, com a sinceridade de um cavalheiro, que jamais casaria com a sua filha, porque amo outra jovem. Entretanto, quis a Providência Divina que, ao falar com a sua filha, antes soubesse todo o drama que se desenrolava aqui. Ciente de tudo, não vim aqui acusá-lo pela maneira pouco humana e desleal com a qual me queria impor uma esposa, não. Venho, fiando-me na amizade que o liga a meu pai e da qual tanto se orgulha – ironizou o moço –, pedir a mão de sua filha para este cavalheiro que a ama e é por ela amado.

– Jamais, senhor! Gritou o conde levantando-se quase de um pulo. Dar a minha filha a um pobretão? Nunca!

– Ele não é um 'pobretão', como diz, pois como seu padrinho de casamento, dotei-o com cem contos de réis.

– Cem contos? Dotou-o com cem contos? Quase uma fortuna! Por que fez isso, senhor? – tornou o conde já muito calmo.

– Fi-lo para garantir a vida de um inocente que ia ser vítima, antes de nascer, do desespero de seus pobres pais.

Ao ouvir o esclarecimento de Arthur, o conde empalideceu horrivelmente. Os dois jovens pensaram que ele fosse cair, tão abatido ficara; porém, reagindo, Pietro Salvatori assentou-se aniquilado, fitando nos dois um olhar amortecido. Estava vencido o homem.

– Então – disse ele com voz rouquenha –, nada me resta fazer, a não ser dar o consentimento que me pedem. Que o casamento se faça o mais breve possível, é o que exijo agora.

– Nós também o desejamos, senhor. E para que ele não se prolongue por mais tempo, viemos buscar a menina Beatriz para este fim, pois um sacerdote e um juiz nos esperam em casa de meu afilhado. Aliás essa casa foi um presente de meu pai a sua filha.

– Presente do senhor Renoir? – regozijou-se o conde, já completamente calmo e senhor da situação. Que grande amigo é o seu pai! Isso é que chamo um verdadeiro amigo! Seu filho não se casou com minha filha, mas salvou-lhe a honra...

– Senhor – atalhou-o Arthur com delicadeza –, lembre-se que o padre e o juiz nos esperam. Vá buscar a sua filha, nós o aguardamos...

* * *

Cumprida a missão extra que se impusera, o filho do industrial partiu de volta ao seu lar. Deixava, na capital da Província, um casal feliz à espera de um filho. Em seu embarque, Beatriz e Geraldo, que foram lhe levar o adeus da despedida, murmuraram agradecidos:

— Se for um homenzinho, chamá-lo-emos de Arthur. Que ele seja nobre como o padrinho a quem deve em verdade a vida.

* * *

Já em seu lar, onde o aguardavam agradáveis surpresas, Arthur, de todo refeito do cansaço da viagem, ouvia as novidades que o industrial lhe contava com evidente satisfação. Ao tomar conhecimento de tudo que se dera em sua ausência, o jovem se sentia jubiloso. Não sabia o que mais o alegrasse: se as iniciativas que seu pai já tomara em prol dos operários, se o restabelecimento espiritual de sua mãe. Agora, a sós com Frances, narrou-lhe, também, pormenorizadamente, para surpresa deste, o que lhe sucedera na capital. O industrial, emocionado, ouvia com atenção a história de Beatriz e Geraldo. Mal o filho terminou a sua narrativa, exclamou comovido:

— Fizeste bem. Dei-te carta branca para resolveres os nossos negócios, e creio que jamais um dinheiro foi mais bem empregado do que este com o qual salvaste três vidas. De toda essa história, ficou-me ainda uma grande lição. Vê, Arthur, quantas tragédias eu ia causando por querer interferir na vida das criaturas? Felizmente, a Providência Divina evitou-as! Aprendi, meu filho, que somente Deus é o senhor de todos os destinos.

Onde aparecem o padre João e Miguel

ESTAVA FRANCES RENOIR FAZENDO UMA inspeção pela fábrica, quando foi informado de que o vigário da cidade de B. lhe desejava falar. O industrial, meio contrariado pela hora inconveniente que o padre escolhera para vir procurá-lo, dirigiu-se ao seu escritório e mandou que se fizesse entrar o importuno visitante.

O padre João se apresentou, tendo nos lábios o sorriso lisonjeiro que lhe aparecia toda vez que falava com o senhor da grande fábrica de tecidos. Estendendo a gorda mão ao industrial, o vigário perguntou gentilmente como iam passando dona Rosa e Arthur. Frances respondeu às perguntas, agradecendo e, convidando o padre a tomar assento ao seu lado, pediu-lhe que fosse breve em dizer o fim que o levara até ali, pois no momento estava muito atarefado. Meio contrafeito, o padre sentiu que escolhera uma ocasião imprópria, pois o que o levara ao industrial carecia de calma e tempo para externar; assim murmurou, fingindo estar muito à vontade:

— Vim até a sua presença, para saber quando o senhor quer que seja celebrada a missa por alma de sua querida filha?

— Não se dê a esse incômodo, pois não desejo que celebre missa alguma; Joceline não era muito religiosa, quis dizer católica: depois de sua morte, quero respeitar-lhe as ideias.

— Oh! Exclamou meio horrorizado o padre, não deve agir assim, senhor Renoir. Sua filha era muito criança, como toda criança, rebelde, por isso mesmo devemos rezar por sua alma para que Deus tenha piedade dela.

— Não se preocupe com a salvação da alma de minha filha, eu assumo a responsabilidade em não celebrar a missa: o pecado será meu, senhor padre – concluiu Frances sorrindo com ironia.

Verdadeiramente o assunto o contrariava. Primeiro, porque sentiu que a missa fora um pretexto que o vigário arranjara para vir até a ele; segundo, porque estava perdendo tempo, num momento em que todos os minutos lhe eram preciosos.

Meio impaciente, perguntou com certa frieza:

— Que mais deseja, senhor padre?

— Além do principal assunto que me trouxe até aqui, desejava-lhe fazer uma proposta, porém, diante da recusa ao meu primeiro pedido, creio que não há de aceitá-la, concluiu agastado.

— Aceitarei se me for possível – respondeu Frances com gentileza, fingindo não perceber que o padre estava ofendido. – Terei prazer em ouvir a proposta do vigário.

— Trata-se do seguinte, senhor Renoir. Ouvi dizer que vai construir aqui, em suas terras, uma escola e um hospital para os seus trabalhadores; gostaria de saber se me informaram errado.

— Não, senhor padre. Mas que tem que ver a sua proposta com as minhas construções?

— Verá, senhor Frances. Continuando o que ia lhe dizer, pergunto com a sua devida licença: por que pensou, unicamente, na saúde do corpo e na mental e se esqueceu da saúde da alma de seus operários?

— Que quer o senhor dizer com isso? Fale com clareza, pois já disse ao reverendo que hoje não disponho de tempo: abandone, portanto, os preâmbulos e fira logo o assunto.

— Perdão, estou lhe roubando precioso tempo – murmurou com mordacidade o vigário da cidade de B. – Entrando em minha proposta, pergunto ao senhor: por que não construir também um templo para os operários, se vai construir uma escola e um hospital? Não acha a ideia formidável?

– Acho, senhor padre. Se era a minha permissão que desejava, disponha dela: pode começar a construção da igreja quando quiser, aquiesceu Frances sorrindo. O padre, sem compreender a razão daquele sorriso, continuou a falar no seu projeto com entusiasmo.

– Deus há de compensá-lo, senhor Renoir, pela construção da igreja: é uma grande coisa que vai fazer.

– Está enganado, padre! – interrompeu de pronto o industrial.

– Eu não vou construir Igreja alguma! Não lhe afirmei isso, disse apenas que poderia o senhor, não eu, começar a construí-la... Dei permissão no sentido de poder ser ela erguida em terrenos da fábrica. O mérito da construção será seu, senhor vigário, e não meu.

O padre corou assustadoramente, enquanto gaguejava atrapalhado:

– Eu não tenho dinheiro, como poderei construir uma igreja, para o senhor?

– Mas está enganado, bom vigário! Eu, de modo algum, quero que construa nada para mim. O senhor me falou num projeto que tinha, relacionado com a construção de uma igreja em minhas terras, e para isso dei o consentimento... Não foi isso, senhor vigário?

– Se o senhor Renoir finge não compreender, paciência... Pensei apenas que, sendo tão rico, poderia abrir mão de uns miseráveis mil réis e praticar essa obra de caridade, que muito agradaria a Deus e a seus ministros.

– Até que afinal o senhor falou com clareza, o que devia ter feito há mais tempo. Esquece o padre que a minha fortuna, comparada à da Igreja, é como uma gota d'água junto ao oceano?

E o industrial continuou, agora, já sem sorrir, falando com toda a seriedade:

– Acho que é dever da própria Igreja construir seus templos. Estamos entendidos, senhor padre? Ou mais algum projeto?

E notando o aspecto desolado do padre, continuou com delicadeza:

— Convenhamos, padre João, devido aos meus operários não pertencerem ao credo católico, teria nesse caso, por uma questão de justiça, de construir, além do seu, templos protestantes, espíritas e de outras seitas, pois muitos deles pertencem a essas religiões, creio até que a maioria... Portanto, não fiquemos zangados, senhor padre. Poderá vir aqui celebrar as suas missas, tantas vezes queira, para isto o prédio da escola servirá bem. Não o proíbo, assim como não proíbo que os pastores protestantes preguem sua religião.

E tirando de uma pequena gaveta certa importância em dinheiro, colocou-a num envelope, entregando-o depois ao padre, murmurando com gentileza:

— Aceite este óbolo para as criaturas pobres de B. Elas devem estar também precisando de roupas; pode mandar buscar, na fábrica, todo tecido que seja necessário para distribuir entre as suas crianças pobres. Coitadas, o inverno este ano vai ser rigoroso, vamos ter muitas chuvas, senhor padre.

O vigário guardou o envelope num dos bolsos de sua negra batina, já meio alegre. Nada melhorava mais o seu humor que um bom presente em dinheiro. E quando ele vinha da parte do senhor Renoir, sabia, de antemão, não ser precipitado em sua alegria. Despedindo-se, o vigário saiu todo sorridente, desejando mil bênçãos para o industrial e sua família.

Sozinho, Frances meditou no viver daqueles homens, como o padre João e ele, Frances, não souberam, de princípio, cumprir os ensinamentos do Mestre.

Saindo da meditação que a presença do padre João lhe inspirara, o industrial, vendo que as horas estavam passando, mandou chamar Arthur, pois combinara com o filho estudarem as plantas que lhes enviaram, da capital, os engenheiros. Assim que o rapaz entrou no escritório, Frances notou que o filho continuava com ar triste, como se algum sofrimento interior o oprimisse. Agora, que compreendia quanto aquele moço era digno do seu orgulho de pai e sentia por de, a par de grande amor, profunda admiração, ficou apreensivo com o aspecto do filho! E, esquecendo tudo o mais, perguntou preocupado, enquanto Arthur tomava assento ao seu lado:

– O que tens, meu filho? Noto que continuas com o ar doentio que percebi na véspera de partires para a capital. Vejo em teu rosto que estas sofrendo. Que se passa contigo, Arthur?

– Nada, não se preocupe tanto, meu pai. Creio que apenas estou um pouco cansado – tranquilizou-o o rapaz.

– Apenas cansado? Então, se é assim, por que não tiras uns dias e vais para qualquer lugar, onde possas repousar?

– Impossível, meu pai. Bem sabe que sonhei, toda a minha vida, em melhorar o viver de nossos operários e, agora, quando o senhor realiza os meus sonhos, retiro-me por estar um pouco cansado? De modo algum o farei. Não se preocupe comigo, estou passando bem, creia-me. Falemos de negócios, meu pai...

O industrial, percebendo que, por qualquer motivo particular, Arthur não queria que ele ficasse a par da preocupação que estava estampada a olhos vistos naquele rosto, tão expressivo, mudou de assunto, embora jurando, em seu íntimo, que iria investigar a causa daquele sofrimento. Já que fora tão mau pai durante anos, sem procurar ajudar os filhos na resolução de seus problemas, deixando-os entregues aos seus próprios destinos, hoje haveria de fazer tudo que estivesse ao seu alcance, para ver feliz, pelo menos, aquele que lhe restava. Assim, estavam ambos, pai e filho entregues em estudar as plantas das obras, quando o secretário particular veio dizer ao senhor Renoir que aquele operário, chamado Miguel, que ali já estivera um dia, desejava falar-lhe.

Frances tinha quase esquecido o moço tecelão, com quem combinara obrigar Ana Maria a casar-se. Seus novos problemas, as aparições de Joceline, as modificações espirituais por que passara, tudo, enfim, tinha-lhe feito quase olvidar a existência de Miguel. Temendo qualquer indiscrição do operário, em presença do filho, disse ao secretário que lhe dissesse para aparecer em outra hora qualquer. Porém, Arthur lhe atalhou a ordem meio apressado:

— Por que não o recebe, meu pai? Creio que se trata do noivo de Ana Maria, a filha do velho Macário. Talvez tenha algo a lhe comunicar a respeito de seu casamento — concluiu o jovem, parecendo estar muito absorvido nas plantas: falara quase sem erguer a cabeça dos papéis.

O industrial ficou intrigado com o modo esquisito de falar do seu filho: notou que ele fizera um esforço enorme para se expressar, como se as palavras não externassem o seu pensamento, pois elas lhe soaram mecânicas e sem vida. Sem compreender a causa verdadeira que transtornava o jovem, achou que o melhor que tinha a fazer era mandar entrar Miguel.

O operário, de roupa nova, sem se ajeitar comodamente nas botinas, as quais lhe apertavam os pés rústicos de uma maneira horrível, atrapalhou-se ao notar a presença de Arthur, no escritório do pai, e, recuando contrafeito, murmurou:

— Se o patrão não pode me receber agora, voltarei em outra ocasião...

E ia procurando retroceder, quando, com um gesto, o industrial ordenou que se sentasse e dissesse a que tinha vindo.

E de soslaio observava o filho, que parecia demasiadamente absorvido no trabalho, sem notar sequer a presença de Miguel. Este, sem saber se expressar direito, porém compreendendo que tinha de falar, ali mesmo, diante de Arthur, começou sem usar de preâmbulos:

— Venho comunicar ao patrão que devo me casar com Ana Maria, no fim deste mês: já estamos noivos! — concluiu, orgulhosamente, erguendo a cabeça em direção ao filho do industrial.

Porém, perdeu tempo se esperava uma reação qualquer da parte deste. Frances notou, franzindo as sobrancelhas, apreensivo, o gesto provocante de seu operário e ainda um riso irônico que ele lançara em direção ao seu filho. Mas, grande conhecedor das manhas dos homens, fingiu que nada vira; nem o gesto, nem o riso de Miguel, nem aquela profunda e suspeitosa indiferença de seu filho pelo noivo de sua amiguinha de infância...

Dirigindo-se ao operário, falou meio alegre, em tom de brincadeira:

— Então! Foi o senhor que afinal conseguiu ganhar aquele tesouro? Meus parabéns! De minha parte, vou providenciar o enxoval da linda noiva: terei nisso muito prazer, pois ela foi como uma irmã de meus filhos. Diga ao seu futuro sogro que venha falar comigo. Deseja mais alguma coisa, Miguel?

— Nada mais, senhor Renoir. Agradeço por Ana Maria o enxoval e vou dizer ao Macário para vir falar com o senhor. E até logo, patrão, com a sua licença, vou me retirar...

— Pode ir, rapaz, e seja feliz!

O operário já ia à porta, quando o industrial fê-lo parar, dizendo:

— Que modos são estes, Miguel? Depois de noivo esqueceu as normas da boa educação? Por que não saúda o meu filho, maior amigo de sua noiva?

O operário estacou, corando fortemente, quis replicar qualquer coisa, mas o olhar firme do patrão fê-lo mudar de ideia. Controlando-se, dirigiu o rosto para Arthur e murmurou meio rouco:

— Adeus, senhor Arthur...

Só então foi que o moço pareceu notar a presença do operário: respondeu-lhe com toda a calma, sem a mais leve emoção aparente:

— Adeus Miguel! — e voltou às suas plantas.

O operário, depois disso, se retirou sem mais objeções. Sem definir direito a razão, compreendera que o seu noivado nada mais significava para Arthur. E um suspiro de alívio fugiu de seu vasto peito! Agora sim! Sentia-se seguro em seu amor. E livre daquela sombra importuna que era, em seu coração, o provável sentimento afetivo de Arthur e Ana Maria, o moço resolveu ir logo depois à casa da jovem, para lhe levar a grata notícia, que o industrial ia dar, como presente de casamento, todo o seu enxoval de noiva.

Silenciosos e cabisbaixos, no escritório, sob as vistas do retrato do fundador da empresa, que se erguia por trás da cadeira de Frances, os dois homens, pai e filho, trabalhavam, como se não tivesse havido nenhuma interrupção. Apenas, de quando em quando, Arthur passava a mão pela testa, como se a tivesse sentindo abrasada, e longos suspiros escapavam-lhe do peito...

O industrial, profundamente preocupado, notava tudo, porém fingia nada perceber. Compreendera a razão do sofrimento do filho e, como querendo aprofundar ainda mais as suas observações, comentou, passada uma hora da saída de Miguel.

— E tu, meu filho, quando se decide a me dar outra filha?
— Creio que talvez nunca, meu pai!
— Por que dizes isso com toda a convicção?
— Porque até hoje não me senti atraído por moça nenhuma. Penso que jamais me casarei... — murmurou com amargura o jovem.
— Que tolice! Tu, um tão belo rapaz, falas como se as mulheres não gostassem de ti! Tens tudo, meu filho, para fazeres uma moça se perder de amores: nome, beleza, mocidade e fortuna, e além de tudo, um espírito de escol... Que desejas mais?
— Nada, eu nada desejo, meu pai! — E o moço voltou ao trabalho.

O industrial não insistiu mais: tomara uma resolução. De toda a sua alma, pensou em Joceline, desejando-lhe a presença. E, como se o seu pensamento tivesse o dom de atrair o espírito da filha, ouviu precisamente a sua voz dizendo:

— Sim, meu pai, deve seguir sua resolução: ela é muito acertada. Não deves adiá-la, porque o tempo urge: forças do mal estão trabalhando contra Arthur. Por minha parte, tenho feito tudo para mostrar a essas forças quão erradas vivem, porém, até aqui estão inflexíveis... Em encarnações passadas, meu irmão fê-las despertar e agora elas se erguem, numa reação vingativa, contra ele. Não deve perder tempo... Que a paz de Jesus fique com o senhor.

Sem nada mais ouvir, o industrial olhou o filho: estava atento ao trabalho, nada percebera.

Erguendo-se, Frances perguntou ao jovem se poderia sair um pouco, sem lhe causar atrapalhos, pois tinha que dar uma ordem e fazer uma inspeção, nos laboratórios da fábrica.

– Podes ir, ficarei mais umas horas estudando estas plantas – respondeu o rapaz.

– Não devo me demorar, mas, em todo caso, se não voltar logo por qualquer motivo, pode fechar o escritório. Encontrar-nos-emos à noite, em nossa casa.

– Vá descansado e demore o tempo que desejar.

– Então, até logo, meu filho.

E o industrial saiu apressado. E, daí a pouco, trilhava o caminho que levava à montanha da floresta.

Dos pequenos e humildes é o reino dos céus

AO CHEGAR À PEDRA QUE existia na fralda da montanha, que lá parecia ter sido posta como sentinela para guardar a sua entrada, Frances parou meio indeciso. No percurso da fábrica até ali, procurava não ser notado: ainda havia em seu íntimo um resto de respeito humano, que o obrigava a se envergonhar de ser visto tomando aquela direção, que todos sabiam levar ao Ermitão da Floresta. Olhando o alto, onde a mata era densa, sentiu que uma força estranha o impelia para lá: decidido, iniciou a escalada tão conhecida de todos que sofriam, e que iam desesperados em busca do tio Nicolau, ávidos de uma palavra de fé, de esperança e de amor. E por mais incrível que pareça, nenhum que já trilhara aquele caminho viera tão aflito quanto o poderoso industrial. Pouco afeito aos exercícios físicos, ele transpirava do esforço da subida. Cansado, parou para respirar um pouco, quando, baixando a vista, notou a seus pés, perdendo-se no horizonte, as suas terras, onde majestosa erguia-se a mansão em meio às pequeninas casas operárias. Pareceu-lhe ela, junto às humildes casas, gigantesco palácio erguido num reino liliputiano. Mais uma vez, sentiu-se humilhado em perceber quanto era enorme o contraste ali existente: de um lado, o máximo de conforto; do outro, nem um mínimo de bem-estar... Como pudera viver tantos anos indiferente a tanta necessidade? Como o seu egoísmo não provocara a ira celestial? Jamais, após o esclarecimento de seu espírito, sentira-se tão acabrunhado! Toda aquela riqueza, toda a imponência da mansão pesava-lhe na consciência, como se ele a carregasse sobre os ombros. Sentia que tinha de equilibrar o fiel da balança que os seus antepassados usaram, quando pesavam os interesses de seus subordinados junto com os deles. Teria que ver agora o que eles jamais perceberam. Que aquelas riquezas todas foram produzidas por aqueles braços; que aquela mansão monumental fora erguida pela energia desprendida por aqueles homens, que viviam em casas mal cobertas... Achava-se responsável pelos erros de todos os seus antepassados: ele tinha que resgatá-los. Tinha que sanar todos os prejuízos de que foram vítimas aqueles homens indefesos. Haveria de exterminar o poder Renoir e plantar naquelas terras o poder de Deus, para quem todos, pobres e ricos, nobres e plebeus, são irmãos. Agora, que via a vida e a morte por um outro prisma, que acreditava na reencarnação das almas, que aprendera quanto era frágil o orgulho humano, sabendo que o homem para evoluir tem de vencer todos os impulsos mesquinhos, sentia-se fraco, pequenino, diante dos erros acumulados em centenas de anos, por todos os membros da família onde nascera, porque os homens que os praticaram iam passando, porém os erros ficavam cada vez mais vivos na Terra, sem ter tido jamais quem os corrigisse. Porque todos eram vendados pelo egoísmo: nada viam além dessa venda. Porém Joceline lhe deixara a sua vista a descoberto, e ele tudo enxergava agora. E como enxergava! Oh! Senhor, que contraste! Ali na mansão, quanta abundância em riqueza! Além, nas casas operárias, quanto desconforto...

Galgando a montanha, Frances olhou todo o panorama que se descortinava ao longe, até onde o horizonte o permitia. A estrada, cortada em barro vermelho, corria em paralelo ao rio, ligando as suas terras à cidade de B., onde a fumaça das chaminés subiam em espirais para o céu. O sol da tarde doirava os seus telhados. Assim, à distância, ela parecia paisagem de um cromo: pequena e rica de coloridos! Porém de perto, conhecia bem as suas ruas maltratadas, com as casas de fachadas carcomidas pelo tempo e sua gente de aspecto cansado, olhos compridos e andar desalentado, com o todo de quem já nasceu vencido, escravizado à dependência humilhante de outrem, como uma fatalidade, sem ter para onde fugir. Aquela passividade o comoveu profundamente... Pareceu-lhe ouvir que a cidade humilhada suplicava genuflexa, que a livrasse daqueles grilhões, deixando-a livre a crescer em sua ânsia de progresso! Para isso, bastava, sabia ele, fechar os seus grandes armazéns operários, fazendo com que os seus trabalhadores fossem comprar no comércio de B., trazido até ali asfixiado por seu empreendimento. E por que não estender até ela a sua ajuda? Por que não libertar o seu comércio, fechando os seus armazéns? Sim, faria isso: daria a mão aquela gente que vivia se arrastando no marasmo do sempre o mesmo.

Após essa resolução, o industrial, já de todo descansado, continuou a escalada. No chão, as folhas secas rangiam; ao pisar sobre elas, Frances mal notava o interior da mata, tão ansioso ia. Marchava indiferente ao seu encanto, ao rendilhado verde das ramagens, à policromia das flores silvestres, ao canto dos pássaros, à música sussurrante da brisa na copa das árvores... Marchava, sem dar sequer um olhar às orquídeas, esses poemas de cor que Deus ofertou à terra num momento de inspiração, que pendiam no ar, abraçadas aos troncos, presas neles por seus tenros caulículos, sugando-lhes as seivas. Marchava ansioso de atingir a meta. E já estava sentindo-se exausto outra vez da caminhada, quando avistou a cabana, na pequena clareira. Viera muito ali quando rapazola, passarinhar, porém, apesar do tempo que isso fazia, nada mudara naquele local. A cabana continuava a mesma, apenas mais enlodada pelas chuvas, vencendo os anos e as intempéries.

Respirando com força, dirigiu-se para ela como se estivesse sendo atraído por um ímã. Ao chegar à porta, encontrou-a aberta. E olhando o seu interior deu com a vista nos mansos olhos no tio Nicolau. Penetrou nela sem pedir licença e aproximou-se do seu dono, como fascinado, olhando em volta aquela humildade que estava bem longe de tudo quanto imaginara. Como alguém podia viver ali, sem o menor conforto material? Nenhuma espécie de mobília, nem uma cadeira, apenas aquela cama tosca onde estava sentado o Ermitão da Floresta.

Este deixara que o visitante se fartasse de olhar a sua habitação, conservando-se em silêncio, fitando-o bondosamente. De súbito, Frances sentiu que as suas forças lhe iam faltar e com o olhar procurou um local onde pudesse descansar. Ao notar o seu gesto, o tio Nicolau se ergueu e com aquela calma que tudo aceitava sem admiração, convidou o industrial a tomar o seu lugar: Como um autômato, este obedeceu; estava exausto!

O Ermitão, como se achasse aquela visita muito natural, perguntou com simplicidade:

– Como estás te sentindo agora? É bem longa a escalada desta montanha, para as pernas pouco acostumadas a ela... Descanses bem, depois, se quiseres, conversaremos.

E deixando o industrial, saiu, para logo voltar trazendo um tronco de madeira, e colocando-o perto da cama, tomou assento nele como se estivesse na mais confortável das cadeiras.

Frances, profundamente comovido diante de tanta pobreza, sentiu nascer em seu espírito enorme admiração por aquele velho, que vivia isolado assim, embora praticando os maiores bens possíveis ao seu próximo em sua solidão. Por quais desígnios viera ele residir naquelas florestas? Quem seria aquele homem que se escondia naqueles velhos trapos, fugindo ao mundo, unicamente deixando que a dor deste viesse até ele? E esquecendo a causa que o levara até ali, perguntou, vencido pela curiosidade:

– Quem sois vós?

– Perdão, senhor, mas digo-lhe sem a menor ironia, que perdi os meus cartões de visitas e com eles a memória de quem poderia ter sido – respondeu sorrindo o ancião.

— Brincais, certamente! Como pode alguém esquecer seu próprio nome?

— Quando compreendemos que um nome nada significa junto ao Juízo d'Aquele que tudo sabe, que nos valerá um nome, se não tivermos boas obras? Somente elas nos servirão de salvo-conduto para ingressarmos no reino de Deus. Das viagens que iniciamos pelo mundo, só elas ficarão como algo imperecível e eterno. Com as boas obras, teremos que formar nossas bagagens... Portanto, que pode interessar a um velho, que está terminando uma de suas viagens, um nome? Antes, tenho que me apressar para ir completando a minha bagagem, se não quiser chegar lá em cima com ela quase vazia – concluiu ainda sorrindo com bondade o tio Nicolau.

O industrial compreendeu toda a verdade contida naquelas palavras, ditas com tanta simplicidade.

O Ermitão, depois de uma pausa, continuou com doçura, como se falasse a uma criança:

— A sua visita me foi anunciada e eu a esperava: muita alegria me deu ela.

— Agradeço-vos, senhor, mas, quem me anunciou? Creio que não participei a ninguém a minha intenção de visitar-vos.

— Esquece que participou àquela que, em vida material, foi sua filha?

— Vós, senhor, também, a vedes?! Perdoai-me o espanto: mas desde a morte de Joceline que me deparo de surpresa em surpresa! Tudo foi tão rápido, tão brusco, que tenho a impressão que estou dormindo e em breve devo despertar, embora me sinta acordado e bem acordado, compreendeis, senhor?

— Sim, meu filho, compreendo, porém é muito natural o que sente, e creia-me: se não estivesse pronto para receber a verdade, ela não teria vindo. Tudo chega a seu tempo... Nada é feito sem preparo, antes. O seu campo estava bem cercado, apenas foi necessário lançar a semente e pelo que já vi, ela logo germinou e em breve dará belos frutos...

— Sois muito bondoso, senhor, em falar assim – interrompeu Frances.

— Se a vossa bagagem está incompleta, que direi da minha? Sinto que foi inútil esta minha última viagem...

— Engana-se, meu filho. Quando se está esclarecido do caminho que se deve trilhar é fácil recuperar o tempo desperdiçado. Ninguém perde uma viagem se souber com antecedência preparar-se. Creio, meu filho, que a sua bagagem está quase pronta – disse sorrindo docemente o tio Nicolau.

O industrial, à proporção que ele conversava, compreendia toda força que vinha daquele espírito em união com a maior humildade. Dava a impressão, a quem o ouvia, de que usava uma linguagem assim despretensiosa, para melhor se fazer compreendido.

Sabia que em todo homem existia sempre um pouco da criança que já fora: amando ela as coisas singelas, puras e boas, como na infância. A verdade era que todos, mesmo os velhos, junto do Ermitão, sentiam-se como crianças. Havia em seu olhar um tal brilho de bondade, uma tão grande compreensão das dores alheias, que todos sentiam nele uma confiança mais que paternal! Parecia que o tio Nicolau carregava ao peito um coração velho como a própria Terra. Aquele ancião vivia mais para o espírito que para a matéria, isso sentia o industrial, completamente conquistado e compreendendo que se ele não resolvesse o seu problema, ninguém mais o faria.

E recordando as palavras da sombra de Joceline, murmurou cheio de fé:

— Senhor, se falastes com o espírito de minha filha, talvez ele vos tenha dito a causa de minha aflição...

— Disse-me, sim... Mas antes dele me falar, já sabia que havia de vir e por que o faria.

— Cada vez fico mais assombrado! Como poderíeis sabê-lo?

— Da maneira mais simples: quando em sua empresa acontece algo de anormal, que fazem os encarregados dela?

— Previnem-me...

— Pois foi o que fizeram: preveniram-me. Assim como o senhor tem encarregados de seus bens materiais, o tio Nicolau, cujo único fito nesta Terra é zelar pelos bens espirituais de seus irmãos, tem também os seus encarregados, e quando necessário, eles vêm lhe trazer as preciosas informações.

Diante do espanto do industrial, murmurou:

– Não pense que sou nenhum santo, dispondo de poderes sobrenaturais, a meu bel-prazer. Pelo contrário! O que acontece comigo é muito simples: quando o meu filho se aprofundar nas leis espiritualistas, compreenderá que todo homem poderá ficar em contacto com os habitantes do espaço, necessitando apenas que esteja preparado para isso. Nenhum poder tenho sobre eles: unicamente confiaram-me uma missão e, devido a ela, trazem-me o seu precioso auxílio, que sem ele nada poderia eu fazer.

– Então – tornou atônito Frances – a vossa missão é zelar por nós? De onde nos conheceis?

– Quando o Cristo de Deus enviou os seus discípulos a pregar os seus ensinamentos, não os mandou aos conhecidos apenas, e sim a todos. O tio Nicolau não é mais que um servo ansioso de servir aos homens por amor de seu Senhor, e ele se sente feliz quando consegue consolar os que sofrem. O seu zelo se estende por todos, pois a missão que recebeu foi esta: por meio da prece implorar ao Pai celestial, em nome de seu unigênito filho, que afaste da Terra o mal. Os homens estão entorpecidos pelo ópio do egoísmo e da descrença. Um grosseiro materialismo apoderou-se de suas almas: crendo apenas no que a Terra lhes pode dar, eles se entregam aos enganosos prazeres da carne, dominados pelos mais torpes vícios. Anseiam pelos maiores gozos, vivendo unicamente para os sentidos que a natureza lhes deu, sonhando prolongar ao máximo a vida, crentes que depois dela nada mais existe. Urgia, aos que resistiram a esta onda de materialismo que banha a Terra, implorarem aos céus um auxílio: e o Senhor dos céus os atendeu, enviando-lhes os seus mensageiros de luz, com o encargo de despertar nos homens um amor mais forte pelo seu próximo e crença maior n'Ele. Espalhando-se sobre o nosso planeta, eles, por meio de revelações, provam que a vida terrestre não é mais que uma oportunidade que nos foi dada pelo

Criador, para atingirmos o seu reino. Esses mensageiros divinos são o consolador prometido pelo mestre, quando disse: "Rogai ao Pai e ele vos mandará um consolador, que depois que eu partir ficará convosco para sempre. Ele vos ensinará todas as coisas e fará lembrar ao mundo tudo quanto vos tenho dito. E quando ele vier convencerá a terra do pecado, e da justiça e do juízo. Do pecado, porque já não creem em mim. Da justiça, porque descrerão do reino de Deus, para onde vou". E o consolador veio, meu filho, no momento preciso: em toda parte do mundo, encontraremos um mensageiro, animando-nos nas provações, lembrando-nos as palavras do mestre, trazendo-nos de volta às práticas evangélicas. Vem ensinar às famílias, que cada lar tem que ser uma casa de orações, onde os habitantes, se amando uns aos outros, praticarão a vida ensinada por Jesus. Vem lembrar às sociedades, que cada membro seu deve ser um discípulo do Rabi divino, trabalhando pelo bem estar da comunidade mais do que pelo próprio, porque somente assim atingirão a felicidade que elas sonham. E vem dizer às pátrias que só extirparão de suas entranhas o câncer da guerra quando alcançarem, em conjunto com as suas bandeiras, a bandeira do Evangelho do Cristo, que foi distendida há dois mil anos pela paz e pelo amor no Universo!

– Perdoe-me – murmurou o velho, como se pedisse desculpas pelo entusiasmo com que falara –, porém ouça-me mais um pouco: o tio Nicolau, orando por seus irmãos, amando-os acima de tudo na Terra, procurando apaziguá-los, consolá-los e uni-los, não faz mais do que seu dever, dever que todo aquele que se diga cristão tem de cumprir para com os outros; esse dever não é uma virtude, é a obrigação que diz respeito a todo o homem que deseje evoluir, a todo que creia na sobrevivência da alma, a todo aquele que por amor da verdade ingresse nas fileiras espiritualistas, orientadas pelos mensageiros de luz: o consolador enviado.

– Quer dizer que o consolador vem pregar uma nova religião?

– Não, meu filho: para Deus, na Terra só existe uma religião, a cristã. O Consolador tem a missão de lembrá-la aos homens, mostrando por meio de manifestações espirituais a realidade do viver de além-túmulo:

por meio de curas mediúnicas, materializações, vidências e escritos psicografados por criaturas ignorantes, ditados muitas vezes em línguas estranhas aos médiuns. Ele prova de modo insofismável esse viver. Numa época em que os homens querem decompor todos os elementos nos laboratórios, analisando a vida em todos os seus aspectos: de corpos tidos como simples, ontem, surgem novos compostos hoje. Quando eles vivem com as lentes firmadas sobre o átomo, ansiosos por dividi-lo, urgia que a existência de Deus fosse evidenciada por meio de provas que não temessem análises. E essas provas nos dão os mensageiros, em suas manifestações. E aceitando-as, aceitaremos, forçosamente, a sobrevivência do espírito: aceito este, encontraremos nele a prova matemática da existência de Deus. Temos que isolar apenas, no laboratório de nossas mentes, os elementos que compõem o todo que é Deus. Encontrado o espírito, partiremos dele, para Deus, o infinitamente grande. Essa foi a missão imposta ao consolador, além de vir trazer ao mundo o renascimento do Evangelho: os mensageiros pregam portanto um renascimento cristão e não uma nova religião.

— Deste-me um grande esclarecimento, e dele tirei uma grande lição: compreendi melhor agora as palavras de Jesus, quando disse: "Não só de pão vive o homem". Não basta proporcionarmos conforto aos nossos semelhantes, para seguirmos o Evangelho: temos que auxiliá-los por meio da palavra, reconfortando-os e principalmente por meio da prece feita em intenção deles, compreendi.

— Fácil é o seu entendimento. Compreendeu bem. Tem razão: a prece é o mais rápido meio de contacto entre a Terra e o céu, entre a criatura e o Criador. Por intermédio dela, o homem eleva-se e transpõe os maiores obstáculos. Orando, ele recebe um potencial de forças que dificilmente e quase nunca é vencido pelo mal. "Orai, disse o mestre, para não cairdes em tentações".

— Foi orando que conseguistes, tio Nicolau, que aqui nestas terras, antes tão sujeitas aos maiores crimes, se plantasse uma paz relativamente grande, que a todos se faz notada.

— Não foram apenas as minhas orações e sim as de todos, inclusive as de Joceline, de Arthur, de Ana Maria, e de muitos outros irmãos, a quem a oração tornou-se parte de seus espíritos: o tio Nicolau apenas os estimulava, orientando-os com a sua experiência de velho já bastante vivido, nada mais. Que mérito existe nos velhos, em orarem, se nada mais podem fazer? – perguntou sorrindo com ar humilde.

E sem deixar tempo a que o industrial respondesse, murmurou, mudando de assunto:

— Creio que o meu filho está mais descansado do esforço da escalada...

— Completamente refeito. E se vós o permitirdes, desejava perguntar-vos algo que muito me sossegaria o espírito.

— Pergunte o que desejar, meu filho.

— Vós dissestes que sabíeis a causa da minha aflição: podeis dizer-me se o meu filho não vai odiar-me quando souber que fui eu quem lhe causou o sofrimento?

— Arthur jamais odiaria quem quer que fosse, quanto mais ao seu pai: afaste tal temor de seu espírito, meu filho. O que está acontecendo é um ajuste de contas, porém não será permitido que esse ajuste seja ultrapassado. Vá sossegado: em tempo algum as forças do mal vencerão as do bem. Deus zela por seu filho, confie Nele e em mais ninguém: porque nem uma folha cai de uma árvore sem o Seu consentimento: o homem é livre de reger as suas ações, porém Deus determina os seus destinos. Volte para junto dos seus, e que a sua fé na bondade do Pai jamais vacile.

Frances volveu à mansão Renoir, pleno de confiança no futuro de seu filho. Ele sentiu que naquele ancião havia uma fonte de amor inesgotável, toda dedicada ao próximo e que, acima desse sentimento, ele colocava unicamente o seu ilimitado amor a Deus.

Desceu a montanha da floresta, trazendo no espírito a certeza de que o mal somente será vencido neste mundo pelas forças que emanam daqueles que, pequenos e humildes na Terra, são grandes e poderosos nos Céus.

Música e contrição

ANA MARIA ESTAVA SENTADA AO piano, completamente absorta, tirando das teclas harmoniosos sons. A pequena sala e tudo mais desaparecera de sua vista, apenas ouvia a sua música. Completamente alheia à Terra, a bela jovem executava os mais estranhos acordes. As notas subiam e perdiam-se ao longe, como o quebrar das águas de uma cascata. A música nascia num crescendo, ia a um *agitato* apaixonado, para logo morrer suavemente, em surdina... Ora era um grito de desespero, que terminava num soluço, desprendido por uma alma presa de atrozes sofrimentos... Então, as notas se elevavam e pareciam chegar aos pés do Divino Músico, numa súplica cruciante, cruel, de quem perdeu a esperança, para logo depois parecer com um chorar resignado, de quem sobe o calvário sem revolta, carregando a sua cruz, que fugia das teclas, num hino condescendente à vontade do Eterno: faça-se o vosso desejo, oh, Pai! pareciam dizer elas. E assim, como se estivesse orando em música, Ana Maria, em êxtase, deixava que seu espírito, desprendendo-se da Terra, haurisse nas alturas interplanetárias a inspiração para aquelas dulcíssimas harmonias. Sozinha, na varanda, dona Júlia ouvia embevecida a filha ao piano. Sem compreender direito, porém sentindo com a alma, pensava candidamente: se um anjo descesse à sua casa, não tocaria melhor que Ana Maria... Abandonando ao colo o bordado, a velha senhora se deixara embalar por aqueles acordes que lhe falavam ao coração.

* * *

Fora, a tarde morria num incêndio no horizonte, ouvindo as cigarras e os pássaros salmodiarem um *De profundis*, em seu último suspiro...

* * *

Nem Júlia, nem Macário, quando a filha estava ao piano, ousavam interrompê-la: aproximavam-se silenciosamente e ficavam extasiados, ouvindo aquele anjo louro tirar do instrumento aqueles sons que mesmo em suas inteligências incultas, soavam celestialmente, como se não fossem da Terra. A menina, nesses momentos de inspiração, ficava transfigurada: seus belos olhos pareciam se fixar em algo invisível, apenas divisado por ela. Ambos se conservavam calados, temerosos de despertá-la. Eram horas inesquecíveis aquelas, de um puro gozo para os seus espíritos. Quantas vezes não ouviram aquelas harmonias, com lágrimas nos olhos... Quando Ana Maria, suspirando, voltava a si e deixava o piano, eles agradeciam a Deus a dádiva daquela filha. Jamais puderam compreender como mereceram aquela menina, tão diferente deles... Nunca se acostumaram em vê-la ali, tão mal colocada naquele modesto lar, parecendo um fino bibelô perdido entre grosseiras louças. Como a mereceram? Perguntavam com humildade comovente.

Naquela tarde, estava Ana Maria tão alheia a tudo, que não notou que alguém chegara e falara com sua mãe, na varanda. Esse alguém era Miguel, que pela primeira vez ouvia sua noiva tocar. Indiferente aos seus acordes, tendo ainda muito pouco desenvolvida a sua sensibilidade musical, sentara-se e por duas vezes tentara travar conversação com a futura sogra. Esta, levando o dedo indicador aos lábios, pedira silêncio. Impaciente, achando aquelas notas insípidas e tristes como toques de sinos em dias de finados, sem compreender como alguém pode ouvir sons tão lamuriantes, o operário balançava as pernas, meio irritado. Naquele instante a música parecia que suplicava aos céus a graça de uma ajuda: os acordes se elevavam, fugiam para o infinito, em notas agudas, num brado desesperado! E então, suavemente, como se o espírito da artista voltasse aos poucos à Terra, de seus voos pelo espaço, os sons foram morrendo, dulcíssimos, lentamente, no mais puro pianíssimo: como o despertar de um sonho maravilhoso, o piano parou. E dona Júlia, suspirando e enxugando as lágrimas, olhou desolada o noivo de sua filha e murmurou desculpando-se:

— Não sei que tem ela quando toca que me faz chorar. Eu não entendo de música, mas os sons que saem dos seus dedos têm tal tristeza, que parece uma alma chorando com saudades do céu. Agora mesmo parecia que ela rezava tocando, suplicando a Deus qualquer coisa que não pude compreender. Não lhe pareceu isso, também, senhor Miguel?

— A mim não pareceu coisa alguma! Não são dessas músicas que eu gosto. Quando nos casarmos, proibirei que Ana Maria toque esses dobrados. Gosto de coisas alegres e não desses feios gemidos.

Dona Júlia fitou o operário e seus lábios se franziram com amargura. E ia replicar qualquer coisa, porém vendo que Ana Maria se aproximava, não externou o seu pensamento, bem pouco lisonjeiro, aliás, para aquele que era o noivo de sua filha.

A menina estava mudada de um modo surpreendente: empalidecera e os seus olhos tão lindos não brilhavam mais com aquele ar saudável de antigamente. Pequena ruga de cansaço cortava-lhe o canto dos lábios.

Seus pais notavam, cheios de dor, aquela mudança na filha adorada. Compreendiam que ela sofria e não atinavam com a causa de sua tristeza. Porque depois que Ana Maria aquiescera em dar o 'sim' a Miguel, de livre vontade, eles ficaram confusos, sem ousarem fazer a mínima suposição a respeito daquele estranho noivado; sentiam apenas que ela não tinha o aspecto feliz, próprio de quem realiza um sonho de amor. Tudo indicava que a filha não amava o moço operário... Por que lhe dera aquele sim? Que mistério havia em sua alma que a forçara a agir dessa maneira tão pouco compreensível? E impotentes, cheios de aflição aguardavam o casamento, o dia em que iriam ficar sozinhos, talvez para sempre, privados de sua filha, que era em suas vidas a única felicidade, tudo quanto possuíam de bom na Terra. Sem ela, o sol que lhes dava o calor e ânimo para viverem, morreriam certamente, Ana Maria se aproximou da varanda e desejando boa-tarde a Miguel, sentou-se junto a sua mãe sem notar que perto do noivo havia uma cadeira vazia. Reparando a sua distração, que tomou como sinal de desprezo, o operário, sem saber se dominar, tão primitivo estava ainda o seu espírito, murmurou irritado:

– Bela maneira de receber o seu futuro marido! Nem sequer me estendeu a mão, talvez com medo que eu a mordesse, não? E por que não senta aqui junto de mim? Não lhe arrancarei um pedaço! – concluiu cada vez mais agastado.

A menina ergueu o olhar surpreso, para o moço tecelão: aquela linguagem grosseira ferira profundamente a sua alma sensível, que não estava afeita àquela maneira rústica de falar. Dona Júlia, notando que a filha empalidecera ainda mais, sentiu que ela estava sofrendo e não podendo se conter, murmurou meio asperamente ao futuro genro:

– Olhe cá, senhor Miguel: a nossa filha não está acostumada a esses modos grosseiros. Embora filha de gente pobre, nós sempre a tratamos com muito carinho. Portanto, acho melhor o senhor...

– Engraçado! Eu é que tenho de mudar o modo de tratá-la? – replicou o operário com mais irritação ainda. – Eu, que ela sempre deixa à distância, como se não fosse seu noivo? A senhora está enganada. Quem deve mudar é ela e não eu.

A mulher de Macário, procurando se acalmar, respondeu baixando a cabeça sobre o bordado:

– Ana Maria é muito acanhada e o senhor, desde que a ame, deve ter paciência. Aos poucos ela vai se acostumando com o noivado.

– É bom que vá se acostumando o mais breve possível – replicou bruscamente Miguel –, porque o nosso casamento está próximo.

E notando que a jovem tirara de uma cesta um bordado, e trabalhava nele, silenciosa, parecendo não ouvir o que ele e a sua mãe conversavam, perguntou-lhe ironicamente:

— Perdeu a voz, Ana Maria?

A moça levantou a loura cabeça e fitou no noivo um rápido olhar, murmurando com voz trêmula, enquanto voltava ao bordado:

— Não, Miguel: apenas estou cansada.

— Cansada de trabalhar no enxoval?

— O bordar não me cansa – explicou com paciência a menina.

— Creio que estou me excedendo na leitura à noite, e isto talvez esteja me fazendo mal...

— Lendo à noite? – replicou o moço. – Vá perdendo esse costume. Não se deve perder tempo com essas tolices! Aprenda antes a cozinhar e lavar roupa. Você cozinha bem? Olhe que eu tenho um apetite devorador!

Ainda desta vez, foi dona Júlia quem respondeu pela filha:

— Ela sabe cozinhar e bem, graças a Deus! A finada Joceline e ela brincavam, quando crianças, de fazer comidinhas, e era de dar gosto vê-las assim entretidas... E foi desse modo que aprenderam. Porém – continuou um pouco contrafeita a velha senhora –, quanto a lavar roupa, nunca ensinei Ana Maria a fazer esse serviço, pois me dava dó ver aquelas mãos tão brancas num trabalho tão grosseiro... Por isso – escusou-se dona Júlia – ela não sabe lavar.

— Mas esses luxos são para mulher de rico! Mulher de pobre é ali no rio batendo roupa, cozinhando, criando os filhos, ajudando o marido na roça... A senhora bem sabe disso.

Dona Júlia não respondeu. Para quê? Pensou. Aquele homem não compreenderia. Podia dizer-lhe que se ele queria uma esposa assim, não devia ter escolhido Ana Maria, tão pouco talhada para aquela vida rústica. Não que ela fosse preguiçosa: era até muito ativa e por seu gosto faria todo serviço. Mas é que era tão delicada, que dava pena vê-la ferindo as mãos, mais próprias para o bordado, os livros e o piano. Se pudessem, ela teria estudado para professora, como sonhava. Mas o seu destino era casar-se e terminar os seus dias junto daquele homem tão diferente dela em tudo... Fosse feita a vontade de Deus, pensou com resignação a mulher de Macário. Ana Maria continuava a bordar, em silêncio. Miguel, desejoso de travar conversação com ela, lembrou de lhe dar a notícia que o trouxera ali. E todo satisfeito, julgando que as suas palavras fossem causar alegria à noiva, murmurou:

— Estive com o senhor Renoir e ele me disse que vai mandar o enxoval que prometeu se você casasse comigo. Quer que seu pai vá buscá-lo?

Erguendo-se, a menina, corando fortemente, largou o bordado sobre a cadeira, enquanto replicava com altivez de rainha:

— Não lhe dei o sim em troca de um enxoval, Miguel! Casar-me-ei com aquilo que meu pai possa dar-me. O senhor faz muito mal – disse ela com dignidade – em dar satisfações sobre o nosso casamento ao seu patrão: eu não lhe pedi isso. Casar-me-ei com o senhor não porque o senhor Renoir o deseje, mas porque Deus assim o quer.

E sem esperar a resposta, a moça, descendo os degraus que davam para o jardim, saiu apressada, não se despedindo sequer do noivo. Este ficara tão surpreso que, quando quis ver a direção que ela tomara, para lhe ir ao encalço, foi tarde demais: Ana Maria desaparecera como por encanto, entre as árvores.

Dona Júlia, que tinha nos olhos um brilho de satisfação e orgulho, fingia não notar o ar atoleimado do operário. Com um riso irônico, respondeu ao cumprimento do moço, quando este, um pouco tardiamente, resolveu ir ver a direção que a noiva tomara.

Cantarolando, como era o seu costume quando estava satisfeita, continuou dona Júlia a bordar. Pensava em Ana Maria: aquela filha continuava sendo um enigma; cada vez a compreendia menos. Tão mansa quanto uma pomba, onde fora buscar aquela intrepidez que surpreendera o noivo?

Sorrindo satisfeita com o sucedido, ela aguardava a volta de Macário, ansiosa para lhe contar a novidade. O seu velho ia ficar bem contente:

aquele enxoval era um pesadelo para ele. Não o recusara ainda, temendo prejudicar a filha. Porém, diante disso, que não sentiria!

Dona Júlia bordava, com um passarinho cantarolando bem em sua alma: quem sabe, meditava esperançosa, se aquele casamento não se realizaria?

Enquanto isso, Macário terminava a sua tarefa diária, podando uma roseira, nos jardins da mansão. Mudara muito o velho jardineiro: seu corpo estava curvado e emagrecido; sua cabeça, completamente branca. Trabalhava, como se a tesoura que segurava pesasse arrobas. Seus gestos eram mecânicos, desalentados. Parecia que de seu coração fugira todo o encanto de viver. Trabalhava como um corpo sem vida, sem alma...

Nesse instante, numa das aleias do jardim, sombreadas por acácias, surgiu a alta figura de um homem: era Frances. Ele vinha de ter com tio Nicolau e ia em direção à sua casa, quando avistou o jardineiro. Impulsionado por uma ideia, dirigiu-se para este.

Macário, ao lhe sentir a presença, tirou o usado chapéu de palha de abas largas que o protegia do sol, e cumprimentou o patrão.

— Boa tarde, senhor Renoir!

— Boa tarde, Macário. Como vamos com as nossas plantas?

— Elas vão bem, como poderá ver. As chuvas nos têm ajudado bastante: nunca o jardim esteve mais florido...

— Tens razão — murmurou Frances circulando a vista em derredor, e aspirando forte. — Como isto está bonito e que perfume vem dessas flores! Parabéns, meu velho, mereces um prêmio...

— Que o senhor acaba de me dar: o seu elogio ao meu trabalho, foi o melhor prêmio que o senhor poderia me ofertar.

— Não basta, Macário! Sei que a tua filha vai casar-se em breve e quero ajudar-te no preparo do enxoval. Por que fazes esta cara triste? Este casamento não é de teu gosto?

— Seria, senhor Renoir, se visse a minha filha se sentir feliz...

Mas não acontece isso: ela parece que está marchando para um suplício e não para um casamento — respondeu Macário com tristeza.

– Queres dizer que ela não ama o rapaz? Por que deu o sim?

– Ela não tem jeito de amá-lo. E deu o sim, creio que o fez temendo desgostar o patrão – respondeu constrangido o velho jardineiro.

– Desgostar-me? Mas...

– Perdoe-me a ousadia – interrompeu o ancião –, porém o senhor mostrou tanto interesse nesse casamento, que todos nós compreendemos que ele era o desejo do senhor. E como pobre não tem direito, Ana Maria aquiesceu, temendo prejudicar ao seu pai...

Macário falara num desabafo, sem compreender quanto suas palavras feriam o industrial.

– Pelo que estou sabendo – murmurou este –, Ana Maria noivou apenas para proteger-te, não gosta do noivo...

– Bem –, tornou o jardineiro coçando a cabeça, meio indeciso, – falando a verdade, isso pensei no princípio. Porém, na ocasião em que ela deu o seu consentimento, fiquei sem compreender o que se passava com a minha filha: tive a impressão, senhor, que ela falava obrigada por qualquer coisa muito séria. Todos nós, até o doutor Arthur que estava presente quando ela deu o sim a Miguel e...

– Arthur estava presente, dizes tu? – interrompeu aflito o industrial, para surpresa do jardineiro.

Temeroso, este respondeu hesitante:

– Estava... Lembro-me que ele, como nós, ficou surpreso! Porque ela sempre nos dissera que tinha horror àquele moço, e de repente dá o sim. Não posso compreender...

E o velho baixou a cabeça, escondendo uma lágrima. Frances notou a emoção que dele se apoderara, assim como a mudança que se operara em seu velho jardineiro: Macário estava quase irreconhecível, de tão magro. Fingindo nada perceber, continuou inquirindo o industrial:

– Andas muito diferente, pareces cansado... ou estás doente?

– Não é doença, patrão. Creio que os velhos não têm resistência para o sofrimento...

— Sofres, por quê?

— Qual o pai que não sofre quando sente um filho infeliz? – perguntou amargurado o jardineiro.

— Mas é tão grande assim o sofrimento de tua filha? – estranhou o industrial.

— Se é grande, patrão? Basta olhá-la; é a sombra do que foi: magra, perdendo as cores, toda arredia pelos cantos, e ninguém mais a vê sorrir. Parece alma penada; é triste vê-la tão mudada, senhor!

E enxugando uma lágrima, que desta vez não procurou esconder, ele continuou:

— Parece, patrão, que um vento ruim soprou sobre nós, desde o momento que Miguel olhou para Ana Maria. Desde então, a felicidade fugiu de nosso lar. Minha velha definha a olhos vistos, pensando no dia da partida de nossa filha; estou desolado, sem coragem de vê-la partir, também...

— Por que tem ela que partir? Miguel não trabalha na fábrica?

— Assim que casar, partirá. Que vai ser de nós, sabe Deus. Bem, patrão – murmurou o velho juntando as ferramentas –, deixe-me ir. Tomei-lhe o tempo com minhas conversas. Desculpe! Foi o coração de pai quem falou e os corações dos pais são todos iguais, ricos e pobres... Até amanhã.

E Macário se afastou, carregando os seus instrumentos de trabalho, num andar lento, de quem está muito cansado.

O industrial, quando ele desapareceu, deixou-se cair num dos bancos do jardim, escondendo o rosto entre as mãos. No céu, já algumas estrelas brilhavam, ouviam-se sapos coaxando. A voz dos pássaros silenciara: eles tinham-se recolhido aos ninhos. Morcegos cortavam o ar, cegamente. A noite descera e ia pincelando vagarosamente tudo de negro. Frances cismava. Compreendera todo o mal que causara ao filho. Fora o autor daquele noivado que viera ferir de modo terrível o coração de Arthur. Esfacelara com a própria mão a vida dele... Como pudera conceber tal maldade? Devia estar louco de orgulho e egoísmo, quando planejara o noivado de Ana Maria com Miguel, temeroso do amor de Arthur por ela. Não devia ter feito aquilo, não só por seu filho, também pela pobre menina. Como pudera pensar em unir aquela linda moça a um homem como Miguel? Agora via com toda clareza o horror daquele noivado. Compreendia como fora injusto, desumano e cruel, em lançar nos braços de uma criatura tão rústica e grosseira uma joia daquelas, digna de melhor escrínio. Como engenhara tamanha vileza? Que injustiça praticara! Mas, nada adiantava estar chorando sobre a sua culpa... Necessário se fazia, isto sim, reparar o mal praticado, e sem perder tempo. Agora que estava explicada aquela semelhança entre Ana Maria e a sua avó, via com que resignação aquele espírito soubera aceitar as provações que lhe foram impostas. Como devia ser evoluído para aceitar com tanta humildade aquele viver modesto, num lar tão pequenino! Ela agora estava sofrendo, contara Macário. Como não sofrer com tal noivado? O jardineiro lhe dera a entender em sua sinceridade, que não fora apenas ele, Frances, quem a impelira a dar o sim ao operário. Quem fora mais, então? O tio Nicolau falara num ajuste de contas... De quem seriam essas contas? Suas, certamente... Dele, que agora sentia em sua própria carne as consequências dos seus erros, os quais não sabia como sanar. E de seu peito fugiu um soluço: o industrial chorava, com o rosto escondido nas mãos. Chorou como jamais pensara chorar em toda sua vida. Chorou todos os seus erros, o seu viver até ali entregue ao mais ferrenho orgulho, ao mais negro egoísmo. Ele a quem fora dado beneficiar os seus semelhantes, por meio de seus bens, que fizera até então? Nada... Apenas explorara, sem compaixão, os que viviam sob a sua dependência, exaurindo-lhes as forças em proveito próprio.

Jamais pensara neles, como irmãos, nem sequer como humanos, donos de uma alma: via apenas o braço que necessitava para aumentar os seus já tão grandes cabedais. Quantos não perderam a vida, em sua fábrica, deixando viúvas e filhos na miséria, esmolando o sustento? E ele nunca estendera a mão àqueles infelizes, nem sequer com uma esmola... Agora sentia todo o horror dos seus erros. Parecia ouvir em sua volta gritos de bocas famintas. Estertores de inocentes, mortos de fome e frio! Viúvas que lhe reclamavam a vida dos maridos, acusando-o de lh'os ter matado! E quanto mais chorava Frances, mais parecia ouvir aquelas vozes gargalhando terrivelmente aos seus ouvidos! Agora sim, bradavam, chegara o momento da vingança. Que visse o quanto era perverso! Que compreendesse que para o seu espírito não havia misericórdia. Um horror tomara conta de seu pensamento... E sozinho no silêncio da noite, Frances sentiu que dele fugira uma luz do Senhor. Jamais teria perdão... E muito breve as vozes de Ana Maria, Macário, Júlia e Arthur iriam se juntar àquelas que lhe soavam terríveis aos ouvidos! Como aquelas acusações lhe fustigavam o espírito, causando-lhe dolorosos remorsos! E sob aquelas vozes, que riam e escarneciam, a sua alma, presa de desespero, fraquejava, entregando-se às potências do mal, quase sem resistência. Premido por elas, ia como Iscariotes, atirar-se ao abismo, quando, vencendo as trevas que o envolviam, a voz de Joceline lhe murmurou:

— Em nome de Deus, não desespere! Erga o pensamento para Ele e tenha fé! Não deve deixar-se vencer pelo remorso: todos nós somos sujeitos a erros, só o Eterno é infalível! Afaste todos esses negros pensamentos e afugentará esses espíritos, que inconscientes do mal que praticam, vivem, por simples atraso, esperando sempre momentos como este, para lançarem o desespero nas almas que, incautas, ficam expostas às armadilhas. Tenha fé no Senhor! Esqueça o mal que fez; pense no bem que está fazendo agora e no muito que ainda irá praticar! Que a paz de Deus desça sobre o senhor, meu pai.

A voz de Joceline silenciou e com ela aqueles esgares, aquelas gargalhadas malignas, deixando um halo de calma, de doce paz, no espírito daquele que, por um momento apenas, duvidara da clemência de Deus.

Duas almas se encontram

ANDANDO LIGEIRO, PROTEGENDO-SE ENTRE OS arvoredos baixos e copados, Ana Maria tomou por um pequeno atalho que ia dar em seu canto predileto: a pedra do rio. Lá chegando, descalçou os sapatos e, depositando-os a um lado, arregaçou a barra da saia e foi sentar-se sobre a pedra, como fazia desde criança, quando estava presa de qualquer aflição.

A aragem marulhava, ondulando as águas que deslizavam cantarolando aos seus pés. Dentro delas, cardumes de pequenos peixes passeavam, brincando em fileiras ordenadas. Olhando o vai e vem das minúsculas criaturinhas, a jovem foi aos poucos se acalmando da agitação de que estava possuída enquanto pensava.

Fizera mal em ter deixado o noivo, assim impulsivamente. Tinha que dominar a repulsa que a sua presença lhe inspirava. Se não a dominasse, como poderia viver o resto de sua vida junto dele? Oh, Jesus! Como a expiação, que impusera ao seu espírito, estava-lhe roubando as forças! Sentia que não resistiria até o final... Casar-se com Miguel era o mesmo que morrer. Ah! Se houvesse uma maneira de não beber até a última gota daquele cálice de amargura... Porém, tinha que sorvê-lo, em holocausto às suas faltas e às de seu pai.

Aquele bárbaro crime que cometera em uma de suas vidas pretéritas tinha que ser redimido. Apenas via que o seu sacrifício ia ser quase inútil...

Em nada serviria para melhorar o homem com quem se casaria em breve. Miguel ainda estava tão sujeito aos impulsos da matéria, era tão primitivo em seus sentimentos, tão bárbaro, que ela se achava incapaz de elevá-lo, nesta vida atual: casando-se, redimiria apenas o crime, em nada melhoraria sua antiga vítima. E se de seu casamento viessem filhos? Oh, não! Como orientar os inocentes, sob a influência daquele espírito tão inculto? Não! Era impossível conceber de semelhante homem. Mas como evitá-lo?

– Oh, Pai Celestial – orou ela, olhando o infinito –, inspirai-me! Bem vedes quanto sofro e quanto temo! Clareai-me com a vossa Luz... Mostrai-me o que devo fazer! Enviai-me um socorro, um pequeno aviso... Orientai-me! Que devo fazer, oh, Pai Celestial? Em vossas mãos me entrego...

Tão absorvida estava, em sua prece, que não percebeu que alguém se aproximava, e ao vê-la sobre a pedra, parara e fitava deslumbrado, como se tivesse diante de si o mais belo dos quadros! Depois, como se temesse ser percebido pela inocente menina que namorava, tristemente, as águas do rio, o visitante se escondeu por trás de uns galhos de árvore e, de entre eles, devorava com os olhos a formosa donzela. Esse observador temeroso era Arthur. O jovem, não podendo vencer a saudade que o dominava, não resistira à tentação que o assaltara e viera ver se por um acaso qualquer, poderia olhar, ao menos de longe, Ana Maria. Ao deparar com ela sobre a pedra, exultara! Porém, passada a vertigem que se apossara de seu espírito ao vê-la, o moço sentiu o coração apreensivo, ao notar a mudança que se operara nela. Como estava diferente! Tinha o aspecto de quem sofria... Que acontecia com o seu amor? Oh! Se pudesse correr até ela, protegê-la e fazê-la dividir com ele o seu sofrimento tão visível!

Mordendo os lábios, com força, Arthur dominava o impulso que o impelia para junto dela. E temeroso de não resistir por mais tempo a tortura de vê-la, tão perto, e não poder falar-lhe, tentou afastar-se, mas os seus pés pareciam presos ao chão, e os seus olhos a fitavam como se nunca a tivessem visto! Não podia retirar-se, dominado pelo encanto que a presença da jovem exercia sobre ele... Surpreso, perguntava-se: como não descobrira, há mais tempo, que amava aquela criatura adorável? Como só viera a compreendê-lo naquele dia fatal do seu noivado? Oh! Se pudesse ao menos dizer-lhe quanto a amava... Contar-lhe o seu sofrimento, as suas lágrimas desesperadas! Mas, não! Temia que ela fugisse ofendida, repelindo-o por amor do outro.

Arthur, preocupado, olhava-a com a alma torturada, sem coragem de retirar-se. O dia já de todo declinara e Ana Maria não notava que se fazia tarde: como hipnotizada, olhava as águas sem mudar sequer a direção do olhar. Estaria ela, pensou apreensivo o moço, num daqueles momentos em que o seu espírito fugia para lugares ignotos? Temeroso que a menina, em transe, caísse n'água, não ousava afastar-se.

Já a noite vinha aos poucos apossando-se da Terra, quando ela percebeu que esquecera as horas, entregue às suas dolorosas preocupações. Ana Maria se ergueu, vagarosamente, e alçando um pouco a saia, passou à margem, onde deixara os sapatos.

Arthur, delicadamente, fechou os olhos para não ferir o recato de sua amada, tão grande o respeito que lhe devotava.

A menina vinha em direção justa do local onde se encontrava ele. O moço, temendo ser notado, prendia a respiração: que pensaria ela se o encontrasse ali, escondido, como um malfeitor? A moça caminhava de olhos baixos, lentamente, como se não tivesse pressa. Ao chegar perto da árvore que abrigava o apaixonado jovem, ela parou inquieta: um pressentimento, ou o magnetismo que exalam as criaturas, quando fitam alguém, agiu fortemente sobre a sua sensibilidade à flor da pele, porque Ana Maria sentiu, atemorizada, que não estava só. Olhando em volta, segurando com as mãos trêmulas o agitado peito, viu, dominando um grito de pavor, um vulto escondido por entre as árvores... Quis correr, mas as forças lhe faltaram e, largando um fraco gemido, caiu desmaiada aos pés de Arthur. Este, louco de angústia, desesperado pelo susto que lhe causara, ajoelhou-se ao seu lado, e com infinita delicadeza, com a alma cheia de cuidados passando o braço por trás de sua nuca, ergueu-lhe a cabeça. E sem saber o que fazer, levou, respeitosamente, a destra sobre o seu coração e ao sentir-lhe as fracas pulsações, respirou aliviado: graças a Deus, fora, apenas, um desmaio! Serenado em parte, depositou a cabeça da linda desmaiada, com extremo cuidado, ao solo e, erguendo-se, foi buscar, dentro de seu chapéu, um pouco de água no rio. E, ajoelhando-se novamente junto dela, embebeu o lenço na água fresca e com ela molhava a fronte da menina, rezando para vê-la voltar a si. Ao contacto da água, Ana Maria foi aos poucos abrindo os olhos e, ao notar o rosto aflito curvado sobre ela fitou-o estonteada e gemendo, tentou erguer-se. Ainda não se encontrava refeita do susto que sofrera e a sua mente não estava tão desperta. Notando o seu aturdimento, Arthur murmurou de manso o seu nome, o que fê-la estremecer sobressaltada, e ela passou a mão pelos olhos, como se afastasse uma visão. O moço insistia, lutando contra o marasmo que se apossara dela.

— Ana Maria? — sussurrava aflito. — Como te sentes? Estás me ouvindo? Responde, por Deus!

Ao som daquela voz tão conhecida, ela ergueu a cabeça e, reconhecendo seu amigo, escondeu o rosto entre as mãos, chorando copiosamente. Ele não fez um movimento sequer para estancar aquela torrencial de lágrimas: compreendia que elas eram necessárias, servindo como calmante para os nervos de sua amada. Quando foram diminuindo e o moço percebeu que ela estava melhor, tomou-a nos braços e a recostou num tronco de árvore, sem que a menina fizesse o mínimo protesto: sentia-se segura junto dele como junto de seu pai, tal a confiança que depositava em seu amigo de infância. Este, sentado ao seu lado, tomou-lhe as mãos entre as suas, que estavam tão frias quanto as dela, e já senhor de si, como se agisse deliberadamente, sob uma nova resolução, perguntou-lhe em surdina:

— Assustei-te, Ana Maria. Como te sentes agora, podes me responder?

— Sim, Arthur — ciciou a menina, falando baixo, como temerosa de ser ouvida por alguém mais. — Assustaste-me profundamente, pois não imaginei que fosse tu... Mas já estou bem, graças a Deus — sossegou ela.

– Quem pensaste que fosse, um malfeitor?

E continuava a segurar-lhe a mão, sem que a jovem movesse a menor resistência. E sem esperar a sua resposta, perguntou-lhe com solicitude, por que ela não se apoiava nele, até ficar completamente boa? A gentil menina, que realmente ainda se encontrava estonteada, aquiesceu, encostando a dolorida cabeça em seu ombro. Ambos agiam com a maior naturalidade, sem o constrangimento próprio dos maldosos.

Notando que ela não respondia à sua pergunta anterior, o moço insistiu:

– Que temias tu, Ana Maria? Nunca pensei que fosses desmaiar com a minha presença – brincou ele.

– Não foi a tua presença que me assustou, não percebi que eras tu. Imaginei que fosse...

E a menina se interrompeu, compreendendo um pouco tarde, que não devia revelar a causa de seu temor ao rapaz nem a ninguém. Entretanto este insistia com meiga autoridade. E ela, que não sabia mentir, respondeu constrangida:

– Pensei que fosse Miguel... Senti tanto medo, julgando ser ele, que desmaiei pela primeira vez na vida.

Um longo suspiro de felicidade fugiu do peito do rapaz! Sentiu-se transportado ao paraíso, com as palavras que a inocente menina murmurava: Ah! Ela não amava Miguel! Porque quem ama não teme a pessoa amada. E uma tentação irresistível, muito humana, dominou o jovem Renoir, que sem se conter, perguntou, vencido pelo sentimento que o dominava:

– Ana querida, amas o teu noivo? Não te ofendas, pelo amor de Deus! É o meu grande interesse por ti, que me obriga a falar-te assim. Por Deus! Responde: amas Miguel?

– Eu jamais amei aquele homem! E creio que nunca o amarei! Sei que não devia dizê-lo... a ninguém, nem a ti...

E novamente, escondendo o rosto nas mãos, afastando-se dele, recomeçou a chorar. Desta vez Arthur se ajoelhou e, tomando-lhe as mãos molhadas de lágrimas desesperadas, murmurou com doçura tal, que Ana Maria parou de soluçar, tão surpreendida ficara com o tom da voz daquele, a quem pensava querer como irmão.

– Ana Maria, meu doce amor, não podes imaginar quanto sou feliz, neste momento! Porém, não fales... Deixa que eu diga o quanto te amo! Depois, mandar-me-ás embora...

E notando o espanto com que a menina acolhia as suas palavras, compreendeu que ela não percebera o seu profundo amor.

– Não sabias o quanto me amavas, não era, Ana Maria? Eu também só o notei no dia em que deste o 'sim' àquele homem.

E Arthur, segurando os ombros da menina, fê-la voltar o rosto para o seu lado, enquanto perguntava ansioso:

– Se não o amas, por que deste aquele sim, por quê?

– O tio Nicolau não t'o disse? – explicou-se a menina.

– Não! Ele apenas me contou...

E o moço se interrompeu em tempo; estivera prestes a revelar o segredo do Ermitão a Ana Maria.

Esta, estranhando a interrupção, insistiu:

– Apenas o quê? Nada ele te explicou?

– Nada me falou o tio Nicolau a teu respeito. Que mistério envolve o teu noivado? Por que deste aquele 'sim'?

– Foi porque... Talvez não me compreendas – tartamudeou ela – e me tomes como uma visionária. Queres sabê-lo, queres?

– Sim! De toda a minha alma! Por quê?

E, ansioso, fitava o rosto da moça, cujos olhos brilhavam, na noite que se fizera de todo sobre aquele trecho da Terra.

– Nem sei como começar, tudo se prende a um transporte que tive naquela última vez que fomos com Joceline à montanha da floresta, lembras-te?

Arthur assentiu, bebendo-lhe as palavras.

– Pois bem! Lá eu vi... Oh! – murmurou, torcendo as mãos nervosamente –, não me compreenderás com certeza...

– Não fiques assim nervosa –, exclamou ele assentando-se aos seus pés e continuando resoluto: – Confia em mim, como sempre fizeste. Não imaginas quanto eu preciso desse esclarecimento... Se soubesses como sofro desde aquele dia!

E foi ele quem, dessa vez, escondeu o rosto entre as mãos, vencido pela dor de amar.

Ao vê-lo chorar, Ana Maria, impulsivamente, ajoelhou-se e, tomando entre as mãos a cabeça do rapaz, encostou seu rosto no dele, enquanto, falando ligeiro, suplicava:

– Oh! Isso não! Também te amo, não quero que sofras... Creio que sempre te amei! Oh! Arthur, não desesperes! Sabendo-te infeliz, não poderei viver: morrerei certamente...

Estava linda, assim suplicante, esquecida que dera a palavra a outro... O jovem a ouvia deslumbrado, pleno de felicidade! E tão maravilhado ficara que, esquecendo que ela era noiva, que não lhe pertencia, deu em sua fronte o mais puro beijo! E, de mãos entrelaçadas, fitaram-se, esquecidos de tudo, silenciosos... Quando o amor atinge aquele grau que unia os dois jovens, as palavras nada significam! Eles estavam extasiados, um diante do outro. Parecia que, no céu, as estrelas brilhavam com mais intensidade: será que quando dois espíritos enamorados se encontram, na Terra, elas sorriem no infinito? Quem poderá duvidar?

Ali estavam os dois jovens, sentindo-se ambos arrebatados além das vulgaridades deste mundo, certos que as almas, que há muito se buscavam, tinham se encontrado finalmente, naquele doce instante.

Na Terra, força alguma os separaria mais. Porque, quando o Amor paira acima das paixões comuns, sonhando apenas com gozos espirituais, torna-se tão poderoso que nenhum outro sentimento poderá vencê-lo. Se, na Terra, não conseguir completar-se com o elo sagrado do matrimônio, na mais pura das aspirações humanas, que é crescer e multiplicar-se, realizarão, nos céus, o mais sublime dos himeneus: a união de dois espíritos que juntos seguirão a mesma estrada, na ânsia de coesos chegarem até o Eterno e lá fundarem, no mais divino dos matrimônios, as suas luzes por Todo o Sempre!

Inútil seria resistir-lhes: a arma que possuíam era invencível. Nada pode com o Amor que, purificado, sonha com o infinito... E assim, entregues ao seu mútuo êxtase, os dois jovens se ergueram e com os olhos fitos no alto, juraram, em espírito, que se não fosse nesta Terra, em qualquer lugar no espaço, não haveriam jamais de se separar!

Então, Arthur falou manso:

– Nada temas, Ana Maria, porque sei, meu doce amor, que juntos, unidos, seguiremos o nosso ciclo evolutivo até Deus. Nada me disseste ainda sobre o teu noivado, porém, agora, ele não me preocupa. Porque sinto que viemos sempre juntos, um firmado no outro, de vida em vida, até aqui: quem nos poderá separar, agora? Se unidos viemos, até hoje, unidos continuaremos até o final de nossa jornada. Algo me diz, amada minha, que se tens que se acertar com a grande lei, devemos estar juntos. Desta hora em diante, tua dor será a minha dor; a tua alegria, a minha alegria; o teu viver, o meu viver. Vamos, querida! Dá-me a tua mão. Juntos, assim, seguiremos por toda a vida, tanto nesta Terra como em outro qualquer mundo! Nada temas, meu amor... Vê como aquelas estrelas brilham? Também, um dia, as nossas almas unidas brilharão, na Eternidade.

E de mãos dadas, desapareceram na noite, sob o sorriso das estrelas.

* * *

No espaço sideral, uma entidade, banhada de luz, orava ao Pai, agradecendo a vitória alcançada. Em sua volta, uma plêiade de espíritos erguia as vozes em coro, entoando hosanas de graças ao Eterno. Tinham vencido mais uma batalha contra os filhos das trevas. A entidade era o espírito de Joceline que velava, orando no Infinito, por aqueles que deixara exilados na Terra.

* * *

Em meio à floresta, o tio Nicolau orava:
– Senhor! Enviai à Terra luz, paz e amor...
No espaço, a plêiade de iluminados espíritos respondia em coro: Amém...

Pressentimentos

NAQUELE FIM DE TARDE, AO chegar em sua casa, Macário ouvia satisfeito o sucedido entre a filha e o noivo. Há dias, o velho jardineiro andava sem saber o que fosse alegria e, ao ouvir o modo como Ana Maria repelira o operário, seu coração pulsou quase feliz. Tomou o seu banho, cantarolando e sentiu um grande apetite para o jantar que lhe preparara dona Júlia. Porém ao assentar-se à mesa, reparou que a filha ainda não tinha chegado. Tanto ele quanto a mulher ficaram apreensivos com aquela demora. Jamais Ana Maria deixara de comparecer às refeições, principalmente às da noite. Com uma ruga de apreensões entre os olhos, o velho jantou sem o prazer esperado. Mal falou com a mulher. Esta, também preocupada, comia em silêncio. Macário, assim que saiu da mesa, foi sentar-se na pequena varanda, olhando os caminhos com ansiedade. Lá dentro, dona Júlia, presa dos seus afazeres, rezava pela volta da filha. As horas foram passando e nem sinal de Ana Maria! O jardineiro, já completamente assustado, sem atinar com a razão daquela demora, consultando a aflita mulher, foi buscar o Sultão, e com ele saiu à procura da menina.

Talvez, pensou, estivesse preocupando-se inutilmente, pois quem poderia fazer mal à jovem? Ninguém... Entretanto, sem dominar a aflição, andava apressado, procurando ver se distinguia o vulto de sua filha por entre as árvores. Estava assim apreensivo, porque, bem em seu íntimo, não depositava a mínima confiança em Miguel. Dona Júlia lhe dissera que ele tinha saído ao encalço de Ana Maria e apresentava estar bastante zangado... E ao pensar nisso, o velho jardineiro aumentava os passos. Os caminhos mal iluminados com a luz das estrelas dificultavam a sua procura.

Sultão, aos saltos, acompanhava o seu dono. Nenhum sinal de perigo vinha da parte do animal, o que sossegava um pouco Macário. Sultão era infalível em pressentir um perigo qualquer: seu instinto jamais o enganara, pois por diversas vezes ele já demonstrara o sensível faro que possuía, e então, quando se tratava de sua dona, o seu instinto ainda mais apurado ficava. Naquela noite, como se desejasse sossegar o jardineiro, o cão saltitava ao seu lado, latindo satisfeito, sem a menor demonstração de temor. Apesar disso, Macário continuava preocupado, vendo o tempo passar, sem encontrar a filha. Temia que, fugindo do noivo, ela tivesse se afastado muito ou talvez tivesse subido até à montanha da floresta, em busca da palavra amiga e consoladora de tio Nicolau. Quem sabe se não estaria lá? Ana Maria era tão esquisita... Mas não... Ela jamais sairia para longe, sem prevenir os pais, pois bem sabia quanto eles ficavam agoniados quando ignoravam onde ela se encontrava: sua filha era demasiado boa para que os pudesse afligir voluntariamente... Algo de anormal devia ter acontecido. E já cansado, desanimado da busca infrutífera, com a alma agoniada, ia voltando sobre os passos, quando Sultão começou a latir alegremente, correndo em direção ao rio, que passava um pouco a distância. O velho dirigiu-se para o lado que o animal tomara, esperando que a filha estivesse na pedra, local de sua predileção quando estava preocupada por alguma coisa: já devia ter ido até lá. E, mais animado, seguia a direção do rio, quando notou que dois vultos se aproximavam, com Sultão pulando e latindo em volta deles. Macário reconheceu num dos vultos Ana Maria, e o outro quem poderia ser? E preocupado esperou que ambos chegassem mais próximo. Só então distinguiu, surpreso, que era Arthur quem acompanhava a sua filha. Meio intrigado, mas confiante no caráter dos jovens, o velho esperou que os dois explicassem o 'porquê' daquele passeio tardio, muito impróprio, aliás, para uma moça noiva e noiva de outro. Que aconteceria se Miguel os surpreendesse ali, sozinhos, na calada da noite? Algo muito sério devia ter acontecido, para que eles, sempre tão corretos no proceder, agissem assim inconsequentemente. Ana Maria, ao avistar o pai, acenou-lhe com a mesma alegria de antes, fazendo o velho ficar feliz, tão feliz que esqueceu por um momento a inconveniência da presença de Arthur junto dela, naquele estranho passeio noturno. Quando os dois se aproximaram mais, a menina correu e se atirou nos braços do pai, beijando-o com aquela adorável espontaneidade de antigamente, que era a felicidade do bondoso jardineiro. Ele entretanto, procurando mostrar que estava zangado, perguntou sério, dirigindo-se ao rapaz que olhava Ana Maria abraçada ao pai, sorrindo feliz também:

— Onde estavam a uma hora destas, senhor Arthur? E a voz do velho soara desaprovadamente. — Estávamos conversando, perto do rio — esclareceu o moço com franqueza. — Está muito zangado, meu bom Macário?

— Não é propriamente isso. Bem sei que são ajuizados e confio no senhor tanto quanto em mim... Porém, não é direito que uma moça noiva fique conversando sozinha, tarde da noite com um homem, mesmo que ele seja quase seu irmão...

— Tens razão, meu velho: excedemo-nos. Mas, creia-me: fui culpado. Imagine que ao me aproximar de Ana Maria lhe causei um susto tão grande que ela chegou até a perder os sentidos...

— Ela? Por quê? Estás doente? Que tens, minha filha? — murmurou ele aflito.

— Sossegues, não tenho nada, paizinho, apenas fiquei assustada e não sei como, desmaiei; não deves ficar temeroso por uma coisa que passou...

— Por que te assustaste ao ver o senhor Arthur? A quem temias tu, meu anjo?

— Ao seu noivo, respondeu o moço intencionalmente, ela temia Miguel.

— Temias Miguel? Mas não é teu noivo?! Juro que não estou compreendendo nada!

— Nós explicaremos, porém há de nos prometer que não nos vai ralhar e também guardar segredo, por ora...

– Isso depende – respondeu com cautela o jardineiro. – Depende do que vão me contar...

E o velho, apreensivo, procurava ver o rosto dos dois jovens, na parca luz da noite, tentando ler em seus olhos a razão de tantos preâmbulos. Quebrando o silêncio que se fizera, Arthur revelou ao pai de Ana Maria o amor que unia os dois.

O velho, surpreendido, em seu aturdimento não compreendia direito as palavras do jovem, apenas percebia que a sua filha noiva de um, jurara amar a outro homem. E isso, em seu julgamento, não estava direito, não era justo nem correto. E falando desta vez sério e zangado, perguntou:

– E o teu noivo? Que procedimento é esse, minha filha? Se amavas o senhor Arthur, por que noivaste com Miguel?

– Oh! Paizinho! Não compreendeu o que lhe contamos... Mas, não fique assim tão zangado! Nem parece o meu pai tão bom e compreensivo...

E Ana Maria, notando que Arthur ia tornar a falar, fê-lo calar com um gesto carinhoso, e voltando-se para o pai, continuou:

– Nós, nem eu, nem Arthur sabíamos que nos amávamos.

Apenas hoje compreendemos isso. Ambos estamos pesarosos pelo mal que vamos causar ao pobre Miguel. Porém, creia-nos: não tivemos culpa do que nos sucedeu. O amor foi mais forte que nós. Por favor, não fique zangado com sua filha... Logo mais explicarei, como já o fiz com Arthur, por que dei o sim a Miguel.

– Não estou zangado, meus filhos, apenas surpreso e aflito, muito aflito! Porque noto que não perceberam ainda, como vão sofrer ambos com esse amor, falou o velho tristemente.

Arthur replicou, sem perceber onde ele queria chegar:

– Sofrer? Mas, por que, se nos amamos?

– O senhor é bom, é diferente dos demais ricos, por isso não pode sentir a distância que existe do senhor para Ana Maria, porém eu a vejo: ela é filha de um humilde jardineiro e o senhor é herdeiro do poderoso dono de todas estas terras que nos cercam... Bem vê que a distância é grande e intransponível – disse Macário desalentado.

— Não a vejo assim, meu velho, porque não meço as distâncias como está fazendo: não meço riqueza, meço apenas os dotes espirituais e destes é mil vezes milionária a sua filha.

E levando a mão ao ombro do jardineiro, que tristemente olhava o chão, Arthur continuou:

— Ânimo, Macário, não fique assim acabrunhado! A posição de Ana Maria não servirá de empecilho ao nosso casamento; devemos temer apenas a vingança de Miguel; quanto ao mais esteja tranquilo: papai vai ficar satisfeito com o nosso amor, verá. Ele não é mais aquele homem orgulhoso de seus bens e de seu nome. Com a morte de minha irmã, muito mudou e para melhor.

— Isso temos todos notado, meu filho. Mas, talvez nesse particular do casamento de seu herdeiro com a filha de seu jardineiro, ele não tenha mudado, e com certa razão. Não que considere Ana Maria indigna de ser sua esposa, não! Desculpe-me a franqueza: ela parece tão filha do patrão quanto o senhor... De mim é que não tem nada.

— Oh! – atalhou a jovem comovida –, não repita isso! Se Arthur tiver orgulho de ser filho do senhor Renoir, creia, não será maior do que o meu em ser sua filha, bem sabe disso – disse ela com calor.

— Bem sei, meu anjo.

E voltando para Arthur, Macário continuou:

— Tens razão, devemos ter receio de Miguel. Sinto nele uma alma vingativa e perigosa, devemos nos acautelar: desde que o vi, senti um mal pressentimento que não sei definir...

Ana Maria estremeceu, olhando aflita para o jovem. Este sossegou-a com o olhar, enquanto murmurava:

— Hoje mesmo conversarei com meu pai e amanhã falarei a Miguel...

— Não! – gritaram ao mesmo tempo filha e pai.

E Ana Maria correu para Arthur, suplicando-lhe:

— Eu te peço... por nosso amor, não fales àquele homem... Ele te odeia!

Vendo-a assim aflita, quase chorando de medo, esquecido da presença de Macário, estreitou-a com um braço ao peito, e com a outra mão lhe acariciava a cabeça, acalmando-a. E com ternura infinita, murmurava:

— Não fiques assim, atemorizada, meu amor. Poupa os teus nervos. Nada de mal me acontecerá, nem ao teu pai. Falarei com Miguel, porque este é o meu dever. E prometo que não me alterarei com coisa alguma desagradável que ele possa me dizer, pois bem compreendo a dor que vai sentir em perder-te, eu a conheci: foi horrível.

— Não, senhor Arthur! Eu mesmo falarei com ele — atalhou Macário. — Deixe isso comigo...

Porém, Ana Maria se desprendendo dos braços do moço, enlaçou o seu pai, interrompendo a frase que ele ia dizer:

— Não, meu pai — quase gritou ela. — Prometa-me que não falará com Miguel. Aquele homem tem sede de sangue! Eu é quem devo desfazer o que fiz. Sou a culpada do que está acontecendo, pois não houve forças de levar até o fim a minha expiação. Ouça, meu pai, o transporte que tive relacionado a mim, ao senhor e ao Miguel.

E ela relatou o que lhe acontecera naquela tarde, na montanha da floresta. Macário a ouvia, em silêncio, e quando ela terminou, disse calmo:

— Pensei que o teu 'sim' a Miguel se relacionasse a algo mais sério. Não te impressiones com uma visão que tiveste, porque, se em qualquer outra vida matei, nesta agora prefiro morrer a derramar o sangue de um semelhante. Quanto a falares com teu ex-noivo, não consentirei. Que diz a isso, senhor Arthur?

— Tens toda razão. Surgiu-me uma ideia agora que, espero, resolverá esse dilema. Deixem-me falar com meu pai: creio que ele se encarregará de Miguel, e assim Ana Maria não ficará preocupada.

— Assim seria acertado, meu amor. Mas se senhor Renoir não combinar com o nosso casamento, que faremos, Arthur?

— Verás que meu pai vai se sentir feliz em tê-la como filha, Ana querida.

— Que ele se sinta tão feliz, quanto eu, senhor Arthur, embora, creio, seja isso impossível — murmurou Macário.

Essa frase foi como uma bênção ao amor de ambos: os dois jovens compreenderam isso. E eles, comovidos, abraçaram o velho jardineiro, que sem se conter, murmurou chorando:

– Por que não nasceste filha de alguém mais digno de ti? Assim não sofrerias como irás sofrer agora com a oposição do senhor Renoir ao teu casamento!

– Por quê? Só Deus sabe, Macário! – respondeu Arthur com a voz embargada pela emoção. – Quem sabe por qual desígnio veio ela alegrar o seu lar... sempre o ouvi chamá-la de seu raio de sol, portanto...

– Sim, tem razão meu filho: ela sempre foi o raio de sol do nosso lar, foi e o será enquanto vida tivermos eu e minha velha. Espero que a deixe vir nos ver amiúde, não vá fazer como Miguel, que ia levá-la para longe – pediu ele com humildade.

– Não fique assustado! De hoje em diante, a minha casa será a sua casa: como poderia roubar o seu raio de sol? Sou eu quem pede que me deixe compartilhar com você o seu calor.

E os dois jovens abraçaram novamente o bondoso homem. Sultão, compreendendo que o momento era cheio de felicidade, afagava os pés de sua dona, balançando a cauda de satisfação. Passado esse instante, em que aqueles três espíritos mais unidos se sentiram, dirigiram-se todos à casa do jardineiro, onde dona Júlia os aguardava ansiosa, sem saber mais o que pensasse sobre aquela demora de Macário e ausência de sua filha. Pelo caminho, combinaram, que logo pela manhã Arthur viria lhes dizer o que combinara com o industrial. Nada diriam a Miguel, caso ele aparecesse, antes do moço falar com seu pai. Quanto a Ana Maria, não apareceria ao ex-noivo, por hipótese alguma, prometeu Arthur. Este, deixando a moça aos cuidados de seu pai, despediu-se dela e de Macário, no portão do pequeno chalé, devido ao adiantado da noite, tomando a direção de sua residência.

Ia tão feliz, que só tinha palavras de agradecimentos para Deus, por lhe ter concedido o amor de Ana Maria. Olhava as estrelas e sorria. Sensação de força e calma tomara-lhe conta da alma. Sentia que por aquele amor seria capaz de transpor todos os obstáculos que se interpusessem entre ele e sua amada. Quando ia passando no jardim notou que alguém estava sentado num de seus bancos, e ao se aproximar reconheceu que era seu pai. Frances estava de olhos fitos na noite estrelada, como embebido em seu esplendor! Só notou a presença do filho, quando sentando-se ao seu lado, perguntou:

– Não venho interromper a sua meditação, meu pai?

O industrial suspirou, como se despertasse de um sonho, fitando em Arthur o seu olhar profundo, respondeu:

– Foi Deus quem te mandou, meu filho! Como ansiava por tua presença!...

– Por quê? Qual a razão dessa ansiedade tão grande? – estranhou o jovem. – Ainda hoje pela tarde estivemos juntos...

– Sim, Arthur! Mas quão separados ainda estávamos... – murmurou ele com tristeza.

– Enganas-te! Desde o momento em que notei quão mudado estava, creia-me, vivo em completa comunhão espiritual com o senhor, e sentindo-me feliz em vê-lo corrigindo os enganos que praticara outrora.

– Tenho procurado sanar, em parte, o mal que pratiquei. Porém, penso que talvez um deles me seja impossível remediar: não encontro saída para ele.

– Qual, meu pai, posso sabê-lo?

– Por hora, não, meu filho: quero tentar sozinho resolvê-lo. Talvez ainda consiga, com a graça de Deus, evitar que ele seja concretizado de todo. Então, depois falar-te-ei – esquivou-se o industrial.

– Não insisto, assim que for possível o senhor me contarás.

E mudando de assunto discretamente, Arthur continuou:

– Desejava falar-lhe algo que me diz respeito, que me interessa.

– Estou ao teu inteiro dispor, meu filho. Podes falar com toda a confiança em teu pai.

– É assunto muito delicado, creio mesmo que vai ficar aborrecido, venho cumprir com o que disse certa vez, quando me propôs casar-me com a filha do conde Salvatori, lembra-se?

— Não me lembro o que disseste naquela ocasião, a não ser que recusaste a minha proposta, do que hoje dou graças a Deus. É sobre algum casamento que queres me falar? Resolveu casar com alguma moça de nossas relações? Estou surpreso, meu filho! Porque ainda hoje à tarde me afirmaste que não pretendias mais casar-te. Por que mudaste tão rapidamente de ideia? Se for isso que vais dizer, não sei o que pensar, realmente...

— Apesar da minha afirmativa hoje à tarde, é de um casamento que venho lhe falar. Sinto que vou decepcioná-lo, mas prometi-lhe um dia, que quando encontrasse aquela a quem amasse e por quem fosse correspondido, viria lhe dizer. E foi por isso que interrompi a sua meditação de ainda há pouco.

— Quem é ela, meu filho? Não podes imaginar o quanto estou ansioso em lhe saber o nome – murmurou o industrial.

— O seu nome? É ele muito simples e muito seu conhecido: é Ana Maria, a minha amiguinha de infância – murmurou sem a menor indecisão.

O espanto de Frances chegou ao auge! Estava confuso! Sua mente deixara de funcionar normalmente. Arthur esperou que seu pai falasse, já meio apreensivo com seu estranho silêncio. Porém, jamais pudera pensar que a resposta fosse aquela.

— Dou-vos graças, Pai de Bondade! – orou ele, olhando o infinito. – Vós tivestes compaixão de vosso indigno filho, obrigado Senhor! Agora sim! Sei que estou perdoado...

O moço sem compreender aquelas palavras e a razão delas, perguntou surpreso:

— Que faz o senhor? Por que está orando? Não estou compreendendo, meu pai!

— Oh! filho! E jamais conseguirás fazê-lo: porque sempre foste puro e bom. Não poderás compreender como a criatura humana é capaz de descer ao mais baixo dos abismos. Eu o compreendo, filho, porque infelizmente atingi a esse ponto, levado pelo remorso de meus atos, apenas quando estava me atirando nele, a voz de tua irmã salvou-me, carinhosamente.

Em toda minha vida, jamais deixarei de dar graças a Deus, pelas mercês desta noite.

— Mas, meu pai, ainda não percebi de todo: por que orou quando lhe participei o meu amor por Ana Maria?

— Porque, filho, era esse o erro que eu cometera e não sabia como saná-lo. Vens no momento exato, quando suplicava ao Pai uma inspiração para remediar o mal que fizera, confessar-me que és amado e que amas aquela que forcei a noivar com outro, sabendo de antemão que havias de sofrer. Compreendes agora, meu filho, a minha gratidão para com Deus?

— Sim, meu pai, percebi. Porém, não deve ficar com tanto remorso por esse noivado: hoje compreendo que ele se prendia a uma imposição, a uma satisfação que o espírito de Ana Maria devia ter para com o de Miguel. Creio que de qualquer maneira ele se teria realizado. Foi como uma provação tanto para o meu espírito tão falho, como para o de Ana Maria. O senhor foi um simples instrumento, nada mais, portanto não tenha remorso. Esse noivado talvez fosse necessário para o nosso melhoramento — concluiu o jovem.

— Como és bondoso e quanto és esclarecido! Quanto ao teu casamento, tens a minha bênção e a tua noiva também. Agora sinto que nasceram um para o outro.

— Sim, também o sinto, meu pai. Porém desejava lhe solicitar mais um favor: desta vez é a respeito de Miguel. Gostaria que o senhor falasse com ele, desfazendo o compromisso que o prende a Ana Maria. Meu pai faria isso por nós?

— Sim, logo pela manhã! De modo algum consentiria que falasses com ele: parece-me que Miguel não se conformará tão facilmente em perder Ana Maria. Temos que agir com o máximo de prudência. Sinto que é um sujeito muito perigoso, aquele!

— Macário queria lhe falar pessoalmente, mas não consenti. Tenho lhe a dizer que o velho jardineiro fez o possível para evitar o meu amor por sua filha: ele é dono de um caráter de escol!

— Já o percebi. Apenas desejo que ele abandone a jardinagem. Mas sobre isso falaremos depois. Temos que pensar primeiro em Miguel. Logo pela manhã tens que trazer Ana Maria para nossa casa: aqui ficará mais protegida da ira do operário. Vê, filho, quanto mal podia ter evitado? Dominado pelo orgulho atirei aquela menina às mãos daquele infeliz. E agora, que farei para evitar uma nova tragédia? Só Deus sabe. Quanta razão tens para me odiar! E no entanto, vens me pedir, como se eu fizesse um grande favor em te ajudar, quando essa é minha obrigação. Oh! Arthur, hoje, tudo faria para te ver feliz com a mulher a quem amas. Caso um dia eu falte, peço-te apenas que continues o que planejamos.

— Eu prometo! Mas não pense em morrer agora, quando tão necessário ainda é neste mundo. Voltando a Miguel. Deus há de nos ajudar. Amanhã, se tiver tempo, irei falar com tio Nicolau: ele nos ajudará com suas preces...

— Estive com o Ermitão, hoje, meu filho. Que homem é ele realmente! Disse-me que isso que nos está acontecendo é um ajuste de contas, porém que elas não seriam ultrapassadas. Eu confio nele, meu filho.

— Alegro-me em sabê-lo, meu pai! O tio Nicolau há muito que me disse isso também. Mas não devemos esquecer que entre a prece de um santo na Terra e as dos espíritos iluminados, nos céus, há o livre-arbítrio dos homens.

— Sim, tens razão. Lembro-me que Joceline me disse que quanto mais ignorante o espírito, tanto mais abusa da liberdade de que dispõe. Confiemos em Deus, entretanto. Amanhã falarei com Miguel.

— Agora, se o senhor o permite, vou levar a notícia de meu noivado à minha mãe: temo que ela não receba com tanta alegria, quanto o senhor...

— Deixa isso comigo, também – interrompeu o industrial. – Quero eu mesmo lhe participar o teu noivado.

E levantando-se, acompanhando o filho, dirigiu-se para casa. Arthur deu razão ao pai. Assim seria melhor. Ele sozinho advogaria melhor a sua causa junto à sua mãe. Arthur, ao deixar o pai, foi esperá-lo na biblioteca, junto de seus livros. E tirando de uma de suas estantes um volume qualquer, procurou matar o tempo, lendo, enquanto o pai, junto à sua mãe, participava o seu grande amor, amor de seu filho, de seu herdeiro pela filha do seu velho servidor... Como tudo aquilo parecia um sonho! Que estranhos eram os desígnios de Deus... Parecia impossível, irreal, que aquele que tanto odiara a sua Ana Maria fosse agora o primeiro a se sentir feliz com o seu enlace com ela! Mas isso já era um fato consumado, e fora fruto de sua irmã, de Joceline. Porque fora o seu espírito que transformara o seu pai daquela maneira tão prodigiosa! Que do Alto ela continuasse a derramar sobre ele a sua luz tão benigna, sobre aquela alma tão merecedora de Paz e Perdão. Nunca pensara que a missão que ela se impusera tivesse êxitos tão rápidos e surpreendentes. Que espírito iluminado era Joceline: que ele protegesse o seu amor, também. E procurando se absorver de todo na leitura do livro, Arthur aguardava confiante a volta de seu pai.

* * *

Na casa do jardineiro, Ana Maria adormecera com o nome de seu amado nos lábios, enquanto fora, na pequena sala, Macário e Júlia velavam. Este relatara, quase em surdina, o amor de sua filha pelo filho do poderoso patrão.

A mulher o escutara apavorada. Seu coração de mãe e esposa pressentiu naquele amor que julgava loucura, uma enorme tragédia... E sem falar, temendo revelar ao esposo o que de negros presságios amarguravam-lhe o espírito, tomou de um velho rosário e começou a rezar, correndo-lhes as contas com os dedos nervosos, esconjurando o perigo que sentia rondava-lhe o lar.

Agora, não era mais um alegre passarinho que ouvia cantando-lhe n'alma, e sim um triste corvo, crocitando, crocitando...

Macário, sem se recolher ao leito, adormecera ao seu lado. Do quarto de Ana Maria, vinha um leve ressonar. Apenas dona Júlia desperta, presa de terríveis pressentimentos, velava orando em seu rosário.

Rosa Renoir

QUANDO O INDUSTRIAL PENETROU NOS aposentos particulares de sua esposa, ela estava sentada diante de uma escrivaninha, tomando uns apontamentos sobre a escola operária, que agora orientava com grande entusiasmo. Antes vivera improdutivamente, entregue às futilidades de seu meio social, passando pela vida sem deixar nada de útil, nada que pudesse servir como salvo-conduto em outras vidas. Depois que Joceline falecera, impelida pelo remorso, entregara-se a uma autoanálise de seus atos e sentimentos e constara que não havia muito do que se orgulhar: tinha sido mãe pouco cumpridora de seus deveres. Uma esposa que jamais se preocupara em elevar o nível moral de seu companheiro, influenciando-o para o bem. Procurara sempre ignorar que, além das fronteiras de seu lar, existiam outros lares, onde seus semelhantes viviam sofrendo ao desamparo. Sentira apenas o lado agradável da vida e quando uma provação viera lhe bater à porta sob a forma do nascimento de sua filha, sentira-se infeliz, não por amor àquela, mas pelo orgulho, por sua vaidade ferida. Jamais a perdoou por seu aspecto disforme. Ela viera apenas para humilhá-la. Fora ludibriada pelo destino. Apenas quando viu Joceline em seu leito de morte, compreendera tardiamente quanto fora má e cega! Não soubera ver a perfeição da alma daquela que escondia as suas virtudes em tão feio envoltório. Como a fizera sofrer com a sua impaciente revolta, com o seu desagrado, quando procurava por meio de lindos vestidos e belas joias, encobrir a sua fealdade. Tão desesperada ficava por ver quão inútil era o seu esforço, que às vezes, perdendo o controle, lastimava-se em sua presença, queixando-se e culpando-a pela sua falta de atrativos. Certa vez, ela lh'o replicara, com os olhos lacrimosos, naquele modo simples e ingênuo:

– Perdoe-me ter nascido assim... Não fique tão zangada comigo. Deus não quis que eu fosse bela. Por que não aceita sem rancor ter uma filha feia? Não adianta me enfeitar tanto desse modo, além de aleijada, fico grotesca... Conforme-se mamãe, como eu me resigno; Deus sabe o que faz.

Como sentira-se envergonhada, diante daquela lição... Lembrava-se que foi depois disso, que ela ficara retraída, evitando magoá-la talvez, com a sua presença. Perdera também aquela alegria despreocupada tão comum às crianças. Ao vê-la morta, todas essas lembranças aumentavam-lhe o remorso, causando-lhe este o fim de sua mocidade: seus belos cabelos embranqueceram e fugiu de seu rosto aquele frescor que lhe dava um ar tão moço, apesar da idade. Vivia aprisionada pelo remorso, quase sucumbindo sob as suas garras, quando lhe viera arrancar desse mórbido estado o seu marido, procurando interessá-la em seus novos empreendimentos.

E aos poucos foi integrando-se naquela nova vida, esquecendo no afã do trabalho o seu acabrunhamento. E assim procurava se dedicar com toda alma, expiando o seu passado de egoísmos, em melhorar o viver de seus operários, proporcionando-lhes carinhosamente conforto e bem-estar. Ela que falhara como mãe, procurava agora prestar sua assistência nos dolorosos momentos de maternidade, tratando pessoalmente as parturientes com desvelos de mãe. Corria às casas de seus trabalhadores, socorrendo-os com roupas, uma cama para os filhos, um remédio, um conselho em suas lutas, diariamente, sem se cansar. E era para essa nova personalidade, tão humana e altruística de sua esposa, que Frances ia apelar. Sentando-se a seu lado, perguntou-lhe delicadamente se podiam conversar sobre um assunto de máximo interesse para ambos. A senhora, abandonando a caneta, voltou-se para o esposo, murmurando:

– Estou ao seu inteiro dispor, Frances.

— É a respeito de nosso filho, que desejo falar-te. E creio que vais ficar satisfeita com a notícia que te trago.

— Que notícia? Deixas-me curiosa...

— Trata-se do casamento de Arthur...

— Nosso filho vai casar?! E com quem?

— Com Ana Maria.

Dona Rosa abriu os olhos de espanto e surpresa! Fitou seu marido temerosa que este não tivesse em seu perfeito juízo; não podia acreditar que aquelas palavras tivessem saído de sua boca! Ele, em seu estado normal, não poderia lhe participar com tamanha naturalidade o casamento de seu filho, de um Renoir, com a filha de seu jardineiro. Tudo aquilo era absurdo e incrível! Gaguejando, numa confusão de espírito terrível, perguntou ao industrial, que esperava que ela falasse, sem se perturbar com o seu espanto:

— És tu que me estás participando tal absurdo? Não posso crer no que ouço. Penso que estou sonhando. Dize-me: é verdade o que me contas? — perguntou estonteada.

— Sim, é verdade. Compreendo o teu assombro, porém deixe-me lhe contar primeiro tudo que tem acontecido comigo nestes últimos meses. Saberás da revolução pela qual passou o meu espírito; então, depois, não acharás tão absurda a notícia que te trouxe.

— Que revolução foi essa? É verdade que percebi que estavas modificado. Menos, como direi? Menos...

— Desumano, queres dizer.

— Não era isso propriamente. Mas que teu modo de agir modificou-se para melhor, era bem evidente. E crê, meu amigo, isso muito me alegrou.

— Ainda bem. Por isso procurei interessá-la nos empreendimentos a que me propus. Tinha certeza de que em contato diário com o sofrimento de nossos operários, o teu coração que sempre foi bondoso, apenas jazia adormecido por minha má influência, haveria de despertar e perceber quão errados vivíamos até aqui. Há muito que observo que não errei em meus cálculos, minha Rosa.

— Não erraste. Compreendi, vivendo com os humildes, quão pouco humanos tínhamos sido. Bem sei que a maior culpa me cabia em agirmos assim, porque, sendo tua mulher, devia com meu amor tentar modificar-te! Porém, nada fiz, pelo contrário! Com os anos tornei-me insensível perante o sofrimento alheio, muito mais do que tu...

— Graças a Deus, abrimos os olhos em tempo. Agora que vimos o erro, não continuemos nele, peço-te. Apresenta-se a ocasião para provar se realmente estamos melhorados, se já não somos uns monstros de egoísmo e orgulho: é esse casamento de nosso filho com a filha de nosso jardineiro. Creio que ele seja a prova que Deus nos envia. Então, minha Rosa, opões-te que Ana Maria venha ocupar o lugar da nossa filha?

— Como poderei me opor, se aceitas tal fato com tamanha naturalidade? Que está se passando contigo, Frances, para chegares a esse ponto? Que coisa tão assombrosa foi essa?! Tu não podias suportar sequer a semelhança dessa menina com a tua avó, como pudeste mudar assim, a ponto de a desejares como esposa de nosso herdeiro?

— Muitas foram as causas! Tantas, que só poder-te-ei dizer com vagar. Aliás, já o devia ter feito, mas via-te tão nervosa com a morte de Joceline, mal saída de uma convalescença que temia com minha revelação causar-te um choque qualquer. Mas, graças a Deus, vejo-te agora forte e com o espírito retemperado, capaz de aceitar com calma o que aconteceu. Sinto-me feliz, também, em ver que notaste em tempo, como estávamos errados. Agora, sim; podemos dizer que encontramos a paz, depois que nos lembramos de nossos semelhantes, de nossos operários.

— E como eles são gratos! Sentem-se felizes com qualquer carinho... Já notaste como se satisfazem com a mínima coisa e como são conformados com o viver humilde que têm?

— Já, e muitos deles são senhores de belos espíritos, como, por exemplo, o pai de Ana Maria. É tão nobre, tão altivo e ao mesmo tempo bondoso, que parece ter vindo de uma família ilustre. Entretanto é um rústico jardineiro, quase inculto. Bem, minha querida, vou ter com o nosso filho. Ele deve estar ansioso à nossa espera. Queres acompanhar-me ou preferes falar com Arthur amanhã? Vejo-te tão emocionada!

– Amanhã falarei com meu filho. Vai tu e dizes-lhe que sempre pressenti que ele e Ana Maria haviam de se amar. Só nosso egoísmo não permitia que víssemos que aqueles dois tinham nascido um para o outro... Porém não te demores. Estou ansiosa para saber a causa de tua modificação. Não me deixes esperando por muito tempo.

– Voltarei logo. Até mais, querida...

E beijando-a, foi levar ao filho o consentimento de sua mãe. Arthur, bastante sensibilizado, beijou a mão de seu pai. Frances lhe falou, tocado profundamente no íntimo d'alma, pela alegria do filho:

– Pensei que nunca mais te visse sorrir. Que satisfação em ver-te feliz! A sua mãe não veio pessoalmente trazer-te a sua bênção porque ficou muito emocionada com o teu casamento. Ela está completamente mudada, também. Creio que vai se dar muito bem com a sua noiva.

– Há muito que percebo que a mãezinha passava por uma benigna transformação. Desde a sua doença notei isso. Depois, a morte de Joceline abalou-a profundamente. Mas graças ao senhor, ela saiu daquele marasmo e entregou-se a um viver cristão, dedicando-se por inteiro aos necessitados. O senhor lhe falou nas aparições de minha irmã?

– Vou fazê-lo ainda hoje; ela está ansiosa em saber o que se passou comigo. Deixo-te agora, e vou falar com tua mãe. Amanhã cedo cuidaremos de Miguel.

Arthur dirigiu-se para o seu quarto, onde, insone, pensando em Ana Maria, só adormeceu alta madrugada, quando a voz dos pássaros se fazia ouvir e os galos nos quintais iniciavam, paulatinamente, o desafio matinal, apostando qual deles saudava com mais harmonia a aurora que despertava no horizonte.

* * *

Em seu quarto, dona Rosa ouvia atentamente a revelação que Frances lhe fazia. Ouvia, assombrada, como Joceline em espírito vinha orientando o seu pai e todos os ensinamentos que ele lhe ministrara. À proporção que o industrial falava, uma nova esperança lhe foi surgindo na alma. Então, ainda poderia ser uma boa mãe! Ter uma outra vida, onde evitaria os erros desta. Oh! como Deus era bom! Não condenava ao inferno os seus filhos, por serem maus e cruéis. Bem que sentia que o arrependimento não era suficiente para fazer desaparecer o erro. A criatura tinha que resgatá-lo em uma nova vida, onde trabalharia produzindo obras que compensassem as suas faltas de antanho. Compreendia, também, a desigualdade reinante no mundo. Deus era justo. Os homens não viviam castigados e sim sob provas. Todos teriam um dia a mesma vida, dependendo apenas do adiantamento próprio. Isso era justo e estimulante. Para se ganhar o reino de Deus, não era necessário pertencer a esta ou aquela religião, bastaria seguir os ensinamentos do Cristo, para se fazer jus Àquele.

As palavras de Frances iam clareando-lhe a mente, abrindo ao seu espírito mais vastos horizontes. Foi com enternecimento que ouviu este lhe contar de sua visita ao tio Nicolau. E comovida acompanhou o seu desespero naquela noite, chorando por ele ter estado tão perto do abismo, levado por aquelas terríveis vozes. E tão enternecida ficara ao ouvir que Joceline viera em socorro de seu pai, que, deitando a cabeça sobre o ombro do marido, soluçou mansamente.

— Não chores, querida — murmurou ele. — Vês agora que em nossos corações não pode haver mais lugar para orgulhos e egoísmos? Temos que recuperar o tempo precioso que perdemos. Bem compreendeste que o destino de todas as coisas é evoluir. E só por meio do trabalho atingiremos o fim indicado a toda criatura; mas, que ele seja em prol de nossos irmãos, visando amenizar-lhes o sofrimento. E era justamente isso o que eu não fazia. Pensava apenas em mim. Hoje quero desfazer o meu erro e temo que o tempo me falte. Consola-me saber que poderei voltar ainda, então saberei aproveitar todos os minutos.

– Esta é também a minha esperança. Que lei divina é esta da reencarnação! Só ela prova a bondade de Deus – disse ela.

– Trabalhemos, para que juntos possamos atingir o Céu, minha Rosa.

– Sim Frances, juntos assim...

Vibrando num mesmo anseio de elevação, os dois deixaram que seus pensamentos fugissem em busca daquela que, por muito sofrer, soubera evoluir rapidamente. E neste instante sentiram como se uma luz pairasse sobre as suas cabeças encanecidas: era Joceline, que os abençoava do Infinito.

A ameaça

FRANCES DESPERTOU E O SEU primeiro pensamento foi para o filho e, indo à sua procura, encontrou-o pronto para sair. O moço lhe participou que ia até a montanha da floresta, pedir ao tio Nicolau que orasse para que Miguel aceitasse com resignação a ruptura de seu noivado. Na volta, passaria pelo escritório para saber como o operário recebera a notícia; só depois iria visitar Ana Maria. E despedindo-se do pai, saiu, com um sorriso, cantarolando pelos caminhos úmidos de orvalho, apesar da manhã fria e acinzentada.

Frances, sem esperar que a esposa acordasse, dirigiu-se para a fábrica. Apesar de toda a satisfação que a alegria do filho lhe causava, estava preocupado. Não sabia como aquele homem inculto e primitivo iria aceitar o desfecho de seu noivado. Parecia amar com loucura Ana Maria, ao seu modo. Porém, Deus lhe inspiraria as palavras. Tinha que desfazer o seu erro. Não pensara apenas na felicidade do filho e sim em proporcionar também aos velhos pais da menina alegria que lhes roubara. Não podia esquecer o aspecto triste de Macário. Se aquele casamento se realizasse, seria a morte do velho casal e, quem sabe, se não a de Ana Maria também... Como um ato impensado, inspirado pelo egoísmo, pode acarretar tantos sofrimentos e, às vezes, verdadeiras tragédias... Movido pelo orgulho, tentara interferir nos destinos das criaturas e, se Deus não zelasse por elas, certamente Beatriz e o seu amado já não existiriam mais; e, se Ele não o protegesse agora, como evitar que novas tragédias se realizassem? Ao penetrar em seu gabinete, Frances mandou que o secretário trouxesse à sua presença o operário Miguel. Este, passada uma hora, apresentou-se eufórico diante do patrão. O industrial notou o seu ar despreocupado, e suplicando intimamente a Joceline que o ajudasse, saudou o moço tecelão:

— Como vamos, Miguel?

— Bem, patrão! Apenas tenho a agradecer ao senhor, mais uma vez, a minha felicidade. Sem a sua interferência, talvez não tivesse o consentimento de Ana Maria, ela é muito esquisita, toda melindrosa. Imagine que ficou brava quando lhe participei que o senhor ia lhe dar o enxoval. Ficou tão zangada que saiu para os matos e me deixou falando sozinho. Diante disso, agradeço a oferta do senhor, mas devo recusá-la, porque Ana Maria não quer mesmo aceitar nem um côvado de pano de ninguém, a não ser de seu pai – concluiu penalizado.

— Depois disso, falaste com ela? – inquiriu Frances.

— Não, foi ontem à tarde, que falei pela última vez com minha noiva. Quando a vi desaparecer nos matos quis ir procurá-la, mas depois pensei que era melhor deixar para hoje.

— Então, está tudo explicado. Tenho uma notícia para dar-te, Miguel. Espero que saibas recebê-la como um homem.

— Que notícia é essa, patrão?

— Disseste há pouco que fui eu quem obrigou Ana Maria, a te dar o sim: tiveste toda razão. Foi um mal que pratiquei, do qual estou arrependido.

— Mal? O senhor me deu a felicidade e acha que isso é mal?

— Sim, porque fazendo-te feliz, infelicitei outros. Bem sabes que Ana Maria não te amava...

— Mas que me interessa que não me ame? Basta ser minha, o mais não me importa!

— Porém, importa a ela e a outros.

— Que outros, senhor Renoir? – inquiriu com desconfiança o operário.

— Aos seus pais e por exemplo...

Diante do brilho de ódio que refletiu o olhar do tecelão, Frances interrompeu a frase.

— Por exemplo, quem, patrão?

— A mim, Miguel. Não me sinto feliz em ter causado a infelicidade daquela menina.

— Quem lhe diz que ela é infeliz?

— Ela própria, e bem sabes tu. Procurou-me para que desfizesse o mal que fiz.

— Desfazer o noivado, é o que o senhor quer dizer? Jamais! – disse ele num ímpeto de raiva.

— Calma, Miguel. Tens que ser razoável! Pensa como homem: a jovem não quer mais casar, deves conformar-te. Encontrarás certamente outra moça, que deseje casar-se contigo. Esquece Ana Maria...

— Só ela me convém. Não me conformo com essa sua decisão. Eu tenho que lhe falar...

— Pensa bem antes de fazê-lo. Homem nenhum pode obrigar uma mulher a casar com ele, se ela não o desejar.

— Eu a forçarei – disse o operário entre dentes.

— Não o consentirei! Ouve bem, Miguel: aquela menina de hoje em diante está sob minha proteção. Falo-te como amigo, não estou te ameaçando. Sei que estás sofrendo, mas és culpado: com a minha cumplicidade, quiseste forçar um sentimento, que tem que surgir espontaneamente, e aí tens o resultado...

— Mas, se o senhor quisesse, ela seria minha – murmurou surdamente o tecelão.

— Porém, eu não o quero.

— Houve um tempo que o senhor desejava esse casamento. Quem o fez mudar, assim, patrão? Foi o seu filho? – inquiriu Miguel com ódio.

— Afastemos Arthur dessa conversa. Certamente que ele como os pais dela, não viam com satisfação um noivado que só causava sofrimento a Ana Maria. Quem me fez mudar foi Deus.

— Quer dizer que o patrão não é mais o senhor Frances Renoir– ironizou o operário.

— Que queres dizer?

— Lembra-se quando me disse certa vez que, se eu não me casasse com Ana Maria, não se chamaria mais Frances Renoir? Esqueceu, patrão?

— Era naquele tempo egoísta, hoje penso diferente: creio que em verdade aquele Renoir que existia em mim morreu, com a graça de Deus.

— Mas o Miguel que era eu naquele tempo é o mesmo de hoje: Ana Maria casa comigo ou com nenhum outro.

— Mede as suas palavras, é insensatez o que ameaças. Volta ao seu trabalho e reflete como cristão – aconselhou o industrial.

— Desde já deixo a sua fábrica, senhor Renoir.

— Queres dizer que vai partir? – perguntou aliviado Frances.

— Talvez – disse o operário de modo estranho. – Isso só interessa a mim. Adeus, senhor Renoir.

— Adeus, Miguel.

Pobre moço, pensou Frances ao vê-lo retirar-se. Mesmo diante de suas ameaças, não podia deixar de ter pena dele, embora sentisse que Miguel era um perigo para a felicidade de seu filho. Ele era de certo modo uma das vítimas de seu egoísmo. Porém, tinha que evitar que o moço praticasse algum desatino, tinha que mandar segui-lo. Tocando a sineta de prata que descansava sobre a escrivaninha, chamou o secretário novamente.

— Preciso que meu empregado particular, o João, venha com urgência falar comigo.

— Ele se encontra no pátio, justamente.

— Vá chamá-lo, tenho pressa.

Quando esse se apresentou, disse-lhe Frances:

— Conhece o noivo da filha de Macário?

— Sim, patrão! Ele acaba de passar por mim, lá no pátio.

— Pois bem, João: deve segui-lo. Procure acompanhar-lhe todos os passos. Ana Maria desfez o noivado e ele está furioso! Temo que tente qualquer tolice: nesse caso, deve evitar, porém sem usar de violências, compreendeu?

— Sim, patrão.

— Não perca tempo! Vá procurá-lo, mas com cautela...

— Até logo, senhor Renoir.

– Que Deus o acompanhe, João.

Mais sossegado, Frances se entregou ao trabalho, esperando Arthur.

* * *

Dona Rosa amanheceu alegre, apesar da manhã estar triste, com os raios do sol encobertos por nuvens densas e acinzentadas.

Ela precisava ver seu filho o quanto antes! Agora que via as coisas por outro prisma, mais humano e cristão, solidária com as dores e as alegrias das criaturas, exultava com a felicidade do filho. Ansiava em ir levar o seu beijo de mãe, na avidez de demonstrar o seu amor materno do qual privara Arthur tanto tempo, dominada pelo mais cego dos egoísmos. Vestiu-se às pressas e correu ao quarto do jovem, onde teve a decepção de não o encontrar. Um dos servos a informou que o moço saíra muito cedo, sem dizer para onde ia. Dona Rosa, sem perder o desejo de vê-lo, foi ao quarto do esposo, na esperança que este soubesse onde estava o filho, porém Frances também já saíra, muito antes dela despertar. Insatisfeita, sem saber o que fazer, pediu que lhe servissem a primeira refeição, na varanda de seu quarto de vestir. Enquanto tomava o repasto, uma ideia foi lhe tomando conta do pensamento: Arthur certamente fora à casa de Ana Maria, levar à noiva o consentimento de seus pais. Por que não ir até lá? Seria de bom alvitre ela ir visitar a sua futura nora. Talvez, assim, conquistasse mais depressa o coração daquela criança para quem fora tão injusta até então. Sentia nascer-lhe no peito um grande carinho pela filha do seu jardineiro. Havia de fazê-la esquecer todo o mal que lhe fizera com as suas humilhações. Que bom se Joceline estivesse entre eles para presenciar a felicidade de sua amiguinha, a quem amara como irmã. Porém, do alto, ela certamente sorria feliz com aquele noivado e em ver os seus pais cumprindo com os seus deveres de cristãos. E dona Rosa, sem participar aos empregados aonde ia, dirigiu-se para o pomar, tomando o atalho que ia dar no chalezinho azul.

* * *

Ana Maria amanhecera como antigamente: alegre como um raio de sol nos dias invernosos. Cantando, arrumou o seu pequeno e modesto quarto. Ao abrir a janela que dava para o jardim, fez ao dia tristonho uma engraçada careta, um mimo de criança contrariada. Como ousara ele amanhecer assim envolto em brumas, quando ela estava tão feliz? Mas, pouco importava a tristeza do dia, se a sua alma estava radiante como uma manhã de sol! Sentia-se ao abrigo das tempestades, tendo o amor de Arthur. Tudo desaparecera de sua mente: Miguel, Frances Renoir com o seu orgulho, tudo! Apenas ficara a confiança naquele por quem daria a vida sorrindo. Nenhum mal lhe aconteceria, se Arthur zelava por ela. Cantarolando foi à sala de estar onde costumava fazer a sua refeição matinal. Seu velho pai já tinha ido para os jardins da mansão. Macário ia muito cedo para o trabalho. Ela se dirigiu à cozinha onde ouvia a sua mãe preparando o almoço. Ao penetrar no pequeno cômodo onde a ordem e o asseio imperavam, a menina notou que a sua mãe estava tão absorvida em seus afazeres, que não lhe notou a presença. Querendo lhe fazer uma surpresa, ia nas pontas dos pés abraçá-la por trás, quando ouviu que um soluço fugira de seu peito... Ana Maria parou surpresa e aflita: que mal atingira a sua bondosa progenitora, fazendo-a chorar assim? Sem se conter, a menina correu para ela, tomando-a nos braços. A boa mulher, ao ver que fora surpreendida pela filha, tentou esconder as lágrimas, enxugando-as com a ponta do avental, porém em vão: elas jorravam de seus olhos, abundantes. Ao perceber que a mãe sofria, a jovem, já esquecida de sua alegria, beijava-lhe o rosto molhado de lágrimas, procurando estancá-las com beijos.

– Mãezinha – murmurava aflita –, que tens a senhora? Por que choras? Sente alguma dor? Que tem, mãezinha? Por favor não chore assim... Não vê que estou sofrendo com estas lágrimas? O que a fez chorar? Diga à sua Ana Maria.

– Sossega, filha – murmurou dona Júlia esforçando-se para estancar o pranto. – Nada tenho, creia-me... Amanheci triste, apenas isso. Não fique pesarosa com as lágrimas de sua mãe.

– Como não ficar, mãezinha? Como poderei sentir-me indiferente, vendo-a nessa aflição? Por que não me diz o que sentes? – suplicava a menina já quase chorando, também.

– Se não tenho nada, como poderei te dizer? Talvez a tristeza da manhã tenha agido sobre os velhos nervos de tua mãe, deve ter sido isso, filhinha.

E dona Júlia, num esforço tremendo, conseguiu estancar as lágrimas que teimavam em lhe correr pelas faces. Ana Maria, preocupada, levou-a até à pequena sala de refeições e fê-la sentar numa cadeira.

– Fiques aqui, sentadinha, sem chorar. Vou buscar um leite bem quente e gostoso, para a senhora tomar... Por favor, não chores mais!

E rapidamente volveu à cozinha onde encontrou uma bandeja preparada, com sua refeição. Coisa alguma, pensou Ana Maria comovida, fazia a sua mãe esquecer os seus deveres de dona de casa. Era admirável a sua disposição para o trabalho, seu ânimo forte, sua maneira simples e justa de encarar a vida! Algo sério devia ter acontecido para ela chorar daquele jeito... A jovem, voltando à sala, depositou a bandeja diante de sua mãe e forçando um sorriso, disse-lhe:

– Vou-te preparar um café muito saboroso, feito pela mãezinha melhor do mundo.

E graciosa, sentindo-se satisfeita em ver que Júlia já não chorava, serviu-lhe uma xícara cheia com o líquido da preciosa rubiácea. Sua mãe aceitava os seus carinhos, com um sorriso contrafeito, protestando.

– Já tomei com teu pai a minha refeição da manhã. Esta aí preparei para minha filha.

– Vou me servir, também. Enquanto como, a senhora vai me contar porque estava chorando...

– Tolices de velha, Ana Maria, não te apoquentes por isso. Desde ontem à noite que estou nervosa...

E desviando a vista de sua filha, ela mordeu os lábios como temerosa de falar demais. A jovem olhou de forma perscrutadora a sua mãe; compreendera o motivo de suas lágrimas: chorava por sua causa; ela temia certamente que a filha não pudesse ser feliz. Previa a luta que ela e Arthur teriam que travar em prol de seu amor. E humilde como era, sentia-se talvez como seu pai, culpada pelo viver modesto em que ela nascera. Pobre mamãe, tão santa e boa! Sem se conter, abraçou novamente dona Júlia, murmurando:

– Já sei por que chorou mãezinha, não adianta negar. Pensa então que eu poderia ter sido feliz nascendo em outro lar? Dinheiro não dá felicidade aos filhos. Lembra-te de Joceline: que adiantou ser rica? Teria sido mais feliz se tivesse nascido aqui...

Uma voz estranha interrompeu a sua frase, dizendo com amargura:
– Tens razão, Ana Maria! Ela teria sido muito mais ditosa...
Àquela voz, a menina e sua mãe se voltaram assustadas: tinham reconhecido quem falara. Dona Rosa se encontrava na entrada da pequenina sala, sorrindo tristemente para as duas. Constrangidas, sem saber o que fazer, olhavam a senhora, completamente aturdidas, pelo imprevisto da cena. Dona Rosa foi quem tomou a iniciativa: entrando, dirigiu-se para Ana Maria e abraçando-a, murmurou presa de emoção:

– Que feliz deve ser a tua mãe, minha filha!

E voltando-se para dona Júlia que dilatara os olhos, sem crer no que via, estendeu-lhe a mão sem largar a jovem, murmurando comovida:

– Invejo-te, Júlia. Eu, a rica senhora Renoir, inveja a esposa de seu jardineiro. Sabes por quê? Soubeste ser mãe e possuis por isto um tesouro mais precioso do que todos os meus bens: o amor de tua filha.

E ela, caindo numa cadeira, cobriu o rosto com as mãos, soluçando como Júlia o fizera antes. Diante daquela dor, Ana Maria se ajoelhou junto dela e, tomando as mãos molhadas pelo pranto do arrependimento, disse sorrindo como os anjos costumam sorrir:

– Não chores, assim, minha senhora... Ainda poderás ser feliz com o filho que lhe resta; Arthur lhe quer muito, bem o sei. Mas não chores assim! Joceline certamente está triste em vê-la soluçar...

– Tristeza maior sentia na Terra por ser desprezada pelos próprios pais, Ana Maria, bem o dissemos ainda há pouco.

— Perdoa-me, dona Rosa! Fui muito má em dizer tal coisa! Quem sou eu para julgar os meus semelhantes? Perdoe-me...

E a menina caiu, também, num pranto convulsivo. Só então dona Júlia, saindo do espanto em que se encontrava, correu para a filha, abraçando-a, encontrando seus braços com os de dona Rosa. As duas mulheres se fitaram, enternecidas. E ambas, surpreendidas, ergueram as cabeças para o alto, atraídas por um como bater de asas sobre elas. Nesse momento, como se Ana Maria tivesse sido impelida por uma mola, ergueu-se do solo, extasiada, olhando para o alto como se visse a causa do estranho ruído. E de mãos postas, lábios entreabertos, parecia ouvir algo que a deliciava, pois sorria feliz. As duas senhoras, atônitas, olhavam a menina, temerosas de despertá-la. De súbito, Ana Maria começou a falar docemente, porém com a voz de Joceline. Dona Rosa, juntando as mãos, bebia as suas palavras:

— A paz do Senhor desça sobre vós, oh, mãe querida. Venho vos dizer que não deveis chorar pelo passado. Tudo aconteceu para a glória de Deus e de nossos espíritos. Todos nós iniciamos uma batalha: hoje estamos vitoriosos do embate travado; só temos que nos regozijar louvando o Pai. Vim até vós para dizer às duas que neste momento em que os vossos abraços se encontraram, enlaçaram-se também os vossos espíritos, pondo fim à grande inimizade que em muitas encarnações reinava entre ambas. Vós, Júlia, certa vez usurpaste os direitos de minha mãe sobre uma herança, transformando em uma serva a prima infeliz. Quanto a fizeste sofrer, humilhando-a sem compaixão! E vós, minha mãe, que assumistes o compromisso no espaço, que volveríeis à Terra, no propósito de vos reconciliardes com ela, a quem iríeis ter como serva, na prova do perdão aos inimigos, não soubeste cumpri-lo de início, só hoje o fizeste realmente. Ao encontrardes Júlia, mãe de uma linda criança, enquanto a vossa era feia e disforme, esqueceste os compromissos assumidos e tudo fizeste por humilhá-la friamente. Mas, com a graça de Deus, o vosso espírito compreendeu em tempo o erro em que vivia e, arrependido, pronto para levar adiante a sua prova, veio até aqui.

E ei-la, mãe, junto de Júlia, vitoriosa, perdoando-lhe as culpas pretéritas e pedindo-lhe perdão de suas culpas presentes. Ela soube com fortaleza sofrer as humilhações e ambas venceram a prova imposta. Unidas, continuarão nesta e em vidas futuras, suportando em conjunto os sofrimentos que sempre rondam as criaturas, assim como vibrarão nas mesmas alegrias. Agora parto, mães queridas: abençoo a vós, Rosa, que me deste o ser e a vós, Júlia, que me destes o sangue, o leite que pertencia à vossa filha. Que a paz do senhor reine entre vós por todo o sempre.

Suspirando longamente, como saindo de um sono profundo, Ana Maria voltou a si, e olhando as senhoras, perguntou:

— Desmaiei, não foi? Não sei o que me aconteceu. Vi Joceline junto de mim e ela pedia qualquer coisa, que não percebi direito. Sei que devia ser algo de bom o que me suplicava, pena não saber o que fosse. Com a alegria de vê-la, desmaiei...

As duas trocaram um olhar de mútua compreensão: deviam guardar para si o que assistiram. Dona Rosa confirmou, dizendo:

— Sim filha, desmaiaste, porém, graças a Deus, não foi nada: tudo já passou. Agora ouve o que vim te dizer. Creio que o adivinhas, não é?

Ana Maria baixou a cabeça tristemente, enquanto respondia com amargura:

— Sim, bem sei: vem me pedir que não me case com o seu filho...

— Enganas-te! Venho te trazer o meu e o consentimento de Frances, ao teu amor.

A menina, dilatando os belos olhos, quis falar, mas a voz lhe faltou; fechando as pálpebras, então desmaiou verdadeiramente, caindo nos braços das duas senhoras. Ambas a socorreram, aflitas, porém logo perceberam que fora um ligeiro desmaio que lhe acontecera. Sob os desvelos das duas matronas, a jovem abriu os doces olhos, plena de esperança! E fitando a mãe de Arthur, murmurou:

— Não sonhei? A senhora 'realmente' veio me trazer o seu consentimento? Não se opõe que me case com o seu filho?

— Não, minha querida. Sinto-me feliz em tê-la como filha.
— Oh! Senhora – disse Júlia chorando de alegria –, Deus a faça feliz...
— A nós todos, minha boa Júlia.

Nesse momento, Arthur vinha chegando de volta da montanha da floresta, onde falara rapidamente com o tio Nicolau, passando então pela fábrica, onde conversara com o seu pai. Ao deparar com sua mãe, em casa de sua noiva, parou surpreso e alegre:

— Que faz aqui, mãezinha?
— Vim trazer à tua noiva a nossa bênção.
— Por isso Ana Maria está sorrindo tão feliz e a sua mãe chora comovida... Pois essas lágrimas não são de tristezas, vê-se logo... Sinto-me feliz, também, mãezinha... Por que choras, agora, Ana querida?
— De felicidade, meu Arthur.
— Querida – murmurou ele com doçura –, tens que nos acompanhar até a mansão. É preciso que Miguel não te encontre aqui. Ele ficou inconsolável, embora ignore ainda o nosso amor: quer falar-te de qualquer modo!
— Miguel?! Quem é ele – inquiriu dona Rosa.
— O ex-noivo de Ana Maria, minha mãe.
— Tinha me esquecido que ela estava noiva. Teu pai me falou sobre esse noivado e a culpa que teve nele, mas não dei muita importância ao fato. Queres dizer que esse Miguel planeja alguma vingança? – perguntou ela com ansiedade.
— Não posso dizer ao certo. Ele é impulsivo e está apaixonado por Ana Maria. Tudo devemos esperar de um homem apaixonado... Combinei com meu pai e com Macário, ao passar pelo jardim, que não devemos dizer por hora, a ninguém, que vamos casar-nos. Assim, talvez evitemos (foi conselho do tio Nicolau), que Miguel cometa alguma tolice. Tudo indica que vai partir destas terras, então poderemos agir livremente.
— Tens razão, meu filho. Devemos levar para o nosso lar Ana Maria, até que o perigo que esse homem representa tenha se afastado. Que diz a isso, minha Júlia?

— Que tens razão. Confio minha filha à senhora. Irei vê-la todos os dias, se consentirem — disse ela com humildade.

— Se consentirmos? Não repita mais isso! De hoje em diante a nossa casa lhe pertence. Aliás, ia lhe perguntar, por que não vem conosco, também?

— Não, dona Rosa... Ficarei tomando conta da nossa casa. Mesmo, quero estar aqui quando Miguel aparecer, para saber o que lhe vai pela cabeça.

— Mas... — ia protestar dona Rosa, quando Arthur lhe atalhando a frase, replicou:

— Dona Júlia tem razão. Precisamos saber o que ele projeta. Nenhum perigo vem dele por ora, pois papai mandou vigiá-lo. Vamos andando! — convidou o jovem, segurando Ana Maria pela mão e dando o braço a dona Rosa.

A menina, beijando a sua mãe, despediu-se com uma pequena ruga de apreensões entre os olhos.

— Tem cuidado! Não deixa papai falar com Miguel em momento algum, mãezinha — pediu ela.

— Sossega, querida — atalhou outra vez Arthur. — Macário me prometeu não falar com ele. À noite, apesar dos protestos de teu pai, virá dormir aqui o João. Ele é quem está vigiando Miguel. É homem decidido, de nossa inteira confiança.

— Vai em paz — sossegou também dona Júlia. — Ficarei rezando para que o Senhor te proteja.

— Vamos, Ana Maria — insistiu dona Rosa. — Depois mandarei uma criada buscar algumas roupas de teu uso. Vamos, antes que esse homem apareça... — disse temerosa.

— Deus os acompanhe! Ficarei aqui, orando por todos — tornou a dizer dona Júlia.

E ao vê-los desaparecer entre as árvores, correu em busca do seu rosário e sentando-se na varanda, começou a rezar. E foi assim que a encontrou Miguel. O operário abriu o portão sem pedir licença, e veio diretamente até onde ela se achava. Sem cumprimentá-la, de um modo brusco, falou-lhe:

– Chame a filha da senhora! Quero lhe falar com urgência – ordenou com império.

– Impossível, senhor Miguel! – respondeu Júlia, fingindo uma naturalidade que estava bem longe de sentir. – Imagine que há pouco mais de uma hora, dona Rosa veio aqui e levou-a para irem juntas a qualquer parte, que não percebi direito...

– Conversa! Ela fugiu de mim, isso sim! Não sou nenhum bobo! Mas, para todos os efeitos, ela é minha noiva ainda!

– Engana-se, ela desfez o noivado. Deve conformar-se com a sua decisão.

– Não me conformo com coisa alguma – respondeu ele irado. – Se esperam isso, estão enganados! E ai de Ana Maria se me trocar por outro... Vingar-me-ei dela e de quem m'a roubar! Sei que os senhores não queriam que eu me casasse com ela. Estão satisfeitos agora, hein?

– Víamos, apenas, que ela não o amava. Nenhum pai quer a infelicidade dos seus filhos, senhor Miguel – desculpou-se dona Júlia.

– Infeliz vai ser ela se me trair – disse o moço com voz terrível, que apavorou a pobre velha, que gaguejou ao responder:

– Ana Maria não podia ser sua esposa: é muito delicada para a vida que o senhor lhe destinava. Ela seria até um estorvo para o senhor...

– A senhora é uma velha tola, não sabe o que diz. Não vim aqui para lhe ouvir os conselhos caducos. Que horas deve Ana Maria voltar?

– Senhor Miguel – murmurou Júlia com a coragem que o amor materno inspira –, é inútil procurá-la! Ela não o quer mais ver. Se insistir, mandaremos Ana Maria para longe, para a casa de uns parentes nossos. O senhor está imprudente, senhor Miguel! – concluiu ela levantando-se.

– Afaste-se, velha atrevida! Quero entrar na casa. Desconfio que a sua filha se encontre aí escondida.

— Não consentirei que entre em minha casa, senhor Miguel! Retire-se, peço-lhe. Já disse que Ana Maria saiu com a nossa patroa.

E Júlia abriu os braços em cruz, diante da porta, com ar decidido.

Intimamente implorava que Joceline afastasse aquele homem de seu lar.

— Não sei onde estou, velha maldita, que não a estrangulo! — trovejou ele com ódio. Não perde muito em esperar a minha vingança... Vou ficar de sobreaviso. Juro que o dia dela não tarda, há de chegar em breve! Então, ai de todos que me infelicitaram!

E o operário, dando meia volta, desapareceu como chegara: furiosamente. Dois olhos que tinham acompanhado toda a cena atentos, desapareceram por entre as ramadas. Era João, cumprindo fielmente as ordens do industrial.

Dona Júlia, ficando só, agradeceu a proteção do Alto. Deixando-se cair numa cadeira, com o coração batendo desordenado, juntou as mãos, orando intimamente:

— Senhor, se for preciso, leva-me, porém poupa a minha filha — suplicou ela.

E dona Júlia depois de orar, ergueu-se e indo buscar um xale, envolvendo-se nele, fechou as portas de sua casa e libertando Sultão, dirigiu-se com ele para a mansão Renoir. Tinha que contar a Arthur ou ao seu esposo a ameaça de Miguel.

* * *

Na noite desse mesmo dia, João compareceu à presença de Frances e lhe contou que o operário, levando tudo que era seu, desaparecera, tomando a direção da cidade de M.

Na mansão Renoir, uma grande paz desceu sobre todos, estendendo-se até a casa do jardineiro, onde, à noite, os dois velhos agradeceram a Deus as dádivas daquele dia memorável para a sua vida.

Trégua e esperança

UMA SEMANA DEPOIS, INICIARAM-SE AS construções planejadas por Frances. Os operários exultaram com o início das obras. À tarde, quando deixavam cumpridas as tarefas diárias na fábrica, em vez de volverem logo aos seus lares como faziam antes, corriam a ver como iam os andamentos dos trabalhos; e, aos seus ouvidos, o barulho das picaretas e martelos soava como a mais alegre das músicas. O industrial supervisionava tudo, em companhia de Arthur, trocando ideias com os engenheiros, quando presentes, e dando a estes suas sugestões, sempre aceitas e acatadas por eles com admiração e executadas respeitosamente pelos operosos trabalhadores especializados em tais empreitadas, os quais foram trazidos da capital, pelos engenheiros por serem peritos em tais construções.

Com o início das construções era geral a animação. Parecia que a todas as almas descera um pouco de alegria e paz celestiais. Falavam na inauguração da escola e do hospital, como num dia diferente dos demais, um dia que esperavam sorrindo e orando, cônscios de sua importância em suas vidas. Os homens sentiam que tinham de contribuir de certo modo para aquele momento tão esperado e preparavam-se trabalhando com mais entusiasmo, procurando assim retribuir os gastos que o querido patrão fazia em prol deles. As mulheres plantavam em seus quintais belas plantas e as regavam carinhosamente, sonhando com o dia que colheriam suas flores e formariam lindos buquês, para com eles enfeitarem os novos prédios que tanta felicidade lhes viriam trazer. Até as crianças estudavam na escola improvisada com o maior ardor, tagarelando entre si como haveria de ser o grupo escolar. Sonhavam com ele à noite e durante as aulas perguntavam dezenas de vezes aos pacientes professores, como seria o mesmo. Estes respondiam como sonhavam, também, que ele fosse: amplo e de brancas paredes, onde os quadros negros, os mapas e as gravuras instrutivas contrastariam com a alvura do seu interior. Tudo era encantamento e esperança naqueles corações! E mais feliz que todos sentia-se Frances. Nos serões em família, onde Ana Maria, como nova 'Cinderela', sentia-se transportada ao Éden, acariciada pelos futuros sogros como filha e amada por Arthur com um amor puro e grandioso, ele externava seus pensamentos altruísticos, ansioso de ver gozando conforto e bem-estar todos os que estavam sob a sua dependência. Seu filho ouvia-o falar, intimamente agradecendo a Deus aquela transformação. Dona Rosa, tendo Ana Maria ao lado, comungava em tudo com as novas ideias do esposo. Ela também projetava instituir uma hora de aula, no intuito de dar uma melhor orientação sobre higiene e meios de cuidar dos recém-nascidos, às operárias em cujos lares era comum a morte dos lactentes.

– Sinto – dizia ela – que os pobres inocentes sofrem consequências de uma falta completa de higiene. As mães não são culpadas, pois não tiveram uma orientação nesse sentido. Foram educadas como hoje educam os filhos. Pedi aos professores que ensinassem às crianças como devem cuidar de seus corpos, trazendo-os sempre limpos; e eu, em minhas visitas em suas casas, tenho procurado incutir nas mentes de suas mães as vantagens da limpeza. E noto com satisfação que quase todas aceitam de boa vontade os meus conselhos. E sabem a quem devo essa facilidade que tenho encontrado? Ao tio Nicolau.

– Como? – estranhou Frances.

– O Ermitão há muito vem ensinando a todos que o procuraram como a alma necessita de um corpo limpo, para melhor cumprir com a sua evolução terrena. Creio que devemos a ele não termos há tanto tempo epidemias de bubônica, varíola e febres malignas, antes tão comuns em nossas terras.

Pelo que ouvi dos operários, o tio Nicolau vem incutindo em suas mentes a necessidade que toda criatura tem de cuidar de si, e eles de certo modo acatavam sempre as palavras do velhinho, a quem consideram um santo.

— A mãezinha — falou Arthur — não pode imaginar como era o viver desses pobres irmãos, antes do tio Nicolau surgir por aqui. Viviam em completa promiscuidade com os animais, fazendo bem pouco uso da água. As mulheres andavam desgrenhadas, com as vestes sujas, tendo seus corpos cobertos de parasitas, sugando-lhes o fraco sangue. E as criancinhas, dava dó vê-las tão esquálidas... Os pés sempre nus contraíam vermes perigosos que lhes cresciam os ventres e minavam a seiva de seus tenros e maltratados organismos. O tio Nicolau ensinava a todos os meios de que a própria Natureza dispõe para combater tais males. Conhecedor profundo de nossa flora, foi explicando aos necessitados o dom curativo de muitas ervas e como empregá-las. E a par desses remédios, mostrava-lhes o perigo da imundície não só para os seus corpos, como para as suas almas, postas assim, por meio dela, ao contacto das potências do mal que, atraídas por ela, vinham perturbar-lhes as vidas. E aos poucos, ele conseguiu grandes vitórias, salvando muitas vidas, não só nestas terras, como nas cidades vizinhas, onde o seu nome hoje é venerado por quase todos. É por isso que a mãezinha não encontra grandes dificuldades em ministrar-lhes ideias higiênicas; o tio Nicolau vinha há muito preparando-lhe o caminho nesse sentido.

— Dize também, meu filho, que foi graças a ele que tanto eu como a tua mãe abrimos os olhos para enxergar os caminhos traçados pelo Ermitão.

— Ele lhe responderia, se o ouvisse falar, que foi tudo obra de Deus, agindo ele apenas como um instrumento de seus altos desígnios, e eu creio assim também, apesar de suas extraordinárias virtudes. A sua presença entre nós, deve-se a um caso providencial, penso eu. Por suas palavras concluí que ele passou por aqui há muitos anos, tendo presenciado o triste viver de nossa gente e feito talvez o propósito de tentar modificá-lo. Sinto que o tio Nicolau pertence a uma seita altamente espiritualista, cujos adeptos estão espalhados em todo mundo, cumprindo missões em prol dos que sofrem. Quem o conhece como eu, vê nele um verdadeiro continuador dos primeiros apóstolos, vivendo como mandou o Cristo de Deus, unicamente para o bem do próximo.

– Que seita será essa a que supões que pertença ele?

– Jamais me falou sobre ela, a não ser muito ligeiramente...

Porém, suponho que seja muito antiga, guardando ciosamente os ensinamentos cristãos. Pelo que já li, sei que existem no Himalaia certas seitas que se isolaram das práticas tão comuns às atuais instituições religiosas, que desprezaram o viver em comunidade fraterna, onde trabalhavam um por todos e todos por um, sem visarem o interesse próprio. Creio mesmo que essas seitas são remanescentes dos adeptos do Caminho, contemporâneos de Paulo de Tarso, que foi quem primeiro preveniu os cristãos sobre esses erros, há muito tão comuns nas igrejas. Hoje as comunidades eventuais visam apenas aumentar cada vez mais os seus tesouros, negando auxílio aos necessitados quando estes lhe solicitavam, alegando os seus dirigentes não poderem dispor dos bens materiais das ordens a que pertencem, por serem patrimônios das mesmas, deixando assim desamparados todos os que para eles apelam em momentos de desespero. Fugindo dessas práticas bem pouco cristãs, alguns sinceros continuadores dos primeiros caminhos trilhados pelos apóstolos refugiaram-se nas altitudes himalaias e de lá, incógnitos e sem ostentação, enviam aos recantos de toda a Terra seus mensageiros, com a incumbência de amenizarem o sofrimento do próximo. Penso mesmo que esses enviados vêm plantar em todos os homens uma nova mentalidade religiosa, bem semelhante à pregada por Jesus. Nada de conventilhos, nem títulos principescos. E o ressurgimento das primitivas eras cristãs, onde cada lar era um templo, agregando fraternalmente todos, sem distinções. Nada de templos, onde em meio ao luxo e às pompas, os espíritos esqueceram a humildade do lar do carpinteiro de Nazareth. Creio mesmo, meu pai, que essa seita a que suponho que pertença o tio Nicolau, é orientada por forças superiores.

— Tens razão, Arthur. Em minha visita ao Ermitão da Floresta, ele me asseverou que mensageiros celestiais, espalhados em todo o mundo, pregavam um Renascimento religioso. Creio contigo que esta seita espiritualista, a que supões que pertença o Ermitão, venha em verdade, com a missão de ressuscitar nas almas o ideal cristão, há tanto tempo crucificado pelos homens que se deixaram vencer pelas glórias temporais da Terra. Lembro-me que ele falou que esses mensageiros eram os consoladores prometidos pelo Cristo, quando os homens em sua maioria tivessem esquecido os seus ensinamentos, e que eles vieram atendendo a um pedido de socorro daqueles que souberam guardar ciosamente as palavras do divino mestre.

— Bem vês, Arthur – murmurou Ana Maria, entrando na conversa, pois até ali se mantivera silenciosa, ouvindo apenas atentamente as palavras dos demais –, que as tuas suposições não são infundadas. Esta maioria que não esqueceu os ensinamentos evangélicos deve ser remanescente dos verdadeiros cristãos, que jamais abandonaram os caminhos trilhados pelos primeiros apóstolos. Quem sabe se as altitudes himalaias não sejam unicamente simbólicas? Se elas não indicam apenas o alto estado do aperfeiçoamento de seus espíritos, abrigados em suas virtudes como nos cimos do Himalaia?

— Talvez tenhas razão, Ana Maria. Quem sabe se não interpretei mal as palavras do tio Nicolau? Que ele faz parte dos que se mantiveram fiéis à causa do Cristo, isto é inegável! Que sua palavra é inspirada por algo superior, nós sentimos. Entretanto, como às vezes é meio impreciso, principalmente quando fala de si próprio, pode bem ser que tenha compreendido mal em relação à seita a que ele pertence, cuja procedência localizei no Himalaia.

— E quem pode negar, meu filho, que essa onda reajustadora dos princípios cristãos não venha de lá? Não me admiraria que o tio Nicolau tivesse haurido seus conhecimentos em algum mosteiro do Tibete, volvendo depois ao mundo em uma missão de amor e paz. Não podes nos contar o que ouviu dele nesse sentido?

— Poderei, sim. Vou confiar-lhes a história do tio Nicolau. Ela me foi contada por ele próprio, certa vez que o procurei quase vencido pelo sofrimento.

E Arthur narrou aos seus pais e a Ana Maria a odisseia de Nicolau Yvanowsk. Todos a ouviram atentos e comovidos. Quando ele murmurou o sobrenome do fidalgo russo, o industrial franziu ligeiramente as sobrancelhas, como se aquele nome lhe recordasse algo. Ao chegar ao fim de sua narrativa, o moço concluiu, dizendo:

— Como ouviram, foi no Himalaia que Nicolau Yvanowsk ingressou numa antiga seita e de lá volveu ao mundo numa missão de amor e paz. Por que veio dar em nossas terras ignoro, mas que foi uma graça de Deus a sua presença entre nós, bem o sabemos.

— Creio, meu filho, que poderei dar um vago esclarecimento sobre o seu aparecimento aqui...

— Como assim, meu pai? Que sabe o senhor a esse respeito?!

— Quase nada, Arthur, apenas uma ligeira recordação que o nome Yvanowsk me despertou. Foi há muitos anos, era eu uma criança de meus dez anos então, quando ouvi meu pai falar nesse nome pela primeira vez. Um estrangeiro lhe aparecera certo dia, propondo comprar as terras da montanha da floresta. Esse fato causou-lhe estranheza e meu pai o comentou muitas vezes com a tua avó, em minha presença. Bem sabes que a montanha não nos pertenceu jamais e sim às terras da cidade de M..., cujo dono vivia por lá. Teu avô deu ao estrangeiro as indicações necessárias e só mais tarde viemos a saber que ele comprara a montanha. Creio que a sua lembrança me ficou gravada na memória, devido a certos comentários que ouvia trocados entre meus pais. Diziam eles que talvez o estranho tivesse comprado aquelas terras, atraído por algum tesouro que pensasse ali existir. Esse comentário alvoroçou-me a imaginação infantil e eu pensei muitas noites no homem misterioso que procurava um tesouro no interior da floresta, temia ver surgir o seu dono, armado de enxada, cansado de sua inútil procura, enlouquecido pela febre de ouro. Bem conheces as lendas que envolvem o misterioso comprador... Depois disso nunca mais ouvi falar no estrangeiro cujo nome, lembro-me bem, era Nicolau Yvanowsk.

– Então, meu pai, tudo se enquadra perfeitamente...

– Sim, mas não devemos revelar a ninguém o segredo do Ermitão.

– Assim o penso, também.

– E não podemos mais duvidar – disse dona Rosa – que ele pertença a alguma seita antiga do Himalaia. Sempre pensei que todas elas fossem budistas...

– Em sua maioria, minha mãe, essas seitas baseiam-se nos ensinamentos do sábio Buda, porém muitas outras se originaram da filosofia muito elevada e pura de Confúcio, um chinês que foi um dos precursores de Jesus Cristo, nascido 551 anos antes deste, cuja religião era baseada no culto dos antepassados, aceitando Confúcio a pluralidade das vidas. Com o advento do cristianismo, muitos adeptos do confucionismo abraçaram as ideias do Rabi da Galileia e é por isso que muitas seitas do Tibete são cristãs.

– Quem te deu esses esclarecimentos, Arthur? – perguntou dona Rosa, surpreendida.

– Lendo e ouvindo o tio Nicolau. Por ele tive uma vasta explicação sobre certas passagens obscuras dos livros que manuseava. Por exemplo: diziam alguns deles que o cristianismo fora difundido na China mais ou menos no ano 626 de nossa Era, pelos partidários de Nestório, um sírio que foi patriarca de Constantinopla e condenado pela Igreja no Concílio de Éfeso em 431, por afirmar que em Jesus Cristo existiam duas pessoas distintas, morrendo exilado por isso, nos desertos da Líbia em 440; quando tudo indica que o Evangelho lhe foi levado à Ásia pelos adeptos de Ário, após o Concílio de Niceia, que durou de 20 de maio a 25 de julho de 325, onde Ário e os seus partidários foram considerados hereges e apóstatas, sendo anatematizados e banidos pela igreja oficializada por Constantino, a quem interessava a unificação desta, para, por meio de uma igreja cristã indivisível, poder evitar o desmembramento de seu vasto império.

Foi por temor a Ário e às ideias que este defendia, que o imperador de Constantinopla organizou o Concílio Ecumênico onde foi debatido um assunto insignificante na aparência, porém no fundo, escondia os sonhos imperialistas tanto da Igreja quanto do seu poderoso protetor. E por mais insignificante que pareça a todos nós hoje, o motivo alegado em Niceia no ano 325 foi suficiente para o banimento de Ário para a Ilíria e o exílio para todos os que defendiam as suas ideias; os quais, então, começaram a percorrer os desertos da África e da Ásia Oriental, propagando o cristianismo em sua essência e pureza. Foi nesse ano mais ou menos que houve o encontro das ideias do filósofo errante, como era conhecido Confúcio, com as do rabi da Galileia. E se estas suplantaram àquelas, formaram, entretanto, uma combinação ideal. Daí, minha mãe, a existência de muitas seitas cristãs no Tibete.

— Curioso o que nos contas, meu filho — respondeu ela — mas sabes, por acaso o motivo que serviu de pretexto à Igreja para condenar Ário e seus adeptos?

— Mais ou menos. Ário era um teólogo africano que se ordenara em Alexandria e de lá começara a pregar aquelas estranhas ideias, condenáveis e heréticas para a igreja. Negava ele que fosse o filho da mesma essência de Deus, porém afirmava que ele fosse essencialmente semelhante ao Pai em todos os aspectos. Os que defendiam esses postulados eram conhecidos como homousistas.

— E só por isso foi considerado herege? — perguntou Ana Maria.

— Sim, o motivo alegado foi este, e ele lá está nas Atas do Concílio Geral de Niceia.

— E o que defendia a Igreja? — perguntou Frances.

— Que o filho de Deus, Jesus Cristo, é consubstancial como o Pai, isto é, da mesma essência ou substância que Ele. Eram chamados por isso de homousistas. Bem veem que tanto acusadores como acusados defendiam quase a mesma coisa. O motivo na verdade não foi este e sim o empecilho que Ário representava com as suas ideias contrárias à intromissão da Igreja em assuntos que não diziam respeito à sua finalidade. Ele era contra a supremacia que os bispos queriam para si, prevenindo aos cristãos o perigo que isso acarretaria para a Igreja. Dos púlpitos de Alexandria, afirmava que nenhum vivente poderia dispor de poderes supremos sobre as criaturas, a não ser Deus. "Porque, dizia ele, até o seu filho não é da mesma essência e sim semelhante a Ele em todos os sentidos". E foram estas as palavras que lhe causaram o exílio para a Ilíria, embora hoje vejamos que Ário era quem estava com a razão.

— E depois dele, quantas vozes não se têm erguido na própria Igreja contra esse poder que ela se outorgou no mundo?

— Inúmeras, meu pai! E para citar algumas, lembramos a de Agostinho, africano também como Ário, no século V; a de Francisco de Assis, o único santo da Igreja venerado pelos protestantes, que quando menino colhia flores nos campos da Úmbria, para com elas brincar com Jesus, que lhe aparecia na forma de gracioso menino; a de Antônio de Lisboa, que jamais aceitou nenhum título, oferecido com insistência pelo papa; para falarmos apenas sobre as três principais vozes que se ergueram depois de Ário.

— Isso quer dizer, meu filho, que Jesus, antes de retirar a confiança que depositara na Igreja, preveniu-a de seus erros pela boca de seus mais célebres ministros, porém ela já se deixara vencer pelos poderes da Terra, esquecida que devia deixar a César o que é de César e a Deus o que é de Deus.

— Ela, depois de Constantino ter alvorado nos céus romanos o seu lábaro com a Cruz de Cristo, começou a sonhar em exercer nas criaturas um poder perante o qual até os reis tremeriam, e o conseguiu por toda a Idade Média e até meados da Moderna. Seus tribunais de justiça, durante a Inquisição, tornaram-se célebres em quase toda Europa e até os reis temiam diante deles. Como recordação desses tempos sinistros, ficou-nos a lembrança de Tomás Torquemada, o homem que durante quinze anos desempenhou na Espanha o cargo de Inquisidor-Geral. Alega a Igreja que jamais matou alguém, apenas considerava os réus merecedores de penas, deixando que o braço secular exercesse a justiça. Ela apenas condenava e a justiça dos reis matava...

– Terríveis esses tempos em que as criaturas eram queimadas vivas! – murmurou Frances. – Quantos erros não eram cometidos e que crimes bárbaros não foram praticados em nome de Deus e da Justiça!

– Um desses erros ia custando a vida de Galileu Galilei, um dos mais célebres matemáticos de sua época. Se ele não se desdiz perante os tribunais, de que era engano seu ter afirmado que a Terra girava em torno do Sol, talvez não nos tivesse deixado o telescópio, a balança hidrostática, o pêndulo, o termômetro e as leis da dinâmica moderna. Galileu Galilei, mais conhecido por Galileu, quase perdia a vida por querer ensinar em público o sistema de Copérnico. Se não fosse a sua covardia, o mundo teria perdido um de seus grandes físicos e astrônomos. O mesmo não aconteceu com Jerônimo Savonarola que, pregando contra os vícios do clero, caiu no desagrado de seus irmãos de ordem, os dominicanos, sendo excomungado por Alexandre VI e sob o poder dos Médicis – a quem combatia os crimes cometidos contra Florença – morreu queimado, aceitando como um mártir as torturas impostas por ter querido plantar, nos corações dos clérigos, as virtudes cristãs.

– Basta, Arthur! – murmurou Ana Maria – temo sentir pesadelos hoje à noite ao ouvir falar de tantos crimes!

– Tua noiva tem razão; também eu me sinto horrorizada! Falemos de coisas alegres, por exemplo: de teu casamento e da inauguração do grupo escolar e do hospital. Que bom seria se pudéssemos realizar tudo num mesmo dia! – murmurou dona Rosa.

– Podemos esperar, mãezinha, se assim o deseja – murmurou Arthur, olhando com ternura para Ana Maria.

– Seria até aconselhável, meus filhos, pois temo que Miguel esteja escondido em alguma parte, aguardando o momento de dar o bote como uma fera, quando souber que os dois se amam.

– Pediste, Rosa, para deixarmos um assunto desagradável e vens lembrar outro nada interessante... Não deves assustar a nossa filha com um perigo que já foi afastado para longe; creio que nada mais temos a temer de Miguel – repreendeu Frances.

— Também penso assim, meu pai. Porém, em todo caso devemos conservar, por mais algum tempo, o nosso noivado em segredo e Ana Maria sob os cuidados de minha mãe.

— Tens razão! Ninguém perde por ser previdente. E a presença de tua noiva entre nós tem nos dado grandes alegrias. Ontem a levei à saleta oriental e lhe mostrei o retrato que poderemos dizer que é o seu. Foi adorável a sua admiração pela semelhança existente entre ela e a efígie de nossa avó. Contei-lhe então o que revelou Joceline, e Ana Maria chorou comovida.

— Como não chorar, se Joceline tem sido o guia que nos tem iluminado, orientando-nos como um verdadeiro anjo? – respondeu ela com os olhos marejados de lágrimas. – Ao seu espírito devemos que o senhor aprovasse a nossa união futura. Sempre agradecerei a Deus essa graça que recebi por intermédio de Joceline.

— Prometeste, filha, não nos lembrar esses tempos em que vivíamos tão errados – censurou meigamente dona Rosa.

— Mamãe tem razão, Ana querida... Hoje, em nosso lar, não há espaço para recordações... Somos todos tão felizes!

— Sinto-me apenas grata, querido, ao espírito de Joceline. Prometo não entristecer os teus pais com a lembrança de um tempo de que não me recordo mais...

— Toca-nos alguma de tuas lindas músicas, Ana Maria – pediu Frances.

Ela, sem fazer-se de rogada, sentou-se ao piano e daí a momentos todos se sentiram transportados ao céu, ao som dos doces e puros acordes, dedilhados por seus delicados dedos.

* * *

Em sua salinha, na casa do jardineiro, Macário e Júlia se sentiam tão felizes com a ventura da filha, que nada mais desejavam da Terra. A seus velhos corações descera uma trégua, de onde as preocupações e os temores antigos foram todos afastados.

Júlia visitava Ana Maria pela manhã e a menina passava as tardes com o seu velho pai, bordando num caramanchão dos jardins da mansão. Este ainda ocupava suas funções de jardineiro, enquanto um de seus ajudantes aprendia todos os segredos do ofício, para vir-lhe ocupar o lugar.

Os dois velhos se encontravam num estado de tamanha plenitude, que deixaram de pensar no amanhã que é sempre uma incógnita para os homens. Só sentiam a felicidade da filha adorada, e isso lhes bastava.

* * *

Na vida, após as grandes tribulações, uma trégua nas lutas da terra é como linda manhã de sol depois da tempestade. As criaturas veem apenas o azul do céu, esquecidas da fúria que passou e que pode voltar em breve...

* * *

Em meio à floresta, o tio Nicolau orava olhando uma nesga do espaço azul...

– Senhor, fazei com que essa calma que sinto em volta de mim seja não uma trégua, e sim a paz que tanto vos peço...

Como que respondendo à sua prece, surgiu no Infinito uma estrela, muito viva, brilhando esperançosa.

Promessa terrível

NAQUELA TARDE QUENTE, CUJO CÉU sem nuvens mais distanciado parecia da Terra, Macário estava olhando o trabalho do levantamento das grossas paredes do futuro hospital, quando dele se aproximou um dos pedreiros e lhe perguntou com certa malícia:

– Vossa mercê é o jardineiro da mansão?

– Sim. Por que deseja saber? – estranhou ele.

– Queria conhecer o homem que vai ter a felicidade de casar a filha com o herdeiro do dono de tantas riquezas... Vossa mercê me desculpe, mas quando voltar para a cidade, quando contar essa história, ninguém vai me acreditar. Parece até conto de fadas...

– Quem parolou essas invencionices junto do senhor? – atalhou Macário meio contrariado.

– Desde ontem que todos aqui comentam essa história! Até em B., à noite quando estive lá, ouvi falar sobre isso. Se é mentira já foi espalhada – murmurou com manhosidade o indiscreto homenzinho.

– Isso prova que muita gente em vez de cuidar de si e de seu trabalho, prefere meter o bedelho naquilo que não lhe diz respeito. Até logo, moço...

E dando essa oportuna lição ao curioso pedreiro, o pai de Ana Maria foi à procura de Arthur. Encontrou-o conversando no pátio da fábrica com João, o empregado particular de Frances. Ao perceber a presença do velho jardineiro, Arthur notou a contrariedade que se lhe estampava no rosto.

— Pelo que estou vendo, já estás a par do que acaba de me contar o João; não é verdade Macário?

— Sim; venho de saber dos comentários que circulam por aqui.

— João me falou que já é de todos sabido o meu noivado com Ana Maria. Até em M., onde foi buscar uma encomenda de meu pai, perguntaram-lhe sobre isso.

— Em B. também, todos já sabem.

— Soube pelo empregado do senhor Santos Julian – disse João – que devemos isso à tagarelice da velha Angélica, a lavadeira da mansão.

— Vou falar com ela – disse Macário aborrecido –, para que da próxima vez saiba melhor usar a língua...

— Calma, meu velho! Mais cedo ou mais tarde isto teria que acontecer. Vamos ter com o meu pai, e tu, João, procuras saber algo sobre Miguel. Alguma novidade, ponha-nos logo a par.

— Está bem, doutor Arthur, fique descansado.

Macário, acompanhado pelo noivo da filha, foi ter com o industrial, que àquela hora visitava as obras do grupo escolar.

Verdadeiramente, a indiscrição de uma empregada fez de todos conhecido o amor de Ana Maria e Arthur. A notícia correu célere, espalhando-se pelas casas das cidades vizinhas, como chuva de temporal que, caindo na terra, alaga tudo. O assombro foi geral! O amor dos dois jovens foi comentado como só acontece nas pequenas cidades quando ratos dessa natureza surgem! Era o assunto de todos. Muitos afirmavam ter previsto esse casamento. Outros, movidos pela inveja, afirmavam que tudo fora obra de feitiçaria. E alguns poucos, afeiçoados ao padre João, viam naquele amor a mão do tio Nicolau. E quando o nome de Miguel surgia na boca de alguém temeroso da vingança do operário sobre o romântico casal, todos sorriam incrédulos: quem se atreveria a erguer o braço para o filho do poderoso industrial? Só um louco o faria... Frances, ao tomar conhecimento das notícias, franziu o sobrecenho, sinal evidente de que estava apreensivo. E em caminho para a mansão, comentou com o filho:

— Miguel me causa mais apreensão do que podes imaginar. Se ainda fosse o egoísta de antigamente, há muito que o teria mandado prender; porém sinto-me culpado de ter provocado essa situação: se eu não lhe tivesse ajudado, ele teria se conformado e há tempo que teria deixado Ana Maria em paz. Foi eu que lhe alimentei esse sonho de amor, e agora sinto-me até penalizado por ele. É uma pobre alma ignorante, entregue às suas paixões, sem ter ninguém que o aconselhe. Se eu soubesse onde encontrá-lo, iria ter com ele para saber se já esqueceu as ameaças em casa de Macário, e tentar mais uma vez dissuadi-lo.

— Creio, meu pai, que ele deve estar longe. Se estou um pouco preocupado, não é por mim, mas por Ana Maria, que muito se aflige por causa daquele transporte que teve na floresta, o qual já lhe contamos. De qualquer coisa que haja, ela vai se considerar culpada. Mas não sejamos pessimistas, certamente Miguel deve andar por muito longe daqui.

— Deus o ouça, senhor Arthur! – disse Macário, que modestamente se conservava em silêncio respeitoso, como sempre agira quando diante do industrial.

Em sua humildade, o jardineiro não notava que havia agora uma grande diferença entre o seu patrão e o futuro sogro de sua filha. Em sua alma simples e boa, incapaz de sentimentos vaidosos, Frances seria em todo tempo o patrão, apenas mais querido pelo seu novo modo de agir, a quem respeitaria sempre e por quem agora daria a vida, sorrindo. Sentindo a diferença social que os separava, evitava sem constrangimento, com naturalidade admirável, frequentar-lhe a casa, apesar de perceber que todos o recebiam lá com evidente prazer. Nada mais aspirava a não ser a felicidade de Ana Maria, o mais não importava.

— Temes alguma coisa, Macário? – perguntou-lhe Frances.

— Não por mim, senhor Renoir, pelos nossos filhos. Se não sentisse em Miguel uma alma tão vingativa, estaria mais sossegado.

— Que nos aconselha, então?

— Só temos uma alternativa: esperar, com fé em Deus, que aquela criatura nos esqueça.

— Infelizmente, tens razão. Creio que não devemos contar às nossas famílias as apreensões que sentimos. Para que assustá-las se não sabemos nada ao certo sobre Miguel, não acham?

— Sim, meu pai. Evitaremos apenas que Ana Maria se afaste sozinha, mesmo para ir até a sua casa.

— Certamente, meu filho – disse o industrial.

Andando, tinham chegado diante dos portões da mansão. Do jardim vinha um suave cheiro de madressilva. Os três homens, tão distraídos estavam com seus pensamentos, que não notaram o encanto morno que se desprendia do crepúsculo. Sem protestar, Macário acompanhou ambos até um terraço meio escondido pelos galhos de frondosas roseiras, onde se encontravam conversando, Ana Maria e dona Rosa. Era aquele recanto o local preferido da senhora da mansão. Quando recém-casados, Frances mandara plantar roseiras ali, em homenagem ao nome de sua jovem esposa, ao notar a preferência dela por aquele recanto. E esse gesto delicado de seu marido ainda mais lhe aumentara a predileção pelo gracioso terraço. Ao ver os recém-chegados, dona Rosa saudou-os, convidando Macário a tomar assento junto dela. O velho jardineiro recebeu o beijo de Ana Maria, que ao vê-lo viera abraçá-lo toda satisfeita; notando que a filha estava alegre como uma toutinegra, pediu ele intimamente a Deus que a conservasse assim.

Arthur se aproximou de sua noiva, que na meia luz da tarde estava linda em seu vestido de alpaca cor de rosa, muito simples, mas que realçava as graças naturais da menina. Ao vê-los juntos, dona Rosa não pôde deixar de murmurar baixinho para Frances e Macário:

— Que casal perfeito formam eles!

Realmente: os dois jovens pareciam que um era o complemento do outro, tão harmonioso era o conjunto. Dando o braço a Ana Maria, Arthur se dirigiu com ela para uma aleia do jardim que se estendia em frente ao local que se encontravam os seus pais e Macário, onde começaram a passear quase em silêncio, como se as palavras não pudessem externar a sublimidade do amor que unia os seus espíritos. Em volta deles, as flores exalavam mavioso perfume. No céu, apenas Vênus era visível, àquela hora crepuscular.

– À noite, vamos ter lua cheia – murmurou docemente Ana Maria.

– Sim, estamos em plenilúnio – respondeu Arthur.

– Que bom se pudéssemos ir visitar o tio Nicolau. Desde ontem que desejo vê-lo como se ele estivesse pensando em nós.

– Também eu ando saudoso do Ermitão. Depois do jantar, convidaremos papai e Macário e iremos todos até a montanha.

Vai ser agradável um passeio com o luar que vamos ter logo mais.

Voltemos para junto de nossos pais, queres?

– Sim, meu Arthur. Em qualquer parte, estamos unidos pelo nosso amor... voltemos.

– Como te amo Ana Maria! Creio que só no Céu existirão palavras que indiquem a imensidade de meu amor por ti: na Terra não encontro nenhuma que expresse o sentimento que me invade a alma, querida.

– Os teus olhos me revelam tudo o que sentes, meu Arthur. Que os meus te digam também o que minha boca não sabe expressar.

– Os teus lindos olhos, meu amor, me falam do Paraíso. Não foi em vão que Deus os fez da cor do céu.

– Voltemos, Arthur: não privemos os nossos pais de nossa felicidade.

– Tens razão, querida, voltemos...

* * *

À noite, logo após o jantar, seguiram Macário e Frances, acompanhados pelos dois jovens, o caminho que levava à montanha. Aceitaram de boa vontade o convite de Arthur, para aquele passeio. Macário, apesar da insistência de todos, menos de Ana Maria, que sabia sua mãe ficar aflita com a demora de seu pai, fora jantar em sua casa, prevenindo Júlia da visita que ia fazer ao Ermitão. Esta nada objetara.

A noite estava tão clara que se podia distinguir o verde das folhagens.

Ao atingirem a clareira, encontraram o tio Nicolau em pé diante de sua cabana, apoiado em seu cajado. Sua barba branca parecia fios de prata ao luar. Sorrindo, foi ao encontro dos seus inesperados visitantes, murmurando:

— Sejam bem-vindos, queridos filhos; a que feliz acaso devo a alegria de vê-los?

— À saudade desses dois jovens, que o amam como a nós – respondeu Frances por todos.

O ancião sorriu bondosamente.

— Foi o meu pensamento que os trouxe, porque ansiava por vê-los, aliás, a todos quatro, meus filhos. Porém não os esperava hoje...

— Viemos lhe perturbar o repouso, tio Nicolau? – perguntou Ana Maria.

— Não, minha filha! Não é nesta Terra que podemos repousar: temos que estar sempre alertas, mesmo quando dormimos, para que os nossos espíritos não caiam em tentações, como nos preveniu o mestre. Mas sentemo-nos, queridos filhos. Arthur, chega aquele tronco para junto de teu pai e Macário: eles devem estar cansados da escalada – disse o Ermitão.

— Eu não estou, talvez Macário, sim. Da outra vez que estive aqui cheguei exausto! Hoje não...

— Era o vosso espírito que estava cansado e não o vosso corpo.

— Creio que o senhor tem razão: ele carregava o peso de meus muitos enganos do passado...

— Um passado assim, meu filho, é um cadáver que jaz sepultado em nossas almas: não devemos por isso desenterrá-lo a não ser quando estiver de todo desfeito, para guardarmos apenas as cinzas das boas recordações – murmurou com suavidade o tio Nicolau.

— E como saberemos quando ele está de todo desfeito? – perguntou Frances.

— Quando de sua lama surgem árvores de boas ações, plantadas pelo arrependimento sincero, cujos frutos e sombras farão esquecer nos corações dos homens os desacertos passados. Mas, falemos de vosso presente, meu filho. Quantos irmãos têm vindo até aqui dizer ao tio Nicolau da satisfação que lhes vai n'alma! São os mesmos que vinham antes desesperados, em busca de minhas humildes palavras. Hoje eu os sinto cheios de esperança no futuro, calmos e felizes. Creio, senhor Renoir, que as vossas árvores já estão dando sombras e frutos... – disse sorrindo o Ermitão.

– Graças às suas orações, tio Nicolau – falou comovido Arthur.

– As de todos nós, filho, bem o sabes. E tu, Macário, estás silencioso, ainda não te ouvi a voz... Que te aflige o espírito?

– Estranhos pressentimentos, tio Nicolau, perturbam-me a alma desde que aqui cheguei... – respondeu o jardineiro com certa indecisão.

– Como assim, meu filho?

– Quando olhei ainda há pouco para Ana Maria, pareceu-me ver que um vulto negro a envolvia. Pensei que fosse minha cisma, mas por duas vezes esse vulto, como uma grande sombra escura, aproximou-se dela e do senhor Arthur. Vi que ambos tiveram como um calafrio à sua aproximação.

– É verdade! – disse o moço admirado. – Por duas vezes senti um mal-estar esquisito... Pensei que fosse a friagem da noite, embora não estivesse sentindo frio antes.

– Eu também – asseverou Ana Maria – senti o mesmo.

– Não se perturbem – sossegou o tio Nicolau. – Um espírito se encontra entre nós, pelo fio da vida que ostenta; sei que é um encarnado. Pela cor negra de sua aura vejo que está prisioneiro do ódio, vencido pelas baixas paixões. Seu corpo material deve estar adormecido profundamente, em qualquer parte. Alguns dos filhos possuem grande mediunidade que se presta a materializações; se não sentissem receio poderíamos interrogá-lo, pois creio que seja ele.

– Miguel? – murmurou Ana Maria, num fio de voz.

– Sim, minha filha: Miguel.

— Estamos à sua disposição, tio Nicolau; confiamos inteiramente no senhor. Que devemos fazer? – perguntou o industrial.

— Muito silêncio e concentrar-vos todos, com o pensamento em Deus. Não sentes medo, minha filha?

— Junto do senhor, não, tio Nicolau.

— Tenha confiança no Pai e não em mim. Porém, concentremo-nos, filhos.

E o Ermitão ergueu a branca cabeça para o alto onde a lua iluminava a clareira como se estivesse mergulhada num banho de prata.

— Senhor – murmurou ele –, vós dissestes que todo aquele que suplicasse ao Pai em vosso nome, seria atendido. Hoje, aqui estamos implorando a graça para que possamos afastar da mente desse irmão que nos busca guiado pelas forças do mal, os pensamentos negros, e despertar em seu coração a fraternidade e o amor que pregaste na Terra. Enviai-nos a vossa luz! Ajudai-nos, Senhor...

Nesse instante, forte luz que suplantou a do luar envolveu a clareira. Um vulto brilhante, cujas formas eram ofuscadas pela luz que o circulava, plantou-se junto do tio Nicolau.

— Que a paz do Senhor desça sobre todos! – murmurou a entidade, cuja voz soou diáfana como as notas de um violino tangido por mãos de mestre. – E vós, irmãos, podereis iniciar o vosso trabalho. De agora em diante tornar-me-ei invisível aos demais, menos a vós.

E suavemente desapareceu o iluminado espírito. Então o tio Nicolau ergueu novamente a voz, dizendo em tom calmo, mas repleto de energia:

— Irmão, em nome de Deus, revelai-vos! Dizei-nos a razão de vossa presença entre nós.

Um vulto negro foi aos poucos tomando forma, e todos puderam ver atônitos que diante deles se encontrava Miguel, envolto numa espécie de moldura ovalada, semelhante a uma fumaça negra. Devia ser a sua aura, a que se referira ainda há pouco o Ermitão. Um mal-estar indefinível percorreu os presentes. O único que se mantivera impassível fora o tio

Nicolau que, fitando muito calmo a desagradável aparição, interpelou-a. Sua voz soou estranhamente no silêncio da noite, onde o luar em plenilúnio mais parecia, de tão claro e límpido, uma suave madrugada sem o cântico das aves...

– Miguel, em nome do Criador, dizei-nos, por que abandonais o vosso corpo material e seguis estes irmãos? Que desejais junto deles?

– Vingança! – respondeu a negra aparição. – Hei de acompanhá-los em todos os momentos, até que faça justiça com as minhas próprias mãos.

– Não sabeis, pobre irmão, que cabe ao Senhor julgar os nossos erros? Quem somos nós, ínfimas criaturas, para nos arvorarmos em juízes de nossos semelhantes? Lembrai-vos das palavras do mestre: quem não tiver um único pecado é quem pode atirar a primeira pedra aos que erram – disse ele. – Estais livre de pecados, Miguel? Recordai o vosso passado além desta vida... Bem vedes que as lembranças que vos surgem são plenas de erros, para não dizer crimes: porque um ato cometido com a consciência de que estamos praticando um mal deixa de ser erro e passa a ser crime. Em todos os quadros que se vos apresentam à memória, deveis notar que errastes sabendo, conscientemente. Como quereis, filho, julgar os erros dos demais?

– Com o direito que assiste a todo aquele que foi vítima. Não sinto arrependimento pelo que pratiquei em outras vidas: sempre fui injustiçado por todos. Hoje só vivo para me vingar! Todos estão felizes à custa de mim, à custa de meu sofrimento, mas chorarão em breve... Sei agora porque fui desprezado. Não vim guiado pelo amor, não! Vim pelo ódio. Não penseis que me intimidais com vossas palavras! Não temo a ninguém! – bradou ele.

– E Deus, meu pobre filho? – perguntou penalizado o ancião.

– Deus? – murmurou Miguel em espírito com voz terrível. – Que me importa Ele? Sou livre para agir como queira! E nada, ouve bem, nem na Terra nem no espaço, impossibilitará a minha vingança!

E num gargalhar horrível que a todos enregelou, repentinamente desapareceu, deixando nas almas presentes à cena sinistra que se desenrolara na clareira, desalento e amargura. Eles ainda não se tinham refeito da desagradável impressão que sentiram, quando novamente uma luz foi aos poucos surgindo, até se tornar em brilhante clarão com reflexos de um azul claro indefinível. E aos olhos de todos surgiu Joceline, numa aparição celestial, ao lado do tio Nicolau. Ao estender os braços, todos viram que de suas mãos se desprendiam sobre eles irradiações luminosas e brilhantes.

– Que a paz do Senhor não se afaste de vós. Venho exortar-vos que orem ao Pai de Infinita Bondade, suplicando que ilumine a alma desse infeliz irmão que se deixou vencer pelas potências do mal. Só por meio da prece poderemos transpor a couraça negra que envolve a sua mente e atingirmos o âmago de seu coração para despertar nele sentimentos fraternos e cristãos. Do espaço, temos feito tudo para alertá-lo e livrá-lo do abismo para onde o estão arrastando as forças do mal, atraídas pelas irradiações que espalha a sua aura mental, cujo estado, vós bem vistes, está negro, retratando o ódio que domina a sua alma; porém, nós, espíritos, não podemos violentar o livre-arbítrio, nem usar de meios próprios das criaturas pouco esclarecidas. Em nossa luta pela implantação do bem na Terra, as nossas armas são as mesmas usadas pelo Cordeiro de Deus: nada podemos fazer que fira a Consciência Universal da qual fazem parte todos os que vivem pelo amor divino. Em Gethsêmani, quando o mestre foi aprisionado pelos soldados dos fariseus, Ele disse em reprimenda à violência de Pedro: "Acaso pensas que não posso rogar a meu Pai, e que Ele não me mandará neste momento mais de doze legiões de anjos"? Bem vedes, irmãos, que a violência só podemos combatê-la pelo amor. Que nos importa que sejamos levados ao Calvário, se de lá ressuscitaremos para Deus? Oremos, então! Só pela força da prece venceremos o Mal. Paz em vossos corações! Que o Senhor fique convosco.

E Joceline desapareceu suavemente, deixando em todos sensação dulcíssima de deleitosa calma. E no mesmo instante tornou-se visível aos demais a figura da Entidade que se conservara todo o tempo junto ao Ermitão: era a proteção do Alto velando por eles, naquele trabalho difícil e delicado, praticado apenas por criaturas possuidoras de poderes psíquicos bem desenvolvidos, como era o caso de tio Nicolau.

O brilhante espírito exortou-os também à prece, como fizera Joceline, dizendo:

— Digo-vos como o mestre falou aos seus discípulos no Monte das Oliveiras: vigiai e orai para não cairdes em tentações. Não useis da espada, em momento nenhum de vossas vidas. Porque por ela perecerão todos os que quiserem vencer pela violência, não pelo amor: porque a morte não será para a vítima e sim para quem a usar... Que a paz do Senhor desça para todos! E glória a Deus nas alturas! E docemente partiu para o espaço a brilhante entidade, deixando, atrás de si, suavíssimo perfume sabendo a lírio.

— Filhos meus — falou o tio Nicolau, passado um instante —, presenciastes todos vós a um trabalho importantíssimo dos nossos guias e protetores. Eles velam por nossos espíritos nos espaços. Oremos como nos exortaram e não percamos a fé. Porque vence o homem as suas batalhas na Terra, quando só almeja os louros do céu.

Aquela noite, ao volverem aos seus lares, vinham confortados e sem temores, apesar das ameaças terríveis que lhes fizera Miguel em sua forma perispiritual.

Haveriam de vigiar, orando incessantemente. Vigiariam mais os seus espíritos, não se deixariam vencer pelo terror nem pelo medo, porque tinham tomado uma resolução: quando se lhes apresentasse a oportunidade de escolherem entre o Calvário e a espada, escolheriam o Calvário.

A vingança

HÁ TEMPOS QUE NÃO CHOVIA em B. nem em suas adjacências.

Um calor asfixiante martirizava todos que, esperançosos, naquele princípio de tarde, olhavam grandes cúmulos que passavam pelo espaço carregado de eletricidade. As nuvens iam aumentando cada vez mais o volume de vapores d'água, à proporção que mais baixas ficavam. Pareciam grandes montanhas enfumaçadas movendo-se por sobre a cabeça dos homens, como acontece em esquisitos pesadelos. Os raios de sol foram aos poucos ofuscados por elas, e a natureza nessa parte foi escurecendo, momentaneamente, perdendo o seu calor, e um grande arrepio estremeceu todas as coisas. Os pássaros esvoaçavam meio estonteados à procura de um abrigo, onde pudessem passar a tempestade que se aproximava célere. As árvores, vergastadas por forte ventania, dançavam uma sarabanda desenfreada! Os homens, temerosos, apressaram os passos em busca de seus lares. Toda a Natureza se preparava para a batalha dos elementos que se anunciava pelo faiscar dos relâmpagos e o ribombar dos trovões. Grossos pingos d'água caíram pesados, furando a terra áspera e sedenta. Um raio cortou o ar em zigue-zagues de fogo: estava desencadeada a tempestade. E em sua fúria ela levava de arrancada as árvores, avolumava o rio, fazia tremer os animais em suas furnas e tocas, e até os homens estremeciam em seus lares diante das lutas dos elementos.

* * *

Numa casa em ruínas, cujos telhados estavam cobertos por jitirana brava, abrigava-se Miguel desde que deixara a fábrica. Escolheu esse local por ter sido, há anos, a morada de um leproso, sendo por isto evitado por todos, temerosos de contrair o Mal de Lázaro. Como uma fera acuada, vivia à espera de uma oportunidade em que pudesse se desforrar do logro de que se julgara ter sido vítima.

Suas desconfianças tinham sido confirmadas pelos boatos que ouvira em suas batidas noturnas aos albergues da cidade de M., onde era desconhecido de todos. Lá, na calada da noite, ia comprar os alimentos de que necessitava, e fora um dos primeiros a ouvir as notícias do noivado de Ana Maria com Arthur. Desde esse dia quase não saía, esquecendo mesmo de se alimentar, arquitetando a sua vingança.

Naquela tarde estava ele deitado numa cama improvisada, com os braços musculosos cruzados sob a cabeça, olhando o teto que os relâmpagos clareavam de minuto a minuto. Também em sua alma desencadeara-se terrível tempestade! Seu largo peito arfava oprimido pelos mais negros pensamentos. Como lá fora, em seu coração a fúria dos elementos do mal enfurecera pavorosa tormenta. Toda a luz de sua alma desaparecera ofuscada pelas nuvens negras do ódio, ciúme e vingança, que se tinham acumulado por todos esses dias. O moço operário, de cenhos contraídos e dentes trincados, tinha um sinistro aspecto. De instante a instante erguia o braço para o alto, com os olhos vítreos de ódio, como se ameaçasse ou desafiasse alguém. Vozes amigas lhe murmuravam aos ouvidos palavras cheias de verdade, mas ele não as ouvia! Em vão, elas diziam tentando arrancá-lo do abismo do crime, onde pensava se atirar:

— Irmão, não te deixes dominar pelas baixas paixões... Medita antes de cair no abismo que estás abrindo com as tuas próprias mãos. Para o Eterno, nada é tão condenável como matar... Reflete, pobre criatura. Matando, interromperás o ciclo evolutivo de um espírito em sua marcha para Deus e atrairás para ti a responsabilidade. Não queiras ouvir a voz do Eterno clamando por teu crime: — "Caim — dirá ela —, que fizeste de teu irmão? O seu sangue me pede justiça... Pelo teu crime serás repelido, evitado por todos. As árvores não te darão mais sombra nem frutos: as águas dos rios, fontes e cascatas, secarão ao contato de teus lábios sedentos; não ouvirás mais o cantar das aves, alegrando-te os dias, nem verás o alvorecer das madrugadas; os alimentos terão o gosto do sangue que derramaste, amargarão em tua boca; o teto das casas onde te abrigares não te protegerá dos raios do sol, nem dos frios do inverno; os homens te evitarão, as mulheres negar-te-ão o seu amor e as crianças fugirão de ti, apavoradas!... Até o céu esconderá à tua visão a luz de suas estrelas, e sempre parecerá a ti, cinzento e negro como o teu crime. Durante o dia não verás a luz do sol e à noite, a lua se esconderá de ti... Réprobo, te dirão todos! Réprobo serás irmão... Ouviste-nos, Miguel? Assim falar-te-á o Senhor".

Inutilmente exortavam as vozes amigas dos seus espíritos protetores. Tão ensurdecido estava pelo ódio e pela vingança, tão entorpecida se encontrava a sua mente, que não lembrava sequer que um dos ensinamentos de séculos afora: Não matarás!

Nesse instante, a tormenta enfurecida rugiu lá fora, porém Miguel nem ouvia o metralhar dos trovões, como não percebia o faiscar dos relâmpagos; porque maior que a fúria dos elementos da natureza era a da sua alma.

A chuva caía torrencialmente, alagando tudo. Vez ou outra, ouvia-se o baque de árvores tombando ao solo, vencidas pela intempérie. Muito longe, um cão uivava em tom lúgubre e o seu grito se confundia com o gemer dos ventos, pelos campos. Devia ser algum pobre animal sem dono nem pouso, implorando aos céus a esmola de um abrigo.

Muito ermo era aquele local onde se encontrava a casa do lazarento, como era conhecida aquela habitação em ruínas. Ela se erguia a uns cem metros entre a estrada e a montanha da floresta, em uma baixada que a escondia da vista dos caminhantes, que passavam sempre apressados por aquele trecho, como se temessem alguma aparição. Era o esconderijo ideal para quem desejasse fugir à indiscrição dos homens, e Miguel bem sabia disso quando a escolhera. Ali ninguém pensaria em procurá-lo, estaria seguro e garantido pela lembrança de seu antigo habitante: o lazarento. Foi, pois, surpreso e inquieto, que ele ouviu, vindos da estrada, gritos de socorro. A princípio não os percebera, tão absorvido estava em arquitetar a sua vingança, porém aos poucos foi como que despertando e notou então que uns brados humanos, plenos de aflição, ecoavam em meio à tempestade que ia aos poucos abrandando. Erguendo-se, Miguel apanhou a sua faca e dirigindo-se para fora cortou de uma bananeira algumas folhas, e abrigado por elas foi até certo local onde podia ver a estrada sem ser notado. O quadro que se deparou aos seus olhos fê-lo recuar não de medo, mas de ódio. Segurando o cabo da faca deixou cair as folhas, indiferente à chuva, e com um esgar terrível, dirigiu-se para lá...

* * *

Apesar de a manhã ter despertado com prenúncios de tempestade e dona Júlia ter lhe pedido que não saísse para não voltar em meio ao temporal, Macário montou num cavalo que lhe presenteara há poucos dias Arthur e dirigiu-se para B., onde desejava fazer umas compras.

Depois que o industrial fechara os seus armazéns para facilitar o progresso da pequena cidade, ela estava como noiva feliz, preparando-se para os próximos dias mais alegres e promissores. O seu comércio movimentava-se prometendo grandes lucros aos seus donos. Estes, animados pelas cifras sempre maiores em suas caixas registradoras, prometeram ao prefeito, o bondoso doutor Clóvis de Almeida, um bom óbolo para melhoramentos sanitários da cidade. Este tinha grandes planos em mente e esperava dentro de um ano poder iniciá-los. Falava-se até na construção de uma praça-jardim em frente à igreja, onde todos poderiam se reunir aos domingos, dias santos e feriados, como possuíam outras muitas cidades e a qual os filhos de B. há muito desejavam. Todos tinham seus planos para o futuro no qual previam, esperançosos, melhores dias.

Apenas o padre João andava amargurado, pois recebera uma carta do bispo, onde lhe fora participado que muito em breve um novo sacerdote viria substituí-lo naquela paróquia; e ele o aguardava cheio de amargos ressentimentos. Era assim – queixava-se – que recompensavam seu zelo pela igreja, retirando-o da cidade justamente quando ela começava a prosperar... Agora que sonhava com gordas coletas nas missas aos domingos, ricos presentes e melhores pagas pelos casamentos e batizados, sem falar nas missas encomendadas para as almas, vinham tirá-lo de sua paróquia, onde tantos bens fizera! Tão revoltado ficara que fizera um apelo do púlpito, dizendo aos seus paroquianos que se não quisessem perdê-lo, mandassem um abaixo-assinado ao senhor bispo no intuito de desfazer a sua ordem. Entretanto, ninguém até ali ainda o assinara, o que muito contribuíra para aumentar as suas mágoas. E certos boatos que começaram a circular sobre as virtudes de seu substituto, o padre José, o qual era um santo homem, fazendo do seu sacerdócio um apostolado digno do mestre, despertaram-lhe no íntimo despeitos e rancores. Os ingratos! Como pareciam satisfeitos pela vinda daquele padre sem aspirações que quase todo o clero considerava digno de lástima, esquecidos dos benefícios que ele lhes fizera. Ingratos! Bem mereciam ter como sacerdote um maltrapilho e remendão, que envergonhava pelo seu aspecto de mendigo os franciscanos; ele iria para outras partes onde soubessem valorizá-lo. Antes de partir, entretanto, haveria de se desforrar do causador da indiferença de que era vítima: aquilo tudo fora obra daquele feiticeiro filho de Belzebu, o Ermitão da Floresta. Certamente chegaram aos ouvidos do bispo a situação em que se encontrava a igreja de B., onde apenas algumas velhas beatas e um pequeno número de congregados compareciam às suas funções religiosas, mais por força do costume do que da fé.

E quem causara esta situação? O 'tal' tio Nicolau... E o padre João não estava de todo enganado; porque sempre que uma paróquia deixava de produzir, o bispo enviava para ela o padre José, que com o seu viver ascético e suas louvadas virtudes, despertava nas almas novos zelos pela Igreja Romana. Por isso não tinha pouso certo o santo homem e já percorrera quase toda a província de..., peregrinando em missões pelo incentivo da fé em prol do credo católico. Pena que os vigários em pouco tempo desfizessem todo o seu trabalho, meditara ele muitas vezes. Sempre, quando passava em suas viagens pelas cidades onde estivera pregando as suas missões, ouvia queixas e descontentamentos. Quando os seus irmãos compreenderiam, pensava, que os homens estavam fartos de belas frases que escondiam feias ações? Se queriam salvar a Igreja Romana, teriam que primeiro salvar os seus espíritos dos pecados que os dominavam, para que os homens seguissem os seus exemplos: pois as belas palavras tinham sido completamente desmoralizadas por eles, com o decorrer dos tempos. Essas coisas o padre José as dissera muitas vezes ao próprio bispo e as repetira antes de sua designação para B. O bispo o ouvia com complacência, embora não visse o problema pelo mesmo prisma que ele. Porque – dizia o príncipe eclesiástico – não era propriamente 'certas fraquezas' do clero que estavam contribuindo para o desprestígio da Igreja, não: elas sempre existiriam... O que viera prejudicá-la fora a 'liberdade' que todos tinham agora de ler a sagrada Bíblia, interpretando ao bel-prazer deles. Isto sim, que fora um mal irreparável que a Reforma causara ao domínio da Igreja no mundo. Desde aí que ela vinha perdendo terreno... Quantas novas religiões não surgiram depois que o maldito Lutero traduzira os livros sagrados, entregando-os ao conhecimento de todos? Isto sim, que urgia combater: proibir terminantemente a leitura dos textos bíblicos e de todo o livro que viesse contribuir, com suas falsas doutrinas, para a desmoralização da Igreja Católica, Apostólica e Romana. Quem o desobedecesse devia ser ameaçado com o fogo do inferno. E para isso dispomos do sigilo dos confessionários. Neles, poderemos agir, intimidando essa gente rebelde com as penas eternas. Isto sim é o que devemos fazer, nós prelados, e não levar a sério 'certas fraquezas' do clero. E vós, padre José, deveis ter mais cuidado, medir as vossas palavras... A Igreja jamais foi muito complacente com aqueles que combatem os 'inocentes abusos' de seus queridos filhos: lembrai-vos dos muitos exemplos que temos em nossa história. Já me chegaram aos ouvidos, que os nossos inimigos vos chamam de Jerônimo Savonarola... Cuidado, padre José...

— Nada faço de condenável, senhor bispo: apenas procuro com minhas palavras tirar a Igreja do caos em que se encontra...

— Isso não vos compete. Se vos protejo é somente porque vejo em vós um bom pastor, a quem as minhas ovelhas obedecem com prazer. Os homens sempre se sentiram atraídos pelo aspecto humilde dessas criaturas sem ambições, como aparentais ser... Portanto, juntai as ovelhas desgarradas, mas não condeneis o modo de agir dos outros pastores... E se estiverdes cansado dessas missões que vos encarrego, escolhei uma paróquia e vo-la darei, contanto que fiqueis calado.

— Como queira, senhor bispo. Ando mesmo exausto de ser cão de guarda de seus pastores. Dê-me uma paróquia e eu prometo calar-me. Estou cansado de pregar no deserto...

— Está bem, embora não tenha gostado de vossas impertinentes expressões... Ireis para B., onde parece que o vigário anda meio atrapalhado com a influência de um maníaco que existe por aquelas terras, protegido do poderoso Frances Renoir, segundo informações que me prestaram ultimamente. E pensei que para combater um doido, só outro 'doido' mesmo... Ireis para B., padre José.

E foi a esse diálogo, travado no palácio episcopal, que o antigo vigário dessa cidade deveu o recebimento da carta que tanto o contrariara...

* * *

Macário, evitando se demorar, devido ao mau tempo que fazia e principalmente para fugir aos olhos curiosos e às perguntas indiscretas sobre o próximo casamento da filha, que tanto o constrangiam, mal fizera as suas compras, dera de rédea ao cavalo e tomara a estrada de volta à casa. Ainda não deixara de todo a cidade, quando se desencadeou a tormenta. O velho jardineiro foi obrigado a pedir pousada a um conhecido que morava em meio ao caminho, numa das últimas casas de B., ficando à espera que a tempestade passasse logo. Assim que esta abrandou, resolveu seguir viagem, pois sabia quanto a esposa devia estar preocupada com a sua demora, ainda mais em sabê-lo fora, numa chuva daquelas... Macário já arrependido de ter saído de casa num dia tão impróprio para se andar, mesmo a cavalo, pois a estrada era um lamaçal visguento onde a montaria escorregava de momento a momento, seguia aprumando-se na sela do melhor modo que podia, pois com uma das mãos segurava as rédeas e com a outra o guarda-chuva que lhe emprestara o conhecido da casa em que pedira abrigo.

A chuva, apesar de menos violenta, continuava a cair incessantemente, embora já quase não se ouvissem mais os trovões. Até algumas andorinhas já brincavam, esvoaçando sobre as árvores gotejantes. O rio, em paralelo à estrada, tinha às águas barrentas, e carregava em sua correnteza galhos quebrados pela ventania e algumas tábuas abandonadas à sua margem pelas lavadeiras. Do outro lado do caminho se avistava a montanha da floresta, onde sobre o seu dorso corria a água em lamacentas cascatas improvisadas. Macário dirigia a sua montada com cautela, procurando os lugares menos escorregadios. Ao se aproximar do trecho onde à distância ficava a casa do lazarento, o jardineiro, apesar de ser um homem sem temores, fustigou um pouco o cavalo na ânsia de se afastar de um local tão peçonhento, quando a montaria, escorregando, tropeçou e se deixou cair, levando o cavaleiro em sua desastrada queda, esmagando com o seu peso uma das pernas deste que ficara no estribo. Macário, sentindo uma dor terrível, quase desmaiou com a violência do tombo. Quis retirar o membro que ficara em baixo do animal, mas pela dor que sofreu, compreendeu horrorizado que o tinha talvez fraturado. Firmando-se nos cotovelos sentou e, segurando-se na sela com uma das mãos, deu com as outras um tapa na garupa do cavalo que tentava inutilmente se erguer. Só então notou que o infeliz animal tinha as patas dianteiras quebradas. Que fazer, Senhor Deus? Como se livrar de tal angustiosa situação? Quem poderia socorrê-lo num ermo daquele? A única moradia próxima era a do lazarento, e esta mesma abandonada... Tinha que esperar até que alguém surgisse na estrada e o livrasse daquele martírio. E se bradasse por socorro?

Quem sabe se alguma pessoa que estivesse por perto não o ouviria? E Macário, quase desesperado pelas dores que aumentavam cada vez mais no membro esmagado, alçou a voz num brado angustioso:

— Socorro! Socorro, em nome de Deus! Socorro! — gritou ele por inúmeras vezes.

E desesperançado, temendo que as forças lhe faltassem, percebeu com amargura que era inútil gritar, ninguém o ouviria... O cavalo se movimentava procurando levantar-se num baldado esforço, o que aumentava mais o sofrimento de Macário. Este, vencido pela dor, vergou-se sobre ela e, sentindo que só a Providência Divina o podia salvar, orava em meio aos gemidos que fugiam dilacerantes de seu velho peito; era atroz a sua dor! Nesse momento alguém se aproximava cautelosamente dele: era Miguel. Seus olhos refletiam uma alegria satânica! Quando o jardineiro notou a sua presença, um brilho de esperança surgiu-lhe n'alma, para logo desaparecer ante o aspecto sinistro do ex-noivo de sua filha. Ao fitar-lhe os olhos injetados de ódio, o ancião compreendeu que nenhum socorro ele lhe prestaria. Miguel se assemelhava nesse instante a uma aparição do Umbral, tão terrível estava o seu rosto.

Apavorado pelo seu ar estranho, Macário murmurou, sentindo toda a gravidade da sua terrível situação.

— Por que não me ajudas, Miguel? Por amor de Deus, socorre-me! — pediu ele com lágrimas nos olhos. Morro de dores, bem vês...

A chuva caía e o velho jardineiro estava, além de completamente molhado, todo sujo de lama. Seu estado inspiraria compaixão a qualquer criatura, por mais insensível que fosse diante do infortúnio alheio, porém Miguel ria com tal frieza e o fitava de uma maneira tão sombria e ameaçadora que Macário compreendeu que estava perdido.

— Sofres, hein? — falou ele vagarosamente. — E esperas que eu te ajude, não?

— Sim, Miguel... e deves fazê-lo depressa! Sofro muito! — gemeu o pobre. — Pelo amor de Jesus, afasta o animal de cima de minha perna, já não aguento mais...

— Eu também sofri muito, Macário, quando soube que a tua filha me desprezou por quem lhe ofereceu maior preço. E tu, velho, não tiveste pena de mim.

— Piedade, Miguel... Ninguém foi culpado do que aconteceu... Socorre-me, por Deus...

— Sim, hei de te socorrer... Verás! — murmurou ele surdamente. — Porém, espera! Sê paciente... Ninguém foi culpado do que aconteceu — ironizou com perversidade o ex-operário. — Conforma-te e ouve o que tenho a revelar, pois quero partir antes que esta chuva passe: Vais morrer, Macário, vou matar-te. Estremeces, velho covarde? Pois ouve o que tenho a te dizer como despedida: consola-te que muito em breve a tua filha e o seu rico noivo irão te fazer companhia no inferno. Toma a minha ajuda, toma! toma!... E sem piedade, Miguel golpeou pelas costas diversas vezes o indefeso ancião, até que sentiu a sua vítima desfalecer sob o animal, que assustado rinchava tentando erguer-se, como se compreendesse o drama que se desenrolava junto dele. Somente quando julgou que do corpo de Macário fugira toda a vida, o desalmado Miguel descansou o seu braço assassino. E segurando a faca, deixou a estrada, tomando a direção da floresta da montanha. O silêncio envolveu novamente quase tudo.

Apenas à distância o cão sem pouso nem dono implorava ao céu a esmola de um abrigo... Inerte sob o cavalo, jazia o velho jardineiro coberto de sangue. A um movimento mais forte do animal ele abriu os olhos e num esforço sobre-humano tentou sentar-se, mas caiu com as costas feridas sobre a lama, exangue. Sentindo que a vida lhe fugia rapidamente, murmurou baixinho, olhando o céu, num misto de dor e resignação:

"Oh! Deus! Morrer assim, longe de Júlia... longe... de... minha filha... Que... tristeza... Senhor..."

E perdendo de novo as forças, desmaiou. O silêncio desceu novamente sobre o ermo. Espalhadas sobre o lamaçal, viam-se as mercadorias que Macário comprara em B. O guarda-chuva fora levado pelo vento e estava preso numa touceira de juncos, próximo ao rio. Já não chovia mais. A fúria dos elementos naturais extinguia-se... A tempestade passara.

Ainda a vingança

OS DOIS OPERÁRIOS VINHAM MONTADOS em seus cavalos, quase a passos devido à lama da estrada. Tinham ido muito cedo a negócios até B. e regressavam agora de volta aos seus lares. A noite se aproximava rapidamente da terra encharcada pelas chuvas. Os dois homens vinham conversando despreocupados olhando os campos empoçados de água e o rio que encachoeirado e barrento corria em remoinhos. Já estavam perto do trecho temido por todos, onde meia hora antes se desenrolara a triste cena que descrevemos. Mal o atingiram, pararam os seus animais surpresos e amedrontados pelo quadro que viram. Este continuava do mesmo modo que descrevemos: o cavalo caído, junto dele, estendido na lama, o velho jardineiro todo ensanguentado a quem não reconheceram. O primeiro impulso que sentiram foi que deviam fugir dali o mais rápido possível, porém as suas montarias se negaram a obedecer, negaceando inquietas. Os dois viajantes se entreolharam receosos e indecisos. E o mais corajoso propôs, apeando do cavalo:

— Vamos ver, homem, de mais perto o que aconteceu. Parece um acidente...

O outro, bastante amedrontado, seguiu o companheiro. E ambos ao se aproximarem do local, viram que fora algo mais sério o que acontecera ali, pois as roupas sujas de sangue da vítima, indicavam que se tratava de um bárbaro crime; e ao reconhecerem a sua identidade soltaram uma exclamação de espanto.

— É Macário, Santo Deus! Quem o deixou assim, coitado? – murmurou o mais corajoso dos dois, a quem chamaremos de Antônio.

— Está morto! Pobre homem... Que faremos agora?

— Não gosto de me envolver com a polícia... – disse o outro assustado.

— Nem eu, homem. Mas não podemos deixá-lo neste estado. Vamos! Ajuda-me a tirar o animal de cima da perna dele... Vê, o cavalo tem duas patas quebradas. Deve ter sido uma queda terrível!

— Isto está me cheirando mal, Antônio! Ele deve ter caído e alguém o golpeou depois. Isto foi um crime, rapaz...

— Deixa de falar e tremer tanto, ajuda-me! Anda, puxa um pouco o animal e eu afastarei o pobre velho. Cuidado... Assim, muito bem! Coitado... quebrou a perna ao cair. Quem teria sido o perverso que ainda o feriu depois disso?

— Sei lá, algum louco. E Deus queira que esteja longe. E agora, Antônio, que faremos com Macário? Pensa depressa criatura! Quero me afastar daqui. Esse local já era tão aziago antes...

— Para de resmungar, nem pareces um homem! Aproxima-te. Creio que o infeliz ainda respira...

— Sim, tens razão... Deus ajude – murmurou mais animado o tímido homem.

— Precisamos levá-lo rapidamente daqui...

— E o pobre animal?

— Deixa-o. Temos que cuidar primeiro deste coitado: vamos carregá-lo até à minha montaria. Eu o levarei na sela e irei na garupa. Depois alguém virá cuidar do animal e apanhar essas mercadorias que vejo pelo chão. Força, amigo! Porém, sem arrancos para não magoá-lo. Assim... Agora segura-o, que vou montar... Pronto, partamos! Deus faça com que ele chegue em sua casa ainda com vida. Que golpe para a família e os patrões...

Ao atingirem as primeiras casas, foram logo notados. Apesar dos alagados dos caminhos, todos correram atrás dos dois homens que transportavam Macário, como verdadeiros samaritanos. E as perguntas cruzavam o ar, ansiosos de saberem o que acontecera ao velho jardineiro. Eles explicavam meio impacientes:

— Nada podemos dizer; encontramo-lo assim ferido, caído na estrada. Afastem-se! Deixem o cavalo passar. Temos que levá-lo ao patrão. Ele ainda respira.

Satisfeita a curiosidade, acompanharam os dois cavaleiros num silêncio angustioso. Todos estavam consternados com o sucedido. Mal falavam, agora. E quando algum outro corria para se juntar ao grupo, na ânsia de saber o que acontecera, informavam baixo, quase ciciando. E assim chegaram diante da mansão. Dizer da aflição de Ana Maria, não podemos, pois não temos palavras para descrevê-la. Dona Rosa amparou-a temendo que ela fosse desmaiar, presa também de forte comoção; mas a menina, dominando a fraqueza, exclamava numa voz tão triste, embargada pelos soluços, que todos que ouviram choraram comovidos:

— Paizinho querido! Estou aqui, ao seu lado. Sou eu, a sua filha, o seu raio de sol... Oh, meu Deus! Ele nem me ouve sequer...

— Calma, querida — murmurou Arthur, debruçado sobre Macário, auscultando-lhe o coração. — Teu pai ainda vive, graças a Deus!

— Mamãe — disse ele erguendo-se — cuide de Ana Maria. E tu — disse a João que, como os demais servos da mansão, correra a ver o triste quadro —, monta a cavalo e vai buscar o doutor em B., mas por Deus, corre! Traze o médico depressa!

— E para onde levaremos o jardineiro, patrão? — perguntou Antônio.

— Para a nossa casa. Depressa, carreguemo-lo com cuidado...

— Não! disse Ana Maria. Sei que ele preferia morrer em nosso lar, onde fomos tão felizes... onde eu nasci. Leva-o para junto de minha mãe, Arthur... suplico-te!

— Ana Maria tem razão, meu filho. Nos lugares onde vivemos e fomos felizes é onde preferimos morrer. Leva-o para a sua casa. Nós todos ficaremos lá com ele...

— Sim, minha mãe! Depressa... não podemos perder tempo. A morte não espera por ninguém – disse ele sem que Ana Maria ouvisse.

O moço dominava a própria dor, para não aumentar a de sua noiva, que com a alma dilacerada seguira adiante de todos, amparada em dona Rosa, para prevenir a mãe do golpe que as ferira. Arthur amava Macário como se ama a um pai e, ao vê-lo assim exangue, quase sem vida, sua aflição era imensa! Com cautela, ele e mais dois homens carregaram o velho jardineiro e, rapidamente, com cuidados extremos, o levaram até a sua casa, sob o olhar penalizado de todos.

Júlia recebeu o esposo sem uma lágrima, sem um grito, silenciosamente. Suas faces enrugadas estavam lívidas. Sem desfalecer, acompanhou os que o carregavam, e quando Macário foi depositado em sua cama, ela com ternura o despiu, trocando-lhe as roupas ensanguentadas e cobrindo-lhe o dorso ferido com um lençol muito branco e limpo. E sem uma palavra de queixa, sem um lamento, sentara-se à sua cabeceira, segurando-lhe a mão inerte. As feridas de Macário não eram mais profundas do que as que ela sentia n'alma. Sofria tanto que nem sequer teve olhos para a filha, que desmaiara nos braços de dona Rosa, vencida pela dor, e que só voltara a si após grandes cuidados: Júlia estava alheia a tudo, apenas tinha olhos para ver o rosto de seu querido e fiel companheiro de tantos anos. Naquele instante supremo, compreendeu que o seu amor de esposa era maior que o maternal. Aquele velho era a sua vida; faltando-lhe, faltava tudo. Sentia-se morrer com ele...

Frances, que na ocasião em que os homens trouxeram Macário não estava na mansão, viera pressuroso ao receber a notícia, ver o velho servidor. E ao olhá-lo compreendeu, acabrunhado, que por um milagre ele resistira até ali. Saindo fora do quarto, acompanhado pelo filho, perguntou-lhe como acontecera a tragédia. Só então, Arthur que tão aturdido ficara com o estado de seu futuro sogro, lembrou-se de ir indagar, pormenorizadamente, aos dois homens que o encontraram e que ainda se achavam no pequeno terraço, conversando em voz baixa, com algumas pessoas, que acompanharam o ferido até a sua casa, maiores detalhes sobre o doloroso caso.

— Podem nos dar alguns esclarecimentos sobre o que aconteceu a Macário? – perguntou ele.

— Quase nenhum, patrões – respondeu Antônio, que era o mais expedito dos dois.

E sem nada omitir, contou como encontrara o velho jardineiro.

— Só uma pessoa poderia ter feito esta maldade, meu filho – comentou o industrial após ouvir os dois homens –, e bem sabes quem...

— Sim, meu pai. Só pode ter sido Miguel.

— Já preveniste a polícia?

— Não! Apenas mandei chamar o médico. Fiquei e ainda continuo tão aturdido, que me parece que estou dormindo e em breve vou despertar deste horrível pesadelo... – murmurou Arthur, passando a mão pela testa que sentia abrasar.

— Infelizmente, meu filho, é uma terrível realidade o que acontece. Mas temos que evitar que Miguel continue em sua loucura a fazer mais vítimas. Vou mandar um mensageiro chamar a polícia e cuidar do pobre animal que ficou sofrendo lá na estrada. Constrange-me fazer isso; mas tenho que mandar matá-lo.

— Sim, é o único jeito.

Momentos após chegava o médico. Depois de meticuloso exame, constatou com admiração, que só um milagre podia ter feito o velho ainda estar com vida.

— Inacreditável a resistência orgânica deste homem! Vou tentar dar-lhe uns estimulantes, talvez possa voltar do desmaio e nos falar.

— Ah! Doutor, se ao menos nos pudesse dizer quem o pôs assim, evitaria, talvez, outros crimes, – alvitrou Frances...

— Farei uma tentativa. Esvaziem o quarto, por favor; quanto menos gente, melhor.

Afastados os curiosos, ele preparou uma poção e a introduziu pelos lábios cerrados do ferido, abrindo-lhe os dentes com o cabo de uma colher.

Dona Júlia lhe acompanhava os gestos ansiosamente. Ah! Se o bom Deus fizesse o milagre... Se o seu velho não morresse...

Arthur e Frances, em dolorosa expectativa, aguardavam os resultados. A um canto do quarto, dona Rosa e Ana Maria oravam. Passado um instante, o médico disse desalentado:

– Creio que ele não voltará a si, senhores. Lamento muito...

– Não! gritou Ana Maria aproximando-se e abraçando o pai. Ele não pode morrer sem me perdoar... Arthur, vá chamar o tio Nicolau! Não quero que o meu pai morra... Ah! Paizinho, desperte! Não nos deixe sem uma palavra, sem um olhar...

E, abraçada ao enfermo, beijava-lhe as faces maceradas.

Ninguém teve coragem de afastá-la de junto do pai; até o médico estava comovido.

– Pobre menina – lamentou ele.

Porém, nesse momento, como se o grito de sua filha o chamasse à vida, Macário abriu os olhos com dificuldade e ao perceber onde se encontrava, um brilho de alegria se refletiu neles; Deus o ouvira, pensou mentalmente. Morria junto de todos os que amava, em seu lar, cristãmente. Louvado fosse Ele... sua amada filha... Júlia... Arthur... os bons patrões. E o seu olhar percorreu todos num adeus saudoso. Depois fitou Arthur com insistência, com tal ansiedade que este compreendeu que o moribundo lhe desejava falar. O moço se aproximou do leito e, notando que ele movia os lábios vagarosamente, chegou o ouvido à sua boca, para melhor lhe ouvir as palavras. Macário, num esforço grande, sussurrou, tão baixo que Arthur mal ouviu:

– Miguel... feriu-me... Cuidado... Ana Maria. Eu... per...doo Mi... guel.

E fitando um último olhar na mulher e na filha, murmurou imperceptivelmente:

– Júlia... Ana Maria... meu... sol.

E o seu espírito desprendeu-se da matéria... Braços amigos o acolheram e o levaram para o Alto, onde Joceline o aguardava. Sua alma ainda ferida das lembranças da Terra iria ser fraternalmente curada, até poder, forte e serena, cantar nos coros celestiais.

Ninguém conseguiu afastar dona Júlia de junto do cadáver de seu velho companheiro; sua dor era silenciosa e sem gemidos. Quanto a Ana Maria, precisou Arthur usar de doce autoridade para afastá-la de junto de seu pai; a menina estava esgotada pelo sofrimento. Sua alma sensível dilacerara-se pelo golpe que a atingira inesperadamente. E se não fossem os cuidados que dona Rosa, com desvelos de mãe, lhe proporcionava, orientada pelo médico, talvez não resistisse à sua dor, tão grande ela era.

Em seu quarto, meio desfalecida, ela se culpava da morte de seu pai. Fora fraca... Não tivera forças para cumprir a sua expiação. Armara o braço de Miguel. Como fugir àquela tortura, agora? Como a morte lhe saberia agradável nesse instante de angústia. Fugir de tudo, para bem distante... para além da Terra! Onde não houvesse sofrimento, maldade, morte.

– Então, segue-me, Ana Maria!

A menina abriu os olhos àquela voz. Não estava em seu quarto; era uma imensa planície, onde as árvores desfolhadas pareciam finos esqueletos, em sua nudez. O céu era cinzento, parado, sem nuvens. Nenhum sinal de vida existia ali. Ana Maria olhou o vulto que a acompanhava; parecia vestido de crepes negros. Seu rosto era descarnado, seus olhos sem luz.

– Quem és? – perguntou ela assustada.

– Sou a entidade que preside aos suicídios. A todo aquele que foge diante das lutas terrenas. Ouvi o teu apelo. Queres fugir de tudo, não mais sofrer, não é? Então, mata-te! E eu te guiarei.

– Para onde? – sussurrou ela.

– A um local onde existe penumbra. Onde a luz não penetra. E, sem claridade, nada vemos nem sentimos.

– Jesus! Que lugar é este?

– Não pronuncieis este nome! Só em evocá-lo um clarão nos envolveu... Não o repita mais!

– Porém, dize-me, que lugar é este?
– O reino das sombras do Umbral... Vem, eu te guiarei até ele...
– Jesus! – gritou ela aflita. – Salvai-me, senhor!

Um imenso clarão envolveu toda a planície! E Ana Maria ouviu uma voz dulcíssima lhe dizer:

– Eis-me aqui, filha. Sou a luz que te envolve. Vem! Toma a tua cruz e caminha. Não temas diante do teu peso; se caíres, surgirá sempre um cirineu para te erguer. A vida terrena, Eu a simbolizei no Calvário: ela é uma ascensão. Não temas. Se a souberes aceitar sem revoltas, maior também será a tua glória ao atingires o cimo, onde após a cruz encontrarás a vida eterna. Vem, filha. Eu sou a luz que presidiu a gênese da Terra. Sou Jesus, o carpinteiro de Nazareth.

– Oh! Jesus... Senhor meu! Não te posso ver... A luz que espalhas, meu senhor, ofusca-me a visão – exclamou Ana Maria.

– Jamais, filha, deixaste de ver-me. Estou em toda parte onde exista um raio de luz. Queres me ver? Olha, então: Aquele homem que volve do trabalho, cansado da luta pelo pão dos seus, e chega ao lar a sorrir aos filhos e à companheira, que o abraçam felizes, reflete a minha imagem. Aquela mão que divide o pouco que tem com um necessitado que mal conhece, mostra-me a ti.

Sou o teto que abriga a velhice... Sou o regaço que embala o órfão. Ver-me-ás em toda parte: nos lábios que perdoam; nos corações que amam; nos olhos que choram... Estou no alimento que sustem; na água que sacia; no sol que dá calor; no ar que purifica! Estou em todas as manifestações de Bondade, Pureza, de Esperança e de Paz. Sou a Justiça, a Verdade, o Saber e a Fraternidade. Sentir-me-ás naquele que, sem revolta nem murmuração, segue sofrendo. Sou os cegos, os surdos, os inválidos! Sou a mãe que chora sobre o túmulo do filho. Estou na dor da viuvez e da orfandade. Estou também na alegria, como na tristeza. Sou eu quem multiplica o vinho nas bodas; ver-me--ás no berço do infante; no sorrir dos esposos; no cântico das aves; no mel das abelhas; na flor que desabrocha; na gota do orvalho. Sou a árvore que dá fruto e sombra; sou o mar, o rio, a fonte, a cascata; sou as florestas, as montanhas, o vale, a planície. Estou em toda parte onde sentires um pouco de Amor. Eu sou o Verbo que é Luz e dessa Luz surgiu a Terra. Sou o verbo que desceu a ela e ensinou aos homens o Caminho que leva ao reino do Pai.

— Glória te dou, Senhor! Seguirei a tua luz, agora e sempre — murmurou ela com unção.

— Sim, filha. Não desesperes, jamais. Ascende! Em toda parte estarei contigo, animando-te, não o esqueças. Eu vivo na Terra em forma de Amor. Ver-me-ás sempre.

Num longo suspiro, Ana Maria voltou a si do desmaio que a vitimara. Seus olhos encontraram os de Arthur, ansiosos, cheios de aflição.

— Que susto nos pregaste, meu amor! Graças a Deus, volves à vida — disse o moço.

— Sim, graças a Ele. Perdoem-me todos os sofrimentos que causei. Dona Rosa, dê-me a sua mão. E o senhor Renoir, chegue-se para perto de mim. Arthur, amo-te, querido. Agradeço-lhe, doutor.

— Não fales, Ana querida, estás fraca — suplicou Arthur com a voz trêmula do susto que passara com o prolongado desmaio de sua noiva.

Dona Rosa, quando a viu desfalecer, chamara o filho. E apesar de todos os cuidados, das providências que o médico tomara, ela ficou desfalecida por toda uma hora. Todos já desesperavam, temendo um colapso, quando Ana Maria despertou. Agora, para surpresa geral, estava calma e um leve rosado colorira as suas faces, antes tão pálidas.

— Minha mãe, como está? — perguntou ela.

— Está velando junto ao teu pai — respondeu o moço.

— Vai vê-la, querido. Ela deve estar sofrendo muito, pobre mamãe...

— Eu vou até o seu quarto, minha filha — ofereceu-se dona Rosa. — Com o seu desmaio a deixamos sozinha. Vamos comigo, Frances?

— Sim, acompanho-te...

Com a notícia da morte de Macário, os que vieram até ali atraídos pela curiosidade, à cata de maiores detalhes sobre a tragédia que ferira aquele lar antes tão pacato, tinham volvido às suas casas, consternados com o desfecho triste da mesma. De estranho, só se encontrava na casa o doutor. Mais tarde, volveriam para velarem o corpo do jardineiro, por todo o resto da noite. Os bicos dos candeeiros já tinham sido acesos pelas mãos de uma serva de dona Rosa, antes de voltar à mansão, onde os seus afazeres a esperavam. A pequena casa, apesar de iluminada, tinha um aspecto triste, como se sentisse saudade de um velho dono. Sultão, que alguém desprendera de sua corrente, plantara-se aos pés da cama, numa tristeza de impressionar. Quando no quarto de Ana Maria encontravam-se todos lutando com o seu longo desmaio, o fiel cão erguera subitamente a cabeça e, como se notasse algo de extraordinário em dona Júlia, levantou-se e uivando deitou a cabeça em seu colo sem que a senhora percebesse sequer. Ela estava sentada junto à cabeceira da cama, com o dorso curvado sobre o cadáver do marido, abraçando-o. Seu rosto roçava o dele. E foi esta cena que, por sua imobilidade, assustou horrivelmente Frances e Rosa, ao penetrarem no quarto do morto. Aproximaram-se, com um funesto pressentimento, e mal chegaram perto da cama, recuaram numa aflição indescritível. Dona Rosa não pôde evitar um grito de dor, abraçando o marido, num choro convulsivo.

– Está morta, também! – exclamara ela.

– Silêncio, querida... Lembra-te de Ana Maria... – falou o industrial, com a voz trêmula e os olhos cheios de lágrimas, vencido também pelo imprevisto do quadro.

Sultão volvera ao seu primeiro lugar. De seus olhos, duas longas lágrimas deslizaram e caíram sobre o solo.

Ao grito de dona Rosa, todos correram. Arthur tinha tomado Ana Maria nos braços, temendo um novo desmaio. Porém ao entrarem no quarto, ela, muito pálida, mas calma, pediu que o noivo a depositasse no chão. E em passos vagarosos aproximou-se dos pais. De seus olhos muito abertos as lágrimas corriam docemente. Sem um grito, sem um gesto, ela murmurou como um sonho:

– Jesus me disse: "Ver-me-ás, filha, na dor da orfandade". E eu o vejo...

Ele está neste abraço, também, que uniu meus pais na morte como unidos eram na vida.

Todos se entreolharam apreensivos. Estaria a jovem desvairando? – pensaram. Mas, não. Seus gestos eram normais, ela orava certamente a Jesus, aceitando o sofrimento com resignação. Dos quatro, só Arthur soube mais tarde o 'porquê' de suas palavras.

Enquanto isso, o médico se aproximava e, levantando o corpo de dona Júlia, depositou-o ao lado do de seu companheiro. Estranhos esponsais aqueles, pensou o doutor que, apesar de acostumado com a morte, sentia-se comovido.

– Que a teria vitimado, doutor? – perguntou Frances.

– Um colapso, certamente – respondeu ele.

O médico acertara. O coração de Júlia não resistira à morte do esposo. Abraçada a ele morrera sem um gemido, silenciosamente, sem dar trabalho, como vivera.

* * *

Paz aos mortos na Terra, e luz para os seus espíritos, no Infinito.

A caça ao criminoso

OS POUCOS SOLDADOS DE B., em companhia de muitos operários, espalharam-se pelas imediações das terras da fábrica, desde alta madrugada, numa caça silenciosa ao bárbaro criminoso. Aqueles rudes homens estavam sinceramente indignados com a morte do velho jardineiro; essa revolta crescera mais ainda quando souberam da morte de dona Júlia. E infatigáveis, procuravam Miguel, certos de o encontrarem. Espalharam-se por todos os lados, em grupos: alguns dirigiram-se para B., outros para a vizinha cidade de M., e um, formado apenas de operários, percorria todos os lugares suspeitos, dos terrenos da empresa Renoir. Já era quase noite e nada de encontrarem o assassino de Macário: todas as buscas tinham sido infrutíferas. Em vão visitaram todas as casas desocupadas, todos os esconderijos presumíveis das redondezas, das cercanias, valas, grotas e fundões, tudo enfim, e nada de Miguel. Até a casa do leproso tinha sido vasculhada com longas varas em todos os sentidos, inutilmente. Nas investigações às cidades vizinhas, ninguém o tinha visto. Já exaustos da procura, voltaram aos seus lares, esperançosos que no dia seguinte tivessem êxito em suas diligências. Onde estaria ele? Perguntavam-se atônitos.

Cometido o bárbaro crime, o operário subiu a montanha da floresta. Calculara que em seu interior estaria seguro, quando o seu delito fosse descoberto. Ninguém poderia pensar que ele se refugiara onde o tio Nicolau vivia. Sabia de um angico muito copado que o esconderia de todos, caso viessem procurá-lo ali: suas folhagens seriam ótimo abrigo, até que a noite facilitasse a sua fuga para bem distante daquelas terras.

* * *

Na tarde seguinte, os restos mortais de Júlia e Macário seguiram para o cemitério de B., levados pelas mãos dos operários. Frances e Arthur acompanhavam numa carruagem o enterro do humilde casal. Os dois ataúdes iam cobertos de flores. E todos que os seguiam, de cabeças descobertas e cabisbaixos, levavam braçadas de flores para cobrir-lhes as campas. Era uma justa homenagem àquele que passara a vida cultivando--as desveladamente.

* * *

Após a saída dos corpos de seus pais, Ana Maria, recostada em seu leito, sentiu todo o vazio do seu lar. Algumas senhoras amigas, sinceramente compungidas diante da dupla tragédia que atingira a menina, estavam em sua volta, silenciosas respeitando-lhe a dor. Dona Rosa, de fisionomia abatida, sentada em sua cabeceira, acariciava-lhe docemente a fronte, onde os cabelos doirados formavam lindos caracóis. Mesmo em desalinho, com os olhos pisados pelo pranto, inspirava admiração a sua rara beleza.

A senhora Renoir insistia para que ela a acompanhasse à mansão.

– Vamos para lá, minha filha... Não podes ficar aqui sozinha! Estás tão abatida, que me dás cuidado...

– Sei, dona Rosa, porém permita-me dormir hoje aqui...Quero passar a noite nesta casa onde viveram os meus queridos pais. Esta noite, apenas. Sinto como se eles me pedissem que ficasse hoje aqui. Não sei explicar o que sinto: é como se os seus espíritos ainda estivessem nesta casa, velando por mim... Deixe-me ficar, minha bondosa senhora, somente esta noite: amanhã ficarei junto da senhora...

– Arthur, nem Frances, minha filha, permitirão isso. E eu, francamente, acho também uma temeridade, ficares aqui... Em todo caso, esperemos que eles voltem, para combinarmos.

Uma das senhoras presentes, esposa do jardineiro que ia substituir Macário em suas funções, aproximando-se da patroa, falando com certo acanhamento, muito próprio das pessoas humildes diante dos poderosos, ofereceu:

– Se a menina insiste em passar a noite nesta casa, ficarei com ela de boa vontade, eu e minha filha. O meu velho poderá vir, também...

– Está bem, Maria – este era o nome da boa mulher –, deixe o meu filho chegar, não posso resolver nada sobre isso. Agradeço-lhe o oferecimento. Por mim, preferia que ela já estivesse na mansão. Esta casa onde tudo lhe lembra os queridos pais, só poderá enervá-la, entristecendo-a ainda mais.

A jovem mal ouvia as suas palavras, orando para que a Luz do Senhor guiasse os espíritos de seus pais pelas Planuras Infinitas...

De volta de B., onde deixaram repousando no seio da terra os corpos dos dois velhos, Arthur e Frances, ao tomarem conhecimento do desejo de Ana Maria, opinaram em contrário. Porém nada demovia a resolução da saudosa menina. E eles, temerosos de contrariá-la num momento daqueles, não tendo alternativa, aceitaram o oferecimento de Maria.

– Eu dormirei aqui, também, murmurou Arthur.

– Achas prudente, meu filho, dormires no mesmo teto de tua noiva? – murmurou dona Rosa, temendo comentários malévolos.

– O momento, Rosa, não é para pensarmos em preconceitos tolos. Nenhum mal faz que Arthur durma hoje aqui. Ana Maria não estava em nossa casa? Então?

– Neste caso, ficarei com ela... – resolveu a senhora que, com a morte de Júlia, julgava-se responsável pela jovem, por quem sentia hoje um amor de mãe.

– A senhora não deve abusar de suas forças – disse Arthur –; sua presença aqui não seria prudente. A senhora está exausta, bem se vê. E confie em mim: ninguém velaria melhor por Ana Maria do que eu, neste instante. A boa mulher que vai passar a noite aqui dormirá com ela em seu quarto. Eu e o seu esposo nos revezaremos. E o João ficará dormindo na sala, para qualquer emergência.

– Arthur tem razão – exclamou Frances –: não vejo necessidade de ficares aqui. Estamos todos cansados pelos golpes que sofremos. Já não dormimos ontem, temos que repousar hoje. Sinto-me estranhamente inquieto e esgotado. A minha alma está triste e perturbada; essa tragédia foi uma consequência de meu egoísmo. Ela mostra que podemos nos arrepender de nossos erros, mas não evitamos a avalanche que provocamos por meio deles. Que seria do homem se não dispusesse da reencarnação, para desfazer em outras vidas os erros pretéritos e presentes? Em uma só vida terrena, não podíamos atingir a perfeição desejada. Ela é tão rápida e breve, que temos que vivê-la como vive o sol. Desde o alvorecer até o seu ocaso, distribuindo, para todos, luz e calor. Quando chegar o meu ocaso, esperarei ansioso, por outra aurora. Quero volver ao mundo para ser, desde o despertar, o sol que não fui nesta. Fortuna, nome, orgulho, poder, ambições, que são essas coisas diante da eternidade? Nada... apenas sonhos, que se desfazem com a carne, após a morte, no silêncio dos túmulos.

– O senhor está realmente cansado. Os tristes episódios a que assistimos esgotaram-lhes as energias. Vá dormir e amanhã despertará com o sol que tem sido ultimamente para nós todos. Não pense em seu ocaso, agora, meu pai.

– Sim, Frances... quase que chorei, ouvindo-te falar. Vamos para a nossa casa, querido; amanhã despertará com melhor disposição – disse dona Rosa.

– Não tive intenção de entristecê-los. Falei movido por uma força estranha, impelido por algo mais forte do que eu. Devo estar esgotado, realmente. Digo como Jesus disse aos discípulos: A carne está fraca, embora o espírito esteja preparado, sem temer as próximas batalhas. Sei que nos sacrificamos hoje, para ressurgirmos amanhã, quando verdadeiras vitórias nos esperam. Que é a morte, meus queridos, se não a passagem para uma nova vida?

— Meu pai... – murmurou Arthur, apreensivo –, o senhor divaga novamente, e nos diz frases sem sentido. Vai descansar...

— Não te aflijas, meu filho. Elas me escapam sem eu querer. Partamos, Rosa. Nossos filhos ficarão aqui. Praza a Deus, Arthur, que esta tarde tenhamos chorado as nossas últimas lágrimas. Que a morte de nossos bons amigos seja a última avalanche, também, provocada pelos meus erros de outrora. Até amanhã, meus filhos!

— Deus vos abençoe, Arthur e Ana Maria. Vamos, Frances!

Pelo meu gosto, iríamos todos, mas não devemos contrariar a nossa filha – era desse modo que Rosa tratava agora a jovem. – Assim que puder, virei ao encontro de ambos, logo pela manhã. Vamos, Frances.

Antes de partirem, foram até o quarto de Ana Maria. A menina adormecera profundamente. Os dois se aproximaram e lhe oscularam a fronte; ela, em seu sono, sorriu-lhes com meiguice.

— Que linda! – murmuraram enternecidos.

Temerosos de despertá-la, afastaram-se de manso. E depois de desejarem boa-noite a todos, beijaram o filho e partiram para a mansão, onde, após rápida ceia, despediram os criados mais cedo, recolhendo-se ambos à alcova, onde logo adormeciam, exaustos das emoções dos últimos dias.

* * *

Volvamos à noite do crime, cometido por Miguel: em seu tosco leito, o tio Nicolau adormecera. Fora, era apenas silêncio e sombra. De súbito uma luz intensa clareou o interior da cabana, e um vulto, circulado por brilhante auréola, tocou de leve a fronte do ancião adormecido. Então, desprendendo-se de seu corpo material, a alma do tio Nicolau, deixando atrás de si uma estria iluminada, voou pelo espaço, acompanhando a entidade. Esta lhe dizia:

— Irmão, perto de vós abrigou-se outro Caim. Necessitais exortá-lo ao arrependimento; porque a sua alma, prisioneira do mal, ainda não está satisfeita com o sangue que derramou.

– Quem é ele? – perguntou o ancião.

– Miguel, o nosso infeliz irmão, que mais uma vez fracassa em suas provas: matou Macário e em consequência desse crime, Júlia também volveu ao espaço. Entretanto, Miguel projeta novos horrores. Vamos exortá-lo, mais uma vez! Tentemos ver se a sua alma não se aprofunda de todo no pântano onde foi cair.

* * *

Miguel, abrigado por entre as ramagens do angico, a acácia das selvas, meditava sinistramente: por que fugir levando aquele ódio insatisfeito? Por que não completar a sua vingança? Sim! Era o que devia fazer; para isto tinha um plano em mente, que o satisfazia por completo. Depois... Que importava, depois? Urgia vingar-se de todos que o relegaram ao desespero! Com que facilidade fora posto de lado, como um trapo imprestável. Até o industrial o traíra, vencido pelo filho odiento. O velho miserável que vendera a filha já recebera o seu castigo... Porém restava ainda o ladrão de sua felicidade! Com que prazer lhe beberia o sangue, mesmo que depois fosse condenado ao inferno. Mas, como ser condenado se fora a vítima daqueles infames? Assim Deus protegia apenas os poderosos, os felizes da Terra. E se Ele era assim, ficasse com eles, com os seus queridos! Não precisava de Deus nem o temia. Antes ficar com Satanás no inferno, saboreando a sua vingança... E uma risada maligna desprendeu de seus lábios convulsos. Caim devia ter gargalhado assim, quando fugia da voz do Eterno...

Miguel, saltando do galho onde estivera sentado desde que ali chegara, e já era noite alta, pensou em ir buscar, protegido pela escuridão, algum alimento na casa do lazarento. Nenhum perigo correria àquelas horas. Certamente, todos estavam bem aturdidos pela morte de Macário, e não lhe tinham dado caça ainda... Amanhã, sim, que teria de se proteger bem...

Assim raciocinando, ia ele em direção à íngreme descida, quando percebeu que o tio Nicolau estava diante dele, como envolto em luz. Oh, pensou Miguel, o maldito bruxo descobrira-o e vinha talvez prendê-lo com as artes que diziam possuir. Mas não o temia! Certa vez fugira do Ermitão, porém agora o enfrentaria. Que luz seria aquela que o envolvia como uma auréola? Feitiçaria, certamente. Mas não pensasse que o intimidava com suas artes. Quem matara sem temor a Deus, desprezava feiticeiros!

– Filho – murmurou tristemente o tio Nicolau –, que fizeste? Como pudeste derramar o sangue de um inocente?

– Inocente diz o senhor: era um miserável velho que vendeu a filha, isto sim!

– Enganas-te, pobre irmão; tua vítima era inocente e boa. Medita, Miguel, no que fizeste e arrepende-te. Vai, meu filho, entrega-te à justiça dos homens e cumpre a expiação que eles te impuseram, em holocausto ao teu crime. Se assim fizeres, poderás redimir o teu crime ainda nesta vida. Arrepende-te, irmão, e nós estaremos junto de ti, com as nossas orações.

– Jamais! – gritou Miguel com voz terrível, olhando em volta qual fera acuada –; nunca hei de me arrepender do que fiz! Ele mereceu ser morto, e todos os que me fizeram sofrer devem ser castigados e o serão!

– Oh! Miguel, o sofrimento é ascensão! Renuncia ao teu ódio e perdoa os que te magoaram. Sacrifica-te! Há anos que vens te deixando vencer, reage agora... Aceita a luta e vence o teu maior inimigo que és tu próprio, e a vitória será tua. O que perderes hoje, ganharás amanhã. Vamos, meu filho, perdoa e entrega-te à justiça dos homens. Eu te acompanharei em tua via-crúcis.

– A mim, não me levará, maldito Ermitão! Afaste-se, se não quer que o mate, também... Afaste-se, bruxo dos infernos, eu não o temo! Deixe-me passar!

E Miguel, enfurecido, avançou para o tio Nicolau, erguendo a faca com que matara Macário e a embebeu no peito do ancião. Porém, recuando apavorado, viu que ferira apenas o vácuo. Onde estaria ele? Teria sido uma miragem? Mas, não! Falara com o Ermitão e ouvira a sua voz, tinha certeza. Se estivesse sentado no angico, poderia pensar que sonhara;

porém estava andando, e bem acordado. Como explicar o desaparecimento do velho? Não, não sabia e nem compreendia. Talvez, tudo fosse bruxaria do Ermitão... Bem que poderia ter sido. Contavam tantas coisas a seu respeito... Certamente soubera da morte de Macário e com suas artes mágicas queria assustá-lo. Certa vez vira num circo um homem fazer desaparecer diversos objetos e depois os fazia aparecer em lugares diferentes. O tio Nicolau devia conhecer tudo isso e muito mais! Com certeza não estivera ali: fora apenas uma miragem criada por suas feitiçarias. Porém, fosse o que fosse, não o temia. E nada, ninguém, bruxo nenhum o impossibilitaria de levar avante a sua vingança. Iria à casa do lazarento e volveria para o angico novamente, e nele passaria todo o dia seguinte. O Ermitão, ou fosse lá o que fosse que lhe surgira à frente, não podia julgá-lo escondido ali, pois quando lhe aparecera ele vinha descendo a encosta da montanha. Mesmo correndo perigo de ser descoberto, tinha que ficar naquele local a não ser que preferisse fugir sem terminar a sua vingança... Tinha que resolver isso.

O tio Nicolau despertou, em sua cabana. Diante dele, estava a entidade que o transportara para junto de Miguel.

– Irmão – disse ela –, tudo que estava ao nosso alcance fizemos para arrancar aquele pobre filho do abismo do crime. Só nos resta uma última tentativa: a oração. Aquele espírito ainda pode ser salvo! Supliquemos por ele ao Cordeiro Divino para que abrande o seu coração. Volverei ao espaço e de lá orarei ao Senhor. E vós, continuai em vossas preces, pedindo por Miguel.

Tudo que nos foi permitido fazer para salvá-lo, fizemos. Mas não podemos interferir na liberdade dos homens, ultrapassando-a; senão eles seriam simples fantoches guiados por nós. Para a evolução de seus espíritos, para o próprio merecimento deles, é preciso que vençam sozinhos as suas lutas, na Terra. Nós podemos ajudá-los até um limite; porque do contrário, onde estaria o mérito? Por Miguel, já fizemos tudo que podíamos fazer: quantas vezes o alertamos? Inúmeras! Há quanto tempo aplainamos o seu caminho, e que faz ele? Desvia-se do caminho. Escolheu de livre vontade esse atual viver humilde, comprometendo-se apenas a não matar o seu semelhante, mesmo quando provocado... E matou. Qual o motivo para esse crime? Um amor pecaminoso, porque ele não via naquela jovem mais que o corpo: não a ama em espírito e sim em matéria. Nova oportunidade lhe foi mostrada, por vosso intermédio hoje, e o que fez ele? Enfureceu-se. Que o Senhor seja clemente com o seu espírito; nós nada podemos fazer a não ser orar. Ficai na paz de Deus, irmão, sempre sob a sua luz. E suavemente volveu ao espaço a entidade celeste. O tio Nicolau, sentando-se em seu leito, começou a orar... E assim veio encontrá-lo a aurora de um novo dia.

Mansão em chamas

ARTHUR SE PREPARAVA PARA DESCANSAR um pouco, recostando-se no pequeno sofá da sala, onde iria passar a noite, quando ouviu a voz de alguém, do lado de fora, chamando-o. João, que ainda não se deitara, foi ver de quem se tratava. Junto ao portão, encontrava-se Joãozinho, aquele menino caçador do princípio de nossa história, já agora homem feito, desejando com insistência ver o filho do industrial. Já tinha estado na mansão à sua procura e de lá o enviaram à casa do jardineiro. O moço parecia aflito, notou Arthur quando lhe falou.

– Que desejas de mim? Por que não esperaste para falar amanhã? Não sabes que além de já ser noite, estamos todos aflitos e cansados?

– Bem sei, doutor Arthur, mas o assunto que me traz à sua presença é urgente e não podia esperar para amanhã.

Julgando tratar-se de algo relacionado com Miguel, que até aquela hora ainda não fora encontrado, Arthur perguntou, já interessado:

– Que assunto é este, rapaz?

– Senhor Arthur, sou filho do sacristão de B., e hoje, já quase noite, estava na casa do padre João, quando ouvi dizer ao meu pai que conseguira uma ordem da polícia para prender o tio Nicolau e, depois de castigá-lo, expulsá-lo destas terras. Como o senhor já deve saber, o reverendo vai embora e vem substituí-lo, dizem todos, um santo homem. O padre João acusa, de sua saída de B., o tio Nicolau! Consta que o bispo soube que a nossa igreja não tem mais quase frequência e aborreceu-se por isso, destituindo o atual vigário. Este, por sua vez, culpa o Ermitão, e tendo encontrado certo documento no cartório da cidade vizinha, o qual prova, diz ele, que a montanha da floresta pertence a um homem, cujo nome não recordo, convenceu o chefe de polícia de M. que devia vir até aqui expulsar o pobre ancião.

— E a prisão quando vai ser, soubeste desse particular?

— Soube, doutor: vai ser agora à noite. Querem evitar que ele fuja. O vigário considera o tio Nicolau um feiticeiro terrível! Quem o ouve falar, julga o santo velhinho, um verdadeiro demônio...

Olhando o relógio, Arthur viu que eram nove horas da noite. Não era muito tarde, pensou. Devia ir e trazer o tio Nicolau ou aguardar a polícia junto dele, caso se negasse ele a descer a montanha. Junto a Arthur ninguém o prenderia, nem molestaria o querido ancião. Chamando o casal que ia passar a noite com sua noiva, o moço preveniu que ia sair, mas não se demoraria. E recomendando a João que não se afastasse da casa, saiu com o filho do sacristão, dirigindo-se para a montanha da floresta. A noite estava quente, prenunciando, talvez, novas chuvas. Arthur andava apressado, ansioso de chegar ao seu destino. Joãozinho fizera questão de acompanhá-lo. Desde aquele dia em que fora surpreendido caçando as rolinhas para o senhor vigário, que dedicava uma grande amizade ao bom velho. Ambos seguiram em silêncio. O moço Renoir se sentia esgotado fisicamente, até a sua moral estava abalada. Os tristes acontecimentos que testemunhara tinha amargurado o seu sensível coração. Ao atingirem a clareira, já passava das dez horas. Uma calma impressionante envolvia a floresta aquela hora. A noite silenciara a voz dos pássaros, nas árvores; só se ouvia o sibilar de insetos e o coaxar das rãs e dos sapos. Atravessando a clareira, onde as sombras da floresta desenhavam no solo manchas fantasmagóricas, os dois jovens entraram na cabana, parando em meio dela, atônitos! O Ermitão não estava lá.

— Creio que a polícia nos antecedeu — exclamou Arthur preocupado, volvendo à clareira.

— Impossível, doutor Arthur! Porque quando sai de B., ainda o meu pai tinha ido chamar o chefe de polícia, pois o de M. não queria vir até aqui antes de ouvi-lo... Pedi a meu pai que se demorasse bem, para me dar tempo de chegar aqui. Não foi a polícia que o levou, pode crer, senhor.

— Então como explicar a sua ausência da cabana? Não a estou compreendendo...

— Talvez esteja por perto – alvitrou o filho do sacristão.

— Veremos! Tio Nicolau! Tio Nicolau! – gritou Arthur.

Apenas o eco se fez ouvir, repetindo-lhe as palavras. O moço desanimou, já meio aflito.

— Estranho esse desaparecimento do tio Nicolau... Quantas vezes tenho vindo aqui à noite, e sempre o tenho encontrado. Algo de sério deve ter acontecido ao Ermitão...

— Que faremos, doutor Arthur? – perguntou Joãozinho impressionado também.

— Creio que devemos nos sentar aqui fora nestes troncos e aguardarmos a chegada da polícia. Quem sabe, se alguém não soube primeiro que tu, dessa ordem tão arbitrária, e não preveniu o tio Nicolau? – raciocinou esperançoso o rapaz.

— Pode ter sido isso, doutor... Talvez, mesmo alguém de M. tenha vindo preveni-lo, o senhor tem razão.

— Sentemo-nos, e esperemos a visita dos policiais. Estes troncos não são muito confortáveis, mas para o meu cansaço eles são bem macios.

E Arthur, chegando um tronco para a parede da cabana, sentou-se nele, meio recostado. Verdadeiramente estava exausto, e se não fosse o tio Nicolau precisar de auxílio, não teria vindo até ali. Grande era a sua dedicação por aquele velho: sentia por ele carinho de filho, respeito de discípulo e venerava-o como se venera um santo. Fechando os olhos, disse num bocejo a Joãozinho, que estava sentado num tronco ao seu lado:

— Se eu dormir, não se assuste... estou cansado, rapaz. Ao menor ruído suspeito, acorde-me.

– Fique sossegado, doutor Arthur, velarei pelo senhor – respondeu este, e pensou: que bem deve querer ele ao tio Nicolau, para deixar a própria noiva a quem dizem que adora e vir até aqui... Infeliz aquele padre João; se não fosse ele, não estaríamos aqui. Triste ideia de meu pai ter me dado o mesmo nome que o dele... De que valeu ter sido meu padrinho? Nunca me ajudou em nada, aquele sovina...

Enquanto o rapaz cismava, o filho do industrial adormecera. Joãozinho também lutava contra o sono. E assim umas duas horas se passaram. E nada da polícia, nem do tio Nicolau... o jovem olhou o céu e estranhou o seu aspecto: a abóbada celestial estava iluminada como se o dia já viesse despontando. Que seria? E o moço despertou Arthur, que se ergueu assustado, pensando que fosse a polícia.

– Que houve, Joãozinho? – murmurou ele, esfregando os olhos, como querendo mandar o sono embora, e olhando o relógio exclamou: já são duas horas! Ana Maria talvez esteja precisando de mim.

E Arthur, olhando em derredor, disse meio admirado: Mas apesar do adiantado das horas, não compreendo porque o céu esteja tão iluminado...

– Foi por isso que o despertei, senhor. Fiquei intrigado também...

Ambos olhavam o infinito, procurando a causa daquela luz avermelhada, quando perceberam, alegres, que o tio Nicolau estava junto deles. Ambos disseram numa só voz, jubilosos:

– Graças a Deus, o senhor chegou!

– É tarde demais, meus filhos... Quando cheguei, tudo já tinha sido consumado... Porém só Deus sabe o que fiz para evitar a tragédia, mas entre mim e ela se encontrava o livre-arbítrio dos homens. E como adivinhá-la? A Onisciência é atributo de Deus... Podemos prever, mas não precisar.

Ele falava de modo estranho... Arthur pensou que o ancião se referia à morte de Macário e Júlia, por isso lhe respondeu:

– Bem sei, tio Nicolau, que por mais santa que seja a criatura, não pode evitar que o seu semelhante pratique erros condenáveis. Mas, mudando de assunto, digo ao senhor que o esperávamos aqui há muito tempo! Creio que até adormeci...

— Somente agora pude vir, meu filho! E quero que volvas ao teu lar depressa! Um grande perigo o ameaça... Volta meu filho.

E tomando os dois moços pelas mãos, puxou-os para fora da clareira, impelindo-os para o caminho, tão conhecido de todos, que levava à descida da montanha. Os dois jovens estavam surpresos, principalmente Arthur, que pela primeira vez vira o Ermitão aflito.

— Tio Nicolau — tartamudeou ele —, espere um pouco... Preciso falar-lhe: a polícia vem prendê-lo e eu não posso deixar o senhor aqui... Venha comigo, tio Nicolau... — suplicou o moço.

— Deixa o tio Nicolau, meu filho; a justiça da terra não o pode atingir... És esperado lá com ansiedade... Não percas tempo; deves evitar que a tragédia se torne maior ainda... Corre, filho!

E o Ermitão, de tão apressado que ia, parecia que os seus pés não tocavam o chão, o que Joãozinho notou admirado. E onde deixara o seu inseparável bastão? Pensou ele. Arthur, em sua aflição, nada via... Ao chegarem numa das elevações de onde se avistara toda a planície até onde o horizonte o permitia, o tio Nicolau parou. E estendendo o braço, falou solene:

— Vê, filho? Um incêndio devasta a mansão!

Como presos de um pesadelo terrível, Arthur viu que uma imensa fogueira ardia na planície... A mansão Renoir queimava. As chamas que a envolviam iluminavam o céu até a uma grande distância.

O seu lar! Os seus pais! Jesus lhe desse asas! Precisava salvar os seus pais... Ana Maria... todos! O seu lar queimado... A mansão Renoir desaparecendo... talvez como pira mortuária de seus donos. Num desvario, desceu a montanha; não via obstáculos! Joãozinho, ao seu lado, acompanhava-o como podia. As pernas de Arthur tropeçavam, e às vezes ele caía... Mas não percebia por onde passava... apenas corria... corria... Os galhos das árvores feriam-lhe o rosto e as mãos, rasgavam-lhe as vestes...

Porém, indiferente a tudo o mais, ele nada sentia a não ser o anseio de salvar os pais daquela imensa fogueira. Não escolhia caminhos! Uma indescritível aflição devorava-lhe a alma! Seus pais naquele inferno de chamas... Quem sabe se já mortos!... Trôpego, meio desmaiado de cansaço, atingiu o local do sinistro. Louco de desespero, o pobre moço ia se atirar às chamas, gritando pelos pais, quando braços enérgicos o sustentaram, enquanto vozes lhe diziam:

– Nada mais pode fazer... Tenha ânimo, senhor! Lembre-se de Deus... Foi uma fatalidade o que aconteceu! O incêndio alastrou-se com rapidez terrível. Tudo fizemos, porém fomos vencidos pelas chamas... Pobres patrões... Que morte, Deus do céu, que morte tiveram! Arthur olhava, com o coração dilacerado, as labaredas que se erguiam como línguas chamejantes, em estalos fortes e barulhentos, para o alto, como uma pessoa em estado sonambúlico ou de embriaguez. Mal ouvia o que lhe diziam... O incêndio lhe queimara todo o ser... O seu cérebro abrasava como se o fogo que extinguia a mansão o tivesse atingido, também. Um horror, surdo e mudo, foi crescendo dentro dele, e Arthur, levando as mãos à cabeça, soltou um grito aflitivo, caindo desmaiado nos braços dos que o seguravam.

– Pobre moço! Que infelicidade o atingiu... Quase num só dia, perdeu os pais de sua noiva e os seus... Que tragédia! Se não o conhecêssemos, diríamos que fora castigado...

– Devemos afastá-lo daqui... Que diz sobre isso senhor Julian?

– Vamos levá-lo para a minha casa, onde já se encontra a sua noiva. Creio que não é nada de grave esse desmaio... Retiremo-lo daqui, antes que volte a si...

Os dois homens se afastaram do aglomerado humano, onde os curiosos olhavam presos de respeitosa admiração, em quase completo silêncio, o fim da mansão Renoir. O ar estava quase irrespirável de tão quente. Aquelas criaturas que de olhos dilatados, bocas entreabertas e rostos afogueados, olhavam a devastação do incêndio, pareciam fugitivos das páginas do Inferno de Dante, tão horrível era a máscara que o reflexo das chamas imprimia em suas faces. As labaredas como salamandras gigantes, dançavam no ar, expelindo a distância, num pipoquear incessante, em meio aos novelos de fumaça que em espirais se enroscavam para o alto, espalhando-se no espaço e formando nuvens densas, faíscas brilhantes. Impotentes, diante do terrível elemento, os homens olhavam, sem perceberem que uma nova era surgiria para eles após aquelas chamas. Amanhã, quando falassem aos seus netos, diriam, precisando os fatos:

— 'Isto' aconteceu, antes do incêndio da mansão... 'Isto' foi depois.

* * *

Quando Arthur volveu do desmaio, o seu primeiro pensamento foi para Ana Maria, como se sua mente já tivesse percebido entre as trevas o horror que a sufocava, que de quantos amava na Terra, restava-lhe unicamente a sua noiva.

— Ana Maria! – gritou ele, sem precisar ainda onde estava.

— Eis-me aqui, ao teu lado, meu amor – respondeu a jovem, com as faces molhadas de pranto.

Arthur apertou-lhe a mimosa mão contra o peito, murmurando:

— Estamos sós, querida...

— Não, Arthur! Jamais um cristão se sente só quando vive sob a luz do Mestre. Os nossos pais deixaram a Terra e nos esperarão no Alto, certos de que saberemos cumprir as nossas missões, sem desânimos. Não devemos desesperar. Lembras-te do que nos disse certa vez o tio Nicolau? Eu não esqueci as suas palavras:

"Quando a dor vier bater à tua porta, disse ele, recebe-a de ânimo forte e faze dela uma prova, para veres se realmente estás atingindo a perfeição do Senhor, de Jesus; quanto melhor a receberes, mais aproximado estás d'Ele". Foi terrível, bem sei eu, a dor que nos feriu a ambos! Mas, meu Arthur, não devemos perder a oportunidade que surgiu tão tragicamente em nossas vidas, para ver se estamos evoluindo um pouco mais nesta existência. Resignemo-nos meditando no sofrimento do Messias no Calvário – consolou a jovem docemente, esquecendo a própria dor para reanimar o seu noivo.

– As tuas palavras foram como um bálsamo para as feridas de minha alma. Tudo foi tão simultâneo, tão rápido, que me senti levado pela aflição, como numa voragem... Porém ouvindo-te falar, esquecida de teu sofrimento para só pensares no meu, minha coragem está voltando.

E, olhando em volta, perguntou constrangido:

– Quem me trouxe para aqui?!

– O senhor Santos Julian, mais o secretário de teu pobre pai; esta casa é a do gerente da fábrica, não estás reconhecendo?

– Assim, deitado nesta cama, como poderia reconhecê-la? – perguntou ele num leve sorriso. Onde se encontram Julian e o secretário, querida?

– O senhor Julian está na sala, mas o outro voltou ao local do sinistro, para evitar que o incêndio cause maiores prejuízos. Qualquer fagulha pode ser fatal à fábrica... Estão todos temerosos por causa do laboratório, onde existem tantas matérias inflamáveis...

– E que providências já tomaram?

– Não sei te dizer... Queres que chame aqui o gerente?

– Não é preciso; eu poderei ir ter com ele. Vê? – disse erguendo-se. – A minha fraqueza já passou.

E Arthur apareceu na sala, com o aspecto calmo e resignado, causando com isso satisfação a Julian e a toda a sua família, que estavam receosos que o rapaz sofresse qualquer abalo nervoso, após tantos golpes.

– Graças a Deus, ei-lo reanimado! Sente-se, por favor, não deves abusar de suas forças.

E o gerente lhe chegou para perto uma cadeira, a qual o moço recusou com delicadeza alegando:

– Estou bem em pé; a fraqueza passou, graças às palavras de Ana Maria e aos cuidados do senhor e de sua família, os quais muito agradeço.

Desejava saber maiores detalhes sobre a tragédia que destruiu o meu lar, deixando-me órfão.

— Pouca coisa podemos lhe dizer: tínhamos quase todos ido dormir meio cansados com a noite que passamos, velando os corpos dos pais de Ana Maria, e por isto, logo adormecemos. Despertamos horas depois, ouvindo gritos de socorro. Julgamos que fosse Miguel que, em sua loucura, tivesse feito mais uma vítima, no que, aliás, não nos enganamos de todo; pois foi ele o causador do incêndio como viemos a saber logo depois.

— Como assim? – perguntou Arthur, muito pálido.

— Como estava lhe contando, os gritos que nos despertaram eram de algumas servas de sua casa, que, como loucas, pediam socorro. Tinham se despertado sentindo forte calor e horrorizadas viram que a mansão ardia em chamas. Para saírem de seus quartos, que eram localizados como bem o sabe a uns cinquenta metros de distância de sua residência, ficaram com os cabelos chamuscados, tal a violência com que se desencadeara o sinistro... Assim que chegamos lá, vimos que nada mais nos restava fazer... A mansão era uma imensa fornalha! Temerosos que o fogo se alastrasse pelos pomares que iam dar na casa do jardineiro, corremos até lá e trouxemos Ana Maria para a nossa casa.

— E meus pais, por que não se salvaram?

— Só Deus pode responder... Procuramos um lugar por onde pudéssemos entrar na mansão, mas creia; doutor Arthur, não o encontramos... O fogo fechou todas as entradas e saídas.

E, baixando a cabeça consternado, o gerente continuou:

— Certamente os patrões foram surpreendidos pelas chamas, dormindo. Talvez a fumaça os tenha intoxicado e eles nem sequer perceberam o horror em que se encontravam...

— E como souberam que foi Miguel que incendiou a mansão? Prenderam-no?

— Duas das criadas o viram, como um demônio, correndo em meio às chamas, procurando uma saída... E segundos depois desaparecia tragado pelo fogo. Foi tudo num rápido momento, porém elas juraram que foi bastante para reconhecerem...

— Que infeliz... Creio que devia estar louco, para cometer tantos crimes. Deus o perdoe, como nós o faremos — murmurou o rapaz como se orasse. E depois de um pequeno silêncio, tornou:

— Vamos, Julian, ver o que faremos para evitar maiores tragédias; temos que extinguir o incêndio.

— Tentaremos tudo que for possível, mas não dispomos de grandes meios, infelizmente — respondeu Julian, acompanhando o jovem que, antes de sair, pediu aos que ficavam, sua noiva e a senhora Santos Julian, que orassem, para que Deus extinguisse as chamas.

* * *

Apesar de todos os esforços humanos, o incêndio queimou por toda noite e manhã seguinte. E quando já não sabiam mais o que fizessem, um trovão fez-se ouvir após grandes relâmpagos e chuvas providenciais começaram a jorrar do Céu.

E à tarde, quando, passada a tempestade, um último raio de sol desse dia brilhou sobre a terra molhada, fazendo cantar os passarinhos em algazarra pelos campos, apenas negros destroços restavam da mansão Renoir; o mais era unicamente cinza e lama. À distância, em meio às árvores chamuscadas, via-se a casa do jardineiro; o fogo a respeitara.

Em sua despedida ao filho, Frances dissera: "Fortuna, nome, orgulho, poder, ambições, que são essas coisas diante da Eternidade? Nada! Apenas sonhos que se desfazem no silêncio dos túmulos".

Em sua singeleza, tão simples e pequenina, parecia naquele desolado cenário de após uma tragédia, que a casa do jardineiro do amor sobre as paixões, da fraternidade sobre o egoísmo, das virtudes simbolizava a vitória do bem sobre o mal, da humildade sobre o orgulho, das virtudes celestiais sobre as glórias da Terra, da vida sobre a morte.

Fortuna, nome, orgulho, poder, ambições, que são estas coisas diante da Eternidade? Pareciam dizer as cinzas da mansão Renoir... E olhando à distância a casa do jardineiro, lembrávamos os ensinamentos de Jesus, no sermão da montanha: "Dos pequeninos e humildes é o reino dos Céus".

* * *

Dos escombros carbonizados da mansão, foram retirados quatro esqueletos, ou melhor dito, o que o fogo poupara de quatro esqueletos. Três foram identificados por todos, como sendo de Frances, Rosa e de Miguel; porém este outro, de quem seria? E a surpresa foi geral, porque não se notava, naquela parte, a falta de ninguém mais, a não ser das vítimas declaradas. A quem, perguntavam todos, pertenceria o quarto esqueleto?

* * *

No dia seguinte, a notícia começou a circular, causando consternação a todos. O tio Nicolau desaparecera!

Arthur correu à cabana da floresta, mas do ancião não encontrou o menor vestígio. Acabrunhado por mais aquele golpe que lhe vibrara o destino, o jovem volveu ao seu lar provisório, à casa de Santos Julian, e isolou-se no silêncio do quarto que ocupava, para refletir. Há quase uma hora que um pensamento crescia em sua mente: aquele outro corpo encontrado pertenceria ao tio Nicolau? Mas, como se explicava a sua aparição na cabana quando lá o aguardava? O Ermitão não descera com ele e Joãozinho, tinha certeza, e mesmo se o tivesse acompanhado não poderia ter atravessado as chamas... Como se explicava semelhante mistério? E aquele corpo seria do tio Nicolau? Mas se fosse, como explicar a sua aparição na clareira? A não ser que tivesse falado com o seu espírito... Sim, por que não? Isso não seria surpresa para ele, tratando-se do Ermitão da Floresta. Porém, talvez o tio Nicolau tivesse sido preso e, com a confusão do incêndio, ninguém o tivesse sabido... Precisava ter uma certeza sobre isso... E Arthur, sem falar a ninguém sobre as suas suposições, nem mesmo a Ana Maria, mandou selar o cavalo e foi até B., falar com o padre João, que sabia ainda não ter ido embora. Este fingiu-se muito surpreendido quando Arthur, sem usar de preâmbulos, feriu logo o assunto que o levara ali.

– Padre João, vim aqui saber do senhor onde se encontra o tio Nicolau?
– Ignoro, senhor Arthur. Por acaso ele desapareceu? – perguntou com um brilho de satisfação nos olhos.
– Desapareceu, padre, e sei que o senhor tinha uma ordem da polícia de M. para expulsá-lo...
– Consegui a ordem, mas o chefe de polícia daqui se opôs a executá-la, o covarde! Diante disso o da cidade de M. temeu invadir uma jurisdição que não lhe pertencia. Infelizmente tenho que partir nestes três dias, pois aguardo a chegada do novo vigário para hoje à noite; não terei tempo, portanto, para uma nova tentativa. Mas, pelo que ouço, ele desapareceu; nesse caso Deus ouviu as minhas preces. O 'tal' tio Nicolau era um impostor! Um herético! Um filho de Belzebu: com suas lábias, afastou da igreja todos os meus paroquianos... Ele merecia um castigo por isso. Além do mais, aquele lunático se apossara daquela floresta, fraudulentamente, pois tenho provas de que ela não lhe pertencia; quer vê-la?
– Sim – murmurou Arthur.

O Padre se retirou, voltando logo depois segurando um papel já bastante amarelecido pelo tempo, o qual entregou triunfante ao moço. Era uma velha escritura, na qual se lia que quem tinha comprado aquelas terras da montanha, no ano de... fora um russo, cujo nome era Nicolau Yvanowsk.

Para a decepção do padre, Arthur não demonstrou a mínima surpresa.
– Como este documento veio parar em seu poder, senhor padre? – perguntou com frieza o filho do industrial. O vigário, corando, respondeu meio titubeante:

— Entregou-mo o tabelião de M.; por que deseja saber?

— Porque ele não lhe pertence, portanto vou me encarregar de depositá-lo onde o retirou...

E diante do espanto e raiva do padre João, Arthur se foi embora; não revelaria àquele homem o segredo do Ermitão da Floresta. Ao avistar a montanha, o moço murmurou, olhando o seu cimo que se erguia verdejante sob o azul do céu...

— Tio Nicolau, meu querido mestre, esteja onde estiver, lembre-se: nunca o esquecerei.

* * *

Dois meses após o incêndio da mansão Renoir, Ana Maria e Arthur se casavam, com a maior simplicidade. O novo padre de B., de quem o jovem industrial se tornara grande amigo, os abençoara. Nesse dia Arthur entregou ao padre José um rico óbolo. Este, comovido, agradeceu a generosa oferta, pensando: os meus pobres tão queridos não passarão fome este ano...

* * *

Abençoado seja todo aquele homem que, seguindo esta ou aquela religião, cumpre o mandamento do Mestre: "Ama teu próximo como a ti mesmo".

Epílogo

QUINZE ANOS SÃO PASSADOS. B. é agora uma próspera cidade, onde os seus felizes habitantes veneram o seu sacerdote, o padre José. Há quinze anos vive ele para os seus pobres, os quais têm nele um pai para todas as horas. A antiga casa paroquial, ele a transformou numa escola e habita uma casa modesta, onde as portas jamais se fecharam. Não tem quem lhe sirva; seus paroquianos lhe trazem as refeições, e estas mesmas são sempre distribuídas por todos os que delas necessitam, comendo de um pouco. Suas batinas só eram substituídas quando não resistiam mais às lavagens. Jamais celebrou um sacramento por dinheiro. E por mais impossível que pareça, na prática da caridade pela qual vivia, nunca procurou saber se o pobre que socorria era católico ou não. Para ele, todos eram filhos de Deus.

* * *

Sigamos, agora até as grandes fábricas de tecidos. Ali também o progresso era evidente. Novas casas operárias substituíam as antigas; pareciam pequenos ninhos confortáveis, onde os seus moradores sorriam felizes. Dois grandes prédios lembravam a imponência da mansão Renoir; era o Grupo Escolar Rosa Renoir e o Hospital Frances Renoir. Porém onde residiam os atuais donos das empresas Renoir? Procuremos e encontraremos: bem se vê que ela é nossa conhecida. É a casa do jardineiro, e é por este nome que ela é ainda indicada aos que procuram a residência da família Renoir. Apesar de mais ampliada em seus cômodos, ter como que crescido, ela continua com o mesmo aspecto primitivo: humilde e simples. Entremos em seus formosos jardins... Mas paremos diante destas três lindas crianças que correm por seus floridos canteiros, perseguindo uma borboleta azul. São elas os filhos de Arthur e Ana Maria. Aproximemo-nos deles, neste instante, enquanto conversam, com as faces avermelhadas pelo cansaço da correria, e ouçamos o que dizem as suas bocas rosadas. Os dois mais velhos, que parecem gêmeos, atendem pelos nomes dos avôs paternos: são eles Frances e Rosa. O mais novo é um robusto menino, a quem os irmãos chamam de Nic, abreviando o nome de Nicolau, que lhe foi dado em memória do Ermitão da Floresta, cuja lembrança é guardada com veneração naquele lar. Neste momento, os dois mais velhos ouvem o sonho que o menor tivera àquela noite.

– Foi horrível! Dizia o menino que aparentava ter oito anos de idade: Imaginem que eu sonhei que vocês ambos se encontravam numa casa muito grande e bonita. Eu, no sonho, estava muito irado, zangado com os dois, porque julgava que me tivessem feito um grande mal. Então, sabendo-os dentro do palácio, eu, tomando de umas latas que se encontravam num quarto fora, espalhava em volta da casa todo o líquido que elas continham. E armado de um archote, toquei fogo na linda casa. Consegui penetrar nela, por uma porta que não sei como forçara – nem parecia criança no sonho, pois nele eu tinha uma força terrível – e armado sempre com o archote, fui queimando tudo o que ia encontrando. Nisso surgiu diante de mim a figura de um velho, com as vestes e as barbas quase todas queimadas. Tive um medo horrível dele, pois os seus olhos brilhavam mais que o fogo. Correndo, ele tentou passar pelas chamas que envolviam quase tudo, na ânsia de salvá-los, mas foi atingido por elas e caiu... Eu, arrependido do que fizera, procurava sair do incêndio que eu mesmo causara, e não o conseguia. Sentia-me desesperado! E, sufocado pela fumaça, com o corpo todo queimado, cai também no solo que abrasava... E nesse instante horrível, acordei. Que alegria quando compreendi que tudo não passara de um sonho, de um pesadelo horroroso!

Os dois irmãos maiores acariciaram de leve a cabeça do menino, e a menina murmurou:

– Deve ter sido assustador o teu sonho! Creio que deves contá-lo à mamãe; ela explica tudo tão bem...

– Eu ouvi o teu pesadelo, meu filho – murmurou uma doce voz, atrás deles.

Os meninos se voltaram e depararam com a sua mãe. Ana Maria não mudara quase nada, apenas parecia que a maternidade a aformoseara mais ainda. Ela sorria para os filhos com certa tristeza: os seus lindos olhos azuis estavam marejados de lágrimas.

– Está chorando, mãezinha? – perguntaram as três crianças, aflitas, a uma só voz.

– Não, filhinhos... foi um argueiro que me caiu na vista.

E, acariciando Nicolau, ela lhe disse: teu sonho, meu filho, é um aviso do Céu, para que jamais pratiques o mal. Bem viste nele, como sofreste em teu próprio corpo a maldade que fizeste. Mesmo quando te sentires injustiçado por todos, não te desesperes e não procures vinganças; o mal sempre atrai o mal. Não tentes fazer justiça, jamais, por tuas próprias mãos; somente o Pai do Céu pode julgar os nossos semelhantes. Não deves esquecer este sonho, meu filho, porque ele é um aviso para ti...

– Sim, mãezinha querida! Jamais praticarei um mal; quero ser bom, muito bom. Quando crescer, quero ser um médico para salvar muitas vidas. Deixa que eu o seja, mamãe?

– Sim, filhinho... serás um médico e que Deus te ajude a cumprires a tua missão até o fim.

– Quanto a mim, disse o outro menino, quero ajudar a papai, aqui, em seus trabalhos. Amo tanto os humildes que nos dão o seu precioso auxílio, que gostaria de lidar com eles, proporcionando-lhes bem-estar e conforto, – murmurou o pequeno Frances que, com seus dez anos, era já um pequeno grande homem.

– Assim o farás, se Deus permitir querido...

E Ana Maria, notando que a filha não externava o seu pensamento, perguntou-lhe:

– E tu, queridinha, que desejas ser?

– Eu – disse ela corando – quero ser uma mãezinha como a senhora; queria ter muitos filhos, mesmo que fossem feios como os da cozinheira...

– Deus há de satisfazer o desejo de todos; em nossas orações em família, havemos de pedir que Ele atenda aos nobres sonhos de meus filhos. Agora, vão brincar, queridos! E, beijando-os, deixou-os.

Naquela noite, quando os filhos dormiam em seus berços, Ana Maria contou ao seu esposo o sonho do pequeno Nicolau. Arthur a ouviu em silêncio.

– Creio – murmurou depois de pequena reflexão – que está explicado o mistério do desaparecimento do tio Nicolau.

– Sim – murmurou baixinho Ana Maria –, oremos para que não faltem aos nossos filhos coragem e fé em Deus, para que jamais se afastem dos caminhos trilhados por Jesus.

Enquanto oravam, uma luz foi surgindo perto deles, e os dois viram, extasiados, a figura do tio Nicolau surgir nimbada de luz. Fitando-os com amor, ele murmurou, banhando-lhes as almas de emoção:

– A paz seja convosco, filhos queridos. Somente hoje pude vos falar: não podia vir antes, porque teria de acusar um irmão, que me é muito querido. Agora que tudo vos foi revelado sobre a morte do tio Nicolau, venho vos declarar quem fora Miguel. Recordais a história de Nicolau Yvanowsk? Ele fora o seu pai. Com a graça de Deus, ajudados pelo arrependimento que lhe nascera n'alma, conseguimos que ele passasse por uma série de provas no espaço, as quais cumpriu com humildade, obedecendo com amor aos ensinamentos dos Mestres. Agora volveu à Terra como filho vosso e irmão daqueles que assassinou, morrendo com eles. Guiai para o bem estes três espíritos, meus filhos. Em breve, quando a vossa filha casar, Ana Maria, os teus pais voltarão em novas missões. Não reveleis a eles o que vos transmiti. Quanto a vós, queridos filhos, jamais os olvidarei. Continuai sempre justos, a trilhar o caminho da perfeição. Do espaço, eu e Joceline velaremos por todos. Não esqueçais que a vida terrena tem a duração de um breve segundo, para a Eternidade. O amor não fugirá de vossos espíritos, de encarnação para encarnação, vereis que a união das almas é santa realidade. Quem semeia, como vós, bens na Terra, há de recebê-los nos céus em forma de luz. Não desfaleçais, mesmo quando novas tormentas rugirem sobre vós; porque tudo passa sobre a Terra: só o Amor e o Bem são eternos.

FIM

Posfácio

AO LANÇAR A PÚBLICO MAIS uma edição deste romance, somos instados a fornecer algumas informações ao leitor a respeito do livro em si e das atividades da médium Dolores Bacelar.

O presente livro constitui o primeiro e extenso trabalho que a médium realizou, sob a ação direta e leal de Alfredo, espírito que a tem acompanhado há muitos anos. Foi – mesmo! – o seu exercício mediúnico, realizado no início da carreira, quando a médium não possuía quase nenhum conhecimento da doutrina espírita e andava às voltas com fenômenos que atormentavam a sua personalidade educada no catolicismo.

Levada a um centro espírita e tendo a seu lado a figura de Ismael Gomes Braga, que, nos primeiros contatos, descobriu nela a médium de grandes recursos a ser amparada, Dolores Bacelar "viu" o romance totalmente concluído em menos de quatro meses. Todos os capítulos (como na maioria dos textos que até aqui psicografou) foram recebidos em reuniões públicas e ali mesmo lidos da forma como eram psicografados. Dessas reuniões participava não mais que duas vezes por semana, de modo que se pode perceber com que velocidade foram escritos os seus 36 longos capítulos.

Dolores era médium inconsciente. Total. Daí porque dissemos que ela "viu" concluído o romance em menos de quatro meses. Essa expressão é verdadeira na medida em que, durante o transe mediúnico, ela não tinha noção do que se passava consigo, sendo necessário que a informassem tão logo retornasse ao estado normal, o que se passou. Nos primeiros tempos, o fator inconsciente de sua mediunidade a apavorava. Ignorando o que pudesse acontecer nas suas "ausências", receava o pior. Esse foi um obstáculo só eliminado com muito vagar, na medida em que foi se inteirando do controle que poderia exercer, mesmo nos transes inconscientes, sobre seu corpo.

Como se sabe, em qualquer forma de mediunidade os médiuns são senhores absolutos do seu corpo e sobre ele exercem tanto mais controle quanto mais forem esclarecidos. São fatores preponderantes nesse controle a probidade moral, em primeiro lugar, e o conhecimento, ambos largamente ensinados pelo espiritismo.

Dolores, além do mais, sentia o peso da responsabilidade que significava pôr a público todas aquelas páginas, principalmente por conterem fatos, informações, nomes, enfim, a maioria por ela ignorados. Nisto também auxiliou Ismael Gomes Braga, enquanto encarnado, realizando exaustiva pesquisa de tudo quanto pudesse constituir dúvida em seu trabalho, nada encontrando que pudesse negar o fenômeno.

CURIOSIDADES MEDIÚNICAS

Esse resumo acerca da mediunidade de Dolores Bacelar é necessário para que o leitor compreenda o livro que tem à mão. Ela possui, hoje, várias obras abrangendo romance, história, conto, poesias em seus mais variados matizes, crônicas e grande número de mensagens, recebidos todos dentro do mais puro desinteresse, quer do ponto de vista financeiro, quer do ponto de vista de participação pessoal nas obras, coisa ademais muito difícil de se dar.

Aliada à psicografia inconsciente, Dolores Bacelar teve, com o tempo, desenvolvidas outras faculdades: vidência, audição, psicofonia (vulgarmente conhecida como "incorporação"), entre outras, pelas quais exerceu incansáveis atividades, inclusive fora das lides literárias.

Os seguintes fatos dão uma boa ideia do caráter despreocupado e altamente confiável da médium.

O primeiro aconteceu quando, em reunião da qual participava Ismael Gomes Braga, apareceu-lhe um espírito: tratava-se de uma senhora negra, baixinha, porém muito sorridente.

— Pergunte-lhe o nome – solicitou Ismael.

— Ela está dizendo que se chama Benedita Fernandes.

Ismael havia conhecido Benedita Fernandes em Araçatuba, estado de São Paulo, onde ela, pobre e analfabeta, depois de passar por cruel obsessão, desenvolveu uma grande obra de assistência social. Mas o nome não era bastante para Ismael, que pediu uma prova mais concreta e objetiva para crer que o espírito era mesmo Benedita Fernandes.

— Senhor Ismael está pedindo uma prova e diz que você pode dar, se quiser – falou Dolores ao espírito.

Benedita mostrou a Dolores, então, um cordão no qual estava pendurado uma medalha com o retrato de Leopoldo Machado, que, encarnado ainda, havia se tornado seu grande amigo. E disse:

— Fala ao Ismael que trago ainda comigo o cordão com a foto de Leopoldo que ele, Ismael, levou-me certa vez em Araçatuba.

Esta prova foi o bastante. Realmente, Ismael havia levado, a pedido de Leopoldo, o tal cordão com a foto quando foi até Araçatuba, anos antes, realizar palestra doutrinária. Travou-se, então, um entusiasmado diálogo entre Ismael e Benedita, do qual Dolores era a "secretária" fiel.

Benedita esclareceu, ainda, sobre os motivos que a levavam a manter a aparência da última encarnação e forneceu mostra de como era bela em encarnação anterior quando não soube se comportar moralmente à altura dos dotes físicos.

O segundo fato é semelhante ao primeiro. Aconteceu quando Dolores prestava seus serviços mediúnicos na Federação Espírita Brasileira, em uma de suas reuniões públicas. Era presidente, na ocasião, Wantuil de Freitas, que dificilmente aparecia àquela reunião. Uma certa noite, porém, Wantuil compareceu, atendendo a insistentes pedidos de Ismael Gomes Braga. Em dado momento, apresenta-se a Dolores um espírito que, também pela aparência, a assustou. Dolores avisa a Ismael, que pede ao espírito para se identificar.

— Ele se diz chamar Cruz e Sousa – informou Dolores.

Cruz e Souza era um dos poetas preferidos de Wantuil de Freitas. Dolores não sabia. O espírito, naturalmente, com sua presença quis dar uma prova de estima ao presidente da FEB, em retribuição à preferência por seus versos. O fato, além do mais, serviu para mostrar mais uma vez a espontaneidade mediúnica de Dolores Bacelar.

O ROMANCE COMO OBRA DOUTRINÁRIA

A mansão Renoir é um romance que se enquadra perfeitamente entre as obras doutrinárias do espiritismo. Apesar das circunstâncias em que foi recebido (da, então, inexperiência da médium), é um livro que precisa estar permanentemente em circulação, porque permite que se analise, do princípio ao fim de seu texto, a questão doutrinária. Ela está nele presente de forma constante e intencional. Alfredo, seu autor, criou todo um enredo em que o elemento espiritual aparece como parte integrante, conduzindo o leitor por caminhos diferentes dos outros romances.

A reencarnação é a esclarecedora da personalidade humana e a grande mola da Justiça Divina; a comunicação dos espíritos surge natural, sem ritos nem condições especiais – qualquer um pode ser um "tio Nicolau", o ermitão da floresta, que vai modificar os destinos daquela gente. A caridade retorna em seu sentido justo e busca igualar-se, qualitativamente, à caridade divina. O clima é inteiramente espiritual, e é grande a luta para dominar os defeitos humanos: Miguel personifica o ódio; o senhor Renoir é o orgulho; Joceline, o sacrifício; Arthur, a bondade; Nicolau, o missionário.

De início, Renoir é um pai preocupado: sua filha nasceu com deficiência, não demonstra inteligência maior, nenhum pendor para as artes. É uma falha lastimável no segmento da linhagem dos Renoir. Recebe, pois, o desprezo do pai. Do outro lado está o jardineiro Macário e sua esposa, gente sem tradição, rude, com uma filha de rara beleza e grande sensibilidade artística. E o pior: Renoir vai descobrir nela uma semelhança incrível com uma de suas ancestrais. E questiona: por que essa semelhança? Quem é, afinal, a filha do jardineiro?

A reencarnação entra aí e explica que a filha de Macário é uma antiga componente da família Renoir, renascida em um lar humilde. Mas o coração do orgulhoso senhor Renoir não aceita os fatos.

Já no final do livro, quando estão serenados os ânimos, vencidas as tragédias, o tio Nicolau se revela um missionário habitando outros planos. E de lá retorna, em perfeita comunicação mediúnica, exortando ao sacrifício e à renúncia os corações em prova na Terra. A vida prossegue...

* * *

A mansão Renoir é uma obra de imenso valor para a divulgação do espiritismo. Suas edições até aqui realizaram prodígios, como atestam os registros em nosso poder. E continuarão a realizá-los, temos certeza, pela oportunidade sempre presente de seu enredo.

A EDITORA

Esta edição foi impressa nas gráficas da Assahi Gráfica e Editora, de São Bernardo do Campo, SP, sendo tiradas oito mil cópias, todas em formato fechado 160x230mm e com mancha de 118x181mm. Os papéis utilizados foram o ofsete Chambril Book (International Paper) 75g/m² para o miolo e o cartão Supremo Alta Alvura (Suzano) 300g/m² para a capa. O texto foi composto em Goudy Old Style 11,5/14,25 e os títulos em Quilline Script Thin 30/35. Eliana Haddad e Izabel Vitusso realizaram a preparação do texto. Bruno Tonel elaborou a programação visual da capa e o projeto gráfico do miolo.

Julho de 2018